Günter Vornholz
Digitalisierung der Immobilienwirtschaft

Günter Vornholz

Digitalisierung der Immobilienwirtschaft

Unter Mitwirkung von
Enja Schellenberger

2., aktualisierte und erweiterte Auflage

DE GRUYTER
OLDENBOURG

ISBN 978-3-11-072689-3
e-ISBN (PDF) 978-3-11-072690-9
e-ISBN (EPUB) 978-3-11-072651-0

Library of Congress Control Number: 2020949253

Bibliografische Information der Deutschen Nationalbibliothek
Die Deutsche Nationalbibliothek verzeichnet diese Publikation in der Deutschen
Nationalbibliografie; detaillierte bibliografische Daten sind im Internet über
http://dnb.dnb.de abrufbar.

Umschlaggestaltung: hocus-focus / E+ / Getty Images
Satz: le-tex publishing services GmbH, Leipzig
Druck und Bindung: CPI books GmbH, Leck

www.degruyter.com

Vorwort 2. erweiterte Auflage

Selbst ein Werk über die „Digitalisierung der Immobilienwirtschaft" wird gedruckt und ist auch als Papierexemplar stark nachgefragt. Da die 1. Auflage vergriffen ist, wurde vom Verlag beschlossen, eine zweite Auflage herauszugeben. Es handelt sich um ein Grundlagenwerk, sodass eine grundlegende Überarbeitung nicht notwendig war. Vielmehr wurden geeignete Verbesserungen und notwendige Ergänzungen vorgenommen, die sich inhaltlich anboten.

In der EBZ Business School werden von mir Abschlussarbeiten auch zum Themenbereich „Digitalisierung" betreut, wobei die Bachelorthesis von Frau Enja Schellenberger herausragt. Sie hat sich in ihrer Arbeit eingehend mit den verschiedenen Einsatzmöglichkeiten von Künstlicher Intelligenz in der Immobilienwirtschaft beschäftigt. Die wesentlichen Teile ihrer Bacherlorthesis sind nun als 9. Kapitel in das Buch aufgenommen worden.

Lüdinghausen, im Dezember 2020

https://doi.org/10.1515/9783110726909-201

Vorwort

Wenige andere Themen beherrschen die Diskussion in der Immobilienwirtschaft derzeit so sehr wie die Digitalisierung, also die digitale Transformation mit der Verarbeitung und Verbreitung von Informationen mithilfe moderner Technologien, und deren potenzielle Auswirkungen für die Branche. Dabei zeigt sich ein breites Meinungsspektrum. Es wird auf der einen Seite beklagt, dass die Immobilienwirtschaft zögerlich beim Einsatz digitaler Technologien ist und bislang erst wenige Schritte getan hat. Auf der anderen Seite wird erwartet, dass die Digitalisierung für viele Bereiche der traditionellen Immobilienwirtschaft disruptive Veränderungen haben wird. Die Digitalisierung wirkt sich zunehmend sowohl auf die Geschäftsprozesse als auch auf die Geschäftsmodelle bzw. die Dienstleistungsangebote der Immobilienwirtschaft aus, da die Akteure wachsende Ansprüche haben und sich neue technische Potenziale bieten.

Das Ziel dieses Buches ist es zunächst die Digitalisierung als einen (technologischen) Megatrend einzuordnen. Die Digitalisierung weist nicht nur vielfältigste Strukturen auf, sondern auch eine hohe Dynamik. Es gibt eine Vielfalt an digitalen Techniken, die die Immobilienbranche langfristig und teilweise grundlegend verändern können. Dies soll anhand der Immobilienwirtschaft allgemein sowie spezifisch für die wesentlichen Objektmärkte gezeigt werden. Dabei verändern sich sowohl die Geschäftsmodelle als auch die Geschäftsprozesse in den Immobilienunternehmen. Hinzu kommen neue Herausforderungen für die Standorte sowie die Gebäude und deren Ausstattung (Smart Buildings). Insgesamt ergeben sich durch die Digitalisierung Veränderungen von Immobilienaktivitäten, -nutzungen und -werten. In diese Zusammenhänge soll das vorliegende Buch einen Einblick verschaffen und so der Diskussion um die Digitalisierung eine immobilienökonomische Basis geben. Es werden die abschätzbaren Veränderungen analysiert und auch von Spekulationen abgegrenzt.

Die folgende Ausarbeitung erhebt keinen Anspruch auf einen vollständigen Überblick über diese Technologien. Sie beschäftigt sich mit dem Thema aus der für die Immobilienwirtschaft notwendigen Perspektive. Dieses Buch soll sowohl für Studierende der Immobilienwirtschaft und verwandter Bereiche als auch für interessierte Beschäftigte in der Immobilienwirtschaft geeignet sein. Ich setze die Inhalte dieses Buches in meinen Vorlesungen an der Immobilienhochschule EBZ Business School in Bochum ein.

Mein Dank gilt allen, die mich beim Entstehen dieses Buches tatkräftig unterstützt haben.

Glück auf!

Lüdinghausen, im Dezember 2018   Günter Vornholz

https://doi.org/10.1515/9783110726909-202

Geleitwort

Die Digitalisierung entzaubert

Das Buzzword Digitalisierung hat in den letzten zwei Jahren nahezu jeden immobilienwirtschaftlichen Kongress und jede Messe geprägt. Wann immer Vertreter aus der Immobilienwirtschaft zusammenkamen, begutachteten sie technologische Innovationen und äußerten Meinungen und Prophezeiungen über weitere technologische Entwicklungen. Das Zauberwort hatte fast schon metaphysische Züge. Die Corona-Krise hat auf das Thema wie ein Beschleuniger gewirkt – allerdings liegt das Augenmerk sehr stark auf innerbetrieblicher Kommunikation und Organisation. Auch wenn in diesem Zusammenhang das Bewusstsein um eine notwendige Auseinandersetzung mit den Facetten der Digitalisierung weiter geschärft wurde, scheint die Thematik in ihrer Gesamtheit nach wie vor nicht ausreichend greifbar für viele Unternehmen. Eine weiterführende Debatte um Chancen und Risiken verläuft weitgehend unsystematisch.

Prof. Dr. Günter Vornholz, Professor für Immobilienökonomie an der EBZ Business School in Bochum, ist es gelungen, die Digitalisierung für die Unternehmen der Immobilienwirtschaft durch eine umfassende Betrachtung zu entmystifizieren. Dabei ordnet er die Digitalisierung zunächst in die Reihe der Megatrends ein und schafft so eine Analysebasis und einen theoretischen Rahmen. Von dieser Grundlage ausgehend, setzt sich der Autor systematisch mit den technologischen Innovationen auseinander und nimmt eine Einordnung dieser für jeden Teil der vielschichtigen Immobilienwirtschaft vor. Prof. Vornholz analysiert die Auswirkungen auf die Teilbranchen und den Einfluss auf die Geschäftsmodelle und Arbeitsprozesse. Das Buch legt sowohl die Chancen der Digitalisierung als auch die Risiken offen. Es behandelt zudem hochaktuelle Aspekte wie den Einsatz von Künstlicher Intelligenz (KI) in der Immobilienwirtschaft. Dabei wird KI gefasst als Querschnitts- bzw. Allzwecktechnologie, die sich in sämtlichen Geschäftsmodellen und -prozessen entlang des Lebens- und Investmentzyklus einsetzen lässt. Diesen Betrachtungen liegt die Abschlussarbeit der Absolventin Enja Schellenberger der EBZ Business School zugrunde.

Es ist die systematische Auseinandersetzung mit der Thematik Digitalisierung, die diese berechenbarer und verständlich werden lässt, ohne jemals die hohe Dynamik der digitalen Transformation zu beschwichtigen oder gar abzustreiten. Dieses Buch unterstützt Immobilienunternehmen, eine eigene Standortbestimmung vorzunehmen und an einer individuellen Strategie zu arbeiten. Es ebnet den Weg von den Debatten auf den Immobilienkongressen hin zur praktischen Umsetzung in den Unternehmensalltag.

Ich kann mir sehr gut vorstellen, dass dieses Buch zu einer vertiefenden Betrachtung der Einzelaspekte anspornen wird. Denn die Auswirkungen sind extrem vielschichtig, sie betreffen die Bauzulieferindustrie ebenso wie die Bauwirtschaft, Archi-

https://doi.org/10.1515/9783110726909-203

tekten und Fachplaner, Property- und Assetmanagement, Makler und die Finanzwirtschaft, die Kundenkommunikation und die Geschäftsmodelle aller Beteiligten.

Klaus Leuchtmann

Vorstandsvorsitzender

EBZ – Europäisches Bildungszentrum der Wohnungs- und Immobilienwirtschaft

Inhalt

Abkürzungsverzeichnis

AI	Artificial Intelligence
AAL	Ambient-Assisted-Living
App	(mobile) Applikationen
AR	Augmented Reality
ABS	Asset-Backed-Securities
A-Städte	Hamburg, Berlin, Düsseldorf, Köln, Frankfurt am Main, Stuttgart und München
B2B	Business-to-Business
B2C	Business-to-Consumer, auch Business-to-Client
BaFin	Bundesanstalt für Finanzdienstleistungsaufsicht
BauGB	Baugesetzbuch
BBSR	Bundesinstitut für Bau-, Stadt- und Raumforschung
BIM	Building Information Modeling
BIP	Bruttoinlandsprodukt
BMBF	Bundesministerium für Bildung und Forschung
BVI	Bundesverband Investment und Asset Management e. V.
CAD	computer aided Design
CBD	Central Business District
CRM	Customer-Relationship Management
DL	Deep Learning
DLT	Distributed-Ledger-Technology
E2E	Everyone-to-everyone; deutsch: Jeder-zu-jedem
E-Commerce	Electronic Commerce
ERP	Enterprise Resource Planning
FinTech	Financial Technology
gif	Gesellschaft für immobilienwirtschaftliche Forschung e. V.
HDE	Handelsverband Deutschland
INREV	European Association for Investors in Non-Listed Real Estate Vehicles
IRR	Internal Rate of Return; deutsch: Methode des internen Zinsfußes
IuK-Technologie	Informations- und Kommunikationstechnologie
IoT	Internet of Things
IW	Institut der deutschenWirtschaft
KI	Künstliche Intelligenz
KYC	Know-your-Customer-Prinzip
LoD	Level of Detail, Detaillierungstiefe
M2M	Machine-to-Machine
M-Commerce	Mobile Commerce
ML	Machine Learning
NDA	Non-Disclosure Agreement
NLP	Natural Language Processing
P2P	Peer-to-Peer; deutsch: Privat an Privat (u. a. Kredite)
PaaS	Platform-as-a-Service
PropTech	Property Technology
RPA	Robotic Process Automation
TGA	Technische Gebäudeausrüstung
SCM	Supply-Chain-Management

https://doi.org/10.1515/9783110726909-204

VR	Virtual Reality
WLAN	Wireless Local Area Network, Wireless LAN; deutsch: drahtloses lokales Netzwerk
WZ	Wirtschaftszweige-Systematik
ZIA	Zentrale Immobilien Ausschuss

1 Einleitung

Megatrends verändern die Lebens- und Arbeitswelten der Menschen und das gilt in besonderem Maße für den Megatrend der Digitalisierung (digitalen Transformation), der ebenso gesellschaftliche Entwicklungsprozesse beeinflusst und seine nachhaltigen Spuren in der Immobilienbranche hinterlassen wird. Die rasante Entwicklung neuer Technologien und der Eintritt von neuen Wettbewerbern mit innovativen Geschäftsmodellen führen dazu, dass die Märkte sich ständig verändern. Digitalisierung und Immobilien klingen zunächst wie ein Widerspruch. Immobilien repräsentieren die reale und nicht die virtuelle, digitale Welt. Gleichwohl sind die Immobilien sehr gut geeignet für technische Innovationen, wie die zahlreichen Neuerungen sowohl bei den Immobilien selbst als auch bei den Dienstleistungen und Produkten rund um die Immobilie zeigen.

Die Digitalisierung bringt Chancen und Vorteile mit sich, der digitale Wandel stellt jedoch insbesondere für Unternehmen eine riesige Herausforderung dar. Digitale Technologien können über neue Geschäftsmodelle und mithilfe von Prozessoptimierungen zu Wertsteigerungen führen. Unternehmen sind in der Pflicht, ihre Geschäftsprozesse und -modelle ständig infrage zu stellen und zu optimieren, da ansonsten der Verlust der Wettbewerbsfähigkeit droht. Doch die Veränderungen in der Immobilienwirtschaft stehen nach wie vor erst am Anfang. Die Digitalisierung wird sich langfristig in allen Bereichen auswirken. Sie verändert Konsumbedürfnisse, Kundenbeziehungen, Prozesse und letztendlich Erzeugnisse und Dienstleistungen. Aber auch die Immobilien selbst erfahren durch die digitale Transformation einen Veränderungsprozess.

Zunächst wird im Kapitel 2 auf die verschiedenen Megatrends eingegangen und diese erläutert sowie abgegrenzt. Diese Trends, die sich aus ökonomischen, gesellschaftlichen und technischen Aspekten zusammensetzen, bilden den Rahmen für die langfristigen Veränderungen – auch – in der Immobilienwirtschaft. Der für dieses Buch wesentliche Megatrend stellt die dar, die Digitalisierung in Kapitel 3 definiert und abgegrenzt wird. Ausgehend davon werden die für die Immobilienökonomie wesentlichen Teilbereiche der digitalen Transformation identifiziert. Digitalisierung ist der Leitbegriff für eine Vielfalt von technischen Entwicklungen, die zum einen in Basistechnologien und zum anderen in die darauf aufbauenden Technologien unterschieden werden können. Es werden hier nur die Technologien betrachtet, die für die Immobilienwirtschaft wesentliche Einflüsse haben.

Im Kapitel 4 werden die Auswirkungen der Digitalisierung auf die Immobilienwirtschaft und damit deren Folgen für die Geschäftsmodelle und Geschäftsprozesse der Unternehmen analysiert. So werden auf der einen Seite die Unternehmen dieser Branche davon betroffen sein. Sie können mithilfe der Digitalisierung sowohl ihre Geschäftsmodelle als auch ihre Geschäftsprozesse evolutionär verändern oder revolutionär neu aufstellen. Es sind ökonomisch erfolgreiche neue Geschäftsmodelle und

https://doi.org/10.1515/9783110726909-001

effizientere Geschäftsprozesse gefordert. Die digitale Transformation bezieht sich auf den kompletten Lebenszyklus von Immobilien, von der Projektentwicklungs- über die Nutzungs- bis hin zur Verwertungsphase, bei Investments und Finanzierungen.

In den Kapiteln 6 bis 8 wird analysiert, wie die Digitalisierung sich auf die wesentlichen Teil- bzw. Objektmärkte auswirkt und welche kurz- bis langfristigen Trends zu erwarten sind. Die Effekte unterscheiden sich entscheidend hinsichtlich der betrachteten Immobilienmärkte. Es werden jeweils kurz die traditionellen Formen dargestellt, um dann die digital veränderten Modelle und Prozesse zu beschreiben. Jeweils unterschiedliche Technologien wirken sich dabei aus. Während bei der Analyse des Immobilien-Investmentmarktes nur auf die sich verändernden Geschäftsmodelle und -prozesse eingegangen wird, werden bei den Büro-, Einzelhandels- und Wohnimmobilienmärkten auch die Auswirkungen auf potenzielle Standortveränderungen und die Effekte auf die Gebäude selbst und deren Ausstattungen (Smart Building) bewertet.

Das Kapitel 9 wurde von Frau Schellenberger geschrieben und befasst sich mit den Möglichkeiten des Einsatzes von Künstlicher Intelligenz in der Immobilienwirtschaft. Dabei wechselt der Blickwinkel. In den anderen, von mir geschriebenen Kapiteln wird aufgezeigt, in welchen Bereichen unterschiedliche digitale Technologien eingesetzt werden können. Hier werden die Potenziale und Restriktionen von Künstlicher Intelligenz in den einzelnen Phasen der Immobilienwirtschaft analysiert.

2 Megatrends

Die langfristigen Entwicklungen oder Entwicklungsmuster werden in der Trendforschung als „Megatrends" bezeichnet.[1] Ein Trend ist dabei definiert als Veränderungsbewegung bzw. Wandlungsprozess, wobei es unterschiedliche Erscheinungsformen von Trends gibt.

Exkurs: Verschiedene Trends
In der Trend- oder Zukunftsforschung wird zwischen verschiedenen Ausprägungen von Veränderungsprozessen unterschieden, die sich je nach Intensität und Fristigkeit ergeben:
- Kurzfristig zeigen sich Produkt- oder Modetrends, die auch nur eine geringe Wirksamkeit haben.
- Danach kommen Konsum- und Zeitgeisttrends, bei denen es sich um kurz- bis mittelfristige Veränderungen handelt, die sich hauptsächlich auf die Bereiche der Konsum- und Produktwelten auswirken.
- Ebenso lang wirken soziokulturelle Trends, die die Lebensgefühle von Menschen ausdrücken.
- Die nächste Gruppe sind die Megatrends, die in diesem Kapitel analysiert werden.
- Ein Metatrend weist einen sehr langfristigen und dynamischen, evolutionären Charakter auf, wie er in der Natur anzutreffen ist. Es sind Trends, die die längste zeitliche Ausprägung haben.

In diesem zweiten Kapitel werden die verschiedenen Megatrends analysiert. Nach den ökonomischen (Kapitel 2.1) werden die gesellschaftlichen Megatrends (Kapitel 2.2) untersucht. Dabei werden die jeweils wesentlichen Subtrends erklärt, während in der Literatur deutlich mehr Trends beschrieben werden. Im dritten Teilbereich wird auf die technischen Megatrends eingegangen, zu der auch die Digitalisierung gehört. In dem dazugehörenden Unterkapitel werden zunächst Technologien und die dazugehörenden Innovationen voneinander abgegrenzt. Schließlich werden in diesem Kapitel auch die Unterschiede zwischen evolutionären (inkrementellen) und revolutionären (disruptiven) Innovationen aufgezeigt.

Der Begriff Megatrend wurde Anfang der 1980er-Jahre vom amerikanischen Zukunftsforscher John Naisbitt geprägt und beschreibt einen langfristigen, tief greifenden Trend, der deutliche gesellschaftliche, politische, technische und/oder wirtschaftliche Veränderungen mit sich bringt. Ein Megatrend beeinflusst darüber hinaus das gesellschaftliche Weltbild, die Werte und das Denken. Dieser beschreibt dabei allgemein zunächst die langfristige Richtung einer Entwicklung, auf dessen Basis dann eine Prognose erstellt werden kann. Kurzfristige Abweichungen von diesem Pfad beeinflussen dabei nicht die grundsätzliche Richtung. Weiterhin kann es gleichzeitig jederzeit gegenläufige Trends geben, die aber üblicherweise nur kurzfristig oder für Teilbereiche gelten. Es werden auf der Grundlage von historischen Gegebenheiten oder Daten Aussagen über zukünftig wahrscheinliche Entwicklungen getroffen.

---

[1] Vgl. Vornholz, 2017, S. 145 ff.; vgl. Gondring, 2013; vgl. Horx, 2011; vgl. Deutsche Hypo, 2016.

https://doi.org/10.1515/9783110726909-002

Megatrends weisen drei zentrale Merkmale auf. Megatrends sind **erstens** langjährige Veränderungen. Im Unterschied zu kurzfristigen Trends zeichnen sich Megatrends durch die charakteristische Eigenschaft der Langfristigkeit aus. In der heutigen Trendforschung wird zumeist davon ausgegangen, dass ein Megatrend mehrere Jahrzehnte anhält. Es wird weiterhin davon ausgegangen, dass sich diese Trends relativ gut abschätzen lassen.

Megatrends sind nicht nur gekennzeichnet durch ihre langfristigen Wirkungen, sondern **zweitens** durch das breite Spektrum an Bereichen, die sie beeinflussen. Megatrends verändern nicht nur einzelne Segmente oder Bereiche des sozialen Lebens oder der Wirtschaft, sondern betreffen ganze Gesellschaften. Die einzelnen Regionen oder Kulturen werden allerdings nicht alle zur gleichen Zeit in ähnlicher Weise beeinflusst, sodass Megatrends unterschiedliche globale „Verteilungsmuster" aufweisen. Er ist nicht auf einzelne Lebensbereiche einer Gesellschaft beschränkt, sondern wirkt sich in unterschiedlicher Stärke auf verschiedenste Felder aus. Diese umfassen langfristige soziale, ökonomische, politische und technologische Bereiche, die die Entwicklung einer Gesellschaft grundlegend prägen.

Megatrends sind **drittens** in einer vernetzten Welt zunehmend globale Phänomene, wobei sie gleichzeitig synchron und asymmetrisch verlaufen. Ein Megatrend vereint dabei eine Vielzahl verschiedener Einzeltrends. Oft können die Megatrends nicht scharf voneinander abgegrenzt werden, sondern vermischen sich miteinander. Megatrends sind nicht konstant, sondern sie entwickeln sich dynamisch. Dennoch können durchweg übereinstimmende Tendenzen festgestellt werden, deren Intensität aber nach Regionen abweichen kann. Es zeigt sich, dass sich unterschiedliche, teils sogar widersprüchliche Megatrends überlagern und dass sie in verschiedenen Regionen der Welt und in verschiedenen sozialen Milieus unterschiedlich wirken können. Manche Trends sind erst in der Anbahnungsphase und ihr Einfluss nimmt noch zu, andere haben ihren Zenit schon überschritten und werden zukünftig an Bedeutung verlieren. In der Literatur gibt es unterschiedliche Auffassungen darüber, welche Megatrends es gibt und wie ihre Bedeutung ist. In der Abbildung 2.1 sowie in den kommenden drei Unterkapiteln sind die Megatrends in drei verschiedenen Kategorien dargestellt.

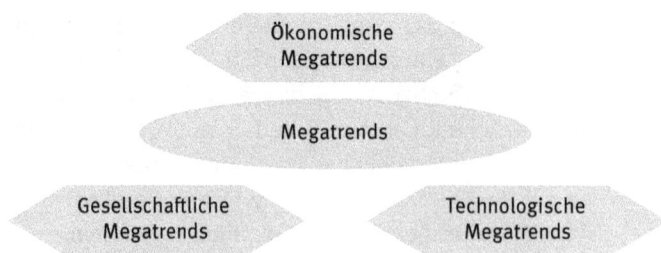

Abb. 2.1: Kategorien von Megatrends; Quelle: eigene Darstellung.

Megatrends eignen sich daher **insgesamt** hervorragend, um denkbare zukünftige Veränderungen in der Immobilienwirtschaft und auf den Immobilienmärkten zu erläutern. Ein Megatrend wird somit fundamental und grundlegend das Angebot und die Nachfrage nach Immobilien beeinflussen. Megatrends sind demnach fundamentale Werttreiber für die Immobilien. So können mögliche Entwicklungen quantitativer und qualitativer Art abgeschätzt werden. Megatrends stellen die grundsätzlichen Werttreiber für Immobilien dar. Die Veränderungen der Einflussfaktoren führen dazu, dass sich die Werte der Immobilien nachhaltig verändern werden.

2.1 Ökonomische Megatrends

Die wirtschaftliche Entwicklung der Gesamtwirtschaft stellt wesentliche Rahmenbedingungen für die Immobilienwirtschaft. Von daher wird zu Beginn auf die Prognose der langfristigen Trends eingegangen. Bedeutende Einflüsse ergeben sich aufgrund der Globalisierung und der Liberalisierung. Die ökonomische Entwicklung selbst weist zum einen den Trend zur Dienstleistungs- und Wissensgesellschaft auf ebenso wirkt sich die Einstellung der Arbeitnehmer (New Work) auf die langfristige Entwicklung auf.

2.1.1 Wirtschaftsentwicklung

Grundlegende Veränderungen für die Immobilienwirtschaft werden sich durch die wirtschaftliche Entwicklung ergeben, die üblicherweise mithilfe des Indikators Bruttoinlandsprodukt (BIP) gemessen wird. Das ökonomische Leistungsniveau und das wirtschaftliche Wachstum einer Volkswirtschaft sind der realwirtschaftliche Rahmen, innerhalb dessen sich das Marktgeschehen auf den Immobilienmärkten vollzieht. Sie beeinflussen langfristig direkt und indirekt sowohl die Nachfrage- als auch die Angebotsbedingungen und somit die Mieten sowie Preise bzw. Werte von Immobilien.

Das langfristige BIP-Wachstum wird von den verfügbaren Produktionsfaktoren, d. h. Arbeitskräfte, Kapitalausstattung und Infrastruktur sowie vom technologischen Fortschritt (Produktivität) bestimmt. Für die kommenden Jahre ist – unabhängig von konjunkturellen Entwicklungen – insgesamt mit einem weiteren Wachstum der Weltwirtschaft zu rechnen. Dabei wird wie bisher die Entwicklung in den Schwellenländern insgesamt dynamischer als in den Industrieländern ausfallen. Deutschland wird aufgrund des erreichten hohen BIP-Niveaus eher unterdurchschnittliche Wachstumsraten aufweisen, die je nach Annahmen jährlich zwischen 1 und 2 % liegen werden. Dabei ist im Zeitablauf zunächst von höheren Wachstumsraten auszugehen, die dann langsam zurückgehen.

Während von der Kapitalseite und der technischen Entwicklung im Hochindustrieland Deutschland eher positive Impulse ausgehen werden, wird der Produktionsfaktor Arbeit (d. h. die potenziell Erwerbsfähigen) zu einer langfristigen Restriktion für die wirschaftliche Expansion. Der Anstieg der Zahl der Arbeitskräfte wird durch die Entwicklung der Bevölkerung („stagnierend, älter", siehe Kapitel 2.2.1) begrenzt. Langfristig zeigen sich erst die größten Auswirkungen, da immer mehr Arbeitnehmer aus den besonders geburtenstarken Jahrgängen der 1960er-Jahre aus dem Erwerbsleben ausscheiden. Die Produktivität der Erwerbstätigen durch den technischen Fortschritt als weiterer wichtiger Einflussfaktor wird sich voraussichtlich wie bisher entwickeln, dabei ist der technologische Wandel u. a. abhängig vom institutionellen und rechtlichen Umfeld.

2.1.2 Globalisierung und Internationalisierung

Die Globalisierung prägt wesentlich die internationale Entwicklung der vergangenen Jahre, auch wenn politisch derzeit andere Aussagen dominieren. Der Megatrend Globalisierung beschreibt eine weltweit zunehmende Verflechtung verschiedenster Lebensbereiche. Dies umfasst Ökonomie, Kultur, Wissen und Technologie sowie die internationale Politik. Auf der gesellschaftlichen Ebene bedeutet dies eine verstärkte kulturelle Durchdringung früher eher national geprägter Gesellschaften. Kunst und Kultur werden global wahrgenommen und orientieren sich entsprechend weniger an nationalen Besonderheiten. Moderne Informationstechnologie ermöglicht den Menschen einen Informations- und Gedankenaustausch über die klassischen Grenzen hinweg.

Globalisierung bezeichnet in ökonomischer Hinsicht einen historischen Prozess, der Grenzen überschreitet. Es ist ein Prozess der weiträumigen Ausdehnung und Verknüpfung von Aktivitäten, der u. a. in einer wachsenden, regionale und nationale Grenzen überschreitenden Bewegung von Gütern, Kapital und Menschen zum Ausdruck kommt. Ausgangspunkt der Globalisierung sind lokale Märkte, die im Zeitablauf von der Internationalisierung und Globalisierung betroffen sind. Unter Internationalisierung werden im Allgemeinen die wirtschaftliche Verflechtung und die sich daraus ergebenden Interdependenzen zwischen (lat.: *inter*) verschiedenen Ländern und ihrer Wirtschaftssubjekte in unterschiedlichen Bereichen und Ausmaßen verstanden. Internationalisierung beschreibt den Prozess der zunehmenden Quantität und Qualität solcher Verflechtungen.

Globalisierung entsteht erst aus einer wachsenden internationalen Verflechtung. Der Begriff der Globalisierung geht üblicherweise über das Verständnis von Internationalisierung hinaus und präsentiert sich als mehrdimensionales Phänomen. Die neue Dimension besteht sowohl quantitativ (ein „Mehr" an Beziehung) als auch qualitativ (eine andere Art von Beziehung). Zur Globalisierung wird Internationalisierung erst ab einer bestimmten Reichweite und Intensität der Beziehungen. Die Globalisierung kann somit als eine weltweite Verflechtung von unterschiedlichen Wirtschafts- und Lebensbereichen bezeichnet werden. Die Unternehmen sind überall auf der Welt tätig, der Konsument richtet sich nicht mehr nach nationalen Besonderheiten, sondern nach globalen Trends. Weiterhin orientiert sich staatliches Handeln nicht mehr ausschließlich an nationalen Interessen, sondern auch an globalen Belangen.

Die Entwicklung der Globalisierung ist ein offener Prozess, für den gegensätzliche Tendenzen, ein Nebeneinander von Veränderungen und bestehenden Strukturen charakteristisch sind. Die Globalisierung verläuft ebenfalls nicht flächendeckend und homogen. Unterschiedliche Phasen markieren jedoch weder einen Endpunkt eines linearen Prozesses, noch folgen die Entwicklungen vorher bekannten Mustern. Vielmehr ist die Globalisierung eher ein zufälliger, offener und gestaltbarer Prozess. Die Globalisierung der Wirtschaft ist das Resultat einer Vielzahl von ökonomischen Entscheidungen und nicht z. B. staatlich geplant. Standen sich in den Globalisierungsdebatten „global" und „lokal" zunächst als Extreme gegenüber, wird heute die Entwicklung der Globalisierung im Kern als die Intensivierung der Interdependenzen zwischen globalen und lokalen Prozessen verstanden. Bei der Globalisierung entsteht gleichzeitig aber auch ein immanenter Gegentrend, der Regionalisierung oder Glokalisierung genannt wird.

2.1.3 Liberalisierung

Die Ursachen zunehmender ökonomischer Verflechtung von Volkswirtschaften und ihren Wirtschaftssubjekten lassen sich auf eine Vielzahl von Faktoren zurückführen. Wesentliche Rahmenbedingungen für die Globalisierung ergeben sich durch politische bzw. polit-ökonomische oder gesellschaftliche Veränderungen in Form der Liberalisierung. Der Begriff der Liberalisierung im ökonomischen Zusammenhang wurde nach dem Zweiten Weltkrieg von der OECD wieder aufgegriffen und meint die Befreiung u. a. des Außenhandels von Beschränkungen. Die Liberalisierungsmaßnahmen haben das Ziel, die wirtschaftliche Entwicklung zu unterstützen und das BIP zu erhöhen. Heute steht der Begriff allgemein für Deregulierung und Privatisierung.

Deregulierung bedeutet den Abbau oder die Vereinfachung von staatlichen Regulierungen und Vorschriften des Marktes. Bei einer Deregulierung geht es hauptsächlich um den Abbau von Bürokratie auf Arbeits-, Finanz- und Gütermärkten. Der Prozess der Deregulierung beinhaltet die drei zentralen Aspekte von erstens einem freien Waren- und Dienstleistungsverkehr, zweitens einem freien Kapitalverkehr sowie drittens der Freizügigkeit für Personen einschließlich Niederlassungsfreiheit für Unternehmen. Privatisierung wird als Oberbegriff für unterschiedliche Formen der Übertragung bisher staatlicher Aktivitäten auf den privaten Sektor (Privatisierung im engeren Sinne) verwendet. Darüber hinaus betrifft dies i. w. S. die Anwendung privater Rechtsformen zur Erfüllung öffentlicher Aufgaben oder privatwirtschaftlicher Finanzierungsmodelle oder die Veräußerung öffentlichen Vermögens.

Politische Faktoren und Reformprozesse beruhen auf der neoliberalen Wirtschaftsideologie, danach soll der Staat nur eine geringe Bedeutung im Wirtschaftsleben haben. Dementsprechend sollen staatliche Eingriffe in die wirtschaftlichen

Prozesse reduziert werden. Die **politische Integration** auf globaler Ebene mit dem Ziel der Liberalisierung des Welthandels gewann nach dem Zweiten Weltkrieg deutlich an Bedeutung. So gibt es heute in wichtigen Produktbereichen zwischen Industrieländern faktisch keine Zölle oder andere Handelsbeschränkungen mehr, während der Handel zwischen Industrie- und Entwicklungsländern nach wie vor von erheblichen, aber abnehmenden Handelsbeschränkungen betroffen ist.

Die **Bildung kontinentaler Wirtschaftsblöcke** wie z. B. EU oder NAFTA erleichtert grenzüberschreitende Transaktionen. So ergaben sich durch das Zusammenwachsen Europas für Immobilienakteure neue Perspektiven. Schon 1944 wurde mit dem Abkommen von Bretton-Woods die Grundlage für ein internationales Währungssystem der Nachkriegszeit geschaffen und gleichzeitig wurden Institutionen wie der Internationalen Währungsfonds (IWF) und die Weltbank gegründet.

Einen weiteren Meilenstein stellt die **Liberalisierung der globalen Finanzmärkte** dar. Bis in die 1980er-Jahre waren die Finanzmärkte durch Zulassungsvorschriften und Aufsichtsbestimmungen stark reglementiert und infolgedessen überwiegend national ausgerichtet. Bedeutende Veränderung brachten der Zusammenbruch des Bretton-Wood-Systems (1973) und die Einführung flexibler Wechselkurse. Die Globalisierung der Finanzmärkte in den vergangenen vier Jahrzehnten trug zu einer tief greifenden Restrukturierung der Immobilienwirtschaft bei. Es kam zu einer zunehmenden Dominanz der Finanzmärkte über die Immobilienmärkte, sodass die Wertentwicklung einer Immobilie nur noch untergeordnet vom Nutzungspotenzial bestimmt wird.

Bedeutende Auswirkungen für die zukünftige Entwicklung der Finanzmärkte werden von den staatlichen Regulierungen erwartet, die derzeit als Reaktion auf die Finanzkrisen zu sehen sind. Die Auswirkungen sind heute schon bedeutend – und werden noch an Deutlichkeit zunehmen. So schränken neue Regulierungsinitiativen die Planbarkeit über längerfristige Zeithorizonte ein. Gleichzeitig dürfte die Regulierung zu steigenden Refinanzierungskosten und einem veränderten Refinanzierungsmix führen. Es ist aber auch zu erwarten, dass es immer wieder zu Gegenbewegungen kommen wird.

Schließlich geschieht die Deregulierung auch auf nationaler Ebene. Neoliberale Wirtschaftsideen wurden in den 1970er und 1980er-Jahren von vielen Industrieländern umgesetzt. Politisch wurde die Erneuerung der Marktwirtschaft als ein Ausweg aus der damaligen Wirtschaftskrise stagnierender Volkswirtschaften mit hoher Arbeitslosigkeit angesehen. In immer mehr Ländern erfolgen unter dem Druck globaler Investoren die Verbreitung gleicher globaler Standards und deren Integration in das jeweilige nationale Recht. Regulierungen auf nationaler Ebene bezüglich der Kontrolle ausländischer Immobilieninvestitionen, der Bestimmungen zum Grundstückserwerb durch ausländische Käufer, der Möglichkeit des Gewinntransfers ins Ausland oder der Besteuerung von Immobilientransaktionen schränkten auch grenzüberschreitende Immobilientransaktionen lange Zeit stark ein. Erst seit Anfang der 1990er-Jahre ermöglichten die eingeleiteten Liberalisierungsmaßnahmen den Immobilieninvestoren, ihre grenzüberschreitenden Aktivitäten auszuweiten.

2.1.4 Dienstleistungs- und Wissensgesellschaft

Die Volkswirtschaft wird neben dem Wirtschaftswachstum durch einen gesamtwirtschaftlichen Strukturwandel geprägt, der in der volkswirtschaftlichen Theorie als Drei-Sektoren-Hypothese beschrieben wird. Danach geht im langfristigen Wandel der Schwerpunkt der Gesamtwirtschaft stetig vom primären (Landwirtschaft) über den sekundären (Industrie) und anschließend zum tertiären Sektor (Dienstleistungen) über.

Die deutsche Volkswirtschaft wird innerhalb des Strukturwandels ihren Weg in die Dienstleistungsgesellschaft weiter fortsetzen. Die Bedeutung der Dienstleistungssektoren, insbesondere der unternehmensbezogenen, nimmt sowohl bei der Wirtschaftsstruktur als auch bei der Beschäftigung insgesamt weiter zu. Innerhalb dieses Strukturwandels erfolgt langfristig ein Trend zur Wissensgesellschaft und -ökonomie. Zwei Faktoren führen zu einem massiven Anstieg des Wissensanteils in der Wertschöpfung. Dies ist erstens die technologische Entwicklung, die die Produktivität erhöht. In Industrie und Dienstleistungen werden dabei zunehmend anspruchsvollere Technologien eingesetzt. Zweitens ist es die Globalisierung, die zu einer Abwanderung einfacher Produktionstätigkeiten in andere Länder führt. Wissens- und innovationsorientierte Branchen versprechen hohe Wachstumspotenziale.

Wissensökonomie bedeutet in ihrem Kern, dass Kapital und Rohstoffe immer mehr durch den Input von Wissen, Know-how und Kreativität ersetzt werden. Die Wissensgesellschaft bildet sich in hoch entwickelten Ländern, in denen individuelles und kollektives Wissen zur Grundlage des sozialen, ökonomischen und medialen Miteinanders wird. Diese wird der Industriegesellschaft des 19. und 20. Jahrhunderts folgen.

Die Wissensgesellschaft bzw. Wissensökonomie unterscheidet sich signifikant von vorherigen Ökonomien, in denen die Produktion materieller Güter im Mittelpunkt stand. Zukünftig nimmt Wissen sektor- und branchenübergreifend als Produktionsfaktor die zentrale Rolle ein. Die Wissensökonomie zeigt sich zwar sektor- und branchenübergreifend, wenngleich sich einige Wirtschaftsbereiche durch eine besonders hohe Dynamik auszeichnen. Die rasante Entwicklung des Wissens – technologisches Wissen und Handlungskompetenz – wird anhalten, sodass Wissen zur wichtigsten Ressource der postindustriellen Gesellschaft wird. Dies ist vor allem mit Forschung und Entwicklung sowie den Informations- und Kommunikationstechnologien (siehe Kapitel 2.3.) verbunden.

2.1.5 New Work

Ein weiterer Wirtschaft- und Gesellschaftstrend ist New Work, der in Zeiten von Work-Life-Balance und neuen Arbeitswelten zum zentralen Leitbild wird. So wie sich alle Produkte und Dienstleistungen fortlaufend an den Bedürfnissen der Konsumenten orientieren und weiterentwickeln, verändern sich auch die Arbeitsprozesse. Der Megatrend New Work zeichnet sich dadurch aus, dass Arbeit immer individueller wird. Der Begriff geht zurück auf Frithjof Bergmann, der ein alternatives Arbeitsmodell entwickelte. Die Kernwerte, die sich daraus für die Gesellschaft ergeben, sind damit Freiheit, Selbstbestimmtheit und Gemeinschaft. New Work beschreibt also die Arbeitswelt der Zukunft. Begriffe wie digitale Transformation oder Arbeitswelten 4.0 spielen eine wichtige Rolle.

Das klassische Bild von Arbeit ist durch die industrielle Arbeit geprägt. Diese ist gekennzeichnet von hochgradiger Arbeitsteilung, hierarchischer Kommandostruktur und Zeitdisziplin. Durch den immer höheren Anteil an Wissens- und Schöpfungsarbeit ändert sich gleichzeitig die Arbeitswelt. Durch den Strukturwandel und den Trend zur Wissensgesellschaft rücken Service-, Informations- und Kreativarbeit ins Zentrum des weltweiten Wirtschaftens. Die Leistungserstellung ist weniger zeit- und ortsgebunden, Arbeitsprozesse können damit mit höherer Flexibilität gestaltet werden.

Der Wandel von einer Industrie- zur Wissensgesellschaft erfordert Innovationen in der Arbeitswelt (siehe Kapitel 2.3.). New Work bietet hierzu Freiräume für Kreativität und Entfaltung der eigenen Persönlichkeit. Die Beschäftigten der Wissensgesellschaft ersetzen immer mehr die Waren produzierenden Industriearbeiter und brauchen im Vergleich zu diesen ein deutlich anderes Arbeitsumfeld. Der Megatrend New Work ist ebenso geprägt von der digitalen Transformation: Ohne sie wären flexible Arbeitsmodelle wie das Homeoffice oder mobiles Arbeiten nicht möglich. Dynamische Arbeitsweisen können sich positiv auf das Klima innerhalb eines Unternehmens und die Zufriedenheit der Mitarbeiter auswirken. Sie schaffen außerdem Möglichkeiten, über örtliche und zeitliche Begrenzungen hinweg kooperative Projekte zu etablieren.

Arbeit verläuft in Zukunft weniger in den Zeitschienen der industriellen Fertigung, die auf garantierten Absatzbedingungen und genormten Produkten basiert. Die Gestaltung bzw. Organisation der Arbeit übernehmen teilweise die Beschäftigten selbst, womit streng hierarchische Strukturen an Bedeutung verlieren. Die Organisationsform der Zukunft ist eher das Netzwerk. Dieses ist gekennzeichnet durch flache Hierarchien und projektbezogene Teams, die je nach Problemstellung zusammengestellt werden. Auch die Arbeitsorganisation ändert sich allmählich, so stehen z. B. Arbeitszeitkonten und individuelle Zeitverträge, Selbstverwirklichung, Lebensgenuss und ein ausgewogenes Verhältnis zwischen Arbeit und Freizeit („Work-Life-Balance") beim New Work im Vordergrund. Viele Unternehmen haben z. B. schon Homeoffice-Konzepte in ihre Unternehmenskultur integriert. Die Grenzen zwischen Arbeits- und Privatleben werden dadurch unschärfer. Arbeits- und Privatleben können nicht mehr getrennt voneinander, sondern als Ganzes betrachtet werden. Vor allem flexible, interaktive Arbeitsstrukturen sind daher mehr gefragt.

Für die Arbeitnehmer verändert sich darüber hinaus die **Erwerbsbiografie**, da es zu unterschiedlichen zeitlichen Abschnitten im Verlauf des Arbeitslebens kommt. Lineare Biografien – früher üblich – werden zur Ausnahme, Brüche und Umorientierungen im Privat- und Berufsleben häufiger. Unternehmen reagieren auf diese Veränderungen mit flexiblen Arbeitswelten. Flexible Arbeitskonzepte erfordern somit auch

Tab. 2.1: Einstellungen unterschiedlicher Generationen, Quelle: Catella Research, Der Arbeitsplatz der Zukunft, 2017, S. 4, eigene Bewertung.

	Babyboomer	Generation X	Millenials
Geburtsjahr	1946–1964	1965–1980	1981–2000
Attribute	kompetitiv, zielorientiert	selbstsicher, unabhängig, skeptisch	anspruchsdenkend, Leben genießen
Arbeit ist …	Karriere	Vertrag	Erfüllung
Antrieb	Lob, Anerkennung	Geld, Status	spaßorientiert, Leben, Selbstverwirklichung

unternehmerische Flexibilität. Arbeitgeber müssen die individuelle Arbeitsweise ihrer Mitarbeiter fördern, um deren Zufriedenheit sicherzustellen und auch nach außen attraktiv für potenzielle neue Mitarbeiter zu sein. New Work ist deshalb ein Megatrend, der in die Unternehmenskultur integriert werden muss.

Zunehmend wird von Arbeitnehmern Flexibilität zu Zeit und Ort der zu erbringenden Leistung gefordert. Aufgrund der Digitalisierung sowie der Globalisierung wird der Wunsch nach Selbstbestimmung auch in Bezug auf das Erfüllen der Arbeit sichtbar. Dass diese Entwicklung nicht ab-, sondern vielmehr zunehmen wird, lässt sich quantitativ auch am Anteil der Millenials (deutsch: *Jahrtausender*) an den Bürobeschäftigten erkennen. Denn dieser zwischen den 1980er und 2000er-Jahren geborenen Generation werden oben genannte Wertvorstellungen im Besonderen zugesprochen. Da die Millenials bis zum Jahr 2025 eine prognostizierte Quote von rund 75 % an der arbeitenden Bevölkerung stellen werden, wird sich daher die Forderung nach modernen Arbeitskonzepten verstärken. Eine Übersicht zu Werten und Einstellungen von Millenials sowie weiterer demografischer Schichten findet sich in Tabelle 2.1. Der Sinneswandel ist in erster Linie auf die wirtschaftliche Gesamtlage zurückzuführen. Bei den Millenials haben die stark verbesserten Rahmenbedingungen (langjähriger Aufschwung) und die günstigeren Perspektiven auch die Wertvorstellungen verändert.

Der Wertewandel verläuft keineswegs eindimensional, sondern zeigt sich vielschichtig und teilweise sogar widersprüchlich. Die heutige Gesellschaft ist in höchst heterogene Segmente zersplittert. Standen in den 1970er- und 1980er-Jahren materielles Wohlergehen und physische Sicherheit im Vordergrund, zeigt sich seitdem ein Trend in Richtung einer Höherbewertung immaterieller Aspekte und individueller Lebensqualität.

2.2 Gesellschaftliche Megatrends

Die gesellschaftlichen Megatrends umfassen Prozesse wie die Entwicklung neuer Lebens- und Arbeitsformen sowie einen nachhaltigen Wertewandel in der Gesellschaft. Die Lebensstile zeigen ausgeprägt differenzierte Trends. Ein Teil der Bevölkerung hat eine ausgesprochen hohe, stetig wachsende Kaufkraft und Konsumbereitschaft mit einem ausgeprägten Markenbewusstsein und einer Genuss- und Erlebnisorientierung. Ein anderer Teil hingegen ist geprägt durch ein geringes Einkommen und ein entsprechend zurückhaltendes Konsumverhalten.

2.2.1 Demografie

Der demografische Wandel ist für die zukünftige Entwicklung der Immobilienmärkte von großer Bedeutung, da er eine der wichtigen Bestimmungsgrößen für deren langfristige Entwicklung ist. Hier sind sowohl zahlenmäßige Veränderungen als auch Strukturverschiebungen relevant.

Nach Schätzungen des Statistischen Bundesamtes lebten Ende 2017 rund 82,8 Mio. Menschen in Deutschland. Eine aktuelle Prognose des Instituts der deutschen Wirtschaft (IW) schätzt, dass die Bevölkerung in Deutschland bis 2023 auf 83,9 Mio. Menschen zunehmen und dann bis 2035 auf 83,1 Mio. langsam sinken wird. Die Entwicklung erklärt sich einerseits durch die zu niedrige Geburtenhäufigkeit bei einer im Vergleich dazu zu hohen Zahl von Sterbefällen und andererseits durch die Nettozuwanderungen.

Die **Einwanderungen** überdecken seit dem Jahr 1972 die Schrumpfungstendenzen, die die natürliche Bevölkerungsentwicklung aufweist. So hätte die Bevölkerung im Zeitraum 1990 bis 2015 infolge von Sterbeüberschüssen (d. h. Saldo zwischen Geburten und Sterbefällen) von rund 3 Mio. bereits deutlich abgenommen. Durch internationale Wanderungsgewinne von etwa 5 Mio. Menschen wurde die natürliche Bevölkerungsentwicklung jedoch mehr als ausgeglichen.

Während die internationalen **Wanderungen** in der Vergangenheit starken Schwankungen unterlagen, weisen die Binnenwanderungen im Vergleich dazu stabilere Muster auf. Insgesamt finden pro Jahr ca. 2,6 Mio. Wanderungen (Summe aller Zu- und Fortzüge) über Kreisgrenzen hinweg statt. Bei den 18- bis unter 25-Jährigen (Bildungswanderer) wird die Aufnahme einer Berufs- oder Hochschulausbildung unterstellt. Die 25- bis unter 30-Jährigen weisen in ihren Wanderungsmotiven eine starke Berufsorientierung auf. Bei den 30- bis unter 50-Jährigen (Familien- und Arbeitsplatzwanderer) kommen unterschiedliche Wanderungsmotive (Wohnungs- und Immobilienmarkt, aber auch berufliche Motive) zum Tragen. Bei den 65-Jährigen und Älteren (Ruhesitzwanderung) sind ebenfalls unterschiedliche Motive ursächlich (u. a. die Steigerung des persönlichen Wohlbefindens, die Familienzusammenführung oder der Wechsel in eine Pflegeeinrichtung).

Deutschland ist durch eine polyzentrale Struktur geprägt, wobei der überwiegende Teil der Bevölkerung (rund 38,2 Mio. bzw. 47,4 %) in den städtischen Regionen lebt. Die Regionen mit Verstädterungsansätzen und ländliche Regionen zählten im Jahr 2015 rund 24,9 bzw. 17,8 Mio. Einwohner. In den ländlichen Kreisen mit Verdichtungsansätzen leben rund 14 Mio. und in den dünn besiedelten ländlichen Kreisen rund 11,6 Mio. Menschen.

Regional gesehen gab es schon in der Vergangenheit (seit der Vereinigung) ein großräumiges regionales Nebeneinander von Wachstum und Schrumpfung in Deutschland. Vereinfacht ausgedrückt galt die Formel: Der Osten – mit Ausnahme weniger Räume wie Berlin, Leipzig und Dresden – schrumpft, der Westen wächst. Seit Mitte der 2000er-Jahre zeigt sich auch in Westdeutschland ein keilförmiges Gebiet mit stagnierender oder schrumpfender Bevölkerung, deren Pfeilspitze im Ruhrgebiet (fast minus 140.000 Einwohner) liegt und weitere betroffene Gebiete u. a. Ostwestfalen und Südniedersachsen sowie Nordhessen sind.

Die skizzierte Differenzierung in der Bevölkerungsdynamik wird sich nach der Raumordnungsprognose 2035 des Bundesinstituts für Bau-, Stadt- und Raumforschung (BBSR) weiter verstärken. Dabei werden die ostdeutschen Regionen mehrheitlich weiter schrumpfen. Demografische Stabilität wird in Berlin sowie in den Regionen Leipzig und Dresden erwartet. In Westdeutschland schwächt sich die Bevölkerungsdynamik langfristig ab, und bisher wachsende Regionen haben in der Zukunft nur noch einen geringen Bevölkerungszuwachs. Regionen mit mäßigem Bevölkerungswachstum oder Stagnation werden erstmals Verluste haben, und Regionen mit leichten Bevölkerungsverlusten müssen sich auf stärkere Einbußen einstellen. Wichtigste Ursache ist auch hier der negative natürliche Saldo. Dabei sind die wirtschaftsstarken Großstadtregionen wie z. B. München, Stuttgart oder Hamburg noch durch stabile bis zunehmende Einwohnerzahlen geprägt. Aber auch einige weniger dicht besiedelte Gebiete wachsen noch. Getrieben wird diese Entwicklung von Gewinnen aus der Binnenwanderung und der internationalen Zuwanderung.

Weiterhin sind **strukturelle Effekte** zu erwarten. Die zu niedrige Geburtenzahl im Verhältnis zu den Sterbefällen führt in Verbindung mit der steigenden Lebenserwartung zu deutlichen Veränderungen in der Altersstruktur der Bevölkerung. Durch die relativ wenigen Geburten sinkt die Anzahl der jungen Menschen, die den Sockel der Bevölkerungspyramide bilden. Die steigende Lebenserwartung verbreitert die Spitze. Der Altenquotient, der das zahlenmäßige Verhältnis der Personen im Alter von 65 Jahren und älter zu Personen im Alter von 20 bis 64 Jahren zeigt, wird zukünftig deutlich zunehmen. Dieser dürfte bis 2050 von derzeit knapp 29 % auf 45 % steigen, da die geburtenstarken Jahrgänge der 1950er- und 1960er-Jahre ("Babyboomer") in Rente gehen. Das Durchschnittsalter von 43,7 Jahren im Jahr 2012 steigt auf ca. 47,3 Jahre im Jahr 2035.

Darüber hinaus wird die Gesellschaft in Deutschland „**bunter**", d. h. die Zahl und der Anteil der Menschen mit Migrationshintergrund werden weiter wachsen. Nach dem Statistischen Bundesamtes lebten 2017 in Deutschland etwa 19,3 Mio. Menschen mit Migrationshintergrund (Ausländer: 9,4 Mio. oder 11,5 %), weil sie entweder selbst eingewandert oder weil sie in Migrationsfamilien in Deutschland aufgewachsen sind. Dies entspricht 21 % der Gesamtbevölkerung; langfristig werden sich insgesamt die Anzahl und der Anteil der Menschen mit Migrationshintergrund an der Gesamtbevölkerung weiter erhöhen.

2.2.2 Nachhaltigkeit

Der Trend zur Nachhaltigkeit wird die Immobilienwirtschaft tief greifend beeinflussen. Eine nachhaltige Entwicklung des Immobiliensektors betrifft sowohl die Unternehmen und Beschäftigten der Immobilienwirtschaft als auch die von der Immobilienwirtschaft erstellten und genutzten Immobilien.

Es gibt keine einheitliche **Definition** von Nachhaltigkeit, sondern sehr unterschiedliche Auffassungen. Die für das heutige Verständnis grundlegende Definition von Nachhaltigkeit (andere Begriffe: *nachhaltige Entwicklung, Sustainable Development*) findet sich im Abschlussbericht der UN-Kommission für Umwelt und Entwicklung, dem Brundtland-Bericht aus dem Jahr 1987. Darin heißt es: „Die Menschheit ist einer nachhaltigen Entwicklung fähig – sie kann gewährleisten, dass die Bedürfnisse der Gegenwart befriedigt werden, ohne die Möglichkeiten künftiger Generationen zur Befriedigung eigener Bedürfnisse zu beeinträchtigen." Damit kommt jeder Generation die Verantwortung zu, nachfolgenden Generationen die gleichen Möglichkeiten zur Bedürfnisbefriedigung zu hinterlassen, die sie selbst vorgefunden hat.

Bei der Erfüllung dieser Bedürfnisse wird zwischen der **intra- und intergenerativen Gerechtigkeit** unterschieden. Unter der intragenerativen Gerechtigkeit wird verstanden, dass jeder Mensch in einer Generation das Anrecht hat, seinen Bedürfnissen nachkommen zu können. Dies betrifft z. B. die Gerechtigkeit innerhalb eines Landes oder zwischen Industrie- und Entwicklungsländern. Die intergenerative Gerechtigkeit zielt auf die Beziehung und die Abhängigkeit zwischen der heutigen und den nachfolgenden Generationen ab. Diese entspricht einer Form des Generationenvertrags z. B. über den Umgang mit Ressourcen. Somit erfordert Nachhaltigkeit einerseits den Ausgleich zwischen den Bedürfnissen heutiger und zukünftiger Generationen und andererseits innerhalb der heutigen Generation.

Bei weitergehender Differenzierung lassen sich verschiedene Dimensionen der Nachhaltigkeit unterscheiden. Die Nachhaltigkeit umfasst die drei Aspekte Ökologie, Ökonomie und Gesellschaft, wobei alle drei Dimensionen gleichwertig nebeneinander stehen und zudem eng miteinander verflochten sind. Nachhaltiges Handeln bedeutet, dass die Wirkungen auf die Umwelt mindestens gleichberechtigt mit sozialen und wirtschaftlichen Aspekten behandelt werden sollen. Entscheidungen sind derart zu treffen, dass gegenwärtige und nachfolgende Generationen intakte ökologische, soziale und ökonomische Strukturen haben.

Entsprechend der drei Dimensionen der Nachhaltigkeit hat sich die Immobilienwirtschaft ihrer Verantwortung zu stellen und ihre bisherigen Strategien und Lösungsansätze zu überdenken. Es sind die Anforderungen an die Immobilien und deren Qualitäten grundlegend zu verändern.

Die **ökologische Nachhaltigkeit** verfolgt das Ziel, nachfolgenden Generationen Natur und Umwelt bestmöglich zu erhalten. Um den kommenden Generationen eine Lebens- und Wirtschaftsgrundlage bieten zu können, muss die Natur erhalten bleiben. Neben dem Ziel der Erhaltung der Arten- und Landschaftsvielfalt sollen erneuerbare und nicht erneuerbare Ressourcen nachhaltig genutzt werden. Für die Immobilien-wirtschaft bedeutet dies, dass der Einsatz nicht erneuerbarer Ressourcen minimiert und erneuerbare Ressourcen nur in begrenztem Umfang genutzt werden sollen. Ab-fälle sollen vermieden und beim Bau und bei der Nutzung sollen umweltschonende und recycelbare Materialien verwendet werden. Energieeffiziente und umweltfreund-liche Gebäude sind zu bauen und bestehende zu modernisieren.

Die **ökonomische Nachhaltigkeit** erfordert eine dauerhaft tragfähige Wirt-schaftsweise, die insbesondere Folgen für die Nutzung natürlicher Ressourcen durch eine Generation hat. Neben der Gewährleistung der Grundbedürfnisse mit nachhal-tigen Produkten soll gesamtwirtschaftliche Stabilität erreicht werden. Dazu gehört auch eine verstärkte Entwicklungszusammenarbeit. Die ökonomische Dimension der Nachhaltigkeit beschäftigt sich mit der Wirtschaftlichkeit einer Immobilie über den gesamten Lebenszyklus. Angestrebt werden sollen niedrige Lebenszykluskosten und eine hohe Flächeneffizienz, um die Werte der Immobilien stabil zu halten. Dies führt auch dazu, dass nachhaltige Immobilien höhere Mieten und Preise erzielen können.

Die **soziale bzw. gesellschaftliche** Nachhaltigkeit zielt auf die Entwicklung einer dauerhaft lebenswerten Gesellschaft, in der die Menschenrechte geachtet werden und soziale Gerechtigkeit ein hohes Gut darstellt. Zu den sozialen Zielen der Nachhaltig-keit gehören eine partizipative Demokratie und Rechtsstaatlichkeit in allen Lebens-bereichen sowie die Vermeidung von Armut und das Streben nach sozialer Sicherheit. Die Immobilien sollen dazu beitragen, dass sich die Menschen sowohl in der Arbeits-welt als auch in ihren Häusern wohlfühlen.

2.2.3 Individualisierung

Der Megatrend Individualisierung ist wesentlicher Teil des gesellschaftlichen Werte-wandels und gehört zu den treibenden Kräften, die die Gesellschaft und Wirtschaft massiv verändern. Individualisierung beschreibt den Trend zu einer Gesellschaft mit höherer Differenzierung; dies bedeutet eine erhöhte Werte- und Normenvielfalt in der Gesellschaft, die zu einem generellen Wertewandel führt. Darunter versteht die So-ziologie grundsätzlich eine deutliche Veränderung von soziokulturellen Werten und Wertsystemen wie auch von individuellen Wertvorstellungen. In den vergangenen Jah-ren haben sich bei einer wachsenden Zahl von Menschen institutionelle Bindungen aufgelockert und sich zugleich eine verstärkte Ausrichtung des Denkens und Han-delns an der eigenen Person und Lebensgestaltung ergeben.

In der **traditionellen Gesellschaft** ist der Einzelne von den Institutionen Kirche, Staat und Familie stark geprägt und wächst in traditionellen Rollen auf. Durch Wohl-stand, Bildung und Mobilität haben sich die Möglichkeiten für den Einzelnen deut-lich erhöht. Die Individualisierung kann mit den Begriffen „Selbstverwirklichung" und „Entscheidungsfreiheit" beschrieben werden und steht für eine neue Wahrnehmung der eigenen Persönlichkeit in der Gesellschaft. Individualisierung kennzeichnet zudem einen langfristigen Wandel, in dem sich Individuen immer weniger an den gesellschaftlichen Rahmenbedingungen orientieren. Der größte Teil der Gesellschaft sieht sich immer mehr als ein Individuum, das eine Wahrnehmung der Einzigartigkeit entwickelt und sich dementsprechend auch verhält. Individuelle Entscheidungen zu treffen wird dabei immer mehr in den Vordergrund gestellt und die spezifische Lebensweise wird immer stärker vom Marktgeschehen abhängig gemacht. Aus diesem Grund verlieren immer mehr Traditionen, wie die Gründung einer Familie, an Bedeutung und das Bedürfnis nach Lebensgemeinschaften steigt.

Individualisierung ist das **Resultat** aus verschiedenen gesellschaftlichen Entwicklungsprozessen. Die Ausprägung individueller Lebensstile setzt einen hohen materiellen und immateriellen Lebensstandard voraus. In hoch entwickelten Volkswirtschaften bestehen die materiellen Voraussetzungen aufgrund des verfügbaren Einkommens und Vermögens und es können die immateriellen Voraussetzungen durch die Tolerierung ganz unterschiedlicher Lebensstile geschaffen werden. Ein wesentlicher Beitrag zur Individualisierung kommt von der Bildung. Durch das steigende Bildungsniveau erhalten die Menschen die Chance, aufgrund beruflicher Karrieren in der Sozialstruktur aufzusteigen. Dadurch tragen neben der verbesserten finanziellen Situation auch die vermehrten Fähigkeiten bzw. Kompetenzen dazu bei, dass selbstbestimmend Lebensentscheidungen getroffen werden können (Wissensgesellschaft). Globalisierung, die digitale Vernetzung und nicht zuletzt der Wohlstandszuwachs der vergangenen Jahrzehnte haben die Optionen zur Selbstentfaltung (Individualisierung) vervielfacht. Es herrscht eine Gleichzeitigkeit aller Möglichkeiten.

Individualisierung spiegelt sich u. a. in neuen **Lebensbiografien** und in der Differenzierung der Haushaltsformen wider. Heutige und insbesondere zukünftige Lebensbiografien haben nicht nur eine Ausprägung, sondern sie verlaufen entlang neuer Brüche, Umwege und Neuanfänge. Der Megatrend der Individualisierung beschreibt den Aufstieg des „Ichs". Eine Normbiografie, die in der Vergangenheit durch Jugend, Erwerbs-/Familienphase und Ruhestand definiert war, verliert zunehmend an Bedeutung. Sprunghafte Biografien, die aus dem klassischen Raster fallen, sind in der modernen Welt keine Seltenheit mehr. Die Menschen wollen eher frei entscheiden dürfen, wo und wie sie leben oder welchen Beruf sie ausüben. Das Bedürfnis, frei und selbstbestimmend entscheiden zu können, gewinnt daher an Bedeutung.

Die fortschreitende Individualisierung lässt sich bei den Haushaltsstrukturen zeigen, die sich immer weiter differenzieren. Zu Beginn des vergangenen Jahrhunderts prägte die Großfamilie als Haushaltsform die Gesellschaft. Danach bildete die klassische Kleinfamilie die gesellschaftliche Norm, in der die Mehrheit der Bevölkerung lebte. Die „Single-Gesellschaft" ist heute eine Art Ausprägung des Megatrends Individualisierung und beschreibt, dass Menschen sich immer häufiger gegen das typische Familienideal und für Freiheit bzw. Unabhängigkeit entscheiden. Diese Menschen ziehen es häufiger vor, allein als Single zu leben.

In Zukunft wird es immer schwieriger, einen „Normhaushalt" zu definieren. Unterschiedliche Lebensstile finden in der Priorisierung der Lebensbereiche und den Formen des Zusammenlebens ihren Ausdruck. Die Selbstverwirklichung kann gleichermaßen im Beruf wie im Privatleben und ebenso in unterschiedlichen Formen der Partnerschaft gesehen werden. Patchworkfamilien und Multigenerationsfamilien sowie eine wachsende Anzahl von Alleinerziehenden ergänzen die traditionellen Familienmodelle. Die idealen Wohnvorstellungen sind bei allen Zielgruppen verschieden. Das betrifft gleichermaßen die Wohnung selbst wie auch das Wohnumfeld.

Als eine Form der Individualisierung inszenieren sich Personen selbst als **Marke**, um Differenzierung zu erreichen. Der Lebensstil ist ein Vehikel zur Sicherung der eigenen Identität, sodass immer neue Lifestyle-Kombinationen in Erscheinung treten. Waren Subkulturen mit entsprechenden Lebensstilen früher noch einer bestimmten Zeit ihres Booms zuzuordnen, existiert nun alles gleichzeitig und flexibel kombinierbar (Patchwork-Identitäten). Die wichtigsten Dimensionen dabei sind Werte, Meinungen, äußere Erscheinungsmerkmale, Freizeitaktivitäten oder generelle Konsumentscheidungen. Um einzigartig zu sein, gilt es oftmals, normale Produkte oder Services in hohem Maße zu individualisieren: vom eigens designten Kleidungsstück über den Medienkonsum bis hin zum bewussten Lebensstil. Unternehmen erkennen das und rücken den Konsumenten mit seinen Bedürfnissen und Präferenzen in den Mittelpunkt. Die Individualisierung wird zur Personalisierung, da Kunden nicht nur individuell, sondern auch unabhängig und flexibel sein möchten. Heute begreift sich ein Individuum als Marke und es ist entscheidend, wie es seine persönliche Marke inszeniert, kultiviert und pflegt.

2.2.4 Mobilität

Mobilität ist zu einem der wesentlichen Bestandteile der gesellschaftlichen Megatrends geworden. Sie ist eine Grundvoraussetzung des Lebens und Wirtschaftens in einer globalen Wirtschaft. Die private Bereitschaft zur Mobilität bestimmt auch die Möglichkeiten der Arbeitsplatzwahl.

Während in der agrarischen Kultur die Mehrheit der Menschen üblicherweise ihre Region nicht verließ, nimmt seit der Industrialisierung die Mobilität der Menschen ständig zu. Doch erst in der zweiten Hälfte des 20. Jahrhunderts kam es zu jener heute üblichen Massenmobilisierung. Die Bewegungen im Verkehr mit Automobilen und Zügen wachsen weiter. Eine höhere Alltagsmobilität bedeutet insgesamt ein Mehr an Jobwechseln und mehr Wohnortwechsel. Neben beruflich bedingten Wanderungen steigen auch die weltweiten Tourismuszahlen ständig.

Auch die Waren- und Informationsströme werden weiter stark zunehmen, all dies wird von IT-unterstützter Zusammenführung der Verkehrs- und Warenströme vorangetrieben. Fortschreitende Digitalisierung und neue Logistikkonzepte beeinflussen die Mobilität und unterstützen das Entstehen neuer Mobilitätskonzepte. Die

Forderung nach Nachhaltigkeit macht jedoch eine andere Qualität von Mobilität notwendig. Im Bereich der Mobilität sind auch ökologische und soziale Aspekte stärker zu berücksichtigen.

Mobilität hat darüber hinaus mit der sozialen Mobilität eine weitere wichtige Dimension. Diese Entwicklung steht in starkem Zusammenhang mit den soziodemografischen Trends (u. a. Individualisierung) und mit der Veränderung der Arbeitswelt (New Work, siehe Kapitel 2.1.5). Die Digitalisierung und vor allem das Internet haben eine neue Form der Mobilität entstehen lassen. Eine Dauerpräsenz im Büro ist damit nicht mehr notwendig. Durch die Verwendung von Kommunikationssoftware können Mitarbeiter per Fernanwesenheit an Meetings oder Veranstaltungen überall auf der Welt teilnehmen. Auch durch soziale Netzwerke sind Menschen mit vielen anderen an unterschiedlichen Orten verbunden und können sie via Web treffen. Mithilfe von gemeinsam genutzten Tools und Services entstehen so neue Formen der Zusammenarbeit, und Personen können unabhängig von Ort und Zeit gemeinsam an Lösungen, Inhalten oder Themen arbeiten.

2.3 Technologische Megatrends

Technologie
Der Begriff **Technik** bzw. **Technologie** wird in der Praxis und der Theorie sehr unterschiedlich verwendet. Unter Technik werden alle Maßnahmen, Einrichtungen und Verfahren verstanden, die dazu dienen, die Erkenntnisse der Naturwissenschaften praktisch nutzbar zu machen. Weiterhin sind damit die technische Ausrüstung, die Einrichtung für die Produktion oder die technische Beschaffenheit eines Geräts gemeint. Technologie ist definiert als die Wissenschaft von der Technik. Im allgemeinen Sprachgebrauch, in der interdisziplinären Technikforschung und auch in der Immobilienwirtschaft wird „Technik" und „Technologie" oftmals äquivalent verwendet.

Generell ist eine Technologie ein „Enabler"; d. h., sie befähigt oder ermöglicht Veränderungen an einem Material, in der Produktion, bei Dienstleistungen oder in der Kommunikation. So vielfältig die Anwendungsbereiche von Technologien sind, so unterschiedlich sind auch die begrifflichen Definitionen. Erzeugt eine Technologie ihre Wirkung als Enabler nur dank einer ausschließlichen oder maßgeblichen Unterstützung durch Software und/oder Hardware z. B. übers Internet, wird sie als digitale Technologie bezeichnet.

Der Begriff „Technischer Fortschritt" selbst ist **normativ** besetzt. Im Gegensatz zu den Antonymen wie „Rückgang" oder „Stagnation" impliziert Fortschritt wertend eine positive Entwicklung. Die mit dem technischen Fortschritt oftmals einhergehenden (negativen) Begleiterscheinungen wie Substitutionen, Rationalisierungen und damit eventuelle Qualifikationsverluste der Arbeitnehmer durch die Einführung neuer Techniken, neue Belastungen am Arbeitsplatz oder Arbeitsplatzverluste von Betroffenen werden nicht mit diesem Begriff in Verbindung gebracht.

Der **technische bzw. technologische Fortschritt** basiert auf der Weiterentwicklung der Technik. Unter technischem Fortschritt werden technologische Neuerungen verstanden, die es ermöglichen, neue Produkte bzw. Produkte höherer Qualität herzustellen oder neue Methoden und Verfahren einzusetzen. Dadurch kann u. a. eine bessere Versorgung der Menschen mit Gütern und Dienstleistungen entweder in quantitativer oder qualitativer Hinsicht erreicht werden. Technischer Fortschritt kann weiterhin zu Produktivitätssteigerungen und zu einer Änderung der bisher als effizient erkannten Beziehungen zwischen den eingesetzten Produktionsfaktoren (Produktionsfunktion) und der damit erzielbaren Produktion führen. Die Produktionsweise ändert sich so, dass die gleiche Ausbringungsmenge mit geringeren Faktormengen bzw. mit gleichen Faktormengen eine größere Produktionsmenge erzielt werden kann.

Der technische Fortschritt ist einer der wesentlichen Treiber der wirtschaftlichen Entwicklung. Auch für die Entwicklung der Immobilienmärkte ist der technische Fortschritt von herausragender Bedeutung. Besonders die weitreichenden Entwicklungen der Informations- und Kommunikationstechnologie erfahren eine wesentliche Beachtung, es nehmen gerade die Bedeutung und Verfügbarkeit von Informationen als Produktionsfaktor vor allem bei Dienstleistungen ständig zu. Verbesserte Kommunikationsstrukturen tragen zu einer weiteren Internationalisierung der Geschäftsbeziehungen bei. Wegen der zunehmenden Diffusion/Verbreitung und Akzeptanz von Online-Medien sowohl bei Konsumenten als auch bei Anbietern kann davon ausgegangen werden, dass zukünftig Geschäftstransaktionen verstärkt online stattfinden werden.

Der technologische Fortschritt steigert die Produktivität einer Gesellschaft, was wiederum den Wohlstand einer Volkswirtschaft erhöht. Wenn mehr Arbeit von Maschinen erledigt wird, schafft dies zum einen mehr Wohlstand und zum anderen mehr Raum für Freizeit und Selbstverwirklichung der Menschen – zumindest für diejenigen Menschen, die in der Lage sind, davon zu profitieren. Eine Schattenseite der zunehmenden Automatisierung kann jedoch darin bestehen, dass der gewonnene Produktivitätszuwachs mit zunehmender sozialer Ungleichheit einhergeht.

Evolutionäre und disruptive Innovationen

Innovationen sind die Basis des technischen Fortschritts. Der Begriff Innovation wurde in den 1930er Jahren von dem österreichischen Ökonom Joseph Schumpeter geprägt, der den Zusammenhang zwischen Innovationen und dem Prozess der „schöpferischen Zerstörung" (englisch: *creative destruction*) und die Bedeutung für die wirtschaftliche Entwicklung beschrieb. Neuerungen gelten als Ursache für eine dynamische Entwicklung der Wirtschaft. Demnach haben Innovationen hauptsächlich den langfristigen Erhalt der Wettbewerbsfähigkeit und des unternehmerischen Erfolgs zum Ziel. Produktinnovationen beziehen sich auf neue materielle Waren und Dienstleistungen, die externe Kundenbedürfnisse erfüllen. Zu den Prozessinnovationen zählen sowohl technologische als auch organisatorische Elemente, Verfahren oder Techniken, die internen Produktions- oder Betriebsabläufen dienen. Produktinnovationen können in der Anwendung auch zu einer Prozessinnovation werden, indem beispielsweise die Erfindung und Entwicklung einer neuen Technologie (Produktinnovation) bei der Erstellung eines anderen Produkts eingesetzt wird.

Die Innovationsfähigkeit ist die Fähigkeit einer Institution sich auf neue Ideen und Konzepte einzulassen, die die Anwendung neuer Prozesse oder die Einführung neuer Produkte zum Ergebnis haben können. Innovationsfähigkeit beschreibt daher umfassend das Potential einer Organisation, Innovationen hervorzubringen. Die Innovationsfähigkeit ist inhärente Eigenschaft einer Organisation, innovativ zu sein und begünstigt ihre Innovationstätigkeit. Innovation ist ein mehrstufiger Prozess, durch den Institutionen Ideen in neue/verbesserte Produkte, Dienstleistungen oder Prozesse transformieren, um sich zu entwickeln, einen Wettbewerbsvorteil auszuarbeiten oder sich im Markt erfolgreich zu differenzieren. Innovation ist üblicherweise kein Zufallsprodukt, sondern hängt von vielen Faktoren ab. Innovationsmanagement sollte daher ein wirtschaftlicher Kernbereich eines Unternehmens sein, wobei ein nachhaltiger Innovationsprozess sowie eine Innovationskultur bestehen sollten.

Der **Prozess einer Innovation** selbst kann in drei Phasen unterschieden werden. Zunächst besteht die Phase der Invention (Erfindung) mit der Erarbeitung naturwissenschaftlich-technischen Wissens, von Forschungs- und Entwicklungsergebnissen und Erfindungen. In der sich anschließenden Phase der Innovation führt die erstmalige kommerzielle Anwendung zur Erweiterung des technischen Könnens und zur Entstehung von Produkt-, Material- und/oder Verfahrensinnovationen. Hauptaktivitäten sind u. a. das Konstruieren, das Experimentieren mit Prototypen, montagegerechte Anwendung und Verwertung in der Produktion. Schließlich folgt die Phase der Diffusion, in der die Innovationen mittels Marketing-Aktivitäten und Technologietransfer wirtschaftlich verwertet werden; ihre Anwendung breitet sich dadurch aus (diffundiert).

Im Allgemeinen zeichnet sich eine Innovation dadurch aus, dass sie neuartig ist und einen Mehrwert zu bereits Bestehendem mit sich bringt. Dabei sind Innovationen mehr als nur kreative Ideen und neue Konzepte; sie sind zugleich deren Umsetzung und Anwendung im Markt. Bei den Innovationen wird zwischen auf der einen Seite evolutionären bzw. inkrementellen und auf der anderen Seite disruptiven bzw. revolutionären Innovationen unterschieden. Andere, weitere verwandte Begrifflichkeiten sind auch evolutionäre (geringfügige) bzw. schöpferische Zerstörung oder revolutionäre (radikale, fundamentale) Innovationen.

Bei **evolutionären bzw. inkrementellen Innovationen** (deutsch: *schrittweise, evolutionär*) handelt es sich um Neuerungen bei Technologien, Produkten, Dienstleistungen, Geschäftsmodellen oder -prozessen. Sie werden weiterentwickelt oder effizienter, bleiben aber im Kern erhalten. Es ist die (schrittweise) Verbesserung einer bereits existierenden Lösung von etablierten Strukturen durch die Nutzung vorhandenen Wissens. Evolution kann sowohl in großen Schritten als auch kleinteilig erfolgen. Durch die Fortentwicklung und Verbesserung bereits etablierter Produkte und Produktabläufe soll die Wettbewerbsfähigkeit auf vorhandenen Märkten erhöht werden. Inkrementelle Innovationen können in Unternehmen mit den bestehenden Denk- und Handelsmustern und aus dem Wissen und dem Erfahrungsschatz der eigenen Mitarbeiter heraus entwickelt werden.

Aus der Kundenperspektive ist die Neuauflage eines Produkts eine verbesserte Version des Vorgängermodells. Evolutionäre Innovationen finden auf einem vorhandenen Markt statt, sie steigern die Leistung bereits vorhandener Produkte und orientieren sich an bekannten Anforderungen bestehender Kundengruppen. Diese weiterentwickelten Produkte und Angebote laufen dabei Gefahr, ab einem bestimmten Zeitpunkt „überoptimiert" zu sein. Das bedeutet, sie werden zu komplex und können viele Menschen überfordern. Bei sich schnell wandelnden Märkten sind die Möglichkeiten inkrementeller Innovationen begrenzt. In der Immobilienwirtschaft ist diese Form von Innovation beispielsweise die kontinuierliche Verbesserung im Bereich des Immobilienmanagements.

Disruptive Innovationen (deutsch: *unterbrechen, zerreißen*) stellen einen vollständig neuen Lösungsansatz einer Problemstellung dar. Disruption ist der Begriff, den der Wirtschaftswissenschaftler Clayton Christensen vor 20 Jahren in seinem Buch „The Innovator's Dilemma" geprägt hat. Der Begriff selbst wird aber sehr unpräzise definiert und ermöglicht alleine dadurch eine mangelnde Trennschärfe sehr positiver emotionaler Reaktionen.

Als disruptiv wird eine Innovation bezeichnet, die eine bestehende Technologie, ein bestehendes Produkt oder eine bestehende Dienstleistung vollständig verdrängt bzw. zerschlägt. Dies kann auch Verfahren, Denkweisen, Prozesse und Systeme betreffen. Disruption basiert auf der Überlegung, dass etwas zurzeit Bestehendes nicht verharren wird. Gemeint ist damit weniger die Neuartigkeit einer Innovation, sondern ihre revolutionäre Veränderungskraft im Markt, der Gesellschaft oder der Umwelt. Es geht in diesem Fall also nicht zwingend darum, etwas Neues zu erfinden, sondern um deren Wirkung. Die Auswirkungen von disruptiven Veränderungen sind beträchtlich. Disruptionen resultieren zum einen aus Trendbrüchen, zum anderen aus plausiblen Verlängerungen existierender Trends jeweils mit tiefgreifenden Auswirkungen für die Wertschöpfungsstruktur. Solche Trendbrüche kommen oft in Form von nicht linearen Entwicklungen vor.

Disruption sind digitale Transformationsprozesse, die Branchen verändern und alte Geschäftsmodelle ersetzen können. Sie setzen die etablierten Märkte erheblich unter Druck oder machen sie teilweise überflüssig. Diese beschreiben tief greifende Änderungen von Wertschöpfungsketten z. B. durch die Digitalisierung unserer Lebenswelt, das veränderte Konsumverhalten oder eine neue Wettbewerbssituation. Da sich zunächst nur wenige Kunden von den Marktführern abwenden, scheint diese Entwicklung für diese auch keine allzu ernst zu nehmende Gefahr darzustellen. In der Folge gewinnen diese Marktanteile zulasten etablierter Produkte und Anbieter. Erfolgreiche disruptive Innovationen entwickeln sich selbst zu einem Massenprodukt und die dahinterstehenden Unternehmen nehmen damit zwangsläufig die Position etablierter Unternehmen mit bereits ausgereiften Geschäftsmodellen ein. Als disruptiv werden die Änderungen in den Bereichen Medien und Kommunikation, Handel, Finanzdienstleistungen oder Medien angesehen, die heute schon in weiten Teilen gründlich anders aussehen als vor wenigen Jahren.

Disruption entsteht immer dann, wenn alte Systeme träge, selbstgerecht oder zukunftsblind werden. Da aber Unternehmen durchaus vital, innovationsfreundlich und lernfähig sein können, bilden disruptive Technologien eher die Ausnahme, weisen aber im Vergleich zu evolutionären Technologien die stärkeren Wirkungen auf. Es ist auch zu beachten, dass die Transformation keine Einbahnstraße ist. Durch Gegenmaßnahmen der betroffenen Bereiche können eventuell nachteilige Wirkungen kompensiert werden.

Bei den Innovationen in der Immobilienwirtschaft handelt es sich vornehmlich um solche, die zu leichten oder starken Verbesserungen bei den bisherigen Produkten oder Dienstleistungen und Prozessen führen. Ein Beispiel für eine disruptive Innovation mit immobilienwirtschaftlichem Bezug ist Airbnb (Community-Marktplatz für Buchung und Vermietung von Unterkünften), das weder die Sharing Economy (geteilte Nutzung von ganz oder teilweise ungenutzten Ressourcen) noch die temporäre Peer-to-Peer-Vermietung erfand, sondern durch dessen Dienstleistungen der traditionelle Beherbergungsmarkt revolutioniert wurde.

3 Megatrend Digitalisierung

Der Megatrend Digitalisierung oder digitale Transformation ist Folge einer immer mehr wissensbasierten und technikfokussierten Gesellschaft/Wirtschaft und der technologischen Entwicklung. Durch eine digitale Technologie erfolgt eine Veränderung aufgrund des ausschließlichen oder maßgeblichen Einsatzes von Software und/oder Hardware. Digitalisierung insgesamt ist kein neues Thema, da Computer und Software bereits seit Jahren das berufliche und private Leben prägen. New Economy und die Dot-Com-Phase bestimmten schon in besonderer Weise die wirtschaftliche und gesellschaftliche Entwicklung vor dem Jahrtausendwechsel.

Nach einer Definition wird in diesem dritten Kapitel auf die Entwicklung der Digitalisierung (Kapitel 3.2) eingegangen. Diese ist eine weitere industrielle Revolution und in diesem Zusammenhang werden auch die Entwicklung und die Perspektiven der digitalen Transformation gestellt. Im Weiteren werden die verschiedenen Formen der Digitalisierung (Kapitel 3.3) analysiert. Dieses sind zum einen drei Basistechnologien, die sich dann u. a. in den verschiedenen digitalen Technologien zeigen. Unter der Vielzahl der Technologien werden hier die ausgewählt, die prägend für die Immobilienbranche sein können.

Der Begriff der Digitalisierung wird oftmals verbunden mit der Nutzung von neuen Informations- und Kommunikationstechnologien. In diesem Zusammenhang stehen vor allem die damit verbundenen Geschäftsmodelle und -prozesse, die Strategie sowie die Kommunikation im Fokus. Digitalisierung geht aber vielfach über diese Betrachtungsweise hinaus. Durch die Digitalisierung verlagert sich vieles von der realen stärker in die virtuelle Welt. Die Definitionen und Abgrenzungen zu Digitalisierung sind vielfältig und werden wegen der Bedeutung im folgenden Unterkapitel analysiert. Zunächst wird jedoch auf den Aspekt Transformation eingegangen.

Unter **Transformation** wird die Veränderung und demzufolge Neuausrichtung einer Institution u. a. aufgrund sich verändernder Kundenbedürfnisse, neuer Technologien, der Wettbewerbssituation in einer Branche oder der Regulierung verstanden. Transformation erfolgt in den meisten Fällen durch Innovationen (siehe Kapitel 2.3). Im Fall der Digitalisierung wird häufig auch von Digitaler Transformation gesprochen, wenn durch den Einsatz neuer Technologien die Leistung oder Effizienz erhöht werden soll. Die Treiber der digitalen Transformation gehen wie jede Transformation auf eine oder mehrere der folgenden Ursachen zurück (siehe Abbildung 3.1). Aus Sicht eines Unternehmens lassen sich dabei interne und externe Treiber unterscheiden. Die internen Treiber entstehen im Unternehmen, während die externen Treiber durch das Umfeld einer Unternehmung gegeben sind.

– Der **Kunde** und seine Anforderungen (Technikfokussierung) sind aufgrund sich verändernde Bedürfnisse einer der wesentlichen Treiber der digitalen Transformation. Ursache dafür ist das veränderte Verhalten der Kunden aufgrund der Digitalisierung und der Informations- und Kommunikationstechnologien. Die

https://doi.org/10.1515/9783110726909-003

Kunden

Staatliche
Regulierungen

Digitale
Transformation

Neue
Technologie

Wettbewerb

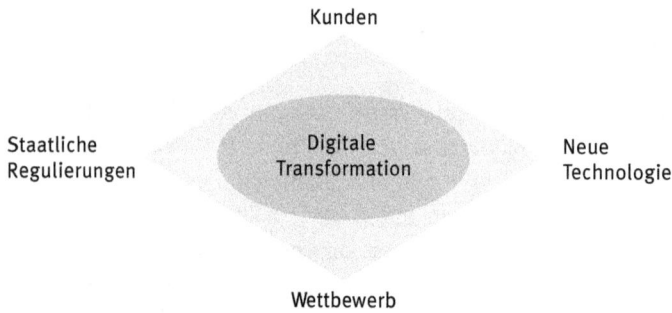

Abb. 3.1: Treiber von Digitalisierung; Quelle: eigene Darstellung.

Kunden fragen dadurch vermehrt digitale Angebote nach und wollen digitale Produkte und Leistungen konsumieren. Kunden verändern ihre Bedürfnisse immer schneller und etablierte Unternehmen tun sich schwer, diesen zu folgen oder sie gar zu antizipieren. Gleichzeitig steigt das Bedürfnis bei vielen Kunden, Neues auszuprobieren, was auch den Markteintritt junger Unternehmen erleichtert.

- **Neue Technologien** selbst treiben Innovationen wie bei der digitalen Transformation, weil sie oft neue Problemlösungen erlauben. Diese neuen Technologien müssen – um erfolgreich zu sein – für den Kunden einen Nutzen stiften. Neben der exponentiell verlaufenden Steigerung der Rechnerleistung beschleunigen die massiv gefallenen Kosten für Rechnerleistung, Speicherplatz und Bandbreiten die Entwicklung der Digitalisierung. Parallel dazu wird die Nutzung des Internets mehr und mehr zur Selbstverständlichkeit. Durch neue Technologien wird sich somit der Transformationsdruck bei Unternehmen erhöhen. Neue Lösungen bieten im günstigsten Fall sowohl dem Kunden als auch dem Unternehmen einen Mehrwert.
- Ein (zunehmender) **Wettbewerb** führt bei etablierten Anbietern zur Suche nach neuen Lösungen oder Innovationen. Dies gilt auch im Fall der digitalen Transformation. Durch neue Anbieter wie z. B. PropTechs (siehe Kapitel 4.2), die mit neuen (teilweise einfachen und günstigen) Angeboten in bestehende Märkte drängen, verschärft sich der Wettbewerb und zwingt die etablierten Unternehmen zu neuen Antworten. Bei erfolgreicher Reaktion eröffnen sich aus ökonomischer Perspektive für Unternehmen somit neue Potenziale. Der Mehrwert durch digitale Technologien ergibt sich sowohl durch Kosteneinsparungen als auch durch zusätzlichen Ertrag und neue Produkte.
- **Gesetzliche** Eingriffe und Regulierungen können Innovationen treiben oder verhindern. Der Gesetzgeber wird als der Hauptreiber für Entwicklungen in der Immobilienwirtschaft angesehen. Je deterministischer das Umfeld des Unternehmens wahrgenommen wird, desto innovativer bzw. aktiver ist das immobilienwirtschaftliche Unternehmen. Dies kann z. B. durch den Wegfall von Monopolstellungen oder durch Markteintrittsbeschränkungen, dem Daten- und

Verbraucherschutz und andere gesetzliche Standards geschehen. Durch staatliche Förderungen und öffentlichen Maßnahmen wird der Prozess der digitalen Transformation gefördert oder es kann Grundlagenforschung finanziert werden.

3.1 Definitionen und Abgrenzungen

Für den Begriff der Digitalisierung liegt derzeit keine allgemeingültige Definition vor. Der Begriff hat in der Literatur vielmehr verschiedene Bedeutungen und ist auch wegen des Einflusses auf eine Vielzahl von Branchen und Prozessen nicht eindeutig zu definieren. Allgemein werden darunter alle Veränderungen verstanden, die auf neuen Technologien, digitalen Geräten, dem Internet sowie moderner Informations- und Telekommunikationstechnik basieren. Weitere Aspekte der Digitalisierung sind stark vernetzte und intelligente Systeme. So gibt es aufgrund einer fehlenden allgemeinen Definition verschiedene Interpretationen und Abgrenzungen. Die Vielzahl der heterogenen Erklärungsansätze von Digitalisierung übertrifft sich gegenseitig in ihrer Komplexität. Die Definitionen in Abbildung 3.2 orientieren sich an verschiedenen Grundlagen.

In der **engen Definition** und zugleich ältesten Abgrenzung wird unter Digitalisierung eine technische Transformation verstanden. Aus technischer Sicht ist dies die Übertragung bzw. Umwandlung „analoger" Informationen bzw. Daten (Text, Bild und Ton) in „digitale" Daten, die dann mithilfe von Computern bzw. technischen Geräten gespeichert und weiterbearbeitet werden können. Daten werden definiert als Angaben, Werte oder formulierbare Befunde, die durch Messung, Beobachtung und anderes gewonnen werden. Sie sind somit die Beschreibung eines Status quo und zunächst wertfrei. Erst durch die Bearbeitung (u. a. Dynamisierung, Benchmarking) können neue Erkenntnisse gewonnen werden. Informationen werden von einer ana-

enge
Um-
wandlung:
analoge in digitale
Informationen

weite
permanente und
ortsunabhängige Verfügbarkeit
von Daten

erweiterte
Digitale Revolution:
Veränderung aller Gesellschaftsbereiche

Abb. 3.2: Definitionen von Digitalisierung; Quelle: eigene Darstellung.

logen in eine digitale Speicherung übertragen. Bei dieser Definition wird insbesondere der technische Aspekt der Veränderung betont. Bestehende Abläufe werden dabei zunächst grundsätzlich nicht verändert.

Ein physisches Dokument wird in ein digitales Dokument umgewandelt, wenn beispielsweise Dokumente eingescannt werden. Es betrifft auch die durch die Einführung digitaler Technologien hervorgerufenen Veränderungen. Dies ist beispielsweise im betrieblichen Ablauf das Ersetzen des papierbasierten durch einen elektronischen Workflow (Elektronische Akte, E-Akte) oder die Möglichkeit, Zahlungen online zu tätigen. Statt in raumbeanspruchenden Aktenordnern sollen Dokumente elektronisch auf Festplatten oder in Clouds gespeichert werden und den Mitarbeitern mithilfe von PCs für ihre tägliche Arbeit zur Verfügung stehen.

In der **weiten Definition** bezeichnet der Begriff Digitalisierung einen Prozess, der durch die Einführung digitaler Technologien bzw. der darauf aufbauenden Anwendungssysteme Veränderungen hervorruft. Mit der weiteren technologischen Entwicklung erfuhr im Zeitablauf auch der Begriff der Digitalisierung eine umfassendere Auslegung. Vor allem das Internet und die mit ihm einhergehenden neuen Möglichkeiten für die Gestaltung von Prozessen und die dezentrale Verfügbarkeit von Daten ermöglichen dies. Mobile Computing und die Nutzung von Dienstleistungen der Cloud erweitern die Möglichkeiten, erfasste Daten zu nutzen und machen sie vor allem jederzeit und ortsunabhängig verfügbar. Daten können nahezu von jedem Ort und zu jeder Zeit abgerufen, weiterverarbeitet und gespeichert werden. Immer leistungsfähigere Geräte werden eingesetzt, um interaktive Kommunikations- und Serviceplattformen zu nutzen. Bei dieser Definition verlässt die Digitalisierung das unmittelbare Arbeitsumfeld und vernetzt verschiedenste Anwender und Anwendungen miteinander.

Der Wandel im 20. Jahrhundert hat mit der sukzessiven Modernisierung von Arbeitsplätzen durch Informations- und Kommunikationstechnologie, der Schaffung von Netzwerken und der Implementierung von Softwareprodukten begonnen. In Unternehmen ging es darum, die unterschiedlichsten Prozesse zu digitalisieren und aufeinander abzustimmen, um den Kunden möglichst individuelle und auf ihn zugeschnittene Ergebnisse bieten zu können. So können Unternehmen heute über ein breites Spektrum an Schnittstellen, sei es online, telefonisch oder in Geschäftsstellen, mit dem Kunden in Kontakt treten.

Seit Anfang des 21. Jahrhunderts steht die Digitalisierung zunehmend für innovative Geschäftsmodelle, was sich auch in der **erweiterten Definition** zeigt. Die erweiterte Definition und damit weitestgehende Interpretation von Digitalisierung geht noch einen ganzen Schritt weiter und rückt den Begriff in den Kontext der „Digitalen Revolution". Sie beinhaltet das radikale Überdenken des Geschäftsmodells und der Geschäftsprozesse eines Unternehmens. Digitalisierung wird als gesellschaftliche Transformation begriffen und bezieht sich auf die Durchdringung aller Lebensbereiche der Gesellschaft. Die erweiterte Definition begreift Digitalisierung damit nicht mehr als einen rein technologisch geprägten Begriff. Die zunehmende Anwendung der digitalen Technologien verändert die Bedingungen grundlegend. Digitalisierung ist nach dieser Definition nicht nur die Weiterentwicklung bestehender Technologien oder steht für neue technologische Trends, sondern es können so disruptive Entwicklungsmuster entstehen. Die Entwicklung kann massive Umwälzungen in vielen Lebensbereichen und Wirtschaftsbranchen nach sich ziehen.

Unter der Digitalen Revolution wird die zunehmende Integration von Kommunikations- und Informationstechnologien in die Alltags- und Berufswelt verstanden. Dabei wird die Digitalisierung als Vernetzung aller Bereiche von Wirtschaft und Gesellschaft gesehen. Die Vernetzung von Produkten, Geschäftsmodellen und -prozessen sowie die Verbindung von physischer und virtueller Welt machen dabei den Kern der Digitalisierung aus. Neben der realen Welt tritt damit ein virtueller Bereich, wodurch sich die Gesellschaft insgesamt nachhaltig verändert. Digitale Transformation ist die bewusste und fortlaufende digitale Evolution eines Unternehmens, eines Geschäftsmodells, einer Idee, eines Prozesses oder einer Methode, was sowohl strategisch als auch taktisch erfolgen kann. Diese Definition zeigt auf, dass sich die digitale Transformation auf unterschiedliche Dimensionen beziehen kann. Das betrifft sowohl inkrementelle disruptive Veränderungen (siehe Kapitel 2.3).

In den Unternehmen der Immobilienwirtschaft werden durch die Digitalisierung die folgenden Veränderungen erwartet. Es soll zu einem Entwicklungsprozess hin zu einem digitalen Geschäftsmodell kommen. Durch die Digitalisierung können die Geschäftsmodelle der Unternehmen erheblich beeinflusst und die Wertschöpfungsketten grundlegend neu gestaltet werden. Der Mehrwert erwächst aus der Verknüpfung, Analyse und Bereitstellung von Daten. Geschäftsmodelle und -prozesse werden datengetrieben und somit flexibel. Nach dieser erweiterten Definition werden durch die Nutzung digitaler Technologien bisherige Geschäftsprozesse verändert. Es können aufgrund der Nutzung von Informations- und Kommunikationstechniken Wertschöpfungsketten grundlegend neu gestaltet werden. Durch das Entstehen neuer Geschäftsmodelle und -prozesse verliert traditionelles Verhalten an Bedeutung. Existierende Technologien, etablierte Dienstleister und Lieferanten sowie tradierte Prozesse können im Rahmen der Digitalisierung verändert oder verdrängt werden.

3.2 Entwicklung der Digitalisierung

Industrielle Revolutionen

Die Digitalisierung und die damit einhergehenden technischen Veränderungen werden auch als Industrielle Revolution bezeichnet. Dabei ist Industrialisierung die absolute und relative Ausweitung des industriellen Wirtschaftsbereichs in der Gesamtwirtschaft. Mit jeder Industriellen Revolution wurden alte Strukturen und Verfahren durch neue Methoden abgelöst. Schon Anfang des 20. Jahrhunderts sprach der österreichische Nationalökonom Joseph Schumpeter von der dadurch ausgelösten schöpferischen Zerstörung. Der Begriff bezeichnet den durch wissenschaftlichen

Fortschritt und technische Entwicklung ausgelösten Wandel der Produktionstechniken und die damit verbundenen Veränderungen in der Gesellschaft.[1]

In der zweiten Hälfte des 18. Jahrhunderts setzte die erste industrielle Revolution ein, die in England begann und sich in der zweiten Hälfte des 19. Jahrhunderts fast überall in Europa durchsetzte. Unter dieser Industriellen Revolution wird im engeren Sinne die durch die Erfindung von neuen Antriebstechniken und neuer Arbeitsmaschinen in Verbindung mit der Fabrikproduktion ausgelöste Periode der stürmischen Industrialisierung verstanden. Dies geschah mit der Einführung mechanischer Produktionsanlagen und der Dampfmaschine. Die ersten Maschinen wurden durch menschliche Kraft betrieben. Mechanische Produktionsanlagen wurden errichtet und die Maschinen durch Wasser- und Dampfkraft angetrieben. Dies gab der Industrialisierung den entscheidenden Schub. Die Fabriken waren weniger abhängig von menschlicher Muskelkraft. Mechanische Produktionsanlagen fertigten Waren schneller und in größerer Stückzahl als bisher. Als Stichtag gilt der erste mechanische Webstuhl in einer Fabrik im Jahr 1784.

Die zweite Industrielle Revolution zeigt sich in der arbeitsteiligen Massenproduktion von Gütern mithilfe elektrischer Energie (Fordismus, Taylorismus) seit der Wende zum 20. Jahrhundert. Die Einführung der Elektrizität als Antriebskraft war der Beginn. So ermöglichte die elektrische Energie die arbeitsteilige Massenproduktion. Im Jahr 1870 liefen die ersten Fließbänder in den Schlachthöfen von Cincinnati an. Mit den ersten Automobilen ab dem frühen 20. Jahrhundert wurde die Arbeit in den Produktionshallen stetig weiter automatisiert.

Ab den 1970er-Jahren setzte die dritte Industrielle Revolution ein, mit der durch den Einsatz von Elektronik und Informationstechnologien getriebenen Automatisierung von Produktionsprozessen. Maschinen übernahmen Arbeitsschritte, die zuvor per Hand erledigt worden waren. Bereits im Jahr 1941 wurde der erste funktionsfähige (programmgesteuert, frei programmierbar und vollautomatisch) Computer der Welt entwickelt. Nach den großen Rechenmaschinen begründete der Personal Computer für Büro und Haushalt einen neuen Industriezweig. Computer in Kombination mit der Erfindung „Telefonie" von Graham Bell (1876) bestimmen im digitalen Zeitalter den globalen, orts- und zeitunabhängigen Zugang zu Informationen sowie deren Verbreitung und Nutzung.

---

1 Eine andere Interpretation der langfristigen wirtschaftlichen Entwicklung liefert die Theorie der Kondratieff-Zyklen (auch: Kondratjew-Zyklen), die durch technisch-wirtschaftliche Innovationen ausgelöst werden. Jede dieser Wellen führt zu neuen Formen der Wohlfahrtssteigerung. Die bis dahin gültigen sozioökonomischen Zusammenhänge werden aufgelöst und durch neue Strukturen ersetzt. Als Basisinnovation des fünften Kondratieff-Zyklus gilt seit den 1950er-Jahren die Informations- und Kommunikationstechnik. Seit etwa dem Ende des vergangenen Jahrhunderts bzw. dem Beginn des 21. Jahrhunderts soll der sechste Kondratieff-Zyklus bestehen, bei der auch weiterhin die Basisinnovation bei Daten und Informationen bestimmend sein soll.

In der vierten Industriellen Revolution wird der Fokus auf die zunehmende Digitalisierung früherer analoger Techniken und der Integration cyber-physischer Systeme gesetzt. Integrale Bestandteile sind dabei informations- und softwaretechnische Komponenten mit mechanischen bzw. elektronischen Komponenten, die über eine Infrastruktur wie dem Internet in Echtzeit miteinander kommunizieren. Die gesamte Produktionslogik wandelt sich, in der Industrie 4.0 verschmelzen die physikalische und die virtuelle Welt. Basierend auf dem Internet of Things erlauben cyber-physische Systeme eine Zusammenführung und Koordination von Rechenleistung und biologischen bzw. mechanischen Elementen. Es handelt sich um große, komplexe Systeme, die vollintegriert logische Berechnungen und physische Aktionen aufeinander abstimmen. Cyber-physische Systeme können so weitgehend automatisiert und autonom agieren.

In der Industrie steht vor allem die weitere Automatisierung und Individualisierung von Entwicklungs- und Fertigungsprozessen im Vordergrund sowie der zunehmende Anteil von informatikbasierten Produkten in den physischen Produkten selbst, den sogenannten Embedded Systems. Das Ziel sind vollständig automatisierte Produktionsanlagen mit intelligenten Werkzeugen, die zu einer weitgehend autonomen Steuerung der Fertigung führen sollen. Am Ende stehen die vernetzte Fabrik und eine zunehmend autonome Produktions- und Logistikkette, mit Maschinen, Geräten und Produkten, die scheinbar selbstständig arbeiten.

Entwicklung der Digitalisierung

I. Evolutionsstufe	II. Evolutionsstufe	III. Evolutionsstufe	IV. Evolutionsstufe
Entstehung und Verbreitung	Akzeptanz und Verbreitung	Reifephase	Verschmelzung digital und real
1990er Jahre	Anfang 2000er Jahre	kurz- bis mittelfristige Perspektive	langfristige Perspektive

Abb. 3.3: Entwicklung der Digitalisierung; Quelle: eigene Darstellung in Anlehnung an Lemke und Brenner, 2015, S. 19.

Die Entwicklung der Digitalisierung vollzieht sich in unterschiedlichen Evolutionsstufen, wie dies in Abbildung 3.3 dargestellt ist. Die erste Stufe setzte ca. 1990 ein und dauerte bis ungefähr zur Jahrtausendwende an. Diese Phase war geprägt durch die spekulative New-Economy-Phase und den Beginn des World Wide Web als zentrales Element des Internets. Nicht alle Personen hatten täglichen Zugang zu digitalen Medien; vorrangig war dies Unternehmen und wissenschaftlichen Organisationen vorbehalten. Durch die Verbreitung des Internets wuchs auch die Akzeptanz der Bevölkerung für neue Technologien. In der Immobilienwirtschaft sind in Verbindung mit der Verbreitung des World Wide Web auch die ersten Computer in die Immobilien- und Wohnungsunternehmen gekommen, um die Prozesse effizienter gestalten zu können. Das Platzen der Dot-Com-Blase beendete diese erste Stufe des digitalen Zeitalters, aber die Potenziale der digitalen vernetzten Welt blieben als Erkenntnis bestehen.

In der zweiten Stufe ab der Jahrtausendwende wurde eine große Anzahl neuer technologischer Hardware erstmalig auf dem Markt platziert. Neben dem iPod von Apple kam es zur Markteinführung des Smartphones im Jahr 2007 und des Tablets im Jahr 2010. Die Zeit von 2000 bis zur Mitte dieses Jahrzehnts war die Basis für die Nutzung und Akzeptanz heutiger Technologien. Die breite Durchsetzung digitaler Dienste sowie die Marktfähigkeit unterschiedlicher mobiler Endgeräte sind das Ergebnis eines allgemein verfügbaren Internet-Zugangs. Mit der zweiten Evolutionsstufe ist die Digitalisierung auch in der Immobilienwirtschaft angekommen. So ist es beispielsweise möglich, das Immobilienmanagement digital zu gestalten. Die bessere Erreichbarkeit und Vernetzung ermöglichten außerdem eine einfachere und schnellere Transaktion von Immobilien. Die Daten können mithilfe von Datenräumen und Cloud-Lösungen einfacher zur Verfügung gestellt und abgerufen werden.

Als ein Merkmal dieser beiden ersten Phasen kann die weltweite Durchdringung mit den Technologien des digitalen Zeitalters angesehen werden. Online-Nutzung und mobile Endgeräte dominieren die Anwendung von Informations- und Kommunikationstechnologien.

Die dritte, momentane Evolutionsstufe wird als Reifephase der Digitalisierung angesehen, die die Basis für das Internet der Dinge legt. Diese Stufe zeichnet sich vor allem dadurch aus, dass die Entwicklungen der vergangenen Jahre aufgegriffen und vertieft werden. Die Vernetzung von Gegenständen ist das zentrale Kennzeichen dieser Stufe. Weiterhin erfolgt eine allumfassende Durchdringung durch das Internet der Lebens- und Arbeitswelten der Menschen. Mobile und stationäre Anwendungen können wechselseitig ohne Informations- und Funktionsverluste genutzt werden. Zudem werden Alltagsgegenstände durch Vernetzung und digitale Kommunikation „intelligent" bzw. „smart". Zunehmend werden die realen Güter der Wirtschaft durch digitale Lösungen angereichert und damit zu informatikbasierten Gütern. Darüber hinaus lässt sich erkennen, dass nicht die Entwicklung neuer Hardware im Vordergrund steht, sondern die Software weiter verbessert werden soll. Damit wird erreicht, dass sich immer mehr Gegenstände miteinander verbinden lassen („Internet of Things") oder intelligent miteinander kommunizieren. Trotz des vielfach evolutionären Charakters in der Weiterentwicklung des digitalen Zeitalters können parallel neuartige Technologien revolutionär umwälzende Impulse (disruptive) setzen. In der Immobilienwirtschaft etablieren sich Start-up-Unternehmen, die den digitalen Wandel in der Branche fördern. Start-ups sind Unternehmen, die mit einer innovativen Technologie hervortreten und im Schnitt nicht älter als zehn Jahre sind. Im immobilienwirtschaftlichen Kontext wird von PropTechs gesprochen. Property-Technology – in der Kurzform PropTech oder Real Estate Tech genannt – steht für moderne technologische Entwicklungen in der Immobilienwirtschaft.

Perspektiven

Für die kommende vierte Evolutionsstufe der Digitalisierung wird eine zunehmende bis vollständige Verschmelzung realer und digitaler Welten erwartet. Digitalisierung und Vernetzung sollen weltweit integrale Bestandteile des Alltags werden, wie auch die Vernetzung der Alltagsgegenstände, der Maschinen und Objekte zur Realität werden sollen. Wann diese Phase beginnt oder ob sie bereits schon begonnen hat, lässt sich nicht genau bestimmen. Es wird aber angenommen, dass die Grundlagen für diese neue Stufe bereits jetzt gelegt werden.

Um die Zukunftsfähigkeit digitaler Innovationstechnologien einzuschätzen, wurde 1995 der „Hype Cycle for Emerging Technologies" vom IT-Beratungsunternehmen Gartner eingeführt. Der Hype Cycle stellt dar, wann allgemein eine Technologie relevant wird und wann aus Innovationen potenziell geschäftsrelevante Ansätze werden. Die weitere Entwicklung hängt im Detail auch davon ab, in welchem Stadium sich welche digitalen Innovationen befinden. Die Gartner-Kurve stellt in mehreren Dimensionen die weitere wahrscheinliche Entwicklung von unterschiedlichen Technologien dar, die heute bekannt und absehbar sind. Die Gartner-Kurve bezieht sich auf allgemeine technologische Innovationen und nicht speziell auf immobilienbezogene. Dabei wird zum einen die Erwartungshaltung abgebildet und zum anderen die Zeit seit Bekanntwerden der Technologie. Der Zyklus kann demnach in fünf Phasen unterteilt werden:

- Technologische Auslösung: Bekanntwerden der Technologie und erste Projekte, die auf beachtliches Interesse in der Öffentlichkeit stoßen.
- Gipfel der überzogenen Erwartungen: Die Technologie ist auf dem Gipfel der Aufmerksamkeit. Es werden unrealistische und enthusiastische Erwartungen veröffentlicht und diskutiert.
- Tal der Enttäuschung: Da die Technologie nicht die zuvor aufgebauten Erwartungen erfüllen kann, sinkt die Aufmerksamkeit der enttäuschen Enthusiasten und der Medienvertreter auf den Tiefpunkt.
- Pfad der Erleuchtung: Die neue Technologie wird in dieser Phase realistisch mit ihren Stärken und Schwächen betrachtet.
- Plateau der Produktivität: Die neuen Möglichkeiten durch die Technologie werden als Vorteile akzeptiert und Geschäftsprozesse werden entwickelt.

Obwohl alle technologischen Innovationen die beschriebenen Phasen durchlaufen, unterscheidet sich die Dauer der Länge der Phasen oder die Durchlaufgeschwindigkeit. Im aktuellen Gartner-Report 2017 wird erwartet, dass Virtual Reality und Augmented Reality in absehbarer Zeit die Phase der Produktivität erreichen können.

Gerade im Absturz in die Desillusionierung begriffen, aber gleichzeitig mit einer hohen Entwicklungsgeschwindigkeit, lassen sich Spracherkennung und Sprachsteuerung sowie Maschinenlernen identifizieren. Etwas schneller in der Entwicklung und gerade auf dem Weg zum Hype-Höhepunkt sind Technologie und Konzepte wie Blockchain, intelligente Roboter, Drohnen oder Internet-of-Things-Plattformen.

3.3 Formen der Digitalisierung

Durch die Vielzahl digitaler Technologien und deren unterschiedliche Ansätze in der Bezeichnung und Kategorisierung fällt eine Ordnung und Übersicht schwer. Es wird im Folgenden unterschieden nach Basistechnologien und darauf aufbauenden Technologien. Dieser Zusammenhang ist in der Abbildung 3.4 dargestellt.

Bei den Basistechnologien sind zunächst die Informations- und Kommunikationstechnologien angesprochen, die sich auch in Mobile Computing und Cloud-Computing zeigen. Bei den darauf aufbauenden digitalen Technologien werden hier nur diejenigen Technologien berücksichtigt, die einen nachhaltigen Einfluss auf die Immobilienwirtschaft haben. Daneben gibt es noch viele weitere technologische Entwicklungen, von denen hier aber angenommen wird, dass sie entweder noch sehr visionär sind oder nur beschränkte Auswirkungen für die Immobilienbranche haben. Um den Überblick zu erhalten, wird in diesem Buch auf eine detailliertere Darstellung dieser Technologien verzichtet.[2]

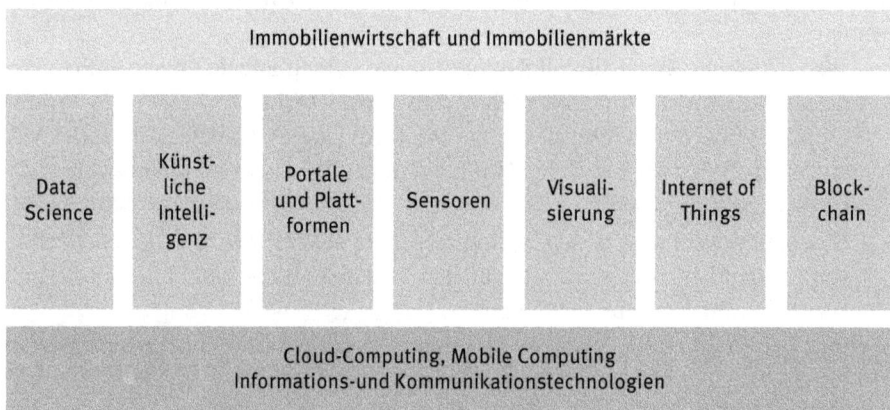

Abb. 3.4: Ausgewählte Technologien der Digitalisierung mit Bezug zur Immobilienwirtschaft; Quelle: eigene Darstellung in Anlehnung an Staub, etc., 2016, S. 108.

2 Für einen ausführlichen Überblick über digitale Technologien sei auf das Buch von Peter Staub, etc., Digital Real Estate, verwiesen. Hier werden auch alternative Technologien wie Energietech-

3.3.1 Basistechnologien

Im Folgenden werden die digitalen Technologien mit Relevanz für die Immobilienwirtschaft analysiert. Als Basistechnologien werden neben IuK-Technologien Mobile und Cloud-Computing bezeichnet und diese bilden die Grundlagen für die weiteren Technologien der digitalen Transformation. Die Kombination von verschiedenen Technologien ermöglicht, die gesamte technologische Entwicklung zu beschleunigen.

Informations- und Kommunikationstechnologien

Der technische Fortschritt zeigt sich besonders bei den Informations- und Kommunikationstechnologien (IuK-Technologien), die als Schlüsseltechnologien gelten. Informations- und Kommunikationstechnologien umfassen Technologien aus den Bereichen Information und Kommunikation. Die Unternehmen dieser Branche lassen sich grundsätzlich in die Bereiche Informationstechnik bzw. -technologie und Telekommunikation einteilen. Unternehmen aus dem Bereich Informationstechnologie können in Hardware- und Softwareanbieter bzw. -hersteller einerseits und Anbieter von IT-Services andererseits unterschieden werden. Zu den Telekommunikationsunternehmen gehören neben Endgeräte- und Infrastrukturherstellern insbesondere die Betreiber von Telekommunikationsnetzen und Serviceanbieter.

Informations- und Kommunikationstechnologien sorgen branchenübergreifend und auch in der Immobilienwirtschaft für einen wichtigen Wissenstransfer (Technologiediffusion), beschleunigen Prozesse, heben Synergien und stimulieren somit das Wirtschaftswachstum. In den vergangenen Jahrzehnten war die Entwicklung der Informations- und Kommunikationstechnologien wesentlich für die technische und somit die wirtschaftliche Entwicklung verantwortlich. Diese Technologien verarbeiten Daten und stellen sie anschließend in Form potenzieller Informationen zur Verfügung. Die Informationsverarbeitung, die gekennzeichnet ist als Selektion, Bewertung, Einordnung und Vernetzung von Informationen, ist gekennzeichnet durch einen Prozess, der zu mehr Wissen führt (siehe Kapitel 2.1.4 Wissensgesellschaft). Durch IuK-Technologien kommt es zu einer Erhöhung der Geschwindigkeit des Informationsaustausches und der ökonomischen Transaktionen bei gleichzeitig sinkenden Informationskosten.

Die Entwicklung der IuK-Technologien und die zunehmende Mobilität der Gesellschaft (siehe Kapitel 2.2.4) führen zu einem weiteren Megatrend, der Konnektivität (engl.: *connectivity*, connect: *verbinden*). Dies meint die zunehmende Organisation moderner Gesellschaften in Netzwerken. Dieser Trend beeinflusst sowohl die Privatsphäre als auch die Arbeitswelt. Das wichtigste Gerät dieser Art der neuen Organisation ist das Internet, das die Kommunikation zwischen verschiedenen Personen genauso ermöglicht wie den Datenaustausch zwischen Maschinen. Technisch wird

nologien, Nanotechnologie, intelligentes Material, Navigation und Location-Based-Services dargestellt.

dies z. B. durch Social Media ermöglicht. Smartphone und andere mobile Endgeräte verändern entscheidend die Kommunikationsformen und die Möglichkeiten der Informationsgewinnung.

Der technologische Fortschritt erzeugt neue internetbasierte Konsum-, Mediennutzungs- und Kommunikationsmöglichkeiten, die sich auf die Geschäftspotenziale der Immobilienwirtschaft auswirken. Der technische Fortschritt hat zu neuen Medien und Informationsquellen wie dem Internet und zu neuen Kommunikationsformen in der Immobilienwirtschaft geführt. Einen wesentlichen Beitrag dazu haben Mobile Devices (deutsch: *Mobilgeräte* oder *mobile Endgeräte*) geleistet. Dies sind Geräte für den Datentransfer, die Informationstechnik und für die Kommunikation, die so klein sind, dass ihre Nutzer sie ohne Probleme tragen und unterwegs benutzen können. Beispiele sind Smartphones oder Tablets. So wird auch das Geschehen in der Immobilienwirtschaft grundlegend verändert (siehe Kapitel 4).

Mobile Computing
Mobile Computing beschreibt den elektronischen Zugriff auf ein zentrales Netzwerk sowie die elektronische Datenverarbeitung über ein mobiles Kommunikationsgerät. Es geht um die Kommunikation von mobilen Nutzern und mobilen Endgeräten mit den zugehörenden Anwendungen. Die Datenkommunikation eines mobil betriebenen Computers geschieht mit anderen stationären oder mobilen Computern. Durch Mobile Computing sollen die Benutzer und seine Anwendungen mit effektiven rechnerunterstützten Konzepten, Verfahren und Lösungen versorgt werden, die es ihm ermöglichen, in einem heterogenen Umfeld Daten und Informationen zu lesen und zu bearbeiten. Dies soll unabhängig von Ort und Zeit geschehen, wobei die Kommunikation dabei u. a. über Mobilfunknetze oder WLANs unter Benutzung des Internets erfolgen kann.

Mobile Computing umfasst die mobile Kommunikation, die mobile Hardware und die mobile Software. Die Geräte können sich orts- und zeitunabhängig mit dem Netzwerk verbinden und kommunizieren. Zur **mobilen Hardware** gehören die mobilen Endgeräte, die den Zugang zum Netz ermöglichen. Als Mobilgeräte kommen Notebooks, Tablets, Laptops, PDAs oder Smartphones zum Einsatz. Diese können an unterschiedlichsten Orten auf netzwerkgestützte Dienstleistungen zugreifen. Die Beschaffung von Informationen ist nicht mehr an einen bestimmten Ort gebunden, ebenso wie die Nutzung verschiedener Dienstleistungen. **Mobile Software** umfasst das Betriebssystem, auf dem die Hardware läuft. Weiterhin gehören dazu unterschiedliche Anwendungen, die auf dem Gerät installiert werden können. **Mobile Kommunikation** ist eine Infrastruktur, die dazu führt, dass eine nahtlose und zuverlässige Kommunikation stattfinden kann. Dazu gehören u. a. Protokolle, Services und Portale.

Bewertung
Die **Vorteile** von Mobile Computing bestehen darin, dass mithilfe von mobilen Endgeräten die Kommunikation tendenziell ortsunabhängig und jederzeit möglich ist. Durch die Zunahme mobiler Anwendungen und Endgeräte sind die digitalisierten Ar-

beitsgegenstände verstärkt global und ohne Zeitgrenzen zugänglich. Digital vernetzte Arbeit verdrängt die traditionelle Fixierung auf einen festen Ort und an feste Zeiten.

Nachteilig ist hingegen, dass die mobilen Geräte im Vergleich zu stationären Geräten ressourcenarm sind, da sie leicht und klein sein müssen. Sie haben oftmals weniger Prozessorleistung und Speicherplatz und einen endlichen Energievorrat. Weiterhin bieten sie meist eine niedrigere Leistung als leitungsgebundene Verbindungen, äußere Einflüsse können eher die Verbindung stören und schließlich besteht ein höheres Sicherheitsrisiko. Notwendig für Mobile Computing in Unternehmen sind Systemlandschaften, die zu komplexen Strukturen führen können.

Cloud-Computing

Cloud-Computing (deutsch: *Datenwolke*) stellt einen zentralen Innovationstreiber des digitalen Zeitalters dar. Unter Cloud wird die Auslagerung von Daten auf einen Server verstanden, der auch von Dritten betrieben werden kann, verstanden, die dort gespeichert, verarbeitet und verwendet werden. Bei Cloud-Technologien ist die IT-Infrastruktur nicht auf dem lokalen Computer installiert, sondern wird über ein zentrales Netz (in der Regel über das Internet) zur Verfügung gestellt. Dies geschieht in der Regel über ein internetbasiertes, dynamisch nutzbares System. Der Zugriff auf die IT-Infrastruktur funktioniert ausschließlich durch technische Schnittstellen und Protokolle, etwa über den Webbrowser.

Cloud-Computing steht für eine IT-Strategie mit verteilten Hard- und Softwareressourcen, die von einem oder mehreren Providern bereitgestellt und auf Anforderung genutzt werden können. Die benötigten Ressourcen werden über eine Cloud bezogen und von einem Cloud-Provider bereitgestellt. Cloud-Computing steht darüber hinaus für die zentrale Zusammenfassung aller möglicher Cloud-Dienste. Dabei kann es sich um Rechendienste, Transaktionen, Dokumentenverarbeitung, Datenbankanwendungen oder E-Mail-Services handeln. Diejenigen, die den Cloud-Service nutzen, können dabei in der Regel unabhängig von Ort, Zeit und Endgerät auf die Daten zugreifen. Mithilfe der Cloud lassen sich die IT- und Geschäftsprozesse flexibler gestalten und optimieren. Dabei sind aber die Cloud-Dienstleistungen effizient mit der bestehenden IT-Struktur zu verbinden.

Mithilfe der modernen Informations- und Kommunikationstechnologien können Dokumente und Informationen digitalisiert und im virtuellen Raum ausgetauscht werden. Mit den weltweit vernetzten Rechenzentren als Infrastruktur steht ein enormer Speicher für Hard- und Software sowie Daten zur Verfügung, auf den (potenziell) weltweit zugegriffen werden kann und der die Endgeräte erheblich entlastet. Damit ist eine wichtige Voraussetzung für das vernetzte Arbeiten im globalen Raum erfüllt. Die Basis dieser zunehmend digitalen und virtuellen Steuerung von Arbeitsvorgängen ist das Cloud-Computing.

Cloud-Computing beschreibt den Zugriff auf Software- und Hardwareressourcen über das Netz, die nicht auf dem lokalen Rechner installiert bzw. gespeichert sind.

Computer sind mit ihren Rechen- und Speicherkapazitäten sowie den damit möglichen softwaretechnischen Anwendungen als eine vorkonfigurierte Einheit über das Internet verfügbar. Dadurch ergeben sich potenziell sehr große Rechenleistungen und Speicherkapazitäten sowie eine Vielzahl unterschiedlicher Anwendungen. Die Nutzer von Cloud-Computing-Lösungen können nachfrageorientiert ihre konkreten Bedarfe an Informations- und Kommunikationstechnik außerhalb ihres Verantwortungsbereichs flexibel erfüllen. Speicherplatz, Rechenleistung und Softwareanwendungen werden von einem spezifischen Rechner in die Cloud verlagert.

Cloud-Computing beinhaltet Technologien und Geschäftsmodelle, um IT-Ressourcen dynamisch zur Verfügung zu stellen und ihre Nutzung nach flexiblen Bezahlmodellen abzurechnen. Anstatt IT-Ressourcen, beispielsweise Server oder Anwendungen, in unternehmenseigenen Rechenzentren zu betreiben, sind diese bedarfsorientiert und flexibel in Form eines dienstleistungsbasierten Geschäftsmodells über das Internet oder ein Intranet verfügbar. Der Vorteil einer Cloud zu traditionellen Rechenzentren ist ihre Dynamik und Flexibilität bei der Ressourcennutzung. IT-Ressourcen können schnell bereitgestellt oder freigegeben werden. Je nach Zugriffsrechten und -beschränkungen lassen sich bei der Cloud verschiedene Formen unterscheiden. So kann der Zugriff nur für bestimmte Nutzer gestattet oder für mehrere Institutionen möglich sein.

Generell stehen den Nutzern von Clouds zwei Varianten zur Verfügung. Ist die Cloud öffentlich, also für jeden bzw. die Allgemeinheit grundsätzlich verfügbar, handelt es sich um eine „**Public Cloud**". In der Public Cloud stellt ein Cloud-Betreiber seine Leistungen einer Vielzahl von Anwendern über das öffentliche Internet zur Verfügung. Abgerechnet wird bei diesem Modell in der Regel nach in Anspruch genommener Leistung, also nach Datenvolumen. Diese bietet den Unternehmen auf der einen Seite maximale Flexibilität: Sie müssen nicht selbst in ihre IT-Infrastruktur investieren, sondern zahlen nur für die Nutzung. Zudem sind sie unabhängig von IT-Ausfällen. Auf der anderen Seite sehen hier Unternehmen Risiken bezüglich des Datenschutzes und der Informationssicherheit.

Geschlossene Bereiche mit einer definierten Nutzergruppe, die dieser exklusiv nur zur Verfügung stehen, sind sogenannte „**Private Clouds**". Sie werden von einem Dienstleister für einzelne Unternehmen oder von den Unternehmen selbst betrieben. In der Regel können nicht einmal Mitarbeiter von außen – also z. B. während eines Termins beim Kunden – auf das System zugreifen. Der Hauptvorteil besteht in diesem Fall in der flexiblen Self-Service-Bereitstellung von Ressourcen für Mitarbeiter und Projekte. Jedoch sind für den Aufbau einer „Private Cloud"-Investitionen in die eigene IT-Infrastruktur nötig. Mischformen, die diese Betreibermodelle miteinander verbinden, werden „**Hybrid Cloud**" genannt.

Cloud-Geschäftsmodelle
Cloud-Anbieter verfolgen ein dienstleistungsbasiertes Geschäftsmodell, wobei unterschiedliche Dienstleistungen angeboten werden. Bereitgestellte IT-Ressourcen unterschiedlicher Art werden flexibel und dienstbasiert genutzt. Hierbei werden vier Klassen von Cloud-Diensten unterschieden.

Diese sind nach der Art der IT-Ressource benannt, die vom Anbieter bereitgestellt und verwaltet wird.

- Infrastructure as a Service (IaaS) ist gewährleistet, wenn physikalische oder virtuelle Server angeboten werden. Der Cloud-Anbieter verwaltet diese Server und gewährleistet ihre Konnektivität, wobei Hardware bereitgestellt wird.
- Bei Platform as a Service (PaaS) sind weitergehende, höherwertige Funktionalitäten verfügbar, die den Betrieb von kundenspezifischen Anwendungen ermöglichen. Neben der Hardware werden weiterhin Entwicklungs- und Administrations-Tools angeboten. Diese Plattform wird bereitgestellt, ohne dass die Nutzer des Dienstes sich mit der Verwaltung von Servern beschäftigen müssen.
- Software as a Service (SaaS) umfasst zusätzlich das Angebot von kompletten, anpassbaren Softwareanwendungen. Nutzer greifen auf diese Anwendungen über ein Netzwerk zu und teilen sich dabei Hardware- und Plattform-IT-Ressourcen, jedoch ohne dies zu bemerken oder sich gegenseitig zu beeinflussen.
- Business Process as a Service (BPaaS) erlaubt es Kunden, komplette Geschäftsprozesse an einen Cloud-Anbieter auszulagern und durch den Einsatz von Geschäftsprozesstechnologien umzusetzen. In diesem Fall bietet der Anbieter alle IT-Ressourcen und nicht IT-basierte Dienstleistungen an, die ein Kunde zur Unterstützung seiner Geschäftsprozesse benötigt.

Unternehmen zeigen ein erhöhtes Interesse an Cloud-Services, da damit die Möglichkeiten verbunden sind, Kosten einzusparen und technische Expertise zu nutzen. Die Erhebung, Verarbeitung und Speicherung von geschäftlich genutzten Daten in der Cloud ist aber an strenge aufsichtsrechtliche und regulatorische Vorgaben zur Informations- und Datensicherheit gebunden.

3.3.2 Digitale Technologien mit Relevanz für die Immobilienwirtschaft

Data Science
Ein Teilbereich des Megatrends Digitalisierung ist Data Science (deutsch: *Daten* und *Wissenschaft*). Daten sind zu einem wertvollen Rohstoff für viele Industrien und auch für die Immobilienwirtschaft geworden und ihre effiziente Nutzung wird als Wettbewerbsvorteil angesehen. Daten für sich allein haben einen geringen Wert, erst durch ihre Analyse und die Nutzung der gewonnenen Erkenntnisse für Entscheidungen bringen sie Ergebnisse. Durch die Erfassung, Verarbeitung und Auswertung digitalisierter Massendaten sollen bessere Prognosen und Entscheidungen entstehen. Mit umfangreichen Datensätzen sollen validere statistische Analysen durchgeführt werden können. Letztlich bedeutet der Zugang zu umfangreichen Datensätzen jedoch keine Garantie für bessere Analysen.

Solche Technologien dienen zur Analyse großer Datenbestände sowie zur Prognose künftiger Entwicklungen. Im Bereich von Data Science werden die Methoden und Verfahren zur Datenanalyse auch als „Advanced Analytics" (deutsch: *Analyseverfahren*) oder „Predictive Analytics" (deutsch: *Prognoseerstellung*), wobei stabile Prognosen auf Basis lernender Maschinen erstellt werden, oder „Smart Analytics" (deutsch: *intelligentes Analysieren*) bezeichnet.

Auch wenn die Definitionen und Abgrenzungen fließend sind, kann wie im Folgenden im Bereich Data Science zwischen Big Data, Smart Data und Data Mining unterschieden werden. Vielfach wird der gesamte Prozess der Beschreibung, Analyse und Prognose großer Datenbestände auch als Big Data bezeichnet, auch wenn die Begriffe Data Science und Big Data eigentlich differenzierte Bedeutungen haben. Data Science ist äußerst komplex und umfasst viele spezifische Bereiche, in denen Informationen und Wissen aus Daten gewonnen werden. Mithilfe von Data Science werden Modelle geschaffen, um die zugrunde liegenden Muster von komplexen Systemen zu erkennen und diese Modelle in betriebliche Anwendungen zu überführen. Big Data hingegen sammelt und verwaltet hohe Mengen von verschiedenen Daten. Der wesentliche Unterschied besteht darin, dass Sammeln nicht mit Erkenntnisgewinnung („converting data into value") gleichzusetzen ist. Oftmals wird aber auch als Teilbereich von Big Data neben dem Sammeln auch das Analysieren von Daten verstanden.

Abgrenzungen

Big Data (deutsch: *große Datenmengen*) bezeichnet Datenmengen, die zu groß, zu komplex, zu schnelllebig und zu schwach strukturiert sind, um sie mit herkömmlichen (manuellen) Methoden der Datenverarbeitung auszuwerten. Die gesammelten Daten liegen meist in unstrukturierter Form vor und/oder stammen aus unterschiedlichen Quellen oder Anwendungssystemen. Die unstrukturierten Datensammlungen können mit der herkömmlichen IT-Infrastruktur nicht mehr analysiert werden. Große und komplexe Datenmengen werden mithilfe von Big Data in der Regel erfasst, gespeichert und analysiert. Dadurch sollen sinnvolle Interpretationen erzielt werden.

In der Immobilienwirtschaft stammen die großen Mengen von Daten aus verschiedenen Bereichen und Quellen, die über den Bestand der eigenen Immobiliendaten der Immobilienunternehmen hinausgehen können und auch weit mehr als immobilienbezogene Marktdaten umfassen. Dazu gehören u. a. auch gespeicherte Kundendaten aus der elektronischen Kommunikation (E-Mails, Apps, Chats etc.) und aus vernetzten Technologien wie Smart Homes. Die besondere Herausforderung von Big Data liegt in der Erfassung und Strukturierung des großvolumigen, heterogenen und dynamischen sowohl strukturierten als auch unstrukturierten Datenbestands. Für ihre Speicherung, Auswertung und Weiterverarbeitung sind neue technische Tools erforderlich.

Smart Data (deutsch: *intelligente Daten*) ist das Ergebnis der Datenanalyse. Aus den umfassenden Datenbeständen werden nutzbringende, abgesicherte und hochwertige Daten gewonnen. Smart Data ist im Grunde das Endergebnis, nachdem die großen Datenmengen gesammelt, geordnet und analysiert worden sind. Erst durch eine intelligente Verarbeitung wird Big Data zu Smart Data. Der Nutzen von Smart Data liegt beispielsweise darin, neue Geschäftsmodelle durch eine zielgerichtete Analyse bereits vorhandener Datenmengen zu entwickeln.

Data Mining (deutsch: *graben* oder *fördern*) ist die systematische Anwendung statistischer Methoden auf große Datenbestände mit dem Ziel, neue Querverbindungen und Trends zu erkennen. Data Mining stellt die Anwendung von Methoden und Algorithmen zur möglichst automatischen Extraktion empirischer Zusammenhänge dar. Die Datenbestände werden wegen ihrer Größe mittels computergestützter Methoden verarbeitet. Beim Data Mining kommen integrierte Methoden und Verfahren der Künstlichen Intelligenz und der Statistik sowie Modelle zum Einsatz. Im Gegensatz zu den klassischen Ansätzen aus diesen Bereichen erstreckt sich Data Mining nicht nur darauf, manuell aufgestellter Hypothesen zu prüfen, sondern darauf, neue Hypothesen zu generieren. Das Ziel ist dabei, die Entscheidungen z. B. in Unternehmen zu verbessern.

Bei Data Science werden Daten mithilfe statistischer Verfahren analysiert und bewertet, um neue Erkenntnisse zu gewinnen. Die klassische Definition von Data Science folgt der Charakterisierung des Marktforschungsinstituts Gartner. Diese beziehen sich erstens auf ein ansteigendes Volumen (engl.: *volume*) der Daten. Die Digitalisierung von Wirtschaft und Gesellschaft stellte die Voraussetzung für die Entstehung von Big Data dar. Die enorme Ansammlung an Daten stellt für traditionelle Datenbanksysteme eine Herausforderung dar. Deren Aufkommen ist so groß und so komplex, dass sie mit den herkömmlichen Methoden der Datenverarbeitung nicht mehr gespeichert oder analysiert werden können. Für aktuelle Systeme stellt die Datenmenge jedoch in der Bearbeitung kein großes Problem mehr da.

Zweitens gibt es eine ansteigende Geschwindigkeit (engl.: *velocity*), mit der Daten erzeugt, ausgewertet und verarbeitet werden. Dies wirkt sich in zweierlei Hinsicht aus. Zum einen bezieht sich dies auf die Rate, mit der Daten momentan in den verschiedensten Anwendungsfeldern erzeugt werden. Zum anderen muss diese rasch wachsende Datenmenge auch zeitnah weiterverarbeitet werden, um möglichst schnell darauf reagieren zu können. Die Rechengeschwindigkeit hat sich aber stark erhöht. Die Schnelligkeit ist aber nur ein Aspekt, aber entscheidend ist die richtige Auswertung der Daten.

Drittens zeigt sich eine steigende Vielfalt (englisch: *variety*) der erzeugten Daten, der Datentypen und -quellen. Bei einer Analyse zeigen sich Muster und Zusammenhänge erst durch die Kombination mit verschiedenen anderen Daten wie Geodaten, Sensordaten oder Rechnungsdaten. Die stark unterschiedlichen und oft nicht strukturierten Daten stellen gerade für traditionelle Datenbanksysteme ein Problem dar und können nicht effizient verarbeitet werden. Mithilfe spezieller Algorithmen können sie aber strukturiert eingeordnet und auf Zusammenhänge untersucht werden. Bei Data Science wird eine Vielzahl alternativer Quellen für die Datensammlung herangezogen. Neben herkömmlichen Datensätzen zählen hierzu auch Bilder, Videos oder Sprachaufzeichnungen. In der Regel sind Daten unstrukturiert und weisen auf den ersten Blick keinerlei Zusammenhänge auf. Mit Hilfe spezieller Algorithmen können sie aber strukturiert eingeordnet und auf Zusammenhänge untersucht werden.

Zu den ursprünglichen drei Vs kamen im Laufe der Zeit weitere Dimensionen wie etwa Veracity (deutsch: *Richtigkeit der Daten*) hinzu. Die Veracity – Fehlerfreiheit und Genauigkeit der Informationen – war nie wichtiger. Datenqualität und Datensteuerung sind Kernaufgaben eines Informationsmanagements. Daneben ist Validity (deutsch: *Aussagekraft*) und Visibility (deutsch: *Sichtbarkeit*) bedeutend, die sich gegenseitig beeinflussen bzw. bedingen. Weiterhin ist. Schließlich gibt es die Dimension Value (deutsch: *unternehmerischer Mehrwert*). Value bezieht sich auf die Fähigkeit Daten zu speichern, aggregieren und aus mehreren Quellen zu verbinden, wobei dies sowohl auf strukturierte als auch unstrukturierte Daten zu treffen soll. Dadurch sollen neue, bislang unbekannte Erkenntnisse gewonnen werden.

Data Science sind Technologien zur Analyse und Auswertung großer Datenbestände, dabei wird generell Wissen aus Daten gewonnen. Die dazu nötige Auswahl an Kriterien sowie die Analyse durch Aggregation und Verknüpfung mit anderen Datensätzen sind von hoher Relevanz. Die Ziele sind die effiziente und schnelle Analyse der Daten zu verwertbaren Informationen sowie die Integration in operative Entscheidungs- und Geschäftsprozesse. Je besser die Datenlage ist, desto genauer können die Modelle, die den Analysen zugrunde liegen, die Wirklichkeit beschreiben.

Daten aus unterschiedlichsten Quellen werden nach gemeinsamen oder zusammenhängenden Mustern, Korrelationen und anderen Gemeinsamkeiten analysiert. Dies ist notwendig, da einzelne Datensätze oft nur eine begrenzte Aussagekraft haben. Durch die Kombination von Methoden der Statistik und Informatik sowie dem spezifischen Wissen aus der Immobilienwirtschaft ergeben sich so vielfältige neue Erkenntnisse. Data Science als Trend im Bereich der Digitalisierung verschafft im gesamten Lebenszyklus einer Immobilie erhebliche Potenziale. Durch Data Science haben und werden sich neue Möglichkeiten zur Datensammlung, der -speicherung und -aggregation ergeben, die auch in der Immobilienwirtschaft Einzug finden können. Mithilfe von effizienten Analyseinstrumenten können aus den Datenmengen interessante und wichtige Aussagen und Wissen generiert werden.

Die Modelle können überall eingesetzt werden, wo Daten in elektronischer Form verfügbar sind. Einsatzfelder können Planungs-, Steuerungs- oder Kontrollaufgaben sein und zwar sowohl auf strategischer, taktischer oder operativer Ebene. Die in der Immobilienwirtschaft beim Data Science verwendeten Daten stammen u. a. aus dem sozioökonomischen Umfeld sowie aus dem Immobilienmarkt selbst und schließlich vom Immobilienbestand bzw. von der Immobilie selbst. Mithilfe von öffentlich zugänglichen und/oder unternehmensinternen Daten sowie Daten aus dem Social-Media-Umfeld lassen sich neue Erkenntnisse gewinnen.

Ein Hindernis bzw. eine Herausforderung für die Anwendung von Data Science kann die 2018 in Kraft getretene Datenschutzgrundverordnung (DSGVO) darstellen. Die Verordnung hat zum Ziel, den Sammeleifer bei Daten zu bremsen. Wie bisher dürfen auch in Zukunft Daten nur dann erhoben werden, wenn hierfür ein berechtigtes Interesse vorliegt. Demnach muss jedes Unternehmen nachweisen, dass es mit den Daten richtig umgeht. Insgesamt sind alle davon betroffen, die Daten nutzen wollen. Datenschutzrechtliche Bestimmungen sind auch beim Data Science unbedingt einzuhalten. Der Umgang mit den Daten wird dadurch komplizierter, strenger und bürokratischer als zuvor.

Exkurs: Data Center

Als Data Center wird im Allgemeinen ein Rechenzentrum bezeichnet, das aus vernetzten Computern besteht und als zentrales Lager zur Speicherung, Verwaltung und Weiterverarbeitung von Daten jedweder Form dient. Die Größe und Komplexität der Data Center hängt von den Rechner- und Speichererfordernissen der Nutzer ab. Diese kommen u. a. aus den Bereichen Digitale Medien, Finanztransaktionen und Clouds.

In einem Data Center können große Datenmengen verarbeitet werden; über Server kann auf die Daten zugegriffen oder diese können gespeichert werden. Data Center profitieren besonders von der Digitalisierung und dem Trend der Datensammlung, wobei diese vermehrt von Unternehmen outgesourct werden. Insbesondere aufgrund von Big Data und Cloud-Computing besteht ein wachsender Bedarf an Rechenzentrumskapazitäten.

Das klassische Data Center teilt sich in verschiedene Bereiche auf. Im Storage-System werden Daten jedweder Form gelagert. Die Server stellen dabei Rechenkapazität zur Verfügung, um selbst anspruchsvolle Operationen mit diesen Daten zu bewerkstelligen. Die Prozesse werden über die Softwareebene organisiert, bei denen unterschiedliche Technologien zum Einsatz kommen. Schließlich verbindet das Netzwerk die einzelnen Server und Storage-Systeme untereinander und gegebenenfalls mit der Außenwelt.

Ein modernes Data Center verfügt über mehrere Bereiche. Ein Teil wird als Sicherheitsraum bezeichnet, in ihm befinden sich die IT-Systeme, der andere Teil beherbergt die Unterstützungselemente wie beispielsweise Energieversorgung und Kühlsysteme, da eine große Wärme entsteht. In einem Backup-Rechenzentrum, das räumlich vom normalen Data Center getrennt ist, wird der Inhalt des normalen Rechenzentrums dupliziert, um für Notfälle gewappnet zu sein. Colocation bezeichnet das Betreiben eines Data Center im Gebäude eines Drittanbieters. Unternehmenskunden können dabei Platz für Server und andere IT-Hardware anmieten und dort betreiben.

Data Center erfordern Spezialimmobilien mit besonderen Ausstattungsmerkmalen, da sie eine Ansammlung von Elementen darstellen. Diese beinhalten alle Arten von IT-Equipment, so u. a. Server, Speichersubsysteme, Netzwerk-Switches und -Router sowie Firewalls ebenso wie Verkabelung und physische Rack, die zum Organisieren und Vernetzen des IT-Equipments. Ein Data Center muss darüber hinaus eine adäquate Infrastruktur wie Energieversorgung, Lüftung und Kühlsysteme aufweisen. Dies wiederum führt dazu, dass auch eine entsprechende Immobilie zur Verfügung stehen muss, die die benötigte Infrastruktur und Ausstattung aufnehmen kann.

Bewertung Data Science

Voraussetzung für den Erfolg von Data Science in Immobilienunternehmen wird es sein, diese Daten effizient zu erheben, auszuwerten und in Geschäftsmodelle umzusetzen. Die Herausforderung von Data Science ist nicht primär die Speicherung der Datensätze auf entsprechend großen Datenträgern oder der Zugriff auf einzelne Datensätze, sondern die Daten effizient zu nutzen. Aus den Daten sind die vorhandenen Informationen zu extrahieren und in Wissen umzuwandeln. Die Erhebung, Analyse und Auswertung von Daten erfordern eine vorausschauende Planung, optimierte Geschäftsprozesse und einen nachhaltigen Einsatz der Ressourcen. Die ausgewerteten Daten allein ergeben noch keinen Mehrwert. Es ist notwendig, die riesigen, unstrukturierten Datenmengen richtig aufzubereiten und auszuwerten. Ein Mehr an Daten führt nicht unbedingt zu einer besseren Interpretation.

Die **Potenziale** von Data Science für Unternehmen liegen in der Bereitstellung von möglichst klaren Entscheidungsgrundlagen, die eine präzisere Kalkulation von Risiken ermöglichen. Auf der Basis der Datenanalysen lassen sich außerdem genauere Prognosen bzw. Vorhersagen treffen und daher auch mehr Markttransparenz schaffen. Auch die Vermarktung von Leistungen und Produkten wird erleichtert. Die grundlegende Voraussetzung damit diese Vorteile eintreten, ist jedoch die Bereitstellung einer entsprechenden Datenbasis.

Zwar gab und gibt es verschiedene Initiativen, um die Transparenz bei Marktdaten wie Renditen zu verbessern (siehe Datenbanken der Immobilien Zeitung oder Thomas

Daily Premium). Diese scheiterten aber weitgehend, da die Marktteilnehmer dazu vielfach nicht bereit sind und auch keinen Anreiz haben, diese Daten zur Verfügung zu stellen. Die technischen Voraussetzungen und Infrastruktur waren weniger das Problem. Es ist nicht anzusehen, ob sich an dieser Einstellung etwas ändern wird.

Für Data Science lasen sich aber nicht nur diese „harten" Daten des Immobilienmarktes nutzen, sondern „softe" Daten bieten ein großes Potenzial. Mithilfe dieser öffentlich zugänglichen Daten wie Luftqualität, Kriminalitätsrate und andere Bewohnereigenschaften können Datenanalysen durchgeführt werden. Auch bei den Sozialen Medien befinden sich eine Vielzahl von Daten (u. a. Fotos oder generelle Online-Aktivitäten oder Airbnb Preisdaten). Somit kann ein besseres Verständnis für Stadt- und Quartiersentwicklung geschaffen werden und der Mikrostandort bewertet werden. Diese Soft-Daten sind gewöhnlich komplementär zu den konventionellen Ansätzen der Immobilienwirtschaft und können so wichtige Rahmenbedingungen für Immobilienentscheidungen liefern.

Die **Risiken und Nachteile** von Data Science sind vielfältig. Data Science ist eine teure Angelegenheit, da kontinuierliche Investitionen in Technologie, Systemen und Prozessen notwendig sind. Die Kapazitätsplanung ist ein wesentliches Element jeder IT-Lösung. Aber es ist natürlich auch gleichzeitig eine neue Geschäftschance. Die Potenziale sind aber beschränkt, da mehr Daten und mehr Analysen nicht unbedingt zu mehr Erfolg führen („Viel hilft nicht unbedingt viel"). Data Science wird keine klaren Antworten auf die schwer durchschaubaren Immobilienmarktentwicklungen geben und nicht für absolut sichere Investitionsprognosen sorgen. Durch Data Science kommt es nicht zwangsläufig zu verbesserten Entscheidungen, denn es handelt sich immer noch um Prognosen unter bestimmten Rahmenbedingungen und unter Unsicherheit. Wenn diese nicht eintreffen, geht auch die Prognose nicht in Erfüllung.

Die Einführung eines komplexen Data Science-Entscheidungstools kann wirtschaftlich risikoreich sein. Kosten entstehen sowohl für interne konzeptionelle Vorarbeiten als auch für die Schaffung der IT-Voraussetzungen und das laufende Datenmanagement. Nicht nur die Auswertung kostet, sondern auch vielfach die Daten zu erwerben. Eine intensive Vorarbeit ist notwendig, denn Daten sind teilweise nicht korrekt, sodass es eine hohe Fehlerquote gibt. Die Analysen der Daten sind aber sehr rechenintensiv, sodass große Rechenzentren notwendig sind. Diese erfordern hohe Investitionskosten. Die Kostenfrage derartiger Auswertungen wird am Ende aber auch maßgeblich darüber entscheiden, wie erfolgreich der Einsatz von Data Science wird.

Falls selbst bei optimaler Nutzung allenfalls eine geringe Verbesserung möglich ist, kann das angesichts des Aufwands bei der Implementierung von Data Science und der Risiken bei der Einführung großer IT-Projekte unwirtschaftlich sein. Hohe Kosten entstehen für die Datensicherheit, was den Schutz der Daten vor dem Zugriff Unberechtigter meint. Angriffe von Hackern stellen eine massive Gefahr für datengetriebene Unternehmen dar. Sensible Unternehmensdaten müssen in gesteigertem Maße geschützt werden.

Weiterhin bestehen Fragen hinsichtlich des Datenschutzes, der für das Speichern und die Verarbeitung von Daten gilt. Es ist bislang rechtlich nicht einwandfrei geklärt, wann eine Einwilligung vorliegen muss. Personenbezogene Daten (rassische und ethnische Herkunft, politische Meinungen, Religion oder Gesundheit) dürfen grundsätzlich nur mit Einwilligung des Betroffenen erhoben, gespeichert oder verarbeitet werden. Besonders gilt das fürs Speichern auf Dauer und für unbestimmte, neue Zwecke, daher dürfen nur Daten ohne Personenbezug für Big Data verwendet werden. Weiterhin stellt die Sicherheit von Firmen- und Kundendaten insbesondere in der Cloud eine Herausforderung dar.

Verweise

Potenzielle Einsatzfelder von Data Science in der Immobilienbranche werden in den folgenden Kapiteln dieses Buches beschrieben:

– Kapitel 4.2 Geschäftsmodelle der Immobilienwirtschaft
– Kapitel 4.4 verschiedene Phasen des Produktlebenszyklus
– Kapitel 5.2 Geschäftsprozesse des Immobilien-Investmentmarktes
– Kapitel 6.2 Geschäftsprozesse des Büroimmobilienmarktes
– Kapitel 7.4 Smart Retail
– Kapitel 8.2 Geschäftsprozesse von Wohnungsunternehmen

Künstliche Intelligenz

Künstliche Intelligenz (KI; engl.: *Artificial Intelligence (AI)*) ist Teil der Informatik bzw. Computerwissenschaft, der sich mit der Automatisierung intelligenten Verhaltens befasst. KI ist eine der wesentlichen Grundlage der Digitalisierung, auf der weitere Anwendungen basieren. Es gibt aber keine exakte Definition, sodass Künstliche Intelligenz nicht klar einzugrenzen ist, der Einfachheit wird dieser Begriff jedoch verwendet. Grundsätzlich umfasst das die Imitation menschlicher Intelligenz (kognitive Leistungen wie analytisches Denken, Lernfähigkeit und Urteilskraft, die zu zielgerichtetem Handeln befähigen) durch Maschinen. Künstliche Intelligenz ahmt menschliche Denkprozesse nach, um den Menschen bei komplexen Entscheidungen wirksam zu unterstützen. Echte Künstliche Intelligenz ist eine Vision, da aktuell die Systeme nur sehr eng gefasste Aufgabenstellungen lösen können.

Unter **Intelligenz** wird üblicherweise die Fähigkeit verstanden, komplexe Probleme selbstständig lösen zu können. Intelligenz ist die Fähigkeit logisch zu denken, Probleme zu lösen und zu lernen, wobei kognitive Fähigkeiten integriert werden. Was genau zur Intelligenz zählt und wie sie gemessen wird, ist allerdings umstritten und letztlich eine Frage der Definition. Weder ist letztlich exakt geklärt, was Intelligenz ist, noch was Denken bedeutet und auch nicht, was eigentlich künstlich ist. Somit ist dies ein allgemeiner Oberbegriff für Technologien im Zusammenhang mit der Erbringung von Intelligenzleistungen, die bislang dem Menschen vorbehalten waren. Insofern ist KI vereinfacht mit der maschinellen Erkennung von Systemen und Gesetzmäßigkeiten gleichzusetzen. Künstliche Intelligenz als Teilgebiet der Informatik ist demnach der Versuch, kluge Systeme mit einer menschenähnlichen Intelligenz nachzubilden und intelligente Entscheidungen zu treffen.

Der Ursprung von KI liegt bereits in den 1950er Jahren: Mit dem nach ihm benannten Test hat der britische Mathematiker Alan Turing damals die erste Versuchsanordnung für die Imitation menschlicher Intelligenz durch eine Maschine entworfen. Ab den 1980er Jahren erfolgte eine Fortentwicklung. Die Algorithmen waren von diesem Zeitpunkt so formuliert, dass sie Voraussagen und Differenzierungen zwischen einzelnen Kategorien ermöglichten. Es ging also nicht mehr um eine Nachahmung der menschlichen Gehirnleistung, sondern eigenständige Fähigkeiten der Maschine auf Basis zuvor definierter Aufgabenstellungen: das maschinelle Lernen. Diese neue Technologie fand ihren sichtbarsten Ausdruck zunächst in Schachcomputern wie Belle oder Deep Blue.

Bei KI werden Programme entwickelt, die über eine menschenähnliche Intelligenz verfügen. Durch die Kombination klassischer Technologien mit künstlicher Intelligenz entstehen zunehmend autonom arbeitende, sich selbst organisierende Systeme, die die Fehlerquote senken, die Geschwindigkeit erhöhen und die Betriebskosten reduzieren sollen. Computer sollen eigenständig Probleme bearbeiten können (Automatisierung intelligenten Verhaltens). Die intelligenten Systeme agieren dabei angemessen auf ihre Umgebung, lernen aus Erfahrungen und treffen entsprechende Entscheidungen. Dies geschieht mittels der Programmierung von Algorithmen, das sind systematische und logische Regeln, die die Basis der Berechnungen/Beurteilungen bilden. Algorithmen werden so gestaltet, dass sie nicht vordefinierten Mustern folgen, sondern das System in Echtzeit lernen lassen. Folgende Eigenschaften werden einer Künstlichen Intelligenz zugeschrieben: visuelle Wahrnehmung, Spracherkennung, Entscheidungsfindung bei Unsicherheit bzw. Ungewissheit, Lernfähigkeit und Sprachenübersetzung.

Innerhalb der Künstlichen Intelligenz wird zwischen der **starken und schwachen KI** unterschieden. Die starke KI beschreibt dabei einen Zustand, in dem eine Maschine im Grunde zu allem fähig ist, wozu ein Mensch ebenfalls in der Lage wäre. Mithilfe technischer Systeme und unter Einsatz spezieller Methoden werden Leistungen hervorgebracht, die nach allgemeinem Verständnis Intelligenz verlangen, wenn sie vom Menschen erbracht werden. Diese sogenannte starke KI hat das Ziel, eine Intelligenz zu erschaffen, die wie der Mensch kreativ nachdenken und Probleme lösen kann und die sich durch eine Form von Bewusstsein bzw. Selbstbewusstsein sowie Emotionen auszeichnet. Tatsächlich ist das Konzept aber bislang nicht über die philosophische Ebene hinausgekommen.

Die schwache KI ist die Eigenschaft technischer Systeme, Intelligenz erfordernde Tätigkeiten ausführen zu können. Insbesondere sind dabei solche Anwendungen von Interesse, zu deren Lösung nach allgemeinem Verständnis eine Form von Intelligenz notwendig zu sein scheint. Letztlich geht es der schwachen KI somit um die Simulation intelligenten Verhaltens mit Mitteln der Mathematik und der Informatik, es geht ihr nicht um Schaffung von Bewusstsein oder um ein tieferes Verständnis von Intelligenz. Sie befasst sich damit, einzelne Fähigkeiten des Menschen auf Maschinen zu übertragen, etwa das Erkennen von Texten, Bildinhalten, das Spielen oder die Spracherkennung. Hier werden seit Jahren rasante Fortschritte gemacht.[3]

In der KI gibt es die Teilgebiete Machine Learning, Natural Language Processing (NLP), Deep Learning (DL) und neuronale Netze. **Machine Learning** (ML, deutsch: *maschinelles Lernen*) ist der Oberbegriff für alle Verfahren, die es Maschinen ermöglichen, selbstständig Wissen aus Erfahrung zu generieren. Eine Maschine soll lernen, d. h. sie generiert Wissen aus Erfahrung und verbessert sich automatisch. Die wichtigste Fähigkeit, die dadurch ermöglicht wird, ist das selbstständige maschinelle Lernen (Machine Learning), also beispielsweise bestehende Einschätzungen einer Situation schrittweise („iterativ") an neue Gegebenheiten anzupassen. Dabei werden jedoch nicht nur Beispieldaten und Regeln auswendig gelernt (programmieren). Die Maschine soll vielmehr in die Lage versetzt werden, Muster und Gesetzmäßigkeiten selbstständig zu erkennen, um im nächsten Schritt neue, unbekannte Daten zu beurteilen und Prognosen zu erarbeiten. **Natural Language Processing** (deutsch: *Verarbeitung natürlicher Sprache*) befasst sich mit der Erkennung und Verarbeitung sowie der entsprechenden Ausgabe natürlich sprachlicher Texte in geschriebener und gesprochener Form. Durch NLP wird die natürliche Sprache in Texten analysiert, um den „Intent" bzw. die Absicht der Nachrichten, die sich hinter einer Anfrage des Nutzers verbirgt, zu erkennen.

Neuronale Netze beziehen sich auf das menschliche Gehirn und dienen als Analogie. Diese bestehen aus einem Modell mit mehreren Neuronen (Knoten) und dienen dazu Informationen aufzunehmen und weiterzuleiten. Damit sind sie für Anwendungen geeignet, die nur ein geringes systematisches Lösungswissen aufweisen. Aus den teils unpräzise vorhandenen Informationen soll ein konkretes Ergebnis erarbeitet werden. **Deep Learning** ist die Fähigkeit eines Systems, eigenständig Strukturen zu erkennen, die getroffene Beurteilung zu analysieren und sich über Feedbackschleifen selbstständig dauernd zu optimieren. Deep Learning mit künstlichen neuronalen Netzen ist eine besonders effiziente Methode des permanenten maschinellen Lernens auf der Basis statistischer Analyse großer Datenmengen (Big Data) und eine der bedeutendsten Zukunftstechnologie innerhalb der KI. Vor allem für die Spracherkennung werden die Methoden des Deep Learnings verwendet.

---

3 KI ist zwar häufig nur Vision oder klingt wie Science-Fiction, aber beim Einsatz von Suchmaschinen im Internet ist dies schon ansatzweise gegeben. Bei einer Suchanfrage erscheinen nicht mehr nur reine Auflistungen von Internet-Seiten, sondern diese werden ständig analysiert und können daraus ableiten, welche Präferenzen der Suchende hat. Darüber hinaus werden auch personifizierte Werbeanzeigen dargestellt, wodurch auch ein Profil über jeden Nutzer erstellt werden kann.

Bewertung Künstliche Intelligenz

Eine grundsätzliche **Voraussetzung** für den Einsatz von Künstlicher Intelligenz ist die umfassende Verfügbarkeit von Daten. KI-Lösungen fungieren als lernfähige Assistenten bei der Strukturierung der Daten und Dokumente und damit bei der Schaffung der Voraussetzung für eine durchgängige Digitalisierung der Unternehmensprozesse. Ist diese Hürde genommen, kann KI künftig darauf aufbauend eine datenbasierte Automatisierung der Prozesse umsetzen. Aber insbesondere in der deutschen Immobilienwirtschaft sind die Daten häufig nicht gegeben, sei es aufgrund des Datenschutzes oder da es oftmals nur zeitlich gesehen wenige Daten gibt oder diese geschätzt worden sind. Es sind zudem mehr gehaltvolle Daten notwendig, die gut maschinell verarbeitet werden können.

Künstliche Intelligenz hat grundsätzlich **Vorteile**, da sie den Alltag und das Berufsleben positiv beeinflussen kann. Dies zeigt sich beispielsweise beim selbstfahrenden Auto und auch bei der Krankheitsdiagnostik, die akkurater als menschliche Ärzte sein können.

Risiken bestehen im Fall von Fehlfunktionen der Künstlichen Intelligenz. Auf den Finanzmärkten werden auch immer komplexere Algorithmen eingesetzt. Es besteht daher die Möglichkeit, dass ein Black-Swan-Ereignis eintritt, das als unvorhergesehenes Ereignis wirtschaftlichen Entwicklungen eine entscheidende Wende gibt. Dies geschah z. B. im Jahr 2010 in den USA, wo durch Computer ein Börsencrash ausgelöst wurde.

Verweise

Potenzielle Einsatzfelder von Künstlicher Intelligenz in der Immobilienbranche werden in den folgenden Kapiteln dieses Buches beschrieben:

- Kapitel 4.2 und 4.3 Geschäftsmodelle und -prozesse in der Immobilienwirtschaft
- Kapitel 4.4 verschiedene Phasen des Produktlebenszyklus
- Kapitel 5.2 Geschäftsprozesse im Immobilien-Investmentmarkt
- Kapitel 7.2 Geschäftsprozesse des Einzelhandelsimmobilienmarktes
- Kapitel 8.4 Smart Home

Im 9. Kapitel wird Frau Enja Schellenberger die Auswirkungen von Künstlicher Intelligenz auf die einzelnen Bereiche der Immobilienwirtschaft analysieren und potenzielle Einsatz- bzw. Anwendungsfelder aufzeigen.

Portale und Plattformen

Im Zuge der Digitalisierung der Wirtschaft nimmt die Bedeutung von Plattformen zu, die als zentrales und digitales Bindeglied mehrere Gruppen miteinander verbinden. Aus technologischer Sicht kann zwischen Portalen und Plattformen unterschieden werden. Die Grenzen zwischen beiden Begriffen sind jedoch fließend. In der Immobilienwirtschaft werden sie vielfach gleichgesetzt und synonym verwendet, entsprechend wird auch in diesem Buch so vorgegangen.

Definitionen und Abgrenzungen
Der Begriff **Portal** lässt sich als eine Seite im Internet definieren, die als Einstiegsseite dient. Es ist eine Seite, die viele Informationen und Funktionen vereinigt, und zwar auf der Startseite. Ein Portal ist eine Website, die Anwendungen, Prozesse und Dienste integriert. Es dient als Einstiegsseite für verschiedene Nutzer und Bedürfnisse. Auf dem Portal können weitere Programmanwendungen ergänzt werden.
Eine **Plattform** ist eine multifunktionale Website, also etwa eine Seite mit Forum, News-Bereich und Glossar, wovon mindestens eine Funktionalität User-Interaktion erlaubt. Eine Plattform kann im Internet mehrere Nutzergruppen zusammenbringen. Plattformen ermöglichen eine Interaktion zwischen den Nutzern und stellen einen virtuellen Marktplatz dar, auf dem Transaktionen getätigt werden können.

Plattformen sind in der Wirtschaft ein oft genanntes Schlagwort in der derzeitigen Diskussion zur voranschreitenden Digitalisierung der Gesellschaft. Märkte mit Plattformen sind an sich keine neuen Phänomene, sondern auch Messen lassen sich als analoge Plattformen interpretieren. Digitale Märkte sind generell durch eine hohe Dynamik gekennzeichnet. Für die Unternehmen der Immobilienwirtschaft bieten sich bei Plattformen zwei Engagementsstrategien an. Sie können als Betreiber einer eigenen Plattform agieren oder sich als Akteur einer Plattform anschließen. Für den Betreiber ist es wichtig ein schnelles Wachstum zu erreichen und zu entscheiden, welchen Beitrag die einzelnen Akteure zu leisten haben. Als Akteur kann ein Immobilienunternehmen zwischen branchenübergreifenden oder branchenspezifischen Plattformen wählen. Entscheidungskriterien sind hier zum einen die Engagementsmöglichkeiten oder die Interaktionspotenziale mit anderen Akteuren (direkt oder nur über die Plattform) oder die Gebührenstruktur für die Mitgliedschaft auf und letztlich auch die Austrittshürden bei einer Plattform. Das Verhältnis von Betreiber und Akteur einer Plattform ist sehr komplex.

Portale/Plattformen resultieren aus dem rasanten Wachstum des Internets. Durch die große Informationsmenge entstand ein Bedarf an geordneten, klarer strukturierten Informationen zu einem Thema. Onlineplattformen sind jedoch sehr heterogen und verfolgen verschiedene Strategien und Konzepte auf verschiedenen Märkten. Ein Portal/eine Plattform ist eine Website, die als Einstiegsseite ins Internet von (möglichst vielen) Nutzern besucht werden soll. Über einen zentralen Zugang kann der Nutzer potenziell auf verschiedene themenspezifische Daten und Informationen zugreifen.

Ein Portal wird in der Regel mit einem Internet-Portal oder Webportal assoziiert. Es gibt diesen Begriff weiterhin bei WLANs für die Schnittstelle zum kabelgebundenen lokalen Netz. Ein Internet-Portal wird aber auch als Einstiegs- und Navigationsseite für das World Wide Web verwendet, auf der alle relevanten Funktionen und Informationen für die Nutzung bereitgestellt werden. Die allgemein angebotenen Funktionen umfassen häufig Suchfunktionen über eine Suchmaschine, ein aktuelles Informationsangebot, Kommunikationsdienste wie E-Mail oder Kurznachrichtendienst, Adressenverzeichnisse, elektronische Marktplätze und private Services wie Kalender oder

Homepages. Als personalisierte Einstiegs-Websites verweisen Portale auf alle erforderlichen Inhalte, die die entsprechende Zielgruppe in die Lage versetzen, am z. B. Informationstransfer und E-Business zu partizipieren. Hierdurch ist es den Teilnehmern möglich, ihre Geschäfte effizienter abzuwickeln. Portale können darüber hinaus experten-, themen-, branchen- oder unternehmensorientiert sein, sie können wissensorientiert wie Informationsportale, Wissensportale oder Bibliotheksportale sein, in denen Informationen aus unterschiedlichen Datenquellen auf einer einheitlichen Oberfläche dargestellt werden. Portale können weiterhin auf mobile Anwendungen ausgerichtet sein wie die Mobile Application-Stores.

Eine digitale Plattform ist ein internet-basiertes Forum für digitale Interaktion und Transaktion. Sie verknüpft unterschiedliche Nutzergruppen im Markt. Eine Plattform erfüllt damit die Charakteristika eines Intermediärs, der die Interaktion verschiedener Nutzergruppen wie beispielsweise Anbieter, Nachfrager, Werbetreibende und Datenintermediäre ermöglicht oder vereinfacht. Es handelt sich um Anwendungssysteme, die dem Nutzer einen zentralen Zugriffspunkt auf die benötigten Informationen in einem Netz bieten. Portale und Plattformen sind auch für die Bereitstellung von Software für soziale, technische oder betriebliche Netzwerke notwendig. Eine digitale Plattform verknüpft zwei oder mehr unterschiedliche Akteursgruppen, wobei die Gruppen jeweils von der Größe der anderen Gruppe/n profitieren und ohne die Plattform nicht oder nicht so effizient interagieren können. Die Technologie der Plattformen ist die Grundlage für soziale Netzwerke, Crowdsourcing, Crowdfunding, Living-Services usw.

Charakteristisch für digitale Plattformmärkte sind die hohe Skalierbarkeit und Reichweite. Durch die Plattformen eröffnen sich zum einen Möglichkeiten für die interne Weiterentwicklung und Steuerung der über die Plattform angebotenen Produkte und Dienstleistungen. Zum anderen können sich durch die Datenauswertung noch weitere Verwertungsmöglichkeiten bzw. Geschäftsmodelle ergeben. Ganz entscheidend für den Erfolg ist, dass Plattformen die Interaktionen zwischen sehr vielen Akteuren standardisiert abwickeln. Dadurch können die Transaktionskosten im Vergleich zu klassischen Geschäftsbeziehungen deutlich gesenkt werden.

Plattformen lassen sich in **zwei Kategorien** unterteilen: transaktionszentrierte und datenzentrierte. Die beiden Typen sind in ihren praktischen Ausprägungen zwar nicht immer voneinander abzugrenzen, unterscheiden sich in einigen Schlüsselfaktoren dennoch deutlich voneinander. Bei den transaktionszentrierten digitalen Plattformen steht die Funktion als Vermittler, als digitaler Marktplatz, im Zentrum, d. h., die Plattform bringt Angebot und Nachfrage zusammen und ermöglicht die Realisierung von Transaktionen (wie bei einem klassischen Marktplatz). Bei den datenzentrierten digitalen Plattformen steht die datenbasierte Vernetzung im Zentrum. Durch eine solche Plattform wird ein datenbasiertes Gesamtsystem geschaffen, bei dem komplementäre Produkte (Hardware, Software, Daten und/oder Dienstleistungen) zu einem Gesamtsystem verknüpft werden (digitales Ökosystem).

Portale/Plattformen können weiterhin nach verschiedenen Kriterien differenziert werden. Nach dem **Nutzerkreis** kann zwischen offenen und geschlossenen Portalen unterschieden werden. Offene Portale sind generell für jeden Nutzer im Netz zugänglich (eventuell mit Benutzernamen und Passwort) und wenden sich vor allem an Endverbraucher. Im Gegensatz dazu sind geschlossene Portale von vornherein nur ausgewählten Benutzergruppen zugänglich und lediglich aus einem Intranet bzw. Extranet[4] heraus erreichbar. Weiterhin gibt es eine Klassifikation nach dem genutzten Teilbereich des Internets. Dies sind Intranet-Portale (nur für Mitarbeiter einer Institution), Extranet-Portale (erweitert um Kooperationspartner der Institution wie z. B. Kunden) und Internet-Portale, die dem gesamten Netz zugänglich sind. Nach der Breite kann zwischen **horizontalen und vertikalen Portalen** unterschieden werden. Horizontale Portale haben ein stark differenziertes Informationsangebot. Währenddessen sind vertikale nur auf bestimmte Interessengruppen, Themen oder Produkte ausgerichtet. Portale sind häufig themenspezifisch abgegrenzt und versuchen dadurch, bestimmte Zielgruppen anzuziehen.

Der Begriff Portal/Plattform wird schließlich für **unterschiedliche Sachverhalte** verwendet und diese bieten in der Regel ein breites Spektrum an Diensten an. Charakteristisch für diese ist, dass verschiedene heterogene Anwendungen über sie verknüpft werden. Portale/Plattformen werden neben der Kommunikation auch zur Bereitstellung von Informationen und Daten verwendet. Außerdem sind Handelsplattformen von den zunehmend relevanteren Internet of Things-Plattformen (IoT) zu unterscheiden. Erstere bringen Anbieter und Nachfrage zusammen, die ohne die Plattform nur schwer oder gar nicht zueinandergefunden hätten. IoT-Plattformen hingegen ermöglichen Unternehmen die Vernetzung von Maschinen über Unternehmensgrenzen hinweg. Ein besserer Zugang zu ihren Kunden („digital services") ist dadurch genauso möglich wie die Optimierung der eigenen Produktionsanlagen.

Portale werden in der Immobilienwirtschaft in unterschiedlichen Phasen des Lebenszyklus von Immobilien eingesetzt, das zeigt Abbildung 3.5. Auch in der Querschnittsfunktion Investment ergeben sich Möglichkeiten des Einsatzes von Portalen/Plattformen. Die unterschiedlichen Einsatzmöglichkeiten werden im Folgenden in den jeweiligen Kapiteln analysiert.

Verweise

Potenzielle Einsatzfelder von Portalen/Plattformen in der Immobilienbranche werden in den folgenden Kapiteln dieses Buches beschrieben:

- Kapitel 4.2 und 4.3 Geschäftsmodelle und -prozesse in der Immobilienwirtschaft
- Kapitel 4.4 verschiedene Phasen des Produktlebenszyklus
- Kapitel 5.1 und 5.2 Geschäftsmodelle und -prozesse des Immobilien-Investmentmarktes
- Kapitel 6.1 und 6.2 Geschäftsmodelle und -prozesse des Büroimmobilienmarktes
- Kapitel 7.2 Geschäftsprozesse des Einzelhandelsimmobilienmarktes und
- Kapitel 8.1 und 8.2 Geschäftsmodelle und -prozesse von Wohnungsunternehmen.

---

4 Ein Extranet ist ein Intranet plus Komponenten, die nur für bestimmte externe Benutzer zur Verfügung stehen.

Investmentphase

Investmentplattformen, Finanzierungsportale

Projektentwicklungsphase Anstoß – Planungsphase – Realisierungsphase	Nutzungsphase	Verwertungsphase
Social Media Finanzierungsportale, Online-Planung Dokumentation des Bauprozesses über Plattformen, Social Media	Maklerportale, Immobilienportale, Mieterportale, Finanzierungsportale, Social Media	Maklerportale, Immobilienportale, Finanzierungsportale

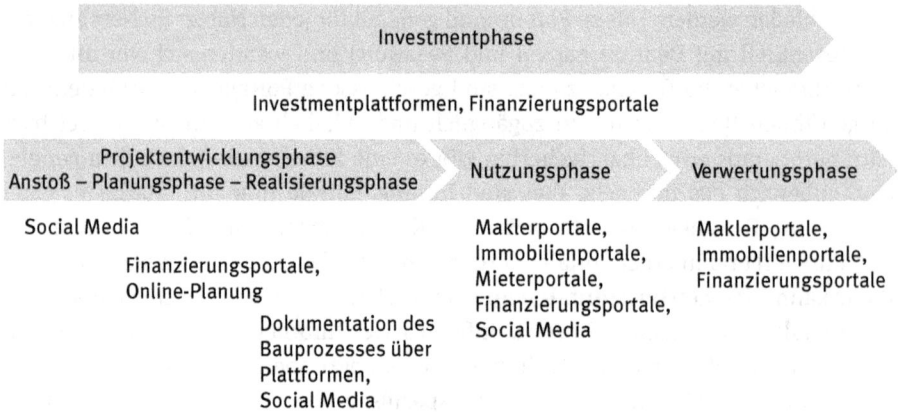

Abb. 3.5: Digitalisierung während des Lebenszyklus einer Immobilie; Quelle: eigene Darstellung.

Sensoren

Ein Sensor (lat.: *sentire*, deutsch: *fühlen* oder *empfinden*), auch als Detektor, (Messgrößen- oder Mess-)Aufnehmer oder (Mess-)Fühler bezeichnet, ist ein technisches Bauteil. Ein Sensor ist ein Element, das aus einer physikalischen Größe ein meist analoges elektrisches Signal erzeugt. Messfühler sind in den unterschiedlichsten Geräten verbaut und erfüllen verschiedene Aufgaben, darunter Temperatur-, Beschleunigungs- sowie Druckmessung. Der Abgleich des Sensors, die Verarbeitung (z. B. Verstärkung, Filterung) und Übertragung des elektrischen Ausgangssignals ist Sache des Anwenders und erfordert sensor- und systemspezifisches Wissen. Sensorik bezeichnet in der Technik die Wissenschaft und die Anwendung von Sensoren zur Messung und Kontrolle von Veränderungen von Systemen. Es bezieht sich auf die Entwicklung und Anwendung von Sensoren, um Veränderungen in der Umwelt oder an Maschinen zu messen und zu kontrollieren.

Sensoren haben verschiedene Aufgaben: sie überwachen, verteilen und interagieren selbstständig mit anderen Sensoren und lösen Prozesse aus und steuern und automatisieren sie. Die Aufgabe der Sensoren liegt darin Änderungen in der unmittelbaren Umgebung festzustellen, um diese anschließend in ein elektrisches Signal umzuwandeln. Ein Thermometer misst beispielsweise die Umgebungstemperatur und gibt einen Wert in Grad Celsius wieder. Die Aktoren wandeln anschließend die elektrischen Signale in vorprogrammierte Aktionen um. Beispielweise stellt sich dann das Heizungsthermostat selbstständig auf eine höhere Temperatur ein. Damit die Zusammenarbeit funktioniert, bündelt die Steuereinheit die Signale der Sensoren und steuert die Aktoren. Die einzelnen Komponenten können kabelgebunden oder online kommunizieren.

Die einzelnen Sensoren entwickeln sich zurzeit hin zu intelligenten/smarten Systemen, die aus mehreren integrierten Sensoren bestehen. Als Smart Sensor wird ein System bezeichnet, das Befehle und logische Funktionen ausführen kann. Neben der

eigentlichen Messgrößenerfassung vereinigt er auch die komplette Signalaufberei-
tung und Signalverarbeitung in einem Gebilde. Die intelligenten Systeme arbeiten
mit Selbstabgleich, Selbstüberwachung, umfangreicher Signalkonditionierung, Digitalisierung, digitaler Signalverarbeitung und digitalen Systemschnittstellen. Ein
smarter Sensor verfügt über einen Sensor, der eine physikalische/chemische Größe
misst, sowie über einen Mikroprozessor. Vom Mikroprozessor aus werden Daten auf
einem Speicher abgelegt und können über ein Kommunikationsmodul ausgewertet
werden.

Ein Smart Sensor beschreibt ein System, das

- ein digitales Ausgangssignal häufig über ein standardisiertes Interface liefert; bei
  autarken Systemen auch über eine drahtlose Datenverbindung.
- über eine Adresse ansprechbar ist und eine bidirektionale digitale Schnittstelle
  aufweist.
- Befehle und logische Funktionen ausführt: komplexe Messwertverarbeitung bis
  hin zur Messwertbewertung.
- umfangreiche Abgleich- und Diagnosefähigkeiten besitzen.
- meistens einen Datenspeicher und, vor allem bei autarken Systemen, einen Ener-
  giespeicher aufweist.

Die technologische Basis dafür, dass solche komplexen, intelligenten Sensoren in Mi-
niaturform überhaupt realisiert werden können, bilden die Fortschritte in der Mikro-
systemtechnik für die Sensorentwicklung und in der Mikro- bzw. Nanoelektronik für
die zunehmende Integrationsdichte und Miniaturisierung bei gleichzeitiger Kostenre-
duktion.

Der Einsatz der Sensorik dient u. a. als Grundlage für das Internet der Dinge. Im
Internet of Things werden Daten im großen Stil erfasst und intelligent ausgewertet.
Hierzu werden verschiedene Sensoren in Gegenstände eingesetzt. Es können so die
Gegenstände in ein Gesamtsystem eingebunden und vernetzt werden, wodurch die
mit Sensoren ausgestatteten Dinge untereinander kommunizieren können.

Verweise

Potenzielle Einsatzfelder von Sensoren in der Immobilienbranche werden in den folgenden Kapiteln dieses Buches beschrieben:

- Kapitel 4.4 verschiedene Phasen des Produktlebenszyklus
- Kapitel 6.4 Smart Office
- Kapitel 7.4 Smart Retail
- Kapitel 8.4 Smart Home

Visualisierung

Die Visualisierung ist eine weitere digitale Technologie, die in der Immobilienwirtschaft ihre Anwendung findet. Sie beschreibt eine computergenerierte, interaktive
3D-Darstellung. Reale und virtuelle Welt verschmelzen dabei immer stärker und ge-

hen vielfältige Verbindungen ein. Visualisierung in Form von Virtual und Augmented Reality sind die wirklichkeitsnahe Visualisierung der realen Welt (Virtual Reality) oder die Überlagerung der Wahrnehmung der realen Welt mit Visualisierungen, d. h. mit zusätzlichen auf die reale Wahrnehmung bezogenen Informationen in Echtzeit (Augmented Reality). Zudem kann eine Visualisierung mithilfe des Einsatzes von Drohnen erfolgen.

Virtual Reality

Virtual Reality (VR, deutsch: *virtuelle Realität, von Computern erzeugt*) beschreibt die Nutzung von Computertechnologie, um den Effekt einer interaktiven, dreidimensionalen Welt zu erzeugen, in der Objekte eine räumliche Präsenz haben. Virtual Reality ist definiert als eine mit Computern simulierte Wirklichkeit (künstliche Welt), in die Personen mithilfe technischer Geräte sowie umfangreicher Software versetzt und interaktiv eingebunden werden können. Die künstliche Umgebung ersetzt die reale Welt eines Nutzers. Realität und Virtualität sollen so voll miteinander verschmelzen. Teilweise werden auch die Begriffe „virtuelle Umgebung" oder „virtual environment" synonym verwendet.

Das Ziel ist die größtmögliche Immersion. Der Grad von Virtual Reality (Immersiveness) wird auf einer Skala gemessen, die von geringer (engl.: *least, partly*) bis völliger (engl.: *fully*) Immersion geht. In der EDV beschreibt dies das Eintauchen in eine virtuelle Umgebung. Es spiegelt den Eindruck wider, dass sich die Wahrnehmung der eigenen Person in der realen Welt vermindert und die Identifikation mit seinem Avatar (*Kunstfigur*) in der virtuellen Welt vergrößert. Je realer eine virtuelle Realität ist, desto einfacher wird es für den Nutzer, in diese Welt einzutauchen – und die ihn umgebende reale Welt auszublenden. Das Präsenzempfinden, das dabei entstehen kann, ist ein psychologisches Phänomen. Je stärker die Immersion in einer virtuellen Welt ist, desto mehr fühlt sich der Nutzer präsent in seinem virtuellen Körper und blendet seinen echten Körper in der realen Welt aus. In einer ungenügenden immersiven Umgebung kann sich ein Nutzer nur gering engagieren, während eine vollständig die Realität ersetzende Welt unvorhersehbare psychologische Folgen haben kann. Im Falle einer fully immersiven virtuellen Welt ist es dem Benutzer möglich, direkt mit der virtuellen Welt zu interagieren. Der Nutzer empfindet die virtuelle Umgebung als real.

Virtual Reality ist eine computergenerierte, interaktive 3-D-Welt, die der Nutzer mithilfe von spezieller Hardware audiovisuell als 360-Grad-Umgebung wahrnimmt. Bei VR werden anstelle von Tastatur und Maus über Sensoren Befehle aufgenommen. Eine Anwendung sind VR-Brillen, die besondere Bildschirme bzw. Linsen und Bewegungssensoren besitzen, damit das Bild den Kopfbewegungen folgt. Zudem wird im Gegensatz zu einem Computerbild die Darstellung über zwei Bildschirme (ein Bildschirm pro Auge) ausgegeben. Für den grafischen Input wird ein Computer mit geeigneter Hardware benötigt.

Im Immobiliensektor sind diverse VR-Anwendungsmöglichkeiten gegeben. Architekten können mithilfe von VR-Modelle Immobilien entwerfen und schon vor dem Baustart begehen. Die digitale Gebäudeplanung durch Building Information Modeling wird durch Virtual Reality-Elemente unterstützt. Die virtuelle Realität macht bei der Vermarktung eine optimale Darstellung einer Immobilie im Internet möglich. Für Miet- oder Kaufinteressenten stehen somit virtuelle Rundgänge durch Objekte über entsprechende Portale oder Apps zur Verfügung.

Augmented Reality

Im Gegensatz zur Virtual Reality beschreibt die Augmented Reality (AR, deutsch: *erweiterte Realität*) lediglich die Anreicherung der realen Welt mit Informationen aus der virtuellen Welt. Sie kombiniert reale und virtuelle Darstellungen. Augmented Reality projiziert virtuelle Figuren oder Texte in ein reales Umfeld, das der Nutzer über das Display seines Smartphones oder die Gläser seiner AR-Brille sehen kann. Sie unterscheidet sich daher von der virtuellen Realität, bei der das, was der Nutzer sieht, vollständig ersetzt wird. Der Sinn und Zweck bei Augmented Reality ist, dass der Benutzer über eine Schnittstelle Zugriff auf für ihn potenziell wichtige Daten, Objekte, Bilder oder Informationen bekommt.

Augmented Reality ist durch drei Charakteristika gekennzeichnet. Erstens werden reale und virtuelle Elemente miteinander kombiniert. Das heißt, die reale Umgebung, die der Nutzer auf natürlichem Wege wahrnimmt, wird ergänzt durch Objekte, die von einem technischen System erzeugt werden, oder es werden reale Objekte durch eine Überblendung entfernt. Bei Augmented Reality ist zweitens Interaktivität in Echtzeit gegeben. Echtzeit bedeutet in diesem Verständnis, dass Änderungen durch Interaktionen möglichst ohne Verzögerung sichtbar werden. Dabei werden drittens die Elemente dreidimensional registriert. Die dreidimensionale Registrierung dient dazu, dass sowohl generierte als auch reale Objekte wirken, als würden sie im gleichen Raum (Größenverhältnisse, Abstände usw.) koexistieren. Durch das Einbetten in die reale Umgebung unterstützt Augmented Reality die Realität, statt sie komplett zu ersetzen. Genau dies unterscheidet erweiterte Realität von der virtuellen Realität. Den Nutzern sollen Inhalte so plastisch und lebensnah wie möglich demonstriert werden.

Es ist eher ein Konzept und weniger eine Technologie, die auf ein Medium beschränkt ist. Augmented Reality beschreibt eine computergestützte Verknüpfung der realen mit der virtuellen Welt und schafft somit eine Realität, die erweitert und verbessert ist. AR ist somit eine computergestützte Erweiterung der Realitätswahrnehmung. Dabei können Informationen auf eine Weise präsentiert werden, die alle Sinne anspricht. Augmented Reality tritt am häufigsten in visueller Form auf, bei der Bilder und Videos mithilfe von computergenerierten Zusatzinformationen oder virtuellen Objekten angereichert oder überlagert werden. Dabei wird die gerade betrachtete Umgebung über digitale Anwendungen z. B. in Echtzeit mit Informationen unterlegt. Die Technologie ermöglicht so beispielsweise eine ins Sichtfeld eingeblendete Navigation oder die Aufnahme von Bildern und Videos. Ein bekanntes Beispiel sind die bei der Übertragung von Fußballspielen eingeblendeten Linien bei Abseitsentscheidungen, die über die Live-Bilder gelegt werden.

Im Bereich der AR setzen neue Entwicklungen auf mobile Geräte. Es werden verschiedene Technologien (Smartphones, Brillen oder Kontaktlinsen) verwendet, um eine bestmögliche Nutzung zu schaffen. Der Blick durch z. B. eine Handykamera wird in Echtzeit mit zusätzlichen Informationen überlagert, die scheinbar Teil des realen Objekts sind. Technische Geräte erschaffen somit eine Ebene, die quasi „über die Realität" gelegt wird und diese um eine digitale erweitert. Ebenfalls wichtiger Bestandteil der Brückenbildung von virtueller Welt und Realität ist die Sensorik, die entsprechende Daten bereitstellen muss, um bestimmte Applikationen in einer AR möglich zu machen. Dafür sind eine adäquate Datenerzeugung, -verarbeitung und -bereitstellung notwendig. Diese Technologie wird momentan noch durch eher schwerfällige Software behindert und die Nutzer klagen häufig über Probleme mit Schwindelgefühlen. AR-Anwendungen beschränken sich bislang auf einfache Apps für mobile Geräte.

Auch im Bereich der Immobilienwirtschaft eröffnet eine visuelle Darstellung per Augmented Reality zahlreiche neue Möglichkeiten. Insbesondere in den Bereichen Projektplanung, Vermarktung und Facility-Management wird AR bereits heute teilweise professionell eingesetzt. Informationen wie Kaufpreis sowie Markt- und Standortinformationen können so zusätzlich sichtbar gemacht werden.

Drohnen

Eine digitale Technologie, die im Bereich der Visualisierung eingesetzt wird, stellen die Drohnen dar. Dies sind unbemannte Luftfahrzeuge, die ohne eine an Bord befindliche Besatzung autark durch einen Computer oder vom Boden über eine Fernsteuerung betrieben und navigiert werden können. Zur Grundausstattung einer Drohne gehören grundsätzlich vier oder mehr senkrecht nach unten wirkende Propeller bzw. Rotoren, die alle in einer Ebene angeordnet sind. Durch eine gewisse Neigung der Propellerebene wird ein Vortrieb erzeugt, wodurch die Drohne die Fähigkeit erhält zu fliegen. Vergleichbar ist diese Technik mit der eines Hubschraubers. Das Flugverhalten von Drohnen ist besonders stabil und unterscheidet sich bei verschiedenen Modellen nur geringfügig. Bei Drohnen, die autonom fliegen, sind KI-Steuerelemente eingebaut. Diese ermöglichen, dass die Drohne selbstständig die gewünschte Route oder das gewünschte Areal überfliegt, ohne dabei mit anderen Objekten zu kollidieren. Drohnen werden je nach Einsatzgebiet mit gewissen Funktionalitäten ausgestattet. Es können neben der Grundausstattung Nutzlasten wie Sensoren, Kameras, Transportvorrichtungen, Messgeräte etc. eingebaut werden. Daher sind auch die Einsatzgebiete vielfältig.

Drohnen haben in der Immobilienwirtschaft z. B. in der Projektentwicklungsphase eine größere Bedeutung und auf die anderen Immobilienmärkte relativ geringe Auswirkungen. Es ist davon auszugehen, dass der Einsatz von Drohnen sich vermehrt in bestehende Arbeitsabläufe integrieren lässt und so bestehende Technologien ergänzen und ersetzt werden. Drohnen haben starke Effekte auf die Logistik, wenn auch nur bedingt auf Logistikimmobilien. Der arbeitsintensive Prozess bei der Logistik ist die der „letzten Meile". Eine disruptive Veränderung kann einsetzen, wenn die Technologien für autonome Fahrzeuge und entsprechende Regulierungen gegeben sind. Drohnen sind jedoch kein Ersatz für Logistikimmobilien, sondern allenfalls für den Transport von den Immobilien zu den Abnehmern. Wegen vieler ungelöster rechtlicher und technischer Probleme ist dies jedoch eher eine Vision.

Verweise
Potenzielle Einsatzfelder von Visualisierungen in der Immobilienbranche werden in den folgenden Kapiteln dieses Buches beschrieben:
- Kapitel 4.4 verschiedene Phasen des Produktlebenszyklus
- Kapitel 5.2 Geschäftsprozesse des Immobilien-Investmentmarktes
- Kapitel 6.2 Geschäftsprozesse des Büroimmobilienmarktes
- Kapitel 7.2 Geschäftsprozesse des Einzelhandelsimmobilienmarktes
- Kapitel 7.4 Smart Retail

Internet of Things
Das Internet of Things (IoT, deutsch: *Internet der Dinge*) beschreibt die Verschränkung von Objekten (realer Welt) und virtueller Welt. IoT ist eine Weiterentwicklung des Internets und soll die Automatisierung manueller Prozesse bedeuten. Die Digitalisierung zielt auf die Vernetzung von physischen Produkten, Anlagen und Prozessen mithilfe von (Internet-)Technologien. Der Begriff wurde im Verlauf der 1990er-Jahre international geprägt. Die Entstehung der Netzwerke wird seit Anfang des Jahrtausends vor allem wegen der abnehmenden Größe und des ständig zurückgehenden Preises und Energiebedarfs von elektronischen Komponenten vorangetrieben.

Beim Internet of Things werden Alltagsgegenstände oder Maschinen und Geräte in die Welt des Internets oder das Internet wird weiter in die reale Welt integriert. Die Maschinen oder Geräte sind durch informationstechnische Komponenten vernetzt und bieten eine Kommunikations- und Interaktionsfähigkeit zwischen anderen internetfähigen Teilnehmern oder Geräten, die sogenannte Maschine-zu-Maschine-Kommunikation (engl.: *Machine-to-Machine*). Es wird eine Infrastruktur geschaffen, innerhalb derer physische und virtuelle Gegenstände automatisiert (auch ohne menschliches Zutun) miteinander kommunizieren. IoT ist ein Netzwerk untereinander verknüpfter elektronischer Geräte, die über das Internet oder andere Kommunikationsmöglichkeiten selbstständig untereinander Informationen austauschen und so verschiedene Aufgaben erledigen können. Unter dem Begriff wird die Einbindung von realen, außerhalb des Netzes existierenden Objekten in das Netz verstanden, also die eindeutige Identifikation dieser Objekte und die Verknüpfung des entsprechenden Datensatzes mit anderen Daten und Anwendungen.

Das Internet of Things ist eine Kombination von verschiedenen Technologien. Es besteht aus Sensoren, Datenübertragungstechnologien (Bluetooth oder WLAN), Datenverarbeitungsmethoden und einem im Idealfall nutzerfreundlichen User-Interface (deutsch: *Benutzeroberflächen* oder *Benutzerschnittstellen*). IoT ermöglicht damit die Kommunikation zwischen Menschen, Maschinen, Maschinen untereinander und Produkten. Durch die Vernetzung können Informationen abgerufen werden, die dadurch ein dynamisches Netzwerk erschaffen, das als Grundlage für verschiedene Prozesse und Analysen genutzt werden kann. Mit Sensoren und Computerbauteilen können diverse Gegenstände ausgestattet und damit eine Vernetzung der Dinge ermöglicht werden. Die Sensoren speisen dabei Daten ins Internet ein. Somit handelt es sich um einen Paradigmenwechsel, der den Alltag massiv beeinflussen wird. Geräte oder Systeme müssen nicht mehr manuell bedient werden – dies kann in Zukunft automatisch geschehen.

Das Internet of Things ist die nächste Stufe der Entwicklung des **World Wide Web** als Teil des Internets (andere: z. B. E-Mail). Das Web, kurz für World Wide Web, dient dem Abruf von Webseiten. Das World Wide Web ermöglicht Text-, Bild-, Ton- und Videodateien mithilfe eines Browsers darzustellen. Seit Mitte des vergangenen Jahrzehnts vollzieht sich in diesem Rahmen der Schritt vom Web 1.0 ins Web 2.0 und seit der weitreichenden Etablierung des mobilen Internets auch schon ins Web 3.0. Im Web 1.0 waren die Internet-Nutzer noch reine Konsumenten, die Websites dazu nutzten Informationen abzurufen. Im Web 2.0 wurde durch Kommentare oder Blogs das Internet mitgestaltet. Beim nächsten Schritt, dem Internet der Dinge werden Objekte der realen Welt und der virtuellen Welt vernetzt, um einen Informationsaustausch zwischen diesen zu ermöglichen.

Das Internet der Dinge wird in der Industrie die Produktion weiterentwickeln. Dieses wird als Innovationstreiber zunehmender Bestandteil der vierten Industriellen Revolution oder der Industrie 4.0. In diesem Konzept wird die physikalische Welt, bestehend aus vernetzten Systemen, Sensoren und Aktoren (Wandler), mit den Diensten im Internet (Cyberwelt) verbunden. Das Revolutionäre an Industrie 4.0 besteht darin, dass zukünftig mit diesen Technologien ein möglichst genaues Abbild der physischen Welt in Echtzeit entsteht – so weiß die Maschine, in welchem Zustand sie ist, und kann das Werkstück erkennen und auch ob es fehlerfrei ist. Ein Beispiel hierfür sind voll automatisierte Materialbestellungen von Produktionsanlagen oder die Möglichkeit, Produkte für den einzelnen Kunden nach dessen Wünschen maßzuschneidern, ohne hierfür einen eigenen Produktionsprozess initialisieren zu müssen. Entsprechend wird auch von der Immobilienwirtschaft 4.0 gesprochen.

Bewertung

Für die Immobilienbranche kann das Internet of Things eine Vielzahl neuer Geschäftsmodelle ermöglichen oder für prozessuale Effizienzsteigerungen sorgen. In der Realität werden vielfach diese Potenziale noch nicht von der Immobilienbranche verwendet. Nur wenige Unternehmen nutzen bereits heute vernetzte Sensoren, um z. B. Echtzeitdaten in deren Building Information Modeling (BIM) zu integrieren. Und wenige

Immobilienunternehmen optimieren derzeit den Verbrauch von Strom, Wasser oder Gas in eigengenutzten Immobilien, wobei die Zahl bei fremdgenutzten Objekten noch wesentlich niedriger ist.

Ein Nachteil bei der Verbreitung des Internet der Dinge ist bisher das Fehlen technischer Standards. Nur dadurch kann sichergestellt werden, dass alle Geräte aller Hersteller miteinander kommunizieren können. Ein weiteres Risiko stellt die Sicherheit dar: Mangelnde Verschlüsselung in Kombination mit überflüssigen, aber sensiblen privaten Informationen, schwache Passwörter und fehlerhafte Benutzerschnittstellen können vernetzte Geräte zu einem großen Sicherheitsrisiko werden lassen.

Verweise

Potenzielle Einsatzfelder für das Internet of Things in der Immobilienbranche werden in den folgenden Kapiteln dieses Buches beschrieben:

- Kapitel 4.4 verschiedene Phasen des Produktlebenszyklus
- Kapitel 5.2 Geschäftsprozesse des Immobilien-Investmentmarktes
- Kapitel 6.2 Geschäftsprozesse des Büroimmobilienmarktes
- Kapitel 7.2 Geschäftsprozesse des Einzelhandelsimmobilienmarktes
- Kapitel 8.4 Smart Home

Blockchain

Einschneidende Auswirkungen auch für die Immobilienwirtschaft werden von der Blockchain-Technologie (deutsch: *Blockkette*) erwartet. Dies ist eine komplizierte Technologie; einfach ausgedrückt ist es ein gemeinsam genutzter Datensatz von Transaktionen. Die Blockchain besteht aus einer chronologisch geordneten Kette von Dateneinheiten, den sogenannten Blöcken, wobei ein Block jeweils eine Anzahl von Transaktionen und einen kryptografisch sicheren Verweis auf den vorherigen Block enthält. Ein Block kann dabei nachträglich nicht geändert werden, weil sonst die nachfolgenden Blöcke ungültig würden.

Technisch stellt die Blockchain eine dezentrale Datenbank dar, die aus einer Kette (englisch: *chain*) von Datenblöcken (englisch: *block*) besteht. Die Blockchain ist die Idee einer dezentralen, fälschungssicheren, transparenten und autoritätsfreien virtuellen Infrastruktur, sie ist bekannt geworden als Technik hinter der Digitalwährung Bitcoin. Alternative Zahlungssysteme, smarte Verträge, neue Verfahren der Buchführung und Dokumentation sind weitere potenzielle Anwendungsfelder, die auch in der Immobilienwirtschaft eingesetzt werden können.

Eine Datenbank wird bei Blockchain-Technologie chronologisch linear erweitert, vergleichbar einer Kette, der am unteren Ende ständig neue Elemente hinzugefügt werden (daher auch der Begriff „Blockchain"). Die Datensätze liegen im Netzwerk auf einer Vielzahl von Rechnern gespiegelt vor. Zentrales Element ist ein unveränderliches Transaktionsregister, in der jede Transaktion, die je durchgeführt wurde, gespeichert wird. Diese werden auf einer Anzahl von untereinander vernetzten Computern

(Nodes, Knoten) im Netz redundant/überreichlich gehalten. Dieses Register wird ständig aktualisiert und ist von jedem Teilnehmer zu lesen.

Jeder User, der Teil eines Blockchain-Netzwerkes ist, besitzt die gesamte Datenbank mit sämtlichen Informationsketten oder entsprechenden Ausschnitten. Veränderungen werden in allen Versionen weltweit festgehalten. Es gibt nicht die „eine" Blockchain, vielmehr handelt es sich um eine neue Technologie, die mittlerweile in zahlreichen Ausprägungen vorkommt. Hinter der Blockchain steht die Technologie **Distributed Ledger Technology** (DLT, deutsch: *verteiltes Kontenbuch*), wobei es sich um eine spezielle Form der elektronischen Datenverarbeitung und -speicherung handelt. Als Distributed Ledger wird eine dezentrale Datenbank bezeichnet, die Teilnehmern eines Netzwerks eine gemeinsame Schreib- und Leseberechtigung erlaubt. Im Gegensatz zu einer zentral verwalteten Datenbank bedarf es in diesem Netzwerk keiner zentralen Instanz, die neue Einträge in der Datenbank vornimmt. Neue Datensätze können jederzeit von den Teilnehmern selbst hinzugefügt werden. Ein anschließender Aktualisierungsprozess sorgt dafür, dass alle Teilnehmer jeweils über den neuesten Stand der Datenbank verfügen. Mithilfe der DLT können die Eigentumsverhältnisse und Transaktionsvorgänge in einer auf mehreren Computern verteilten Struktur permanent und (angeblich) sicher abgebildet werden.

Neben einer technologischen Innovation stellt die Blockchain-Technologie eine ökonomische Innovation dar, weil sie in vielen Branchen neue Geschäftsmodelle schafft. Weiterhin ist es eine soziale Innovation, da es eine Bottom-up-Bewegung ist, die eine faire Gesellschaft anstrebt und in zentrale Institutionen kein Vertrauen mehr hat. Damit nimmt Blockchain eine kulturelle Veränderung in der Gesellschaft auf, die u. a. mit der Sharing Economy einhergeht.

Bei der Blockchain-Technologie gibt es, wie es in Abbildung 3.6 dargestellt ist, den idealtypischen **Ablauf bei einer Transaktion**. Zwei Kontrahenten tauschen Daten aus, sei es Geld, Verträge/Informationen oder Assets. Bevor neue Transaktionen in das Register der Blockchain einfließen, werden sie erst einmal verifiziert und an Miner gesandt. Die Miner validieren die neuen Transaktionen. Sie nehmen die Transaktionen

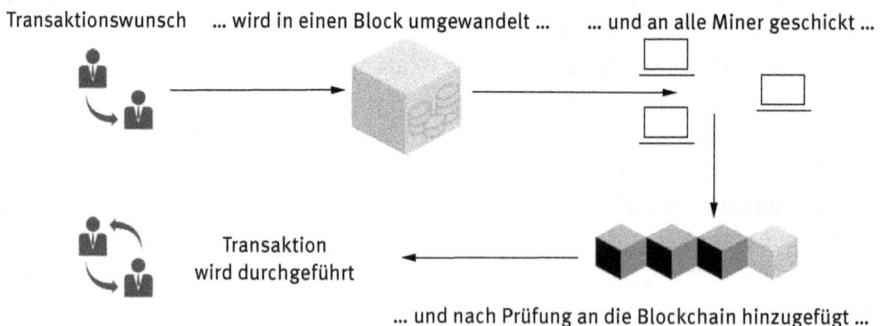

Abb. 3.6: Blockchain; Quelle: eigene Darstellung.

aus dem Netzwerk auf und prüfen sie auf ihre Korrektheit. Die Transaktionen werden somit kryptografisch verschlüsselt und in Gruppen (Blocks) zusammengefasst und gespeichert. Die Blocks werden durch die Lösung eines mathematischen Problems validiert, bevor sie zur Kette hinzugefügt werden können.

Jeder Block wird mit einem Hash (deutsch: *Streuwert*; eine elektronische Signatur mit einer Aneinanderreihung von Buchstaben und Zahlen) identifiziert. Der Hash ist ein mathematisches Abbild des ursprünglichen Inhalts, aus dem jedoch nicht das Original erzeugt werden kann. Der Hash ist zudem kollisionssicher, d. h. unterschiedliche Ausgangswerte können nicht denselben Hash erhalten. Indem jeder Block den Hash seines Vorgängers enthält sind die Blöcke untereinander verknüpft und damit manipulationssicher. Würden sich die Daten in einem Block ändern, ändert sich auch sein Hash. Der Validierungsprozess ermöglicht es den Teilnehmern, nach dem Zufallsprinzip den nächsten Block vorzuschlagen, nachdem sie eine aufwendige mathematische Aufgabe gelöst haben. Da es selbst für große Computer einige Sekunden dauert, sie zu lösen, bleibt es dem Zufall überlassen, welcher Rechner im Netzwerk über die Zulässigkeit der in einem Block enthaltenen Transaktion entscheidet.

Ist die Rechenaufgabe gelöst, sendet ein Computer beim Mining den autorisierten Block an alle anderen Knoten, die ihn dauerhaft speichern. Die Blocks bilden jeweils einen Transaktionsvorgang ab. Nach der Validierung schreiben die Miner den bestätigten Block in ein virtuelles „Kontenbuch", die sogenannte Blockchain. Bei jedem Vorgang vermehren sich so die Blocks, da an einen Block der nächste Block mit der nächsten Transaktion angehängt wird. Die Blockchain als dezentrale Datenbank besteht aus einzelnen verschlüsselten Blocks, d. h. mehreren Datenpaketen. Auf diesen kann jeder Teilnehmer alle Transaktionen beobachten; allerdings sind sie anonymisiert. Die Blocks werden zu einer Transaktionskette (Chain) zusammengefügt.

Exkurs: Blockchain = Kassenbuch
Die Technologie der Blockchain kann anhand des Beispiels eines Kassenbuchs dargestellt werden. Im Kassenbuch eines Unternehmens werden alle Transaktionen vermerkt. Das Kassenbuch liegt bei einer zentralen Stelle; bei der Blockchain hat hingegen jeder Beteiligte eine Kopie auf seinem Computer.
Sobald zwischen einem Verkäufer und einem Käufer eine Transaktion stattfindet, wird im Kassenbuch eine neue Position eingetragen. Bei der Blockchain-Technologie befinden sich viele Kopien auf Computern rund um den Globus; auf allen werden sofort Kopien der Transaktion notiert.
Erst nachdem die neue Position in den Kassenbüchern eingetragen ist, wird sie gültig. Bei Blockchain wird die Transaktion von den beteiligten Computern authentifiziert und ist dann gültig.
Da jede Zeile für immer und unveränderlich im Kassenbuch stehen bleibt und sie aufgrund gesetzlicher Regelungen nicht verändert werden darf, gelten Kassenbücher als sicher. Bei der Blockchain ist dies auch so, da eine Transaktion von vielen Computern authentifiziert werden muss.

Folgende Eigenschaften werden einer Blockchain-Technologie zugeschrieben, wobei hier zunächst auf die **Fälschungssicherheit** eingegangen werden soll. Dadurch, dass jeder Teilnehmer ein aktuelles Duplikat der Blockchain auf dem Rechner hat, kann sie unmöglich manipulierbar werden. Die Historie der Transaktionen ist anhand eines vollständigen Verzeichnisses nachvollziehbar und ist im Nachhinein nicht mehr veränderbar. Das Transaktionsregister ist strikt additiv, da nichts rückwirkend verändert werden kann. Gegen nachträgliche Manipulation ist die Blockchain durch Speicherung des Hashs des vorangehenden Datensatzes in der jeweils nachfolgenden (kryptografische Verkettung) gesichert. Was einmal gespeichert ist, kann nicht mehr geändert werden – es ist somit fälschungssicher und bleibt für immer nachvollziehbar. Die Masse an Duplikaten dient als Referenz, um die Richtigkeit des Registers zu gewährleisten. Ändert eine Person im Nachhinein einzelne Transaktionen innerhalb der Blockchain, weicht die manipulierte vom Konsens ab, worauf das System die Manipulationen entlarvt und verhindert.

Die **Transparenz der Blockchain** entsteht dadurch, dass die Datenbank ständig durch ein Netzwerk von Minern kontrolliert wird. Diese Miner verifizieren Block für Block die hinterlegten Informationen und teilen sie im Netzwerk, in dem jeder Teilnehmer Zugriff auf dieselbe Blockchain hat. Jeder Block wird somit durch das Mining verifiziert. Einmal verifiziert, sind der Block und die darin enthaltene Information unendlich unveränderlich und für jeden sichtbar gespeichert. Das Transaktionsregister wächst also dadurch, dass fortwährend neue Transaktionen hinzugefügt werden. Bestimmte Verfahren zur Überprüfung stellen sicher, dass nur zulässige Transaktionen akzeptiert werden und die gespeicherten Versionen der Datenbank auf allen beteiligten Rechnern identisch sind. Da alle Teilnehmer des Netzwerks eine vollständige Kopie bzw. einen Ausschnitt der kompletten Blockchain besitzen, können sie selbst prüfen, ob alle an einer Transaktion beteiligten Parteien mit derselben Version arbeiten. Die einzelnen Transaktionen werden zu Blöcken zusammengefasst und sobald ein Block vollständig ist und von den Minern als gültig akzeptiert wurde, tritt die Unveränderbarkeit und Fälschungssicherheit ein.

Die Eigenschaft der **Dezentralität** bedeutet, dass das Protokoll bzw. die Datenbank, nicht auf einem Server oder bei einem Unternehmen liegt, sondern sich auf vielen Computern befindet. Keine Behörde oder andere Institution hat Macht über diese Datenbank. Jeder Teilnehmer hat die selben Zugriffsrechte und Möglichkeiten. Die Blockchain ist somit ein neutrales System der Informationsverarbeitung, das niemandem gehört. Da bei einer Blockchain alle Informationen nachprüfbar und chronologisch gespeichert werden, kann sie verwendet werden, um Informationen ohne zentrale Institution zu speichern, zu überprüfen und zu übertragen. Änderungen und Erweiterungen der Datenbank werden in Echtzeit an alle teilnehmenden Speichermedien/Nodes der Chain übertragen, sodass die Informationen stets für alle zugänglich und aktuell bleiben. Die Authentizität der einzelnen Datenbankeinträge wird dabei durch einen aus dem Netzwerk hergestellten Konsensmechanismus sichergestellt. Die

Verkettung erfolgt auf Basis zahlreicher dezentraler Computer.[5] Eine zentrale Instanz und somit ein Intermediär wird in diesem Umfeld überflüssig. Die Blockchain-Technologie ist unabhängig von einer zentralen Vermittlungsinstanz und ermöglicht den weltweiten Austausch von Daten.

Diese Dezentralität ist aber in der Realität nur schwach ausgeprägt. Da allein die Rechenkraft für die Verteilung der Blockgenerierung ausschlaggebend ist, ist die anfängliche Dezentralisierung (als Vorteil) nicht mehr gegeben. So befinden sich mehr als die Hälfte der Rechenleistung (hash rate) des gesamten Bitcoin-Netzes bei einer chinesischen Firma.

Blockchains sind vielfältig nutzbar und kommen vor allem dort zum Einsatz, wo es um Nachverfolgbarkeit und Konformität geht. Beispielsweise können sie als Beweis dienen, dass ein Paket vollständig geliefert wurde oder künftig bei der Beglaubigung von Diplomen oder dem Optimieren von Lebensläufen eingesetzt werden. Diese Technologie ist vor allem mit dem Aufkommen der digitalen Währung Bitcoin in den Fokus der Öffentlichkeit gerückt. Bitcoin ist eine digitale Geldeinheit, mit der weltweit dezentral Überweisungen von Rechner zu Rechner vorgenommen werden können. Bitcoins sind die am weitesten verbreitete Kryptowährung, die von einem dezentralisierten Netzwerk und nicht von einer Zentralbank verwaltet wird. Keine Zentralbank bestimmt über die ausgegebene Menge an Bitcoins, sondern diese werden „geschürft", d. h. durch Algorithmen auf Computersystemen hergestellt, die mathematische Probleme lösen und im Gegenzug neue Währungseinheiten erhalten. An diesem dezentralisierten Netzwerk kann sich im Grunde jeder beteiligen, der die über das Internet frei verfügbare Software für die Bitcoins installiert hat.

Exkurs: Kryptowährungen

Die Kryptowährung ist ein Zahlungsmittel, das mithilfe der Blockchain-Technologie geschaffen wird. Im Gegensatz zu gesetzlichen Zahlungsmitteln werden Kryptowährungen nicht von einer zentralen Stelle ausgegeben, sondern ausschließlich durch Privatpersonen generiert.

Kryptowährungen wie Bitcoins sind eine Antwort auf das klassische Bankensystem. Sie sollen den bargeldlosen Zahlungsverkehr ohne die Abhängigkeit, Aufsicht oder Mitwirkung von Banken und Behörden ermöglichen. Kryptowährungen sind digitale (Quasi-)Währungen mit einem meist dezentralen und kryptografisch abgesicherten Zahlungssystem, das zur Bezahlung auch bei Immobilientransaktionen eingesetzt werden kann.

Das darunterliegende Konstrukt, das die relative Sicherheit und Anonymität ermöglicht, ist die Blockchain. Die bekanntesten Kryptowährungen neben Bitcoin sind Ether, die auf der Etherum-

---

5 Die Dezentralität dieses Systems wird durch ein Peer-to-Peer (P2P-)Netzwerk ermöglicht. Üblicherweise ist das ein Client-Server Modell, bei dem eine zentrale Stelle (der Server) Dienste anbietet und die Clients (die einzelnen Computer) die Dienste in Anspruch nehmen. Beim Peer-to-Peer Netzwerk gibt es keinen Server oder etwas Vergleichbares als zentrale Stelle. Die einzelnen Computer nehmen hierbei nämlich nicht nur Dienste in Anspruch, sondern bieten diese auch selbst an und übernehmen somit selbst die Rolle des Servers.

Blockchain basieren, Ripple oder Dash. Sie ermöglichen einen digitalen Zahlungsverkehr ohne Zentralinstanzen und werden im Gegensatz zu Zentralbankgeld bis heute global und durch Private geschöpft. Der Prozess der Herstellung wird als Mining bezeichnet. Teilnehmer des Kryptowährungsnetzwerks stellen die Rechnerleistung für die Transaktionen mit der Kryptowährung zur Verfügung und erhalten dafür als Belohnung einen Bruchteil der geschaffenen Werte. Ihre Aufgabe ist neue Bitcoin-Transaktionen zu verifizieren, die Nutzer von einem Konto zu einem anderen veranlasst haben. Zur Verifizierung der neuen Transaktionen müssen die Miner alle jemals getätigten Bitcoin-Transaktionen kennen, die in der Blockchain gesammelt werden. Mit der Verifizierung werden die neuen Transaktionen mit der Blockchain verkettet. Die Miner, zusammen mit der Blockchain, stellen daher den Hauptbestandteil der Infrastruktur des Bitcoin-Systems dar. Dank des Einsatzes von Verschlüsselungstechnik (Kryptografie) sind die Transaktionen anonym und nahezu fälschungssicher.

Einsparungspotenzial im Vergleich zu traditionellen Prozessen entsteht durch das Wegfallen von Intermediären, die durch Gebühren ihre eigenen Kostenstrukturen finanzieren. Jedoch sind Kryptowährungen auch nicht kostenlos. Bitcoin-Mining oder die Validierung sind Prozesse, die hohe Rechenleistung und damit viel Energie erfordern.

Exkurs: Handelt es sich bei Bitcoins um „richtiges" Geld?
Um als Geld zu gelten, müssen entsprechend den volkswirtschaftlichen Anforderungen die klassischen **Geldfunktionen** wie Recheneinheitsfunktion, Wertaufbewahrungsfunktion und Tausch- bzw. Zahlungsmittelfunktion bei Bitcoins erfüllt sein.

Die **Recheneinheitsfunktion bzw. der Wertmaßstab** bezieht sich auf die Fähigkeit des Geldes, das sich jedes Gut in Geld ausdrücken lässt. Das ist zum einen bei Bitcoins bislang nur eingeschränkt gegeben, sondern vielfach nur durch Umrechnungen möglich. Zum anderen sind Bitcoins als Recheneinheit ungeeignet, da der Kurs extrem schwankt. Preise werden nicht in Bitcoin ausgezeichnet. So wird kein Mietvertrag oder ein Arbeitsvertrag auf Basis von Bitcoins abgeschlossen. Eine stabile Kaufkraft ist bei der herrschenden Volatilität nicht gegeben. Die enormen Schwankungen ergeben (bei Kursverfall) starke Inflation bzw. (beim Kursanstieg) extreme Deflation.

Auch die **Wertaufbewahrungsfunktion**, bei der sich Geld speichern lässt, ist angesichts der immensen Volatilität des Preises von Bitcoin eher nicht gegeben. Planungssicherheit ist aufgrund der hohen Volatilität nicht vorhanden. Bitcoins sind daher auch nach Einschätzung der Deutschen Bundesbank Spekulationsobjekte mit hohem Risiko.

Die **Zahlungsmittelfunktion** ist bislang nur sehr eingeschränkt gegeben, da Bitcoins nicht allgemein akzeptiert sind. Entscheidend für die Entwicklung einer jeden Währung ist immer ihre Akzeptanz in der Wirtschaft und der Bevölkerung. Sie werden nur sehr selten zum Kauf von Gütern oder Dienstleistungen genutzt (und wenn, dann teilweise für kriminelle Geschäfte oder für Drogen- oder Waffenhandel im Darknet). Nur wenige Geschäfte akzeptieren Bitcoins.

Wenn Registereinträge in der Blockchain zusätzlich programmierbar sind, besteht die Möglichkeit, Verträge als sogenannte **Smart Contracts** (deutsch: *intelligente Verträge*) auszugestalten, die die vertraglichen Leistungsbeziehungen in Form computerverständlicher Wenn-dann-Verknüpfungen regeln. Smart Contracts übernehmen die digitale Abbildung vertraglicher Vereinbarungen, sie ermöglichen die automatische Auslösung von Aktivitäten nach Eintritt bestimmter vertraglicher Bedingungen: etwa Zahlungen, Anpassungen von Prämien und so weiter. Smart Contracts sind keine Verträge im juristischen Sinne. Technisch gesehen handelt es sich um Computerprotokolle, die derart programmiert werden können, dass sie einfache und konkrete Vertragsbedingungen in Codes übersetzen und diese selbst ausführen, wenn die entsprechenden vertraglichen Voraussetzungen erfüllt sind. Wenn diese technischen Möglichkeiten auf die Transaktionsrealität übertragen werden, könnten zukünftig Smart Contracts als Zug-um-Zug-Abwicklung im juristischen Sinne möglich werden. Auf diese Weise können vertragliche Leistungen automatisch ausgelöst und komplexe Verträge auch ohne Intermediäre wie Treuhänder oder Notare überwacht werden. Weil sich Transaktionen mithilfe der Blockchain transparent dokumentieren und nachweisen lassen, gibt es in vielen Ländern bereits konkrete Ansätze dafür, öffentliche Register wie etwa das Grundbuch mittels Blockchain-Technologie zu führen.

Bewertung

Voraussetzung für ein erfolgreiches Verbreiten der Blockchain-Technologie ist, dass auf der Grundlage dieser Technologie die PropTechs und weitere Unternehmen Geschäftsmodelle und -prozesse entwickeln werden, die eine Automatisierung ermöglichen und die vor allem sicher gestaltbar sind. Erfolgreich wird die Blockchain-Technologie nur dann sein, wenn durch sie ein Mehrwert für die Akteure entsteht und dadurch eine allgemeine Akzeptanz gegeben ist. Entsprechend wird der Erfolg dieser digitalen Technologie entscheidend von der technischen Akzeptanz, aber auch der wirtschaftlichen Effizienz abhängen. Außerdem muss die Akzeptanz in der Bevölkerung gegeben sein, damit sich die Geschäftsmodelle erfolgreich umsetzen lassen.

Die **Vorteile** der Blockchain-Technologie lassen sich anhand ihrer maßgeblichen Charakteristika beschreiben. Blockchains sind spezielle Datenbanken, die Transaktionsdaten ohne eine zentrale Kontrollinstanz verwalten. Da die Blockchain-Technologie nicht auf einem Server zentral gespeichert ist, sondern dezentral in einem Netz verteilt, besteht die Unabhängigkeit von einer zentralen Instanz bzw. eines Mittlers. Durch die technologische Konstruktion einer Blockchain ist die Unveränderbarkeit der Daten sichergestellt, sodass nachvollzogen werden kann, wann, warum und wie ein Vorgang stattfand. So können einerseits digitale Besitzrechte zweifelsfrei festgestellt und andererseits Original und Kopie eines Datensatzes zweifelsfrei voneinander unterschieden werden.

Blockchains kommen weiterhin ohne die Notwendigkeit gegenseitigen Vertrauens aus und können mit vollkommener Transparenz verwaltet werden. Die Informationen zu Transaktionen können zu jeder Zeit und auch rückwirkend nachvollzogen werden. Vorteilhaft ist dies vor allem bei Prozessen, bei denen die Nichtmanipulierbarkeit von Daten von zentraler Bedeutung ist. Als technologischer Enabler kann die Blockchain dabei helfen, Prozesse und Transaktionen schneller und einfacher abzuwickeln. Dadurch wird der hiermit verbundenen Kosten- und Zeitaufwand reduziert.

Als **Risiko** der Blockchain-Technologie werden vor allem Sicherheitsaspekte gesehen, da die Technik noch nicht völlig ausgereift ist. Die Blockchain als solche ist sicher, weil sie auf einer Vielzahl von Speichern basiert und so nicht gehackt werden kann. Das Risiko liegt aber im Zugang: Wenn die Zugangsdaten zu einem Rechner gehackt werden, sind Manipulationen möglich. Die Architektur öffentlicher Blockchains kann zu Missbräuchen führen. Eine Rückabwicklung unberechtigter Transaktionen ist kaum möglich.

Noch befinden sich die Blockchain-Anwendungen in einer Trial-and-Error-Phase, realisiert sind bislang nur wenige Projekte. Wie oftmals bei neuen Technologien besteht eine Unsicherheit über deren Anwendungsmöglichkeiten. Dabei werden deren Vorteile überschätzt und die Zeit unterschätzt, in der sich die Technologie durchsetzen kann. Veränderungen setzen sich in der Regel nicht sofort durch.

Weiterhin zeigen sich die Risiken dieser Technologie am Beispiel der Bitcoins. Diese werden aufgrund der Anonymität teilweise auch für Bezahlungen im Darknet verwendet. Derzeit ergeben sich viele Vorteile der Kryptowährungen dadurch, dass dieser Bereich nur eine geringe Regulierung aufweist. Kryptowährungen stehen aber im Verdacht, sich der Kontrolle durch Finanzamt und Behörden zu entziehen und die Finanzstabilität zu gefährden. Es ist daher damit zu rechnen, dass es zu vermehrten staatlichen Regulierungen kommt. Die Unwägbarkeiten der Blockchain-Technologie liegen vor allem darin begründet, dass zwar die möglichen Anwendungsfälle für die Blockchain unendlich sind, jedoch noch vieles eher Ideen sind.

Nachteilig ist, dass nur eine relativ geringe Anzahl von Transaktionen pro Zeiteinheit aufgrund der Authentisierung durchgeführt werden kann. Da jeder Transaktionsblock von jedem Knoten bearbeitet wird, ist dies ein sehr zeitintensiver Prozess. Zudem wird im Lauf der Zeit immer mehr Speicherplatz benötigt, denn zum Prinzip der Blockchain gehört es, dass einmal gespeicherte Transaktionen für die Ewigkeit aufbewahrt werden.

Die Blockchain benötigt enorme Rechner- und Energieleistungen. Kryptowährungen sind aus ökologischen Gründen eher kritisch zu sehen, da sie sehr viel Energie benötigen. So verbrauchen in Island die dort niedergelassenen Bitcoin-Produzenten im Jahr 2018 mehr Strom als alle isländischen Privathaushalte zusammen. Immer mehr spezialisierte Rechenzentren siedeln sich in Island an, um Digitalwährungen herzustellen. Um Bitcoin zu minen, führen Computer komplizierte Rechnungen aus, um weitere Einheiten der Kryptoanlage digital zu „schürfen". Island ist für Kryptounternehmen deshalb so attraktiv, weil dort vergleichsweise geringe Stromkosten durch erneuerbare Energien anfallen. Weitere Gründe für die Beliebtheit von Island liegen neben der Stromerzeugung in der günstigen Lage für Rechenzentren. Servern stehen weiterhin schwerpunktmäßig in China vor allem in der Wüste Gobi in der autonomen Provinz Innere Mongolei, wo die Stromkosten noch einmal deutlich niedriger sind. Allerdings wird dort vor allem Kohle eingesetzt mit der entsprechenden Umweltverschmutzung.

Aus rechtlicher Sicht widersprechen einzelne Funktionsweisen der Blockchain geltenden Rechtsprinzipien. Während das Recht, beispielsweise nach einer Anfechtung, nichtige Transaktionen so behandelt, als hätten sie niemals stattgefunden, sind

alle in der Blockchain erfolgten Vorgänge unumkehrbar. Es gibt in der Blockchain beispielsweise grundsätzlich kein Recht zur Datenlöschung.

Verweise

Potenzielle Einsatzfelder der Blockchain-Technologie in der Immobilienbranche werden in den folgenden Kapiteln dieses Buches beschrieben:

- Kapitel 4.4 verschiedene Phase des Produktlebenszyklus
- Kapitel 5.2 Geschäftsprozesse des Immobilien-Investmentmarktes
- Kapitel 6.2 Geschäftsprozesse des Büroimmobilienmarktes
- Kapitel 7.2 Geschäftsprozesse des Einzelhandelsimmobilienmarktes

4 Digitalisierung und Immobilienwirtschaft

Trotz einer rasanten technologischen Entwicklung halten innovative Technologien erst allmählich Einzug in die Immobilienwirtschaft. Immobilien und die Immobilienwirtschaft verfügen aber grundsätzlich über wesentliche Eigenschaften, die eine Digitalisierung sinnvoll erscheinen lassen. Die komplexen Produkte und Prozesse können rund um die Immobilie durch Digitalisierung optimiert werden.

Nach dem Einblick in die digitalen Technologien im Kapitel 3 werden im vierten Kapitel die Auswirkungen dieser Transformation auf die Immobilienwirtschaft dargestellt. Zunächst wird ein Überblick gegeben, auch um die folgenden Kapitel zusammenhängend darlegen zu können. Die Entwicklungen werden für die Geschäftsmodelle (Kapitel 4.1) und für die Geschäftsprozesse (Kapitel 4.2) der Immobilienunternehmen erwartet. Im abschließenden Unterkapitel 4.3 wird auf die Effekte in den einzelnen Phasen des Produktlebenszyklus eingegangen, bei denen sich die Digitalisierung unterschiedlich stark auswirkt.

Die digitale Transformation stellt für die Immobilienwirtschaft einen teilweise tief greifenden und nachhaltigen Wandel dar. Es ist zu erwarten, dass sich neue Geschäftsmodelle mit Produkten und Dienstleistungen ergeben, die aber vielfach auf den traditionellen basieren. Die Geschäftsprozesse werden anhaltend verändert, wobei hier die größten Veränderungen zu erwarten sind. Beide Veränderungen wirken sich auf die Immobilien aus, sei es auf den jeweiligen Standort oder auf die Immobilien selbst und deren Ausstattung (Smart Building). Das Ziel ist insgesamt, die neuen Technologien mit den Immobilien effizient zu verbinden und zu nutzen.

> **Exkurs: Immobilienwirtschaft – Immobilienmärkte – Immobilienökonomie**
> Obwohl die Begriffe Immobilienökonomie, Immobilienwirtschaft oder Immobilienmärkte häufig synonym verwendet werden, lassen sie sich abgrenzen. Diese Abgrenzung findet sich so auch in den weiteren Kapiteln dieses Buches.
> **Immobilienwirtschaft:** Die Immobilienwirtschaft (Synonyme: Immobilienbranche oder -sektor) ist der Teil der Volkswirtschaft, der sich mit Immobilien beschäftigt. Unterschieden wird zwischen der Immobilienwirtschaft im engeren Sinn (i. e. S., Grundstücks- und Wohnungswirtschaft) nach der Definition des Statistischen Bundesamtes und der Immobilienwirtschaft im weiteren Sinn (i. w. S.) nach der Abgrenzung in den Studien „Wirtschaftsfaktor Immobilien" (u. a. 2017, S. 9). Immobilienwirtschaft i. e. S. umfasst die Unternehmen der Branche „Grundstücks- und Wohnungswesen" (WZ-Nr. 68), die Grundstücke, Gebäude und Wohnungen kaufen, verkaufen und vermieten sowie Dienstleistungen im Zusammenhang mit Immobilien erbringen. Die Immobilienwirtschaft i. w. S. ist der Wirtschaftszweig, der sich mit der Entwicklung, Produktion, Bewirtschaftung und Vermarktung von Immobilien beschäftigt. Dazu gehören sowohl die Immobilienwirtschaft i. e. S. als auch die Bauwirtschaft, Immobilienfinanzierung, Beteiligungsgesellschaften, Kapitalanlagegesellschaften, Architektur- und Ingenieurbüros, Managementdienste, Gebäudereiniger oder sonstige Dienstleister wie z. B. Wirtschaftsprüfer oder Immobilienberater.
> **Immobilienmärkte:** In der Volkswirtschaftslehre werden Märkte definiert als Orte des Zusammentreffens von Angebot und Nachfrage, von daher sind Immobilienmärkte solche, auf denen Immobi-

https://doi.org/10.1515/9783110726909-004

lien bzw. Immobiliendienstleistungen gehandelt werden. Grundsätzlich ist festzuhalten, dass es „den" Immobilienmarkt aufgrund der Heterogenität der unterschiedlichen Immobilien nicht gibt. Vielmehr gibt es eine Vielzahl von Immobilienmärkten, die sich nach unterschiedlichen Kriterien abgrenzen lassen. Die Strukturierung des Marktes nach verschiedenen Kriterien ergibt insbesondere deshalb Sinn, da dadurch unterschiedliche Einflussfaktoren auf die einzelnen Segmente identifiziert und in ihrer Wirkung analysiert werden können.

Immobilienökonomie: Der Begriff Immobilienökonomie wurde 1990 von Prof. Karl-Werner Schulte „entwickelt". Die Immobilienökonomie steht für einen interdisziplinären Ansatz. Sie bezieht ihre Aussagen zum einen aus der Übertragung von Erkenntnissen der Betriebswirtschaftslehre als Basisdisziplin, zum anderen interdisziplinär aus den benachbarten Disziplinen Volkswirtschaftslehre, Rechtswissenschaft, Stadtplanung, Architektur oder Ingenieurwesen. Die hier angewendete volkswirtschaftlich orientierte Immobilienökonomie ist die Wissenschaftsdisziplin, die ökonomische Prinzipien verwendet, um zu untersuchen, wie ökonomische Veränderungen und Trends (z. B. die digitale Transformation) die immobilienwirtschaftlichen Nutzungen und Werte beeinflussen.

4.1 Überblick: Auswirkungen der Digitalisierung

Es zeigen sich differenzierte Auswirkungen der Digitalisierung auf die Immobilienbranche. Dabei werden die Effekte zum einen für die Immobilienwirtschaft und die Immobilienmärkte analysiert. Es werden die Folgen auf die Geschäftsmodelle betrachtet, die sich durch neue bzw. veränderte Produkte ergeben können. Digitalisierung verändert ebenso die Geschäftsprozesse, die in Beziehung mit den verschiedenen Segmenten zu einer Steigerung der Produktivität führen sollen. Zum anderen werden die Effekte für die verschiedenen Immobilienmärkte erklärt, sowohl den Investmentmarkt als auch die Vermietungs- bzw. Objektmärkte. Bei den einzelnen Objektarten zeigen sich unterschiedliche Ergebnisse, wie es die Tabelle 4.1 veranschaulicht.

Die Unternehmen der Immobilienwirtschaft sehen sich vielfältigen Herausforderungen der digitalen Welt gegenüber. Bei den Unternehmen ist der Einsatz von Technologien und Methoden der Digitalisierung zur Effizienzsteigerung und Qualitätsverbesserung eine der wesentlichen Aufgaben. Aus wirtschaftlicher Sicht eröffnen sich für Unternehmen sowohl neue Wertschöpfungspotenziale als auch Performancesteigerungen. Die Vision beinhaltet insbesondere den Aufbau von IT-technischen Strukturen (Technik, Software, Datenmanagement) mit flexiblen und vernetzten Systemen. Der Vorteil der digitalen Arbeit ist für die Immobilienunternehmen die höhere Flexibilität, die durch die Cloud, die Zunahme mobiler Anwendungen und Endgeräte verstärkt global und ohne Zeitgrenzen möglich ist. Die Unternehmen stehen vor einem (tief greifenden) Wandel, einerseits im Wettbewerb z. B. mit PropTechs und andererseits, um vorhandene Potenziale der Digitalisierung bezüglich ihrer Geschäftsmodelle und -prozesse zu erschließen.

Vor dem Hintergrund der Auswirkungen der Digitalisierung auf die Immobilienwirtschaft stellt sich ebenfalls die Frage nach der Nachhaltigkeit der Gebäude. Insbe-

Tab. 4.1: Auswirkungen der Digitalisierung auf den Immobiliensektor, Quelle: eigene Darstellung.

Auswirkungen der Digitalisierung auf …	Immobilienwirtschaft	Immobilien-Investmentmärkte	Büroimmobilien	Einzelhandels-immobilien	Wohnimmobilien
Geschäftsmodelle	– PropTech	– FinTech – Crowdfunding – Plattformen	– Alternative Bürokonzepte – Plattformen	– E-Commerce – Smart Retail	– Wohnen als Service – Co-Living
Geschäftsprozesse	– interne und externe Prozesse – Produktlebenszyklus	– Investmenttransaktion – Kreditbearbeitungsprozess	– interne und externe Prozesse in der Nutzungsphase	– Vertriebswege – Wertschöpfungskette	– Wohnungsunternehmen: … Arbeitsprozesse … Kommunikation
Standortveränderung	– abhängig von der Objektart	./.	– PropTech-Standorte	– beim stationärer Einzelhandel	– Homeoffice – andere Standorte
Gebäude und Ausstattung der Gebäude Smart Building	– abhängig von der Objektart	./.	– Flächennachfrage – Smart Office	– Smart Retail	– Smart Home, intelligentes Wohnen

sondere Projektentwickler und Investoren müssen darüber entscheiden, in welche Immobilien sie investieren. Gerade vor dem Hintergrund der Langlebigkeit der Immobilien sind eher rasche Veränderungen durch die Digitalisierung kritisch zu betrachten. So rücken die digitale Ausstattung und auch die Anforderungen der digital geprägten Nutzer in den Vordergrund. Flexible Gestaltungsmöglichkeiten und die Drittverwendung der Immobilien werden zu wichtigen Kriterien bei Investitionsentscheidungen.

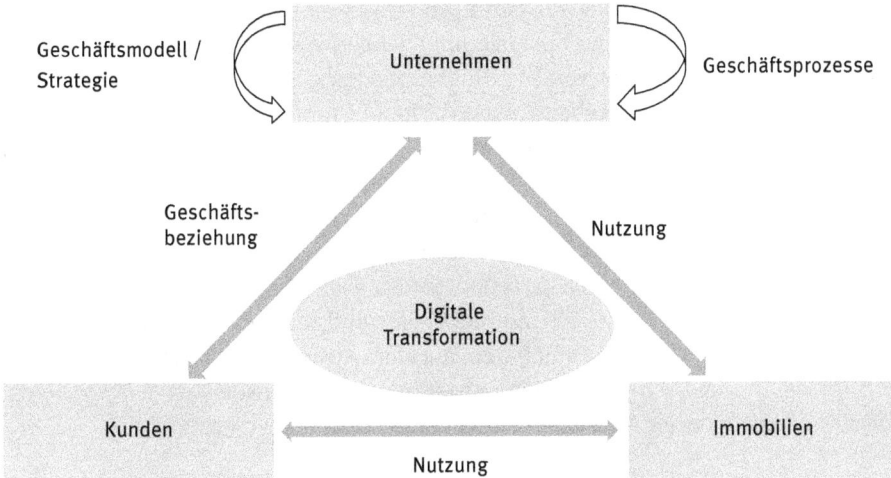

Abb. 4.1: Digitalisierung und Immobilienwirtschaft; Quelle: eigene Darstellung.

In der Abbildung 4.1 sind die Interdependenzen der digitalen Transformation und der Immobilienwirtschaft dargestellt. Unternehmen, Kunden und Immobilien stehen in wechselseitigen Beziehungen, die durch die Digitalisierung nachhaltig verändert werden können. Die digitale Transformation führt zu neuen oder angepassten Geschäftsmodellen und -prozessen in den Unternehmen, einem veränderten Kundenverhalten und neuen Anforderungen an Gebäude.

Die **Unternehmen** der Immobilienwirtschaft setzen zunehmend auf digitale Unterstützung ihrer einzelnen Tätigkeiten, wie beispielsweise die Vermarktung, Verwaltung und Bewirtschaftung ihrer Objekte sowie den Kundenservice. Des Weiteren werden neue Geschäftsmodelle entwickelt, um Wettbewerbsvorteile zu generieren und die Marktposition zu stärken, Geschäftsprozesse werden effizienter gestaltet.

Die **Kunden** nutzen zunehmend digitale Produkte. Das Bedürfnis jederzeit Zugang zu relevanten Informationen und ein Mitspracherecht zu haben, führt zu einem veränderten Verhalten und neuen Anforderungen. Der veränderte und vermehrte Umgang mit IuK-Technologien gilt auch in Bezug auf die Nutzung der Immobilien, was vor allem zu anderen Ansprüchen an die Anbieter der Immobilienwirtschaft führt.

Die **Immobilien** selbst erleben einen digitalen Wandel. Bei der Planung und Ausstattung neuer Projekte spielen zunehmend digitale Systeme eine wichtige Rolle. Die Gebäude werden „smart" und es lassen sich Gebäude und deren Ausstattung sowie in ihrer Nutzung flexibler gestalten.

Die digitale Transformation kann sich in unterschiedlichen Formen auf die Unternehmen auswirken. In der weitestgehenden Form ermöglicht Digitalisierung die grundlegende Neuausrichtung des Geschäftsmodells, die sowohl mit Ertragssteigerungen als auch mit Kosteneinsparungen einhergeht. Sie dient weiterhin als Instrument zur Optimierung (Automatisierung) der bestehenden Wertschöpfungskette. Bestehende Prozesse werden vor dem Hintergrund technischer Möglichkeiten kritisch überprüft, vom Kunden ausgehend neu gedacht und optimiert. Ziel ist es, durch effizientere Prozesse Kosten zu sparen und auch das Kundenerlebnis durch eine effiziente und transparente Kundenschnittstelle zu verbessern. Ebenso kann die Digitalisierung zur Weiterentwicklung der Wertschöpfungskette eingesetzt werden. Eine optimierte, digitalisierte und teilweise automatisierte Prozesskette erlaubt es, ganz gezielt einzelne Wertschöpfungsstufen weiterzuentwickeln. Dabei können die Akteure auf die Erfahrungen aus anderen Branchen zurückgreifen und auch externe, branchenfremde Dienstleister (z. B. PropTechs) einbinden, um alternative Erlösmodelle zu entwickeln. Erträge lassen sich auch durch die Bereitstellung neuer Dienstleistungen generieren. Dies sind üblicherweise Angebote aus dem Bereich rund um die Immobilie.

4.2 Auswirkungen auf Geschäftsmodelle

Grundsätzlich dienen Modelle der vereinfachten Darstellung komplexer Sachverhalte. Ein Geschäftsmodell, auch teilweise als Strategie eines Unternehmens bezeichnet, beschreibt die Funktionsweise eines Unternehmens. Dabei werden die Grundprinzipien dargelegt, wie eine Organisation Werte schafft, vermittelt und erfasst. Ein Geschäftsmodell hilft, konkrete Alleinstellungsmerkmale herauszuarbeiten, die direkt auf einen Kundennutzen zielen. Dadurch wird das Risiko reduziert, sich allein auf das Produkt zu konzentrieren und nicht auf den Sinn des Produkts, nämlich das Lösen eines Kundenproblems.

Auch wenn es keine eindeutige Definition gibt, kann ein Geschäftsmodell in fünf verschiedene Dimensionen unterteilt werden. Die erste Dimension ist die Kundendimension, diese umfasst neben den Kundensegmenten und Kundenkanälen auch die Beziehung zum Kunden. Hinzu kommt als Zweites die Nutzendimension, die die erbrachte Leistung und den generierten Nutzen umfasst. Die Dimension der Wertschöpfung drückt aus, welchen Mehrwert das Unternehmen schafft. Heute wird es ohne den Einsatz von Informations- und Kommunikationstechnologien kein zukunftsfähiges Geschäftsmodell geben. An dieser Stelle werden die verwendeten Ressourcen, das Knowhow und die zugehörigen Prozesse zusammengefasst. Eine weitere Dimension ist die der Partner. Sie beschreibt die unterschiedlichen Partner des Unternehmens sowie die

Beziehungen der Partner zueinander und die entsprechenden Kanäle. Zuletzt folgt die Finanzdimension, die die generierten Umsätze und entstehenden Kosten umfasst. Ausschlaggebend für den Erfolg eines Geschäftsmodells ist es, die einzelnen Bestandteile auf möglichst effiziente und gewinnbringende Weise miteinander zu kombinieren

Diese Strategien zeigen weiterhin die Vorgänge auf, die einen Ertrag für das Unternehmen erzeugen oder durch die der Kunde einen Nutzen bzw. Mehrwert erhält. Durch die digitale Transformation von Geschäftsmodellen werden Technologien als Enabler eingesetzt, die neue Anwendungen bzw. Leistungen erzeugen. Deren digitale Transformation betrifft einzelne Elemente, das gesamte Geschäftsmodell oder Wertschöpfungsketten. Es können neue angeboten oder klassische Modelle transformiert werden.

Die Digitalisierung bietet die Chance für neue Geschäftsmodelle, stellt aber auch die bestehenden infrage. Veränderte und neue Modelle der Immobilienwirtschaft werden durch den technologischen Fortschritt mit neuen internetbasierten Konsum-, Mediennutzungs- und Kommunikationsmöglichkeiten erzeugt. Der technische Fortschritt in Form der Digitalisierung hat zu neuen Medien und Informationsquellen wie dem Internet und zu neuen Kommunikationsformen in der Immobilienwirtschaft geführt. Gerade die Bereitstellung von sogenannten digital angereicherten Dienstleistungen, die Dienstleistungen mit einer elektronischen Komponente koppeln, eröffnet neue Chancen für die Branche. Die Digitalisierung wird das Geschehen in der Immobilienwirtschaft verändern, sei es bei der Nutzer- oder Produktsuche, beim Research und der Objektverwaltung oder auch beim Transaktionsmanagement.

Digitale Geschäftsmodelle sind von der reinen Digitalisierung analoger Prozesse zu unterscheiden. Denn gerade die gezielte Integration von IuK-Technologien in die Unternehmensstrategie ist der Wettbewerbsvorteil digitaler Strategie. Werden Methoden der Digitalisierung in die Geschäftsstrategie einbezogen, ergeben sich digitale Geschäftsmodelle, die Anfangsinvestitionen auslösen und eine gewisse Marktetablierung benötigen. Es sind tragfähige Ideen zu entwickeln, die aber nicht nur die technische Machbarkeit beachten, sondern auch ökonomisch effizient sind.

Die digitalen Geschäftsmodelle reichen von Smart Data, betrieblichen Optimierungen (z. B. Cloud-Services), neuen Formen der Kundenansprache (z. B. Vermarktung von Objekten über mobile Endgeräte, Online-Immobilientransaktionen, 3-D-Visualisierungen), individualisierter Nutzung (z. B. Wohnen als Service), bis hin zu intelligenten Gebäuden („Smart Buildings"). Die Immobilienbranche muss sich mit neuen Geschäftsmodellen auseinandersetzen, wozu auch die Technologien und Geschäftsmodelle von PropTech-Unternehmen gehören. Diese jungen Unternehmen sind mit technologiebasierten digitalen Strategien in der Immobilienwirtschaft tätig.

PropTechs
Neben den traditionellen treten neue Wettbewerber für die Unternehmen der Immobilienwirtschaft auf, deren Geschäftsmodelle wesentlich auf der Integration von Infor-

mations- und Kommunikationstechnologien aufbauen. Diese werden als PropTechs bezeichnet, was als Abkürzung für den englischen Begriff „Property-Technology" steht. PropTech setzt sich aus den Wörtern Property Services (deutsch: *Dienstleistungen der Immobilienwirtschaft*) und Technology zusammen und steht für Firmen mit neuen Geschäftsideen im Immobilienbereich auf digitaler Basis. Mit PropTechs werden die Unternehmen bezeichnet, die Immobiliendienstleitungen durch technische Lösungen anreichern und/oder verändern. Es geht also um Immobilien einerseits und Technologien andererseits. Somit steht der Begriff PropTech für den Einsatz moderner Informations- und Kommunikationstechnologien in der Immobilienbranche. Im Ausland werden synonym auch Begriffe wie RETech, ConTech oder RealTech verwendet.

PropTechs wollen die traditionellen Geschäftsmodelle und Geschäftsprozesse in der Wertschöpfungskette von Immobilien mindestens verändern. Als innovative Unternehmen verknüpfen sie ihre Strategien mit den neuen technologischen Möglichkeiten. Diese zielen darauf ab, (disruptive) Innovationen zu entwickeln, um bestehende Technologien, Produkte oder Dienstleistungen vom Markt zu verändern oder zu verdrängen.

PropTechs sind häufig Start-ups und richten sich mit ihren Angeboten sowohl an Unternehmen (B2B) als auch an Endverbraucher (B2C). Hinter den PropTechs stehen ganz unterschiedliche Typen von Gründern: Studenten, Profigründer und Unternehmensausgründungen. Meist setzt sich ein Gründerteam aus unterschiedlich spezialisierten Berufsgruppen zusammen. Zum Teil stammen die Ideen selbst aus anderen Branchen und werden auf die Immobilienwelt übertragen. PropTechs beziehen sich auf innovative Unternehmen, die mit ihren Geschäftsmodellen die neuen technologischen Möglichkeiten mit der Immobilienbranche verknüpfen. Die an Dynamik gewinnende Digitalisierungswelle in der Immobilienlandschaft brachte in den vergangenen Jahren interessante Geschäftsmodelle hervor, von denen einige die Expansionsphase erreicht haben. Ein Innovationsschub blieb bislang allerdings noch aus: Er konnte weder durch die neu aufkommenden PropTechs noch durch die Evolutionsprozesse der Immobilienbranche aus sich selbst heraus ausgelöst werden.

In der **Wertschöpfungskette** der Immobilienwirtschaft scheinen einige dieser Bereiche PropTech-Geschäftsmodelle stärker anzuziehen. PropTechs lassen sich nach drei Stufen unterteilen. Die erste Stufe ist die Digitalisierung von Dokumenten. Zur zweiten Stufe gehören sämtliche Kauf- und Verwaltungsprozesse, wozu auch Maklerportale gehören. Die Digitalisierung der Immobilie an sich ist die dritte und letzte Stufe der PropTechs. Die Anwendung von Informations- und Kommunikationstechnologien in der Vermarktung von Immobilien bzw. diesbezügliche innovative Geschäftsmodelle dominieren die aktuelle PropTech-Szene. Danach folgen temporäre Nutzung und Visualisierung, Crowdfunding und Smart Building. Die Technologien werden sowohl im B2B- als auch im B2C-Bereich angewandt. Allen diesen Angeboten ist gemein, dass sie mithilfe der IT effizient immobilienbezogene Aufgaben lösen sollen.

Beispiele für PropTechs
Virtual Reality: Realitätsnahe Simulationen von Gebäuden kommen nicht nur bei Kundenpräsentationen zum Einsatz, sie können auch schon in der Planungsphase (BIM) zur Veranschaulichung von Ideen eingesetzt werden und so zu einer zeiteffizienten Projektumsetzung beitragen.
Chatbots: Die digitalen Chatprogramme steuern automatisiert einen Teil der Kommunikation mit Mietern.
Crowdfunding-Plattformen: Die Online-Plattformen ermöglichen Schwarmfinanzierung für Immobilien und eröffnen Kleinanlegern so eine neue Möglichkeit, Kapital anzulegen.

Für die Immobilienwirtschaft stellt sich die Frage in welcher Form eine **Zusammenarbeit mit PropTechs** erfolgen kann. Bei einer kompletten Übernahme von PropTechs droht die Gefahr, dass der Gründer-Spirit verloren geht. Dies ist darauf zurückzuführen, dass zwei Kulturen aufeinanderprallen: In der „konservativen" Immobilienwelt wird Scheitern als inakzeptabel betrachtet, während für den Erfolg von PropTechs die Fehlertoleranz entscheidend ist. Eine Komplettübernahme eines Start-ups kann sinnvoll sein, wenn es sich um ein komplexes und damit schwer zu kopierendes Geschäftsmodell handelt. Es ist dann aber nötig, diesen Teams genügend Freiheit zu lassen und sie nicht in etablierte Strukturen zu zwängen. Bei alledem ist aber der Erfolg von PropTechs keineswegs gesichert. Einige Start-ups werden nicht überleben – vor allem jene nicht, deren Geschäftsmodell leicht zu kopieren ist. Bei einer dritten Möglichkeit der Kooperationen zwischen Unternehmen der Immobilienwirtschaft und PropTechs bleibt die Unabhängigkeit der jungen Unternehmen weitgehend gewahrt.

Die PropTech-Szene in Deutschland weist im Vergleich zur klassischen Immobilienbranche quantitativ eine geringe Bedeutung auf. Zum einen zeigt sich dies bei der Anzahl der PropTechs.[1] Zum anderen fällt auch der Anteil der PropTechs bei den Stellenausschreibungen in den vergangenen Jahren relativ gering aus und noch geringer der Anteil der Stellen, die sich mit disruptiven Technologien befassen. Der Fokus der PropTechs liegt eher auf Stellen, die sich auf die Optimierung traditioneller Prozesse denn auf radikale Neuerungen beziehen, wie z. B. Data Science, Virtual Reality oder Blockchain oder gar Künstliche Intelligenz. Besonders stark war die Nachfrage in den Bereichen Immobilienportale oder Vermietungsplattformen.

Kritisch ist anzumerken, dass PropTechs vor allem deshalb nur eine untergeordnete Rolle spielen, da ihre Lösungen in vielen Fällen noch nicht als ausreichend vollumfänglich oder passend sind. Von einem disruptiven Einfluss auf die Immobilienbranche ist der PropTech-Sektor zurzeit noch deutlich entfernt. Es handelt sich vornehmlich um eine Modifikation oftmals vorhandener Geschäftsmodelle. Die aktuellen Modelle präsentieren sich mit teilweise interessanten Lösungen und zeugen von einer hohen Technikaffinität. Für die etablierten Unternehmen treten die innovativen Start-ups zu spezialisiert auf und bilden lediglich Nischen im Markt ab. Viele

---

1 Ein Überblick über die Anzahl und die Formen von PropTechs in Deutschland findet sich u. a. bei www.gewerbe-quadrat.de.

PropTechs bieten nur Insellösungen an und beachten dabei zu wenig die Schnittstellen zwischen Daten, die eben von Unternehmen zu Unternehmen anders aussehen. Ein Wachstumshindernis ist damit die oftmals noch fehlende Abdeckung der gesamten Wertschöpfungskette. Sie erfordern häufig einen zu hohen Kapitaleinsatz, kollidieren mit rechtlichen Hindernissen und scheitern letztendlich auch an der für eine erfolgreiche Realisierung erforderlichen Datenbasis. Gerade Letzteres ist für den erfolgreichen Durchbruch von PropTech unerlässlich. Entscheidend wird dabei das Aufbrechen und Optimieren der Prozessketten und die Etablierung gleicher Standards sein. Insgesamt stehen die meisten PropTechs noch am Anfang des technologisch Möglichen.

4.3 Auswirkungen auf Geschäftsprozesse

Geschäftsprozesse in der Immobilienwirtschaft stellen in der betriebswirtschaftlichen Sicht die notwendigen Aktivitäten zur Bearbeitung eines betriebswirtschaftlichen Ziels dar, die in einem zeitlichen und sachlichen Zusammenhang stehen. Die Prozesse ebenso wie die Strukturen bilden in ihrer Einheit die Aufbau- und Ablauforganisation eines Unternehmens. Sie ermöglichen in ihrer konkreten Ausprägung erst die Operationalisierung und Umsetzung der Geschäftsstrategie bzw. des -modells.

Geschäftsprozesse sind vornehmlich auf der operativen Ebene eines Unternehmens angesiedelt und beschreiben die verschiedenen Aufgaben und Einzeltätigkeiten, um ein bestimmtes betriebliches Ziel zu erreichen. Es ist für gewöhnlich ein wiederkehrender Ablauf innerhalb einer betrieblichen Organisation. Sie gehören zur Ablauforganisation eines Betriebs und sollen den Wertschöpfungsprozess optimieren. Das kann sowohl durch periodisch wiederkehrende Ereignisse, wie beispielsweise einen Jahresabschluss, als auch durch externe Auslöser, z. B. Erbringung von Lieferung und Leistung, geschehen. Der Prozess besitzt eine klare Zielvorgabe, die schlussendlich das Endprodukt darstellt. Langfristig kommt der Digitalisierung in der Immobilienwirtschaft die Funktion einer Technologie zu, mit deren Hilfe die Arbeitsabläufe effizienter und die Vernetzung der Arbeitsaufgaben in der Immobilienwirtschaft erhöht werden.

Durch die Digitalisierung können die Geschäftsprozesse bei den Immobilienunternehmen verändert werden. Die Möglichkeiten der Prozessgestaltung sind beispielsweise die Änderung von Arbeitsabfolgen, die Automatisierung oder die Nutzung von Hilfsmitteln. Die Digitalisierung von Geschäftsprozessen bietet sich vor allem dadurch an, dass Informationen in der Immobilienbranche möglichst effizient verwaltet und übermittelt werden müssen. Bislang waren diese Prozesse teilweise zeit- und arbeitsintensiv und wiesen zudem oft eine hohe Fehlerquote aus. Die Nutzung der Möglichkeiten moderner IT-Systeme wird dazu genutzt, ältere Austausch-, Kommunikations-, Planungs- oder Steuerungsmethoden abzulösen. Die Abläufe können optimal digitalisiert, mobilisiert und automatisiert werden. Durch die Digitalisierung wird der Geschäftsprozess üblicherweise nicht vollständig revolutioniert oder bewährte Prozesse werden nicht vollständig ersetzt, sondern sie werden weiterentwickelt. Dabei kann allerdings bereits die Modernisierung eines Teils der Prozesskette große Effizienzsteigerungen bewirken.

Von zentraler Bedeutung für die Unternehmen ist eine Digitalisierung sowohl der internen als auch der unternehmensübergreifenden (externen) Geschäftsprozesse. Digitalisierung wirkt im Unternehmen nach innen wie die Prozessautomatisierung und -optimierung, Wirtschaftlichkeit, Gebäudetechnik und nach außen, so die Kommunikation zu Kunden und Auftragnehmern, aber auch zu weiteren Akteuren wie z. B. der Kommunen. Gerade weil beide Aspekte zusammengehören, braucht es eine einheitliche Digitalisierungsstrategie, die sich immer wieder an Veränderungen anpasst und so zum Differenzierungsmerkmal eines Immobilienunternehmens im Markt beiträgt.

In den Beziehungen zu den Kunden liegt in der Digitalisierung eine große Chance, mit neuen und veränderten Dienstleistungen zur Verbesserung der Kundenorientierung beizutragen. Die Kunden sind gleichzeitig für die Immobilienunternehmen ein wesentlicher Treiber der Digitalisierung, da sie verstärkt digitale Angebote nachfragen. Unternehmen können durch die Digitalisierung die Kommunikation mit den Kunden effizienter gestalten, u. a. bieten Social Media die Möglichkeit, mit den Zielgruppen in direkten Kontakt und in einen unmittelbaren Dialog zu treten.[2] Weiterhin können Nutzer in sozialen Netzwerken, die von den Immobilienunternehmen angeboten werden, online miteinander kommunizieren und sich gegenseitig austauschen. Diese Form der Digitalisierung kann bei vielen Unternehmensaufgaben wie bei der Kommunikation mit Kunden oder im Marketing und Vertrieb unterstützend wirken. Der Einsatz von Social Media zur Kommunikation der Unternehmen als Reaktion auf ein sich rapide verändertes Kommunikationsverhalten der Kunden ist daher ein zentrales Innovationsfeld. Die Datensicherheit stellt dabei eine große Herausforderung dar (siehe Kapitel 4.4.2).

Da Geschäftsprozesse durch digitale Lösungen optimiert, transparenter gestaltet oder gar substituiert werden können, drängen neue Akteure auf den Immobilienmarkt, was sich durch PropTechs zeigt. Diese Start-ups haben sich auf die Digitalisierung von Verwaltungsprozessen in der Immobilienwirtschaft konzentriert. Die Angebote beinhalten beispielsweise die Terminkoordination in der Vermietung oder für Wohnungsübergaben umfassende Anwendungen wie Kundenportale zur Kommunikation mit den Mietern und unter den Mietern (soziales Netzwerk) bis hin zum kompletten digitalen Management eines Mietzyklus mit visualisierten Datenauswertungen in Echtzeit.

---

2 Der Begriff „Social Media" wird unterschiedlich definiert und interpretiert. Unter Social Media wird eine Vielzahl von Anwendungen zur direkten und indirekten Kommunikation sowie Interaktion von Menschen miteinander, um Informationen, Meinungen etc. austauschen. Beispiele hierfür sind Soziale Netzwerke (die oftmals synonym verwendet werden), Blogs oder Diskussionsforen.

Enterprise-Resource-Planning

Die Einstiegsstufe in eine erweiterte Digitalisierung von Geschäftsprozessen ist für viele Unternehmen die Nutzung von Enterprise-Resource-Planning (ERP-Systeme). Diese Abkürzung steht für eine Softwarelösung zur Ressourcenplanung eines Unternehmens bzw. einer Organisation und dient dazu in einem Unternehmen bzw. einer Organisation ablaufende Geschäftsprozesse zu steuern. Das System integriert eine Vielzahl von Anwendungen und Betriebsdaten, die in einer zentralen Datenbank verarbeitet und gespeichert werden. Verschiedene Module decken die Anforderungen unterschiedlicher Unternehmensbereiche ab. Die Funktionen von ERP können die Beschaffung, Produktion, Materialwirtschaft oder den Vertrieb umfassen. So wird eine Vielzahl von Geschäftsanwendungen und Betriebsdaten integriert, die in einer zentralen Datenbank verarbeitet und gespeichert werden. Es können auf einer zentralen Plattform sämtliche Prozesse eines Unternehmens abgebildet, gesteuert und miteinander koordiniert werden. Zudem lassen sich für weitere Aufgaben entsprechende Softwaresysteme von Partnerunternehmen oder Start-ups ein- oder anbinden.

Die Vorteile von ERP bestehen darin, dass die Datenerfassung und die Integration von Prozessen aus allen Abteilungen das Arbeiten und Organisieren der Arbeitsabläufe eines Unternehmens erleichtern. Vor allem wird dank eines ERP-Systems nur eine einzige Datenbank für unterschiedliche Funktionen und Bereiche des Unternehmens benötigt. Die Systeme können internet-basiert und plattformunabhängig organisiert werden. Wenn sich Effizienzsteigerungen feststellen lassen, kann sich die Investition also lohnen. Dies soll weiterhin in einer erweiterten Perspektive eine Vernetzung mit Kunden und Geschäftspartnern möglich machen. Nachteilig ist derzeit vor allem, dass viele technische Probleme wie Schnittstellen zu lösen sind. Auch ist die wirtschaftliche Effizienz zu beachten.

Dokumentenmanagement

Ein weiteres Beispiel für die Digitalisierung von Geschäftsprozessen sind die Systeme für das Dokumentenmanagement. Für die Organisation unternehmensinterner Dokumente kann dies genutzt werden, wobei insbesondere klassische Arbeitsabläufe und -prozesse unterstützt sowie das schnelle Auffinden von Unterlagen erleichtert wird. Mitarbeiter können durch ein digitales Dokumentenmanagement Entscheidungsprozesse oder Geschäftsprozesse nachverfolgen. Digitale Wissensdatenbanken unterstützen das Verwalten und Durchsuchen von Dokumenten. Standardisierte Abläufe von Immobilienverwaltungen können effizienter und schneller abgewickelt werden. Daten und Dokumente umfassend und übersichtlich zu organisieren, schafft Freiraum für wertschöpfende Tätigkeiten.

Der erste Schritt zur Digitalisierung des Immobilienmanagements ist die Überführung analoger Dokumente in die digitale Plattform. Mit dem Scan-Vorgang einher geht die Informationsextraktion auf Basis des Natural Language Processing (NLP).

Hierbei erfolgt anhand der Häufigkeit bestimmter Wörter und ihrer Einbettung in die jeweilige Sinnstruktur eines Satzes die Klassifizierung des Dokuments. Der Klassifizierung liegt ein vorab definierter Index mit allen verfügbaren Dokumentenarten des Immobilienmanagements zugrunde. Das analoge Dokument liegt dann nicht nur als eingescannte PDF-Datei im System vor, sondern wird auch parallel dazu als Grundbuchauszug, Heizzählermessung oder Stellflächen-Mietvertrag erkannt. Maschinelles Lernen erlaubt nun die Automatisierung dieser Vorgänge: Das gescante Dokument wird innerhalb desselben Vorgangs eingelesen, kategorisiert, automatisch verschlagwortet und in die Plattformstruktur an passender Stelle eingefügt. Weiterentwicklungen dieses Systems arbeiten mit visuellen Algorithmen. Diese sind imstande, auch anhand von Fotos, Plänen oder Stempeln Klassifizierungen vorzunehmen. Sämtliche Daten zur Historie und aktuellen Bewirtschaftung fließen in das digitale Asset ein, das sich gleichsam als Zwilling des realen Assets originalgetreu auf der Plattform wiederfindet.

So werden in der **Planungsphase** mit dem Einholen der behördlichen Genehmigungen zur Errichtung der Immobilie und danach bei der Realisierung viele Dokumente benötigt. Dies wiederum führt u. a. bei der Ablage (Aktenordner) zu einem bedeutenden Flächenverbrauch. Weniger Fläche und ein effizienterer Umgang lassen sich durch ein digitales Dokumentenmanagement realisieren. Dabei kommt der digitalen Aufbereitung der Projekte in dieser Phase eine Schlüsselrolle zu, so auch für den weiteren Lebenszyklus einer Immobilie.

In der **Nutzungsphase** erkennen Unternehmen vermehrt die Notwendigkeit und den Mehrwert professioneller Dokumentenmanagementsysteme und -prozesse. Bislang gibt es bei der Verwaltung von Mieter- und Objektakten häufig noch heterogene, oft überwiegend physische Systeme zur Archivierung der Dokumente. Hierauf aufbauende Dokumentenmanagementprozesse sind in vielen Fällen durch eine Vielzahl von Medienbrüchen, unstrukturierte Datensätze und fehlende Transparenz geprägt. Dokumente können in mehreren Versionen und in mehreren digitalen und physischen Ordnern vorliegen. Um die Assets effizient managen zu können, lassen sich Unterlagen wie beispielsweise Mietverträge, Grundbuchauszüge, Wartungsprotokolle digital bearbeiten und speichern. Dokumente werden dabei strukturiert abgelegt und jederzeit verfügbar gehalten. Die relevanten Dokumente können beispielsweise in einer zentralen, digitalen Ablage vorgehalten werden, wobei moderne, webbasierte Dokumentenmanagementsysteme verwendet werden können. Auch bei der Zusammenarbeit mit externen Spezialisten wie Planern und Projektsteuerern können Dokumente effizienter ausgetauscht werden.

Für die Digitalisierung in diesem Bereich sind strukturierte Daten eine wesentliche **Voraussetzung**. Die Implementierung eines Dokumentenmanagementsystems und der darauf aufbauenden Prozesse zur nachhaltigen Digitalisierung der Dokumentenablage bilden hierzu das Fundament, das alle danach zu entwickelnden Geschäftsprozesse stützen soll. Ebenfalls profitieren die Anwender von der transparenten und übersichtlichen Darstellung der kompletten Historie jeder Immobilie.

Die **Herausforderung** besteht in der Entwicklung und vor allem in der Umsetzung des Dokumentenmanagements. So sind Mietverträge und Akten zu digitalisieren, zu klassifizieren und zu indexieren. Es ist darüber zu entscheiden, welche Dokumente relevant und welche Version die jeweils aktuellste ist. Insbesondere bei älteren Mietverträgen finden sich oftmals handschriftliche Eintragungen. Bei sensiblen Daten, z. B. bei mietvertraglichen Vereinbarungen, kann Künstliche Intelligenz eingesetzt werden. Diese können zur Erkennung und Klassifizierung sowie zum Datenabgleich verwendet werden, um manuellen Aufwand auf der einen und das Fehlerrisiko auf der anderen Seite zu reduzieren.

Die **wirtschaftlichen Risiken** eines digitalen Dokumentenmanagementsystems bestehen bei der Einführung und auch beim laufenden Betrieb. So sind die Entwicklung und der Aufbau eines derartigen Systems mit Investitionskosten verbunden. Und auch für den laufenden Unterhalt entstehen Kosten, wobei aber die entfallenen Kosten der analogen Systeme gegenzurechnen sind.

4.4 Auswirkungen auf den Produktlebenszyklus von Immobilien

Der Lebenszyklus einer Immobilie gliedert sich in verschiedene Phasen, wobei die Digitalisierung auf alle diese Phasen (siehe Abbildung 4.2) mit verschiedenen digitalen Innovationen Einfluss nimmt. Die folgenden Unterkapitel gehen jeweils auf die digitalen Technologien ein, die in der Entstehung- und Nutzungs- sowie Verwertungsphase gegeben sind. Auf die Querschnittsfunktion Immobilien-Investment und Finanzierung wird im folgenden Kapitel 5 eingegangen. Dabei werden Anwendungsbeispiele und Digitalisierungspotenziale herausgearbeitet und den jeweiligen Lebensphasen einer Immobilie zugeordnet. So können Bereiche identifiziert werden, die derzeit unter hohem Digitalisierungsdruck stehen und gleichzeitig werden noch vorhandene digitale Potenziale aufgezeigt.

Phase des Lebenszyklus	Digitalisierung
Projektentwicklungsphase	Data Science BIM Smart Contracts Smart Building
Nutzungsphase	Portale und Plattformen Visualisierung Data Science
Verwertungsphase	BIM

Abb. 4.2: Digitalisierung im Lebenszyklus einer Immobilie; Quelle: eigene Darstellung.

4.4.1 Projektentwicklungsphase

Bei Projektentwicklungen werden die Faktoren Standort, Projektidee und Kapital so miteinander verbunden, dass Immobilienobjekte geschaffen werden. Es handelt sich um die Summe aller Untersuchungen, unternehmerischen Entscheidungen, Planungen und anderen bauvorbereitenden Maßnahmen, die erforderlich oder zweckmäßig sind, um eines oder mehrere Grundstücke zu überbauen oder eine sonstige Nutzung vorzubereiten. Ebenfalls dazu gehört, die bauliche und sonstige Nutzung abzusichern.

Die Projektentwicklung beinhaltet meist umfassende Leistungen, vom Grundstückserwerb über die dann folgende Planung, die Finanzierung und den Bau von schlüsselfertigen Bauten sowie entweder deren anschließenden Verkauf oder Betrieb. Projektentwickler können Eigentümer sein oder Projektgesellschaften, aber auch Bauunternehmen ebenso wie Architekten oder Makler. Sobald Idee, Standort und mögliche Finanzierung grundsätzlich geklärt sind, kann die Projektkonzeption beginnen. Die Konzeptionsphase hat die Aufgabe, die Wirtschaftlichkeit und Realisierbarkeit des geplanten Objekts zu überprüfen. Daher sind in dieser Phase verschiedene Analysen durchzuführen wie Standort- und Marktanalysen, Nutzungs- oder Kostenanalyse. Diese Analysen sollen mit hinreichender Sicherheit belegen, dass sich das Objekt unter den gegebenen Rahmenbedingungen erfolgreich realisieren lässt. Die Marktanalyse versucht, eine Aussage über die kurz- und mittelfristigen Angebots- und Wettbewerbsbedingungen sowie die Nachfragesituation und -perspektiven auf den relevanten Immobilienmärkten zu treffen. Die Gesamtheit der Analysen kann in einer Machbarkeitsstudie (englisch: *Feasibility Study*) zusammengefasst werden.

Die Projektentwicklungsphase mit ihren Abschnitten Planung und Realisierung von Immobilien ist von hoher Komplexität geprägt. Dies umfasst sowohl zunächst die Akquisition eines Grundstücks als auch die Erstellung einer Nutzungskonzeption bis hin zu Vermarktung und Verkauf des Projekts. Durch die Zusammenarbeit verschiedener Beteiligter (Architekten, Ingenieure, bauausführende Unternehmen etc.) und unterschiedlichen Transaktionen ist eine möglichst reibungslose Organisation unumgänglich für den Erfolg eines Projektes. Dazu kann der technologische Wandel durch die Digitalisierung einen bedeutenden Beitrag bieten.

Bei Immobilienprojektentwicklungen, die sich inhaltlich selten ähneln, können jedoch ähnliche Ablaufschemas unterstellt werden. Ein Teil der heutigen meist standardisierten und immer wieder gleich ablaufenden Tätigkeiten und Wertschöpfungen von Projektentwicklern in der Vorbereitung und Planung von Projekten kann automatisiert und digitalisiert werden. Hier sind als Voraussetzung einheitliche Normen zu schaffen, damit eine Digitalisierung nicht an der vorhandenen Vielfalt scheitert. Für die Tätigkeiten und die Wertschöpfungsketten der Projektentwickler können digitale Technologien schwerpunktmäßig in den Bereichen Analyse (Data Science), Projektsteuerung (Building Information Modeling) und Vertragswesen (Smart Contracts) angewendet werden. Für die digitale Vernetzung und Zusammenarbeit in dieser Phase besteht noch erhebliches Potenzial, wie die folgenden Unterkapitel zeigen werden.

Data Science

Bei der Projektentwicklung kann der Einsatz von Data Science als digitale Technologie zu deutlichen Veränderungen führen. Projektentwickler sind vor dem eigentlichen Bau vor allem mit Analysen und Risikobewertungen beschäftigt. Analysen und Bewertungen basieren auf Daten und je mehr davon zur Verfügung stehen, umso begründeter lassen sich Ergebnisse und Entscheidungen darstellen. Trends und Technologien rund um Data Science haben in diesem Zusammenhang für Projektentwickler eine besondere Bedeutung. Maschinelle Systeme und Rechner können besser und genauer arbeiten, je größer die Datenmenge ist. Menschen hingegen sind nur in der Lage, eine begrenzte Menge an Informationen effizient auszuwerten und zu analysieren. In den verschiedenen Analysephasen und bei der Risikobewertung kommt es allerdings für Projektentwickler darauf an, möglichst viel Sicherheit und diese möglichst schnell zu erreichen. Je länger die Analysephase, desto höher sind die Kosten, die sich bei negativer Bewertung von Projektoptionen als „sunk costs" erweisen können. Die Digitalisierung kann zu Fortschritten und einer Optimierung der Tätigkeiten auf dieser Wertschöpfungsstufe beitragen. Der Einsatz von Data Science spart Zeit, Geld und kann zu besseren Ergebnissen führen. Dies sollte auch für Aussagen über die künftige Nutz- und Verwertbarkeit von Immobilienprojekten gelten.

In der ersten Phase der Projektentwicklung ist eine Aufgabe, den optimalen Standort für ein Projekt zu bestimmen. Mithilfe von Data Science kann eine digitale Standortanalyse erfolgen. Vor allem im gewerblichen Immobilienbereich kann der optimale Standort mit datengetriebener Unterstützung automatisch und in Echtzeit bestimmt werden. Dazu werden etwa Informationen wie Infrastruktur, Konkurrenz und Zuliefererunternehmen, Einzugsbereiche sowie demografische und sozioökonomische Faktoren der umliegenden Bevölkerung berücksichtigt. Dabei ist auch Künstliche Intelligenz zur Datenrecherche und -analyse sowie zum Aufbau globaler Online-Datenbanken für Bauprojekte einsetzbar. Diese könnten in der Lage sein, selbstständig Kriterien und Gewichtungen zu erstellen, anhand derer analysiert und bewertet wird. Derzeit werden Data Science-Anwendungen diese Kriterien und Gewichtungen meist noch von Menschen vorgegeben.

Voraussetzung für den Einsatz von Data Science ist, dass die notwendigen Daten auch durch Projektentwicklern bzw. deren Tools und Technologien für eine Nutzung zur Verfügung stehen. Besondere Bedeutung kommt hier der weiteren Entwicklung von E-Government zu, denn viele wichtige Daten liegen bei öffentlichen Stellen, wie Ämtern und Behörden. In der Genehmigungsphase werden für die Digitalisierung große Potenziale in der Prozessoptimierung gesehen, es soll zu einer deutlichen Beschleunigung des Verfahrens kommen. Dies soll durch komplett elektronische Baugenehmigungsverfahren vom Antrag bis zur Genehmigung ermöglicht werden. Nach gesetzlicher Genehmigung dieser Neuerungen sind diese von den kommunalen Bauämtern umzusetzen. Derzeit geschieht dies in wenigen Bauaufsichtsbehörden und gilt auch nicht für alle Schritte des Vorgangs.

Building Information Modeling

Aus Sicht der Digitalisierung wird die Projektentwicklungsphase durch Building Modeling Information (BIM, deutsch: *Gebäudedatenmodellierung*) stark beeinflusst und stellt den nächsten großen Schritt der Digitalisierung dar (vergleichbar mit Industrie 4.0). BIM ist die digitale Darstellung eines Gebäudes und seiner Funktionen auf der Basis fortlaufend aktualisierter Daten. BIM wird als die Zukunft des Planens, Bauens und Betreibens bezeichnet. Es ermöglicht im Idealfall eine verlässliche Datenbasis für alle an Planung, Umsetzung und Bewirtschaftung von Bauprojekten Beteiligten während des gesamten Lebenszyklus eines Bauwerks, also von den ersten Planungen bis zum Abriss. BIM ist eine optimierte Methode, um Bauwerke zu planen, auszuführen und zu betreiben. Es ist eine kooperative Arbeitsmethode, die durch moderne Planungstechniken ermöglicht wird. Der integrale Prozess aus virtueller Konstruktion, Simulation, Prüfung und Optimierung sowohl der Projekt- als auch der Betriebsprozesse als auch des Gebäudes sind das Ziel von BIM.

Der Planungsprozess war bereits vor BIM teilweise digitalisiert. So wurden Zeichnungen beispielsweise mithilfe spezieller Software (CAD-Systeme) und nicht mehr am Zeichenbrett erstellt. CAD steht für „computer-aided design" und bezeichnet rechnergestützte Systeme, die u. a. zur Planung und Konstruktion von Bauwerken geeignet sind. CAD-Systeme sind eine Entwicklung von einem zeichnungsgestützten zu einem modellgestützten Modell. Allerdings konnten diese durch die Software produzierten Zeichnungen teilweise nicht von einem Computer interpretiert und in andere Teile der Planung übertragen werden. BIM wird als Weiterentwicklung der CAD-Systeme gesehen.

Exkurs: BIM-Levels

Zur Einordnung des digitalen Gebäudemodells BIM können verschiedene Levels der digitalen Planungsweise und Stufen als BIM-Reifegradmodell beschrieben werden. Beim Level 0 werden zweidimensionale Pläne auf Papier, mithilfe von CAD-Software, erstellt. Dies entspricht der Projektabwicklung entsprechend der bisherigen Standards in 2-D. Die Projektbeteiligten tauschen keine digitalen Informationen aus, sodass Level 0 eigentlich nicht der BIM-Methode entspricht.

Level 1 beschreibt die Arbeit mit CAD-Programmen, bei der auch dreidimensionale Formate möglich sind. Die Planungsbeteiligten verwalten und nutzen die Daten und Informationen hauptsächlich für ihre eigene Disziplin. Da jedes Unternehmen mit unterschiedlichen Programmen arbeitet und somit herstellerspezifische Formate nutzt, kann es allerdings zu Kompatibilitätsproblemen kommen.

Ab dem Level 2 wird mit einer BIM-Software gearbeitet, wobei die Planung in Form von 3-D-BIM-Modellen erfolgt. Hierbei handelt es sich um eine neue Generation von CAD-Systemen, die dazu geeignet sind, BIM-Modelle zu erstellen, wobei der Übergang zwischen BIM-fähigen CAD-Systemen und spezieller BIM-Software fließend ist. Zwar arbeitet jeder Planer mit seinem eigenen Modell und nutzt dabei auch ein eigenes spezifisches Format, allerdings existiert zum regelmäßigen Austausch und Abgleich mit anderen Planern eine gemeinsame Projektplattform, wodurch Informationsasymmetrien verhindert werden können.

Beim Erstellen von operativen Ausführungsplänen im Level-3-Modell können noch die Dimensionen der Ausführungszeit (4-D) und der Kosten (5-D) hinzugefügt werden. 4-D-BIM bedeutet, dass sowohl der Bauablauf als auch die Baustellenlogistik in das 3-D-Modell einbezogen werden. Es wird konkretisiert und durch Simulationen optimiert, wann und wo welche Arbeiten ausgeübt werden. Die nächste Stufe 5-D-BIM beinhaltet die Kostenplanung. Damit wird das Gebäudemodell um Informationen zu Baukosten und Material erweitert. Darüber hinaus gibt es noch 6-D-BIM (Simulationen), die mit dem Gebäudemodell alle Arten der Prüfung und Validierung verbindet. In Form von 7-D-BIM (FM) eingesetzte Daten bilden bei entsprechender Strukturierung die Basis für den späteren Gebäudebetrieb.

Level 3 ist die derzeit letzte Stufe und sieht darüber hinaus die kollaborierende Arbeit an einem gemeinsamen Gebäudemodell vor, die auf standardisierten Dateiformaten basiert. Beim digitalen 3-D-Modell werden sämtliche Einflussgrößen miteinander verknüpft. Es erfolgt die vollumfängliche datengestützte und vernetzte und gemeinsame Nutzung über den gesamten Lebenszyklus. Level 3 ist derzeit im BIM-Alltag in der Regel eher theoretisches Wunschdenken als praktische Wirklichkeit.

Mithilfe der Digitalisierung sollen Echtzeitinformationen für alle Beteiligten bereitgestellt und individuelle Serienproduktionen ermöglicht werden. Die Planungsqualität soll verbessert und die Produktivität erhöht werden. Schließlich: Alle Informationen sollen durchgängig für alle in jedem Arbeitsschritt verfügbar sein. BIM ermöglicht es Unternehmen, den Informationsfluss zwischen den Schnittstellen sicherzustellen. Das heißt, die Informationen zur Planung, Errichtung und anschließenden Nutzung von Bauwerken liegen im Idealfall komplett in einem Datensatz vor. Dabei reichen die Anwendungsfälle von BIM vom Projektcontrolling über die Arbeitsvorbereitung bis zur Qualitätskontrolle.

BIM ist jedoch keine einzelne Software, sondern eine Methode mit einer starken Softwareunterstützung. Building Information Modeling beschreibt eine optimierte Methode zur kooperativen Planung und Ausführung von Gebäuden anhand eines digitalen Gebäudemodells und wird in unterschiedlichsten Bauprojekten angewendet. BIM ergibt sich als eine Kombination aus verschiedenen Faktoren. So werden verschiedenen Technologien (u. a. Soft- und Hardware, Datenbanken) von verschiedenen beteiligten Unternehmen und Institutionen eingesetzt, die auf der Grundlage von verschiedenen Normen und Standards unterschiedliche Prozesse oder Projekte beeinflussen.

Viele der hier vorgestellten Aspekte und Potenziale von BIM sind optimale Lösungen und Visionen, die derzeitig noch nicht realisiert worden sind. Immer noch liegen in den Bauplanungs- und in den nachfolgenden Prozessen viele Informationen nicht digital vor. Daten werden nur selten durchgängig weitergegeben, um in der Betriebsphase ebenfalls einen Mehrwert zu schaffen. Dies führt insbesondere im Lebenszyklus einer Immobilie immer wieder dazu, dass bereits vorhandene Daten erneut erhoben und eingepflegt werden müssen. Im Gegensatz zur zweidimensionalen Planungsmethode, bei der Grundrisse, Ansichten oder Perspektiven von Gebäuden separat gezeichnet werden, wird ein BIM-Modell nur noch als dreidimensionales Modell mit Software gezeichnet. BIM ermöglicht, ein digitales dreidimensionales Bauwerk zu erstellen. Die softwaregestützte Arbeitsweise ist eine offene Plattform, die je nach Projekt frei skaliert und mit Modulen ausgestattet werden kann. Bei besonders großen oder komplizierten Vorhaben kann ein BIM-Manager den Prozess aktiv betreuen und dafür sorgen, dass die richtige Konstellation von Softwaremodulen, Serverspeicherplatz und Datenaustausch und Schnittstellen für einen reibungslosen Ablauf gegeben ist.

Durch die BIM-Methode wird das geplante Objekt dreidimensional und die wesentlichen Merkmale, wie Flächen, Geschosse und Bauelemente, werden deckungsgleich eins zu eins zu den in der Realität vorhandenen Maßen abgebildet. Zudem kann jedes einzelne digital aufgeführte Bauteil um Daten ergänzt werden, auf die alle Projektbeteiligten zugreifen können. Dieses soll im optimalen Fall ein vollständiges digitales Abbild einer Immobilie schaffen. Gebäude entstehen bei BIM durch Einbindung aller beteiligten Gewerke in mehreren Stufen zunächst als Computermodell, ehe sie dann in einem zweiten Schritt tatsächlich gebaut werden. Dieser digitale Prototyp enthält alle Informationen über das Gebäude, die Grundrisse, die Ausbauten, die verwendeten Materialen, die jeweiligen Bauschritte, die Zeitpläne, die Kosten sowie alle beteiligten Gewerke und Firmen. Bereits in einer frühen Phase werden alle Entwurfsvarianten durchgespielt, die an Kosten und Termine gekoppelt sind. Die einmal erarbeiteten und in die Software eingearbeiteten Daten werden den jeweiligen Planern und am Bau beteiligten Personen zur Bearbeitung bereitgestellt.

In einem bisher gebräuchlichen 2-D-Plan können nicht alle Informationen dargestellt werden, und wenn sie es würden, wäre der Plan aufgrund der Komplexität nicht mehr zu lesen. Deshalb konnten in der klassischen Methode viele Probleme oft erst auf der Baustelle erkannt werden und mussten dann mit hohen Kosten beseitigt werden. Beim digitalen 3-D-Modell werden sämtliche Einflussgrößen miteinander verknüpft. Es ist ein Prozess, bei dem dank geeigneter Softwareunterstützung Planungs- und Bauprozesse geschlossen betrachtet werden können. Das digitale Gebäudemodell dient als Arbeitsbasis aller Projektbeteiligter und kann in sich sämtliche relevante Gebäudeinformationen vereinen. Im Wesentlichen lässt sich BIM durch vier Eigenschaften beschreiben:

-   Durch den stetigen Einsatz von BIM lassen sich Prozesse und Maßnahmen der Projektentwicklung von Immobilien effizient steuern.
-   Der Kern von BIM ist ein 3-D-Geschäftsmodell und die Grundlage, Arbeitsabläufe und Leistungsstandards zu bestimmen.
-   BIM ist eine Rahmenlösung für die Zusammenarbeit und das Datenmanagement von Informationen für alle Projektbeteiligten.
-   Integrierte Analysen können als Vision während des gesamten Lebenszyklus einer Immobilie stattfinden.

BIM kann der Ausgangspunkt für **Supply Chain Management** (SCM) sein und dafür die benötigten Daten liefern. Supply Chain Management bezeichnet den Aufbau und die Verwaltung integrierter Logistikketten über den gesamten Wertschöpfungsprozess. Bei der Bauausführung spielen die Lieferketten eine besondere Rolle. Es geht darum, die entsprechenden Materialien zur richtigen Zeit am richtigen Ort zu haben. Durch die Optimierung der Wertschöpfungskette sollen Durchlauf- und Wartezeiten bei benötigten Gütern verkürzt werden. Dies beschreibt somit die aktive Gestaltung von Prozessen, um Kunden oder Märkte wirtschaftlich mit Produkten, Gütern und Dienstleistungen zu versorgen. Im Unterschied zum Begriff Logistik beinhaltet Supply Chain Management neben den physischen Aktivitäten auch die begleitenden Auftragsabwicklungs- und Geldflussprozesse. Das Ziel besteht darin, die Leistungen und Services der Lieferkette zu optimieren. Dabei ist eine wesentliche Voraussetzung für eine digitale Informationsverarbeitung zwischen den Partnern der Supply Chain gegeben.

Perspektivisch liegt ein signifikanter Vorteil von BIM in der Nutzung über alle Phasen des Lebenszyklus einer Immobilie. Es können alle relevanten Informationen für die Planung, den Bau und die Nutzung und Verwertung von Gebäuden digitalisiert und zentral genutzt werden. Vor allem in der Nutzungsphase und auch in der Verwertungsphase eines Bauwerks kann es für Unternehmen interessant sein, BIM einzusetzen, denn hier entsteht im Lebenszyklus einer Immobilie der Großteil der Kosten. Nach Fertigstellung kann das BIM-Modell in der Nutzungsphase für das Management einer Immobilie eingesetzt werden, um eine optimale Bewirtschaftung eines Gebäudes über den ganzen Lebenszyklus des Bauwerks zu erreichen.

Die Einsatzmöglichkeiten von BIM im Management einer Immobilie spiegeln sich in Deutschland momentan nicht in der Praxis wider. Während in den angelsächsischen und asiatischen Märkten BIM heute schon angewendet wird, befindet es sich in Deutschland im Anfangsstadium. Während dort nach dem Prinzip des Design-Build gebaut wird – also ein Unternehmen plant und erstellt alle Gewerke – verfolgt hier jeder Beteiligte seine eigenen Interessen. Die Marktteilnehmer sehen eher ihr eigenes Gewerk und nicht das gemeinsame Ziel und vor allem nicht den späteren Betrieb. Jenseits der Planungsphase wird BIM bislang noch nicht verwendet, da es kaum ausführende Unternehmen gibt, die damit umgehen können. Daten aus der Planungsphase mit BIM werden nur selten durchgängig weitergegeben, um in der folgende Betriebsphase ebenfalls einen Mehrwert zu schaffen.

Bewertung

Wesentliche **Voraussetzung** für eine effiziente Nutzung von BIM ist eine weitreichende Unternehmensentscheidung, für die zunächst die Prozesse betrachtet und optimiert werden müssen. Es sind verschiedene Voraussetzungen zu erfüllen. Dann erst und davon abhängig können die passenden Technologien eingeführt werden. Ein besonderes Augenmerk ist dabei auf die Vernetzung zu legen. So müssen die Systeme, auf die alle Beteiligten zugreifen können, mindestens miteinander kompatibel sein, optimal wäre die Arbeit in einem einzigen Modell. Während bei Closed-BIM-Plattformen alle Projektbeteiligten auf einer Plattform mit der gleichen Software arbeiten, gibt es beim Einsatz von Open-BIM-Plattformen verschiedene Dateiformate, sodass der kleinste gemeinsame Nenner dominiert. Zentrale Voraussetzung ist außerdem, dass in den Systemen immer vollständige und aktuelle Informationen in konsistenter Form vorgehalten werden müssen. Jedes BIM-Modell ist nur so gut wie die Daten, die es enthält.

In der **Praxis** zeigt sich, dass die Plattformen unterschiedlich organisiert sein können. Im Bauprozess verwenden zwar die einzelnen Gewerke jeweils für sich derartige Systeme. Doch die Teams arbeiten nur parallel zueinander, es entsteht kein gemeinsames Datenmodell des Bauprojekts. Die Ursachen dafür sind oft eher grundlegend und liegen beispielsweise in fehlenden Softwareschnittstellen oder unterschiedlichen Methoden der Datenverarbeitung begründet. Die planungsteamübergreifende Koordination von Planung, Bau und Bewirtschaftung ist in Deutschland derzeit noch nicht zu finden. Die Kooperation zwischen Planern und Ausführenden wird durch die in der Vergabeordnung vorgesehene Trennung von Planung und Ausführung behindert. BIM ist noch nicht im Facility- und Property-Management angekommen.

Wegen des kollaborativen Ansatzes muss bei Verwendung von BIM ferner darauf geachtet werden, dass die **Koordinierungs- und Integrationsaufgaben** der Projektbeteiligten an dem gemeinsamen Modellinhalt vertraglich genau abgebildet werden. So ist z. B. genau festzulegen, welcher Fachplaner das BIM-Modell in welcher Detaillierungstiefe (Level of Detail, LoD) verwendet. Damit kommt den Schnittstellen eine hohe Bedeutung zu. Auch beim kooperativen Arbeiten bei BIM gelten die gesetzlichen Haftungsgrenzen. Jeder Beteiligte haftet nur für sein eigenes Verschulden im Rahmen seines Leistungssolls. Entscheidend sind eine genaue vertragliche Fixierung der Verantwortlichkeiten und die Dokumentation der tatsächlichen Projektabläufe. Zudem könnten die softwareseitig gegebenen Dokumentations- und Reviewtools potenziell sogar Haftungsfälle reduzieren.

BIM-Modelle können **vorteilhaft** dazu beitragen, die Planungs- und Ausführungsqualität durch eine verbesserte Zusammenarbeit der Projektbeteiligten zu optimieren, da alle Informationen im Prozessverlauf eines Bauvorhabens allen Beteiligten jederzeit zur Verfügung stehen. Vor allem in der besseren Zusammenarbeit von allen Projektbeteiligten wird ein großes Plus gesehen. Architekten, Ingenieure und auch die ausführenden Firmen können alle im Extrem nur auf Grundlage eines einzigen Modells arbeiten. Aufgrund der Schnittstellen zwischen den verschiedenen in der Prozesskette beteiligten Planern kann BIM helfen, Informationsverluste zu vermeiden. Vor allem die Austauschbarkeit der Projektdaten wird als Vorteil von BIM gewertet. Im Idealfall ist der jeweilige Projektstatus für alle Projektbeteiligten zu jedem Zeitpunkt transparent und aktuell. Auch das Mängelmanagement kann im Gegensatz zur konventionellen Planung unterstützt und effektiver gestaltet werden.

Die Planungsqualität kann durch Simulationen und Kollisionsprüfungen signifikant gesteigert werden. Etwaige Kollisionen im Bauablauf lassen sich mit dem System frühzeitig erkennen und reduzieren, sodass es zu weniger Verzögerungen in der Ausführung des Baus kommt. Mit einem einheitlichen Modell kann sichergestellt werden, dass alle Pläne und technischen Zeichnungen untereinander widerspruchsfrei sind. Das Modell kann dazu beitragen, Konflikte beispielsweise zwischen unterschiedlichen Fachplanern oder zwischen den Wünschen des Bauherrn und physischen und planerischen Gegebenheiten frühzeitig zu erkennen und so Änderungen in einer Phase einzuleiten, in der noch wenige Zusatzkosten entstehen.

Beim Einsatz von BIM wird die Arbeit von Architekten und Fachplanern erleichtert und es kann die **Planungs- und Kostensicherheit** erhöht werden. Statt Papierpläne ermöglicht die Technologie den Datenaustausch und die Arbeit an einem integrativen Projektmodell und erspart so Prozessabläufe. BIM erlaubt in einem fortgeschrittenen Status eine präzise Mengenermittlung, aus der sich eine genaue Kostenermittlung ableiten lässt. Durch die Transparenz der Informationen und Daten des Gebäudes kommt es zu Effizienzsteigerungen durch eine optimale Nutzung der Daten und Kostensenkungen durch Arbeitsersparnis für die Datenerhebungen im weiteren Verlauf der Nutzung des Gebäudes.

Eine Planung mit der Unterstützung von BIM umzusetzen, führt durch eine Verlagerung des Planungsaufwands in die Entwurfsplanungs- und Ausführungsplanungsphase zu **Kosteneinsparungen**. Bei einer konventionellen Planung fällt der größte Aufwand gegen Ende der Planung und zum Beginn der Ausführungsphase an. Beim konventionellen Planungsprozess findet teilweise noch erheblicher Planungsaufwand in der Ausführungsphase statt. Dann sind allerdings die Kosten für Planungsänderungen bereits relativ hoch, da Fehlplanungen, Kollisionen zwischen verschiedenen ausführenden Gewerken oder Änderungswünsche des Bauherrn die Gesamtkosten des Gebäudes signifikant erhöhen. Diese Kosten lassen sich durch BIM reduzieren. Kosten lassen sich durch die modellbasierten Analysen und Kostensimulationen optimieren und auch Folgekosten können durch präzise Mengen- und Kostenermittlungen reduziert werden. Aufgrund der bestehenden Transparenz und Verfügbarkeit von Daten lassen sich auch Entscheidungsfindungsprozesse beschleunigen.

Das Building Information Modeling weist einige **Nachteile** auf, was auch seine bislang eher geringe Durchsetzung in der Praxis erklärt. Der Einsatz von BIM erfordert höhere **Kosten**, zum einen die Investitionskosten der Anschaffung und zum anderen auch einen erhöhten Aufwand während der Anwendungsphase mit hohem Umstellungs- und Schulungsaufwand. Die technische Grundausstattung und die Anschaffung der BIM-Technologie führen bei einem Unternehmen zu einem hohen Investitionsaufwand. Es sind zudem unternehmensintern Kapazitäten aufzubauen, vor allem in der IT-Abteilung und im Projektmanagement. Hinzu kommen Kosten für Schulungen, Einarbeitung und Gewöhnung der Mitarbeiter an die neue Technologie.

Weiterhin ist der hohe **Planungsaufwand** in der Entstehungs- und Ausführungsphase zu nennen. Viele Planungsbüros können sich die Einführung von BIM nicht leisten, die Haftung ist zudem ein beträchtliches Risiko. Die Alternative ist vertragliche und operative Partnerschaft. Um die Technologie gezielt und effizient nutzen zu können, müssen große Datenmengen eingestellt und verarbeitet werden, sodass ein hoher zeitlicher Aufwand zu Beginn der BIM-Methode anfällt. Dabei besteht das Risiko der fehlerhaften Dateneingabe, die negative Konsequenzen für die weitere Nutzung mit sich bringt. Es bedarf eines hohen zeitlichen Aufwands, der zu einer Steigerung der Personalkapazitäten und höheren Personalkosten führt.

Weitere **Risiken** stellt die zentrale Datenbank dar, die von zahlreichen Akteuren im gesamten Lebenszyklus der Immobilie genutzt wird. Datensicherheit und Datenschutz müssen dabei beachtet werden. Des Weiteren werden bisherige Betriebsabläufe durch die Anwendung der BIM-Methode verändert und Umstrukturierungen vorgenommen. Auch müssen die rechtskonforme Weiternutzung des Modells über einzelne Planungsphasen hinweg und die Fragen der Verbindlichkeit von Modellinhalten geklärt werden, sodass eine Neugestaltung diverser Verträge die Folge sein könnte. Ein Bauprojekt ist meist nicht durchgängig organisiert, insbesondere bei größeren Projekten wechseln die Architekten oder auch andere Baubeteiligte. Die Übertragung aller Projektinformationen verläuft beim Wechsel von wichtigen Projektbeteiligten nicht immer zufriedenstellend. So müssen verloren gegangene Informationen häufig wieder neu erarbeitet werden. Dies verzögert den Baufortschritt, führt zu Kostensteigerungen und oft auch zu verminderter Qualität. Die bislang vorhandene, im internationalen Vergleich noch geringe BIM-Projektpraxis in Deutschland hat noch keine ausreichende Grundlage für rechtsverbindliche Regelungen schaffen können. In einigen europäischen Ländern werden große BIM-Projekte derzeit verstärkt von der öffentlichen Hand forciert. Schließlich können Schnittstellenprobleme entstehen, wenn jeder Planungs- und Baubeteiligte mit eigenen Lösungen arbeitet. Eine Alternative wäre für alle Beteiligten ein BIM-kompatibles System (Open-BIM-Plattform), damit alle Parteien den entsprechenden Zugriff haben.

Smart Contracts

Eine weitere Auswirkung der Digitalisierung für Projektentwickler ist mit der Blockchain-Technologie in Form von Smart Contracts verbunden. Dies sind internetbasierte Verträge, deren Vertragsbedingungen mit einer Programmiersprache festgelegt werden. Bei Smart Contracts handelt es sich im Prinzip um ausführbaren Programmcode in Form einer Wenn-dann-Bedingung. Verträge werden so wertneutral ausgeführt, und zwar exakt so, wie sie ursprünglich definiert waren. Der digitale Vertrag kommuniziert über Blockchain ohne einen Intermediär.

Nachdem der Vertrag abgeschlossen wurde, prüft der Smart Contract fortlaufend und selbstständig, ob eine der vorher definierten Vertragsbedingungen eingetreten ist. Sobald dies der Fall ist, erfüllt er den anderen Teil automatisch. Hierdurch können schneller und kosteneffizienter Verträge entstehen. Mehrere Smart Contracts können auch zusammengefasst werden, sodass sie sich gegenseitig bedingen oder ausschließen.

Das Vorverhandeln von Verträgen und das Festsetzen und Vereinbaren von grundsätzlichen Kriterien wird weiter originäre Tätigkeit von Projektentwicklern bleiben, die Ausarbeitung und der Abschluss von Verträgen sowie deren Dokumentation und die Abwicklung aller Registrierungs- und Verwaltungsprozesse können zunehmend digitalisiert werden. Dies betrifft insbesondere die zuvor genannten Wertschöpfungsstufen Grundstücksakquisition und Erlangung des Baurechts sowie den Verkauf an Investoren.

Weitere digitale Technologien in der Projektentwicklungsphase
Neben Data Science und Building Information Modeling werden in der Projektentwicklungsphase weitere digitale Technologien eingesetzt, um effizienter und kostengünstiger Lösungen zu erreichen. In dieser Phase des Lebenszyklus einer Immobilie eignen sich verschiedene technologische Lösungen, die auch von verschiedenen Akteuren genutzt werden.

Portale und Plattformen können zur Dokumentation in dieser Phase eingesetzt werden. Die im Bauprozess entstehenden Dokumente werden in einem Datenraum so strukturiert abgelegt, dass sie im Lebenszyklus jederzeit wieder nutzbar sind. Des Weiteren gibt es Portale, die dem Nutzer ermöglichen ein eigenes Haus zu planen (sogenannte Open-Source-Projekte).

Die **Visualisierung** kann vielfältig in der Projektentwicklungsphase verwendet werden. Gerade in der Verbindung mit Visualisierung gibt es auch für BIM große Vorteil. Um real wirkende Objekte in ein Immobilienmodell sind die Daten der Produzenten nötig, jedoch zögern diese die notwendigen Daten weiterzugeben.

Durch **Virtual Reality** kann der gesamte Planungs- und Bauprozess vereinfacht und Objekte früher vermarktet werden. VR kommt bereits beim virtuellen Nachbau von geplanten Bauprojekten und Projekten in der Entwicklungsphase zum Einsatz. Bei VR bewegt sich der Nutzer durch das virtuelle Modell. Die in BIM erzeugten Modelle lassen sich mit Virtual Reality begehen und besichtigen, was sowohl die Planung als auch Einrichtung erheblich verbessern kann. Der Vorteil eines virtuellen Rundgangs besteht darin, dass sich potenzielle Interessenten die Räumlichkeiten nicht mehr anhand eines Grundrisses und dazugehörigen Erklärungsversuchen vorstellen müssen. Ein weiterer Vorteil gegenüber herkömmlichen Immobilien-Präsentationen ist die Möglichkeit, direkt während der Vorführung Änderungen vorzunehmen. So können beispielsweise im Livemodus Raumvarianten modifiziert werden. Weil Projektentwickler so viel individueller auf die Wünsche von Kunden eingehen können, lassen sich Missverständnisse vermeiden. Im Zweifel bleibt ein Projekt so eher im Kosten- und Zeitrahmen. Virtual Reality-Simulationen verursachen jedoch hohe Kosten. Gerade bei Wohnungsprojekte ist es aufwendig, ein realitätsnahes Modell zu programmieren. Da der Wohnraum sehr viel kleinteiliger als z. B. ein Büro ist, sind viele Details zu modellieren.

In der Projektplanung macht **Augmented Reality** Projekte schon vor der Realisierung sichtbar. Bei AR wird das Modell auf die reale Baustelle projiziert, sodass sich ein Soll-Ist-Vergleich zwischen dem tatsächlichen Bau und der Planung anstellen lässt. So ist es heute bereits möglich, mithilfe spezieller Brillen Gebäudeteile bzw. das fertige

Gebäude in der Umgebung einer Baustelle digital darzustellen bzw. zu überblenden. Dabei verschmilzt die Realität mit dem digitalen Bild. Der Betrachter erhält hiermit ein vollständiges Gebäudebild. Diese Projektion kann helfen, die Arbeitsschritte effizienter durchzuführen. Es können so Fehler einzelner Gewerke im Bauprozess vermieden werden, indem 3D-Modelle aus dem Building Information Modeling auf der Baustelle in Form von Augmented Reality sichtbar gemacht werden, um die einzelnen Handwerker optimal anleiten zu können. Solch eine detailgetreue Visualisierung bildet während des Planungsprozesses eine gute Entscheidungsgrundlage und hilft die Projektkosten im Rahmen zu halten. Handwerker können beispielsweise Helme tragen, an denen ein transparentes Display wie bei einem Motorradhelm vor den Augen angebracht wurde. Auf diesem Display wird in einer gemischten Realitätsprojektion das Bauteil dargestellt, das zu montieren ist.

Schon in der Projektentwicklung können außerdem mithilfe von **Drohnen** der Baugrund und das Gelände vermessen werden. Eine Drohne kann einen Standort, beispielsweise eine Baustelle, scannen und die Videoaufnahmen in ein 3D-Modell oder in Pläne umwandeln und in die Cloud hochladen, noch während sie in der Luft ist. Die detaillierten Aufnahmen aus der Cloud können dann als 3-D-Karten abgerufen werden. Diese liefern im Vergleich zu bisherigen Methoden präzisere und kostengünstigere Messdaten und können direkt in das BIM-Modell transferiert werden.

Mit einem **3-D-Drucker** können zukünftig Teile einer Immobilie vor Ort hergestellt werden. 3-D-Drucker erlauben das „Ausdrucken" von Gegenständen aller Art. Bis jetzt werden Werkstücke schichtweise aus Metall oder Kunststoff aufgebaut und nicht wie in bisherigen Verfahren aus einem größeren Materialblock herausgearbeitet. Durch den 3-D-Druck werden die Ersatzteillager und andere Produktionstechnik nicht völlig ersetzt, sondern nur ergänzt. Die Drucker ermöglichen zum einen die Herstellung von Objekten aller Art, zum anderen – dies ist vor allem für Unternehmen relevant – die Just-in-time-Produktion von einzelnen Werkzeugen und Geräteteilen oder die Massenproduktion vor Ort. Das führt zu einer neuen Unabhängigkeit von der Verkehrsinfrastruktur und einer Dezentralisierung der Produktion, was viele Veränderungen für die Arbeit der Bauträger mit sich bringen kann.

Die 3-D-Drucker sollen überall dort eingesetzt werden, wo rasch und kostengünstig Wohnraum und Infrastruktur geschaffen werden soll. Neben dem sozialen Wohnungsbau ist das etwa die Katastrophenhilfe, um beispielsweise nach Erdbeben vor Ort in kurzer Zeit neue Gebäude errichten zu können. Es wird schon in absehbarer Zeit kostengünstiger und komfortabler sein, eine Unterkunft aus dem Drucker anzubieten anstatt Container oder andere Behelfsunterkünfte wie Zelte. Bis jetzt sind die Anwendungen aber relativ rudimentär vorhanden.

Smart Buildings

Das Ergebnis der Projektentwicklungsphase sind Immobilien, die bei vielfältiger Anwendung digitaler Technologien als Smart Building bezeichnet werden. Smart Building beschreibt die Automation und zentrale Steuerung der technischen Ausstattung von Immobilien. Moderne Immobilien haben komplexe mechanische Geräte, intelligente Kontrollsysteme und verschiedene Features, um die Sicherheit, den Komfort und die Produktivität der Nutzer zu verbessern. Viele dieser Systeme beinhalten eine Maschine-Maschine-Kommunikation. Intelligente Gebäude erfordern die Konnektivität und Vernetzung zwischen allen Systemen in einem Objekt.

Smart/intelligent ist ein System nur dann, wenn es sich dynamisch entwickelt bzw. lernt. Ein Smart Building entlastet den Bewohner bzw. Benutzer von eher anspruchslosen Aufgaben. Es ist eine Immobilie, in der Geräte miteinander interagieren und zentral ferngesteuert werden können. Dies beinhaltet komplexe mechanische Instrumente (u. a. Sensoren), anspruchsvolle Kontrollsysteme und weitere Funktionen, die Sicherheit, Komfort und Produktivität der Nutzer verbessern. Ein Smart Building zeichnet sich dadurch aus, dass alle Beteiligten in der Projektentwicklungsphase, aber auch im weiteren Lebenszyklus einer Immobilie, intelligente Technologien professionell einsetzen. Der Erfolg eines smarten Gebäudes beginnt bei der richtigen Planung des Einsatzes der digitalen Technologien. Fundamental gesehen liefern Smart Buildings effiziente Gebäudeleistungen für den Nutzer zu langfristig geringeren Kosten und ökologischen Folgen über den gesamten Lebenszyklus.

Smart Buildings verwenden IuK-Technologien bei der Nutzung, um eine Vielzahl von Subsystemen miteinander zu verknüpfen, die typischerweise unabhängig voneinander sind. Dadurch ist es möglich, dass ein Smart Building Informationen und Daten nutzen kann, um die Gebäudeleistung zu optimieren. Dabei werden verschiedene digitale Technologien miteinander verbunden und agieren miteinander. Es sollen nicht nur intelligente Systeme in Gebäude integriert, sondern diese sollen miteinander vernetzt werden. Die Vielfalt an Geräten führt bei Smart Buildings dazu, dass sie über eine Zentrale oder über eine Integration in der Cloud gesteuert werden.

Smart Building betrifft zum einen die digitale Gebäudeinfrastruktur, wie z. B. Fahrstühle, Heizungen, Beleuchtung und Brandschutz. Die ganze Immobilie wird zu einem vernetzten System mit ständigem Datenaustausch, sodass alle Bereiche optimal aufeinander abgestimmt werden. Selbstlernende Systeme tracken das Verhalten der Bewohner und können darauf reagieren. Zum anderen umfasst das auch eine digitale Verwaltung. Das smarte Gebäude überwacht sich selbst, da sämtliche Daten an eine zentrale Einrichtung geschickt und verarbeitet werden.

Wesentlicher Anwendungsbereich in Smart Buildings ist zum einen die Energieeffizienz. In Gebäuden wird ein Großteil der gesamten Energie verbraucht und auch ein hoher Anteil an CO_2-Emissionen verursacht. Durch moderne Technik wird die Energienutzung dahingehend geregelt, dass möglichst wenig negative Umwelteinflüsse entstehen. Daher kann ein Smart Building einen wesentlichen Beitrag zum Ziel der Nachhaltigkeit liefern. Zum anderen steht die Sicherheit der Nutzer im Fokus. Die Sicherheit des Gebäudes kann z. B. durch Brandmeldetechnik oder dynamische Fluchtwegeplanung erreicht werden.

In der Immobilienbranche verwandelt der Einsatz des **Internet of Things** gewöhnliche Gebäude in intelligente Gebäude. Durch das Internet of Things kann die zunehmende Vernetzung aller möglichen Dinge und Prozesse und Datenauswertungen in Echtzeit angestrebt und so soll die operative Projektsteuerung optimiert werden. Hierbei dient das IoT dazu, die Gebäude für die Nutzer oder Eigentümer sicherer und effizienter zu machen. IoT-Technologie automatisiert Vorgänge und ermöglicht eine schnelle und personalisierte Anpassung von Geräteeinstellungen. Mit derartigen Technologien können beispielsweise Anwendungen in Smart Buildings schnell und einfach angepasst werden. Darüber hinaus gewinnt ebenfalls eine endgerätlose Steuerung über Kommunikationswege, wie Sprachbefehle oder Handzeichen, zusehends an Bedeutung. Dies führt zu einer deutlichen Effizienzsteigerung der eingesetzten Ressourcen und vermindert wiederum Risiken für den Projektentwickler. Weitgehend standardisierte Bereiche des Projektcontrollings, wie beispielsweise Terminkontrolle oder Bestätigungen von Meilensteinen im Projekt oder von Lieferungen, sollen sogar vollständig automatisch gesteuert und abgewickelt werden. Eine große Herausforderung beim Einsatz von Smart-Building-Technologien stellt die Interoperabilität der Systeme (Fähigkeit von Systemen, möglichst nahtlos zusammenzuarbeiten) dar. Um unterschiedliche Systeme in Smart Buildings im Gebrauch möglichst praktikabel zu machen, ist die Integration in einem zentralen Hub notwendig.

Bei Smart Buildings ist die **wirtschaftliche Effizienz** zu beachten. Dabei ist darüber zu entscheiden, ob ein einfaches und dadurch sowohl in der Herstellung als auch Instandhaltung kostengünstiges Gebäude nachhaltiger ist als ein Gebäude, das mit allen technologischen Extras ausgestattet ist. Ist es langfristig ökonomisch effizient, Technologien einzubauen, die zwar womöglich kurzfristig zu geringeren Energiekosten beitragen oder den Komfort der Nutzer steigern, die aber gleichzeitig einen hohen Wartungsaufwand mit sich bringen und aufgrund des rasanten technologischen Wandels schon nach kurzer Zeit nicht mehr den aktuellen Standards entsprechen können.

4.4.2 Vermietungs- und Nutzungsphase

Die längste Phase im Lebenszyklus einer Immobilie ist die Nutzungsphase, in der sich für die Digitalisierung vielfältige Potenziale ergeben. Es sollen hier Potenziale und Risiken in den einzelnen Teilen der Nutzungsphase aufgezeigt werden. Aus Sicht der Immobilienunternehmen können dabei die verschiedenen Aspekte unterschieden werden, die in der Abbildung 4.3 dargestellt sind.

Zunächst geht es darum Mieter zu gewinnen, dazu können und werden die Unternehmen im Rahmen des Vermietungsmanagement zunehmend digitale Technologien einsetzen. Dabei wird nicht auf die Digitalisierung des Kaufs von Immobilien (Investment) eingegangen, siehe dazu Kapitel 5.2. Anschließend geht es um das Mietermanagement, wobei die Digitalisierung genutzt wird, die Mieter optimal zu betreuen.

Vermietungsmanagement	Mietermanagement
Immobilienvermittlung/-vermietung Mietverträge	Kundenkommunikation und -service Wohnungsübergaben

Immobilienmanagement
Investmentmanagement Assetmanagement (Portfolio und Objekt) Operatives Objektmanagement: Property und Facility Management

Abb. 4.3: Digitalisierung der Nutzungsphase von Immobilien; Quelle: eigene Darstellung.

Dabei steht das Ziel der Mieterzufriedenheit, Mieterloyalität und Bindung der Mieter bei den Immobilienunternehmen im Vordergrund. Sie sind die wesentliche Steuerungs- und Orientierungsgrößen einer kundenorientierten Unternehmensführung. Schließlich gehört zu den Managementaufgaben in der Nutzungsphase die Betreuung der Immobilien: das Immobilienmanagement. Es gibt verschiedene Managementaufgaben mit Bezug zu Immobilien, die auch digitalisiert werden können. Insgesamt führt die Anwendung digitaler Technologien zu Effizienzsteigerungen im Bereich der Vermarktung, zu Prozessoptimierungen in der Verwaltung und insgesamt dazu, die Wettbewerbsfähigkeit der Immobilien zu erhalten.

Vermietungsmanagement

Die traditionelle Suche nach und die Vermietung einer Immobilie war oftmals mühsam und zeitaufwendig. Vor der Digitalisierung fanden die Immobiliensuche und das -angebot insbesondere über Printmedien wie Tageszeitungen (u. a. Zeitungsannoncen) statt oder die Interessenten suchten selbst in den ausgewählten Gebieten. Alternativ wurde ein Makler beauftragt.

Der Immobilienmarkt zeichnete sich besonders für Immobiliensuchende durch eine hohe Intransparenz aus; ein überregionaler Marktüberblick war sehr schwierig. Dadurch gestaltete sich die Suche nach einer passenden Immobilie eher langwierig. Danach folgten die Besichtigungstermine, wobei oftmals die Immobilie nicht den Vorstellungen entsprach oder aber der Mieter nicht den Anforderungen des Vermieters. Hinzu kam, dass es durch die Intransparenz sehr schwierig war, eine Übersicht über vergleichbare Mietkonditionen zu erhalten.

Für Immobilienvermieter besteht beim digitalen Vermietungsprozess die Möglichkeit, die eigene Internet-Seite oder Social Media oder Immobilienportale bei der Vermarktung einzusetzen. Dadurch kann im Vergleich zu den traditionellen Maßnahmen eine größere Reichweite bei der Kundenansprache erzielt werden. Bei ausgewählten Immobilien gilt dies auch für internationale Interessenten.

Webseite

Der erste Kundenkontakt geht bei den Maklern vielfach über ihre eigene Webseite. Sie ist eine zentrale Plattform für Immobiliensuchende zum Anbieter und seinen Dienstleistungen. Wurden Webseiten früher von Maklern als eine optionale Informationsplattform betrachtet, auf die sich nur sporadisch ein Kunde verirrte, sind sie seit einigen Jahren zur multifunktionalen Kommunikations-, Vertriebs- und Abwicklungsplattform weiterentwickelt worden.

Eine professionelle Webseite muss mit dem Kunden aktiv und strukturiert kommunizieren. Hierzu gehört Zielgruppenmaßnahmen oder Marketing-Schwerpunkten bei Bestandskunden oder Interessenten zu verbreiten. Mit einem integrierten Newsletter-System können Mitteilungen zu interessanten Themen schnell und einfach produziert und im gewünschten Zeitturnus bzw. als tagesaktuelle Empfehlung vor dem Hintergrund eines Marktereignisses versandt werden. Für die Antwort des Kunden ist der Newsletter mit der Homepage des Maklers zu verknüpfen, die in einer aktuellen Rubrik auf das Thema führen und dieses beim Kunden verstärken. Gleichzeitig informiert die Webseite zu Terminen für Kundenveranstaltungen oder sonstigen Anlässen, die sich zielgruppengerecht aufbereiten lassen.

Social Media

Parallel zur Unternehmensdarstellung auf Webseiten können auch Social Media bzw. soziale Netzwerke für die Vermietung von Immobilien genutzt werden. Als Social Media werden Online-Dienste bezeichnet, deren Inhalte im Wesentlichen von den Usern bestimmt werden. Diese zeichnen sich durch die Kommunikation und durch den Informationsaustausch zwischen den Nutzern aus.

Social Media hat bei der Vermarktung von Immobilien eine zunehmende Bedeutung erhalten. Durch den transparenten Umgang von Immobilienangeboten und der Darstellung aktueller Bauprojekte in Netzwerken können potenzielle Kunden gezielt auf ihre Ansprüche angesprochen und somit beworben werden. Immobilienanbieter können auf Reaktionen als Feedback zeitnah reagieren und ihre Marketing-Strategie somit auf die Ansprüche der Kunden anpassen.

Immobilienportale und Immobilienplattformen

Die digitale Transformation zeigt sich eindrucksvoll bei der Vermittlung von Immobilien, wo sich durch Immobilienportale deutliche Veränderungen zeigen. Immobilienportale sind Portale im Internet, auf denen Immobilien zum Kauf bzw. Verkauf (siehe Kapitel 5) sowie zur Miete angeboten werden. Dieser Bereich wurde recht früh digitalisiert und hat den Prozess dank digitaler Ansätze in den vergangenen Jahren deutlich vereinfacht. Die Anstrengungen zielen vorwiegend darauf ab, bestehende Dienstleistungen digital zu optimieren. Online-Portale entwickeln außerdem Zusatzleistungen. Die Portale ermöglichen zum einem die Darstellung der angebotenen Immobilien und zum anderen die Möglichkeit, schnell in den Kontakt mit den potenziellen Interessenten bzw. Anbietern zu treten. Die Digitalisierung ermöglicht darüber hinaus eine bessere Markttransparenz. Immobilienportale bieten dem Nutzer die Möglichkeit, den Immobilienmarkt zu überblicken. Besonders nützlich sind Immobilienportale, wenn eine Immobilie außerhalb des derzeitigen Wohnorts gesucht wird; in diesem Fall ersparen sie oft den Einsatz eines Maklers. Einnahmen für die Betreiber der Plattformen können durch Inseratsgebühren und aus Werbeeinnahmen generiert werden.

Die inserierten Angebote auf Immobilienportalen sind in der Regel identisch aufgebaut. Der Anbieter gibt in der Anzeige an, ob es sich um ein Miet- oder Kaufobjekt handelt und benennt den gewünschten Miet- bzw. Kaufpreis. Des Weiteren werden wichtige Eckdaten wie die angebotene Fläche und die Lage des Objekts angegeben. Zusätzlich gibt es standardisierte Felder, in denen Angaben zu Ausstattung und Infrastruktur eingetragen werden können. Hinzu kommt ein Text, den der Anbieter für eine weitere Beschreibung des Angebots individuell verfassen kann. Unterstützt wird die Anzeige durch Bilder des Objekts. Über die Portale lassen sich die eingestellten Angebote kategorisiert aufrufen. Hinzu kommen Informationen zum Anbieter, ob es sich beispielsweise um einen Makler oder einen Privatanbieter handelt.

Die Immobilienportale bieten Maklern eine optimierte Darstellung von Immobilien und eine programmierte vorgefilterte Interessentenauswahl an. Auch die erleichterte Kommunikationsmöglichkeit mit Kunden über diese Plattformen und die transparente Darstellung von Informationen bringen Mehrwerte für Immobilienanbieter, da sich potenzielle Kunden durch diesen unverbindlichen und schnellen Kommunikationsweg effizienter eine Immobilie ansehen können. Kurze Reaktionszeiten und direkte Kommentare auf Anzeigen können positive Auswirkungen auf die Vermarktung von Immobilien haben.

Bei der digitalen Flächenvermittlung ist grundsätzlich zwischen **zwei Vertriebsplattformen** zu unterscheiden: den offenen (z. B. ImmobilienScout24) und den geschlossenen Plattformen (z. B. CommercialNetwork). Insbesondere erstere dienen vornehmlich der Vermittlung von Wohnflächen und führen dazu, dass der Anteil an maklerinitiierten Vermittlungen zurückgeht. Geschlossene Portale bieten einen Business-to-Business-Bereich an, der sich ausschließlich an ausgewählte Mitglieder richtet. Die geschlossene Plattform bietet den Nutzern die Möglichkeit zunächst anonym Kontakt aufzunehmen. Als Erstes werden die Anforderungen beider Parteien mithilfe eines Matching-Systems abgeglichen. Erst wenn diese übereinstimmen, werden nähere Informationen der einzelnen Objekte freigegeben und die Kontaktdaten werden ausgetauscht.

Perspektivisch ist zu erwarten, dass sich die digitalisierte Immobilienvermittlung weiterentwickelt. Es findet zudem eine stetige Entwicklung in der Angebotsstruktur der Portalanbieter statt, sodass Dienstleistungen, wie Bonitätsprüfung und Markteinschätzungen, als zusätzliche Leistungen angeboten werden. Digitale Technologien helfen den Anbietern, Immobilienkaufprozesse bequemer, kostengünstiger und transparenter zu verwalten. Mithilfe von speziellen Softwarelösungen werden die Kosten für Besichtigungen, Bewertungen oder Kontaktaufnahmen gesenkt, die Ersparnisse werden in Form von niedrigeren Pauschalgebühren an die Kunden weitergegeben.

Weitere Optimierungsmöglichkeiten bestehen darin, dass zusätzliche Schnittstellen geschaffen werden, die diverse Prozesse, wie eine Interessentenvorauswahl mithilfe von angelegten Interessentenprofilen, automatisch ausführen. Anstatt wie bisher mithilfe automatisierter Suchagenten nach bestimmten Kriterien wie Preis und Lage eine Immobilie zu suchen, kann sich der Prozess umdrehen. Das Haus wird sich seine Mieter selbst suchen, indem Suchende auf Immobilienportalen ein Profil über sich erstellen. Auf Basis von Arbeitsort, Einkommen, Familienstand und diversen Präferenzen bekommen sie passende Angebote vorgeschlagen. Es ist sogar vorstellbar, dass solch ein Profil aus einer Summe aggregierter Daten (Data Science) aus sozialen Netzwerken automatisiert erstellt wird. Wer z. B. den Arbeitsort wechselt, dem schlägt ein Algorithmus neue Wohnungen vor.

Darüber hinaus ist es möglich, dass Immobilienplattformen in angrenzende Märkte expandieren, um die Effizienz bei Immobilienkäufen, -finanzierungen und -verlagerungen zu erhöhen. Die Anbieter integrieren Technologien für nachgelagerte Prozesse wie Hypothekenfinanzierung, Bewertung, Versorgerwechsel und Eigentumsübertragung. Dadurch können die Immobilienportale die Transparenz der Daten über die gesamte Wertschöpfungskette erhöhen und Prozesse integrieren und automatisieren, um das Finden der Immobilie, den Kauf, die Finanzierung und den Umzug effizienter zu gestalten.

Ein alternatives Geschäftsmodel zum klassischen Immobilienmakler stellt das iBuyer-Modell dar. Der wesentliche Unterschied besteht darin, dass ein iBuyer keine Beratung und kein Marketing anbietet, um dem Kunden beim Verkauf seines Hauses zu helfen. Es handelt sich bei den Käufern um Investoren, die automatisierte Bewertungsmodelle und andere Technologien nutzen, um schnelle Angebote für Häuser zu erstellen, die innerhalb weniger Tage gekauft und dann wieder verkauft werden können.

Bewertung

Das Internet hat spezifische **Vorteile** bei der Vermarktung von Immobilien, da Immobilienportale dazu beitragen können, die Effizienz bei der Vermarktung zu steigern. Angebote können durch Immobilienportale zu jeder Zeit von jedem beliebigen Ort aus abgerufen werden. Darüber hinaus können Anbieter erheblich mehr Informationen zu den Immobilien einstellen. Durch laufende Pflege ist eine große Aktualität der Angebote möglich. Gleichzeitig bietet das Internet bildliche Darstellungsmöglichkeiten. Für die Nachfrager ist es möglich, ihre Suchparameter individuell festzulegen und sich damit gezielt und schnell einen Überblick zu passenden Angeboten zu verschaffen. Der potenzielle Kunde kann darüber hinaus zunächst anonym bleiben.

Die digitalen Vermarktungsmodelle wie Webseiten, Social Media oder Online-Plattformen bergen einige **Risiken**. Zum einen stellt die hohe Abhängigkeit der IT eine wichtige Kritik an der Nutzung dieser digitalen Geräte dar, zum anderen sind

Datenschutz und Datensicherheit wichtige Aspekte. Aufgrund des schnellen Veränderungstempos und stetig steigenden Kundenanforderungen ist eine laufende Aktualisierung notwendig, was höhere Anforderungen an das Unternehmen stellt und auch hohe Kosten verursacht.

Die Marketing-Aufwendungen für die Betreiber zur Etablierung der Immobilienportale im Internet sind sehr hoch. Langfristig wird es nur einem kleinen Teil der Anbieter gelingen, eigene Geschäftsmodelle zu etablieren, die auch betriebswirtschaftlich profitabel sind. Nur über eine große Anzahl von Angeboten kann eine Immobilienbörse als Marktplatz auch rentabel sein. Hier sind jene Anbieter im Vorteil, die z. B. im traditionellen Maklergeschäft bereits eine Marke aufgebaut haben oder bereits über eine gewisse Marktgröße verfügen. Die Reichweite von Immobilienportalen ist wichtig, aber sie ist nicht mehr das einzige Kriterium für die Nutzer. Zunehmend wichtiger wird es, die Zielgruppe zu definieren und sie über die passenden Marketing-Kanäle zu bedienen. Außerdem haben die großen Maklerverbände verbandseigene Plattformen und damit neue Konkurrenz geschaffen.

Exkurs: Zukunft des Geschäftsmodells Immobilienmakler
Immobilienmakler sind unabhängige Mittler zwischen Anbietern von Immobilien und Nachfragern nach Immobilien. Die Akquisition von Verkaufs- und Vermietungsaufträgen ist das Fundament für eine erfolgreiche Tätigkeit. Dazu sind zum einen ein professionelles Marketing und zum anderen eine effiziente Arbeitsweise des Immobilienmaklers notwendig. Hierzu zählen eine permanente und intensive Marktbeobachtung und der stetige Kontakt mit potenziellen Vermietern und Mietern. Bei der Objektvermarktung gehören zu einer gelungenen Immobilienpräsentation qualitativ hochwertige Objektaufnahmen und eine aussagekräftige Zusammenstellung relevanter Objektunterlagen. Ein Immobilienmakler vermittelt Verträge auf der Grundlage des Erfolgsprinzips. Kommt durch seine Tätigkeit ein Vertrag zustande, so erhält er eine Provision (auch „Courtage" genannt), deren Höhe üblicherweise nach dem Kaufpreis bzw. der Miete festgelegt wird.
Durch die Zunahmen von Immobilienportalen und anderen digitalen Formen der Vermarktung wurden die traditionellen Makler bereits stark unter Druck gesetzt und zunehmend infrage gestellt. Der Einsatz von Vermittlertätigkeiten durch Plattformen ist eine der Folgen der Digitalisierung.
Der Beruf des Maklers wird aber trotz technologischer Innovationen bei der Software und trotz der Veränderungen in der Portallandschaft nicht überflüssig werden. Einzelne Aufgaben eines Immobilienmaklers können in Zukunft durch den Einsatz von Technologien automatisiert werden. Die Prozesse und die Anforderungen werden sich verändern. Es ist aber nicht zu erwarten, dass sich die einzelnen Prozessschritte der Immobilienvermittlung radikal ändern werden. Die einzelnen Schritte werden auch in Zukunft noch Bestandteil der Vermittlung von Immobilien bleiben. Allerdings werden evolutionäre Innovationen den Aufwand verringern, den ein Immobilienmakler pro Objekt hat.
Der Trend geht zum hybriden Makler, der Softwarelösungen mit der Kompetenz klassischer Makler verbindet. Eine Software digitalisiert den Vermietungsprozess und filtert per Algorithmus die Interessenten heraus, die den Kriterien des Vermieters am besten entsprechen. Makler werden sich verstärkt auf ihre beratende Funktion konzentrieren müssen, um zukunftsfähig zu bleiben.
Es zeichnen sich auch Gegenbewegungen ab, die die Makler nicht mehr so abhängig von den großen Portalen machen. Denn inzwischen gibt es zahlreiche Kanäle, die kostenfrei sind und auch über eine notwendige Reichweite verfügen. Das können soziale Netzwerke sein, aber auch

die eigene Homepage und alternative Plattformen, z. B. das Immobilienportal des IVD-Berufsverbands.

Es ist insgesamt nicht davon auszugehen, dass der Makler durch die digitalen Trends ersetzt wird. Prozesse können automatisiert werden und so vereinfacht bzw. effizienter gestaltet werden. Bereits heute bedarf es aber für keinen einzelnen Prozessschritt zwingend eines Maklers, sodass viele Immobilientransaktionen (insbesondere im Wohnimmobilienbereich) abgewickelt werden, ohne dass ein Makler eingebunden wird.

Einsatz von Visualisierung bei der Vermietung

Unterstützung bei den Vermietungsaktivitäten können die digitalen Technologien der **Visualisierung** liefern. Die digitale Besichtigung ist eine der wesentlichen Innovationen bei der Vermietung von Immobilien. Mithilfe von Virtual Reality und Augmented Reality ist es möglich, die Immobilien schon vor der Fertigstellung anzusehen. Potenzielle Mieter können Immobilien besichtigen, auch wenn sich diese u. a. noch in der Bauphase befinden. Diese Technologien blenden die tatsächliche Realität aus oder ergänzen sie und nehmen den Betrachter quasi mit hinein in das Objekt.

Zur Vorbereitung der Vermarktungsaktivitäten mittels Visualisierung wird mithilfe von **Drohnen** jeder Bereich eines Gebäudes eingescannt. Daraufhin können sich Interessenten die Immobilie in allen Details über VR-Brillen ansehen und sich virtuell durch die Räumlichkeiten und die Umgebung bewegen. Auch Umgebungseffekte wie Geräusche, Lichtverhältnisse, Wetterbedingungen und Jahreszeiten können direkt erfahrbar gemacht werden, ohne direkt das Objekt zu besichtigen.

Die **Virtual Reality-Technologie** ermöglicht Interessenten, zum einen ein neues Gebäude zu besichtigen, ohne dass es existiert. Sie können räumliche Dimensionen einschätzen, Perspektiven wechseln, die Ausstattung auswählen und sehen, wie sich diese dadurch verändern. Zum anderen können bestehende Immobilien zunächst online besichtigt und es müssen nicht vor Ort besucht werden. Durch VR-Technologie besteht die Möglichkeit mehr Immobilien in weniger Zeit zu besichtigen. Dies kann die Vermietungseffizienz erhöhen, da mehr Interessenten sich eine Immobilie ansehen können bzw. ein Nachfrager mehr Immobilien in gleicher Zeit als bei einer realen Besichtigung vor Ort betrachten kann.

Im Rahmen der Vermarktung von Immobilien kann mittels **Augmented Reality** ein Exposé mit Videos, Info-Einblendungen oder dreidimensionalen Objekten angereichert werden. Auf diese Weise werden mehrere Sinne angesprochen. Dies vergrößert die Aufmerksamkeit und erleichtert das Verständnis. Zudem binden solche interaktive Zusatzelemente den Interessenten gezielt mit ein. Gerade die Darstellung komplexer Technik profitiert deutlich von einer Visualisierung mit animierten Modellen.

Diese Technologien sind eher ein zusätzlicher Baustein, die das Immobilien-Marketing weiter vorantreiben und die Beratung erleichtern. Die Vermarktung vor der Fertigstellung einer Immobilie kann beschleunigt werden, da den Kunden bereits eine realgetreue Begehung des zukünftigen Objekts ermöglicht wird. VR und AR werden jedoch nicht das persönliche Gespräch und den realen Besichtigungstermin ersetzen. Die Anbieter haben zudem auf die Effizienz dieser Maßnahme zu achten, denn diese Technologie verursacht teilweise hohe Kosten.

Smart Contracts

Den Abschluss der Vermietungsphase bildet die Unterzeichnung des Mietvertrages, wobei hier als digitale Technologie die **Smart Contracts** eingesetzt werden können, die auf der Blockchain-Technologie basieren. Mietverträge können in Zukunft mithilfe von Smart Contracts automatisiert und in der Cloud gestaltet werden. Smart Contracts ermöglichen es, softwarebasierte Verträge automatisch zu vereinbaren, ohne dass eine menschliche Signatur notwendig ist. Ein Smart Contract ist ein programmatisches Werk, das je nach Fall und Anwender einen Papiervertrag ersetzen, ergänzen oder duplizieren soll. Das Ziel ist, dass zum einen vertraglich verbindliche Abhängigkeiten automatisiert überprüft, ausgeführt oder terminiert werden und zum anderen mithilfe der Blockchain-Technologie von deren relativer Sicherheit, Konsensfindung und Redundanz zu profitieren. Ein Smart Contract kann die vertragliche Sicherheit erhöhen, den Verwaltungsaufwand reduzieren und die Dokumentation verbessern. Ferner könnten Intermediäre wie Anwälte, Notare oder Verwaltungsorgane teilweise überflüssig gemacht werden. Ein effizientes, eventuell sogar anonymes Peer-to-Peer-Vertragskonstrukt mit Rechtssicherheit ist die Vision.

Wichtige Voraussetzung für die Anwendung von Smart Contracts ist, dass Anwälte, Notare, Behörden und Unternehmen den Quellcode eines Smart Contracts formulieren, plausibilisieren oder auf Fehlerfreiheit überprüfen können. Dazu müssen entsprechende Kompetenzen aufgebaut werden, um sicherzugehen, dass in einem intelligenten Vertrag auch die Inhalte so abgebildet sind wie es alle Vertragsparteien beabsichtigt haben. Darüber hinaus ist weiterhin ungelöst, wer in welcher Form bei einer Falschausführung in der offenen, demokratischen Blockchain haftet. Dies können die Informatiker oder die programmierenden Juristen, eine vertragsaufsetzende Künstliche Intelligenz, die aufsetzende Vertragspartei oder doch ein verteiltes System in Form aller Partizipierenden einer spezifischen Blockchain sein. Ferner müsste die jeweilige Blockchain tatsächlich sicher sein, sodass vertraglich nicht beabsichtigte Veränderungen ausgeschlossen werden können.

Mietermanagement

Das Mietermanagement (früher auch Mietverwaltung genannt) stellt eine immer zentraler werdende Aufgabe in der Immobilienwirtschaft dar. Die Digitalisierung ermöglicht effizientere Prozesse in der Mieterbetreuung. Dies gilt natürlich vor allem in der Wohnungswirtschaft, wo sich ein Verwalter viel mehr Mietern gegenübersieht als bei gewerblichen Objekten, aber auch hier sind die aufgezeigten Potenziale generell gegeben. Insbesondere die formalisierte Mietverwaltung bietet Potenzial für eine höhere

Prozesseffizienz durch die vollständige Integration aller verfügbaren Daten, kompatible Schnittstelle und den Einsatz auch mobiler Geräte.

Ein wesentlicher Einflussfaktor auf die Mieteinnahmen ist die Mieterzufriedenheit, denn je höher diese ist, desto niedriger ist die Mieterfluktuation und desto niedriger sind die damit verbundenen Mietausfälle, Vermietungs- und Leerstandskosten. Die Kommunikation und die schnelle Abwicklung von Anfragen und Reparaturen sind mitunter ausschlaggebende Gründe für die Zufriedenheit der Mieter. Mithilfe eines Kommunikationsportals für Mieter verbunden mit dem Auftrags- und Terminmanagement einer Softwarelösung kann das Aufkommen von Terminanfragen und Reparaturaufträgen zeitnah gesteuert und abgearbeitet werden. Insofern kommt dem Mietermanagement eine wesentliche Bedeutung zu.

Diese Funktion wird bei Wohnimmobilien im Regelfall von der Hausverwaltung (Property-Management) und vor Ort oftmals vom Hausmeister (Facility-Management) erfüllt. Bei Gewerbeimmobilien stellt das Assetmanagement eine Mieterbetreuung durch die Hausverwaltung sicher oder betreut selbst die Mieter. Zum Mietermanagement gehört die regelmäßige Kontaktpflege mit den Bestandsmietern, um deren Bedürfnisse zu erkennen und hierauf kurzfristig reagieren zu können. Die Mieterzufriedenheit kann durch proaktives Handeln, hohe Reaktionsgeschwindigkeit und Verlässlichkeit in der Umsetzung der Mieterwünsche erreicht werden. Ein weiterer Punkt beim Bestandsmietermanagement besteht gegebenenfalls darin, die Nutzerstruktur zu optimieren. Die gute Bonität von Mietern und eine lange Laufzeit der Mietverträge werden bei einem Verkauf positiv bewertet und entsprechend honoriert.

Bei Betriebs- und Nebenkostenabrechnung arbeiten Property- und Facility-Manager bereits mit digitalen Abrechnungsprozessen, die vielfach automatisiert sind. Mittels Heizkostenabrechnung und Smart-Mess-Systemen können Heizungen oder Stromzähler per Computer abgelesen werden. Dazu ist eine Software nötig, die die verschiedenen Anwendungen bündelt und optimierte Geschäftsprozesse miteinander verzahnt.

Wohnungsübergaben und -abnahmen stellen einen wesentlichen Part beim Mietermanagement dar. Bei den Wohnungsübergaben zur Beendigung und Neuaufnahme eines Mietverhältnisses besteht durch die Digitalisierung des Prozesses ein erhebliches Einsparpotenzial an Material- und Personalkosten. Mithilfe von Smartphones oder Tablets verringert sich die dafür benötigte Zeit. Bei einem Mieterwechsel können die dafür notwendigen Daten im System hinterlegt werden, auf das ein Verwalter zugreifen kann. Danach können weitere Daten wie etwa die Zählerstände in ein Softwaresystem eingefügt werden. Darüber hinaus ist es mit digitalen Geräten auch möglich, (direkt) Reparaturaufträge in Auftrag zu geben.

Social Media

Social Media wird von Immobilienunternehmen als Marketing-Strategie und Kommunikationstechnologie genutzt. Als Social Media werden Online-Dienste bezeichnet, deren Inhalte im Wesentlichen die User bestimmen. Sie zeichnen sich durch die Kommunikation und durch den Informationsaustausch zwischen den Nutzern aus. Sie werden im Zuge der neuen Kundenansprache auch in Unternehmen genutzt, um regelmäßig mit den Kunden zu kommunizieren. Social Media ermöglicht die aktuelle Darstellung des modernen Unternehmens mit dem Ziel, regelmäßig Aufmerksamkeit zu wecken und somit auch neue Kunden zu gewinnen. Dieser Bereich der Kundenansprache hat durch die Digitalisierung an Bedeutung gewonnen.

Der Umgang eines Unternehmens mit Social Media führt zu Bindung von Kundenbeziehungen. Durch die (ständige) Präsenz eines Anbieters oder Maklers mit Beiträgen, Fotos etc. bei Social Media-Plattformen, wird das Interesse von Mietern oder Neukunden geweckt. Zudem bietet eine durchgängige Präsenz auf Plattformen eine schnelle Streuung von Informationen. Ein Makler zieht Mehrwerte aus der Nutzung von Social Media, da durch die Schnelllebigkeit des Internets Streuungseffekte hervorgerufen werden.

Customer Relationship Management (CRM)

Der digitale Fortschritt nimmt Einfluss auf die Kundenansprache und die Serviceorientierung, wobei der Mieter in den Mittelpunkt gestellt wird. Customer Relationship Management (CRM) bildet dabei die Basis; dies ist ein strategischer Ansatz, der zur vollständigen Planung, Steuerung und Durchführung aller interaktiven Prozesse mit den Kunden genutzt wird. CRM ist im Rahmen des Mietermanagements die Planung, Kontrolle, Durchführung und Anpassung aller Unternehmensaktivitäten, die die Profitabilität der mietvertraglichen Beziehung steigert und damit einhergehend das Mieter-Kunden-Portfolio optimiert.

CRM umfasst das gesamte Unternehmen und den gesamten Kundenlebenszyklus und dient einer konsequenten Kundenorientierung. Ein derartiges System soll den Beratungs- und Betreuungsprozess bei Kunden optimal unterstützen. Die notwendigen Geschäftsprozesse müssen dafür abgebildet werden und der Zugriff auf Kunden- und Vertragsdaten sollte jederzeit und von überall möglich sein. Hier sollten sämtliche Daten über den Kunden selbst sowie weitergehende Informationen zu Käufen, Serviceanfragen und Reklamationen hinterlegt sein.

CRM-Systeme schaffen Möglichkeiten, die zahlreichen beim Mietermanagement anfallenden Aufgaben zu vereinfachen und zu beschleunigen, die bis zum Vertragsabschluss mit dem neuen Mieter oder Eigentümer anfallen. Mit der Kombination aus Managementsoftware und CRM-System kann beispielsweise die in Ballungsräumen häufig aufkommende Vielzahl von Anfragen für Immobilien leichter bearbeitet werden – oder ein Mangel an Bewerbern in ländlichen bzw. von Leerstand bedrohten Gebieten durch kurze Reaktionszeiten kompensiert werden. Weiterhin können während des Vermietungsprozesses Besichtigungstermine, Objektreservierungen, Hinweise auf fehlende Unterlagen, Vermietungszusagen oder freundliche Absagen versendet werden. Die Daten von ausgewählten Bewerbern lassen sich direkt in die

Managementsoftware übertragen und dort weiterverarbeiten – beispielsweise in einem Modul zur Vorerfassung von Vertragsdaten, um direkt einen Vertrag zu erstellen. Darüber hinaus liefert die Lösung umfangreiche Auswertungsmöglichkeiten, mit deren Hilfe derer Anfragen, Gesuche und Interessenten gezielt bewertet werden.

Durch CRM-Systeme wird versucht, den Mieter durch die neuen Möglichkeiten der Digitalisierung in diverse Prozesse einzubinden und auf seine individuellen Ansprüche einzugehen. Das Ziel dieses digitalen Innovationsfelds ist die Transparenz für den Mieter zu verbessern sowie Medienbrüche in der Mieterbeziehung abzubauen und dadurch die Prozessqualität zu verbessern. Die CRM-Software wird in Immobilienunternehmen mit den etablierten Kundendatenprogrammen und Betriebssystemen verknüpft, sodass der Mieter es als erweitertes Kommunikationsmittel nutzen kann. Erweiterungen können durch die Verknüpfung mit unterschiedlichen Akteuren erfolgen, so z. B. die Verbindung von Dienstleistern und Lieferanten, die direkt vom Mieter beauftragt werden können.

Das Mietermanagement wandelt sich durch die neuen Kommunikationstechnologien und die damit verbundenen Social-Business-Möglichkeiten. Die Nutzung des Internets als Schnittstelle zum Kunden und als technologische Plattform für das CRM-System wird als E-CRM bezeichnet. Die neue Kundenansprache durch die Digitalisierung kann durch die Integration von CRM-Software und durch Social Media Zusatznutzen schaffen. CRM-Software hat sich an den Bedürfnissen und der Zufriedenheit der Mieter zu orientieren, die die langfristige Erfolgsbasis eines Wohnungsunternehmens darstellen. Aufgrund der Verschärfung des Wettbewerbs von Wohnungsanbietern ist die gezielte Mieterorientierung durch Serviceleistungen wie CRM nicht nur eine Strategie, um die Mieterzufriedenheit zu sichern, sondern auch eine Maßnahme, um sich von anderen Anbietern abzugrenzen.

Mieterportal

Ein Beispiel für den Einsatz digitaler Technologien beim Mietermanagement ist das Mieterportal, das eine Schnittstelle zwischen dem Vermieter und Mieter eines Objekts bildet. Mieterportale geben dem Mieter die Möglichkeit, Dienste rund um die Wohnung zu bestellen oder bestehende Schwierigkeiten oder Anregungen zu melden.

Besonders im Bereich der Verwaltung fallen regelmäßig sich wiederholende Einzelaufgaben an, die zunächst lediglich Aufwand verursachen aber nicht unmittelbar weiterberechnet werden können. Erschwerend kommt hinzu, dass einige Prozesse parallel ablaufen und es teils schwierig ist, jederzeit ausreichende Mitarbeiterressourcen zur Verfügung zu stellen. Es ist daher von großer Bedeutung, die Verwaltung der Objekte möglichst einfach zu gestalten. Mieterportale unterstützen bei der Betreuung von Immobilien. Davon profitieren sowohl die Property-Manager als auch die Mieter.

Durch die digitale Transformation soll die Zusammenarbeit von Eigentümern, Mietern, Hausverwaltern und technischen Dienstleistern vereinfacht werden. Digitale Innovationen bieten z. B. Plattformen für ein umfassendes Mietermanagement. Die digitale Technologie kann zur Kundenbindung und -verwaltung eingesetzt werden. Es ermöglicht eine Vorgangs- und Dokumentenverwaltung und hilft somit bei der Bearbeitung von Aufträgen und Kontaktanfragen. Vermieter können auf diesen Plattformen alle relevanten Informationen und Dokumente zur Immobilie speichern und dem Mieter bereitstellen, die komplette Kommunikation abdecken und Aufträge auslösen.

Zusätzlich können Mieter mithilfe von Mieterportalen viele Fragestellungen selbstständig klären. Auch können den Mietern über das Portal notwendige Formulare zur Verfügung gestellt werden. Mieter haben die Option, über das Portal z. B. ihren derzeitigen Energieverbrauch zu ermitteln. Häufig werden zusätzliche Tipps eingestellt wie Energie eingespart werden kann. Mieterportale können weiterhin ohne großen Aufwand um neue Funktionen erweitert werden. Beispielsweise können weitere Angebote wie Lieferdienste, Energielieferungen oder Pflegedienste in das Portal integriert werden. Außerdem kann ein Handwerkerdienst eingerichtet werden. Dadurch können Mieter bei Bedarf direkt über das Portal mit dem Handwerker online einen Termin vereinbaren. Mieterportale unterstützen zudem das Beschwerdemanagement. Sämtliche Daten die über Mieterportale erfasst werden, lassen sich in Datenbanken des Verwalters übertragen.

Eine Weiterentwicklung der Mieterportale sind **Mieter-Apps,** die es ermöglichen, die Funktionen des Mieterportals über mobile Endgeräte zu nutzen. Der Nutzer möchte auf Dienste und Daten sofort, von überall aus und bequem zugreifen, sodass die Kommunikation zwischen Mietern und Immobilienunternehmen in Zukunft schneller, personalisierter und individueller wird. Dementsprechend werden Unternehmen immer mehr Dienstleistungen per App oder online anbieten. Durch mobile Lösungen ergeben sich für den Vermieter und Mieter neue Möglichkeiten.

Somit ergeben sich **Vorteile** für die Mieter, was deren Zufriedenheit steigert. Die Integration digitaler Lösungen in ein Mieterportal schafft neue Services und damit einhergehend eine erhöhte Bindung zu den Mietern. Der Vermieter kann einen einfachen Kontakt zu den Mietern erreichen und gleichzeitig laufende Kosten bei der Verwaltung sparen. Der Kontakt zwischen Mietern und Eigentümern kann effizienter und weniger zeitaufwendiger gestaltet werden. Mieterportale eröffnen ferner Synergien für zusätzliche Einnahmen durch externe Provisionsverträge.

Chatbots

Ein Chatbot ist ein Programm, mit dem man sich in natürlicher Sprache unterhalten kann. Der Begriff leitet sich vom englischen Wort „chat" (deutsch: *sich unterhalten*) und „robot" (deutsch: *Roboter*) ab. Er bezeichnet ein Computerprogramm, das bestimmte Aufgaben selbstständig und automatisiert ausführen kann. Bei einem Chatbot handelt es sich um ein automatisiertes textbasiertes Dialogsystem bzw. chatbasiertes Dialogprogramm, mit dem sich die Menschen in natürlicher Sprache unterhalten können. Im Chat spricht keine reale Person, sondern antwortet automatisiert mittels eines entsprechenden Programms. Das Programm hat eine Datenbank mit vorgefertigten Antworten je nach Fragestellung. Chatbots können somit in Verbindung mit Mieterportalen und Mieter-Apps helfen, die Kundenzufriedenheit zu erhöhen und im Mietermanagement mehr Effizienz zu erreichen.

Basiert das Programm auf Künstlicher Intelligenz, ist es sogar imstande, aus den Gesprächen zu lernen. Damit Chatbots menschenähnliche Dialoge führen können und aus vergangenen Dialogen dazulernen, kommen aus dem Bereich Künstlicher Intelligenz Natural Language Processing (NLP) und Machine Learning zum Einsatz. Der Chatbot greift auf Datensätze zurück wie Synonyme, vordefinierte Kategorisierungen von Textbausteinen und komplette Dialoge. Der Chatbot wird dank Künstlicher Intelligenz immer intelligenter. So kann ein Teil der Konversationen zwischen Nutzer und Verwalter über die Zeit automatisiert und neue Antworten können in der Datenbank abgespeichert werden. Mithilfe intelligenter Datenanalyse kann herausgefunden werden, welchen Service die Kunden benötigen. Die Mieterzufriedenheit steigt, indem Vorgänge schneller, transparent und durchgängig bearbeitet werden, von der Kundenanfrage bis zur Erbringung der Leistung.

Die Nutzung eines Chatbots ist insbesondere beim Mietermanagement geeignet, da eine Vielzahl der Anfragen gleich oder ähnlich ist. Neben der persönlichen Betreuung der Kunden können digitale Technologien in Form der Chatbots eingesetzt werden. Dabei werden interne und externe Daten mithilfe von Künstlicher Intelligenz ausgewertet. Das System lernt so, welche Hinweise und Antworten die Kunden in verschiedenen Situationen erwarten. Geantwortet wird auch auf dem Kanal, den die Kunden präferieren.

Die Potenziale, Standardprozesse mithilfe von Chatbots zu automatisieren, sind vielfältig. Ein Großteil der Interaktionen zwischen Mieter und Verwalter können in einzelne, eindeutige Schritte unterteilt werden und eignen sich daher für eine Standardisierung bzw. Automatisierung durch digitale Servicetechnologien. Der Mieter gibt sein Anliegen in ein Chat-Interface ein und erhält umgehend eine Antwort, so entwickelt sich ein natürlicher Dialog zwischen Nutzer und Bot. Anfragen können in Echtzeit unabhängig von Öffnungszeiten bearbeitet werden. Dies betrifft z. B. auch E-Mail-Antworten, die auch automatisch bearbeitet werden sollen. Beim Property-Management ermöglicht die Chatbot-Technologie bereits heute, gleichartige Konversationen mit Mietern zu operativen Vorfällen zu automatisieren. Dies können z. B. eine Schadensmeldung oder der Schlüsselverlust sein.

Chatbots ermöglichen eine Zeitersparnis in der Verwaltung, da die Mieterkommunikation eine sehr zeitintensive Aufgabe ist. Zahlreiche Prozesse und Anfragen bzw. Aufgaben laufen parallel und Mitarbeiter können nicht immer präsent sein. Zudem müssen die Anfragen unterschiedlich zeitnah bearbeitet werden; eine sofortige Reaktion ist vor allem bei Mängelmeldungen wichtig. Dies wird noch verschärft durch ein sich veränderndes Kommunikationsverhalten der Nutzer und eine gesteigerte Erwartungshaltung im Hinblick auf Erreichbarkeit, Reaktionszeit sowie Bearbeitungszeit.

Verwaltungen treten aus Sicht der Nutzer praktisch immer reaktiv und oft auch zu spät auf, das Resultat sind unzufriedene Kunden. Somit wird durch Chatbots Personalkapazität für komplexere Aufgaben frei.

Die große **Herausforderung** für Programmierer liegt darin, dem Chatbot ein Verständnis für die natürliche Sprache zu vermitteln. Entsprechend orientieren sich die Schwerpunkte der Programmierung eher an den Routinen von Suchmaschinen und gehen weniger in Richtung Künstliche Intelligenz. Dies umso mehr, da die häufigsten Einsatzzwecke für Chatbots derzeit im Bereich von digitalen Assistenten liegen. Bei einfachen Ausführungen gibt der Nutzer Text über eine Tastatur ein und auch die Antworten erfolgen in schriftlicher Form. Bei einem fortgeschrittenen Modell eines Chatbots kann aber auch mündlich kommuniziert werden. Da die technische Weiterentwicklung in den vergangenen Jahren große Fortschritte gemacht hat, wachsen die Einsatzmöglichkeiten eines Chatbots in einer Webpräsenz bzw. einer App.

Weitere digitale Technologien

Bei **Data Science** bietet die Nutzung und Verarbeitung großer Datenmengen den Vorteil, verbesserte Zukunftsprognosen von Kundenanforderungen zu stellen und somit auf diese als Immobilienunternehmen schneller zu reagieren. Die über die verschiedenen Medien eingegangenen Daten lassen sich erfassen und auswerten. So lassen sich Schwachstellen identifizieren und es kann proaktiv eingegriffen werden. Damit wird die Wettbewerbsfähigkeit des Unternehmens verbessert.

PropTechs drängen bereits in die Schnittstelle zwischen Mieter und Vermieter und bieten plattformbasierte Weblösungen für die Verwaltung von Immobilienbeständen. Die Kontrolle der Mietzahlungen und die Beauftragung von kleinen Reparatur- und Instandhaltungsleistungen etc. können automatisiert werden. PropTechs liefern dazu Lösungsvorschläge.

Bewertung

Durch die Digitalisierung des Mietermanagements entstehen für Vermieter und Mieter zahlreiche **Vorteile**. Die Prozesse können nutzerfreundlicher, effizienter und kostengünstiger gestaltet werden. Voraussetzung hierfür ist allerdings, dass Mieter dies auch wollen und über die technischen Voraussetzungen verfügen. Es müssen zudem die Vorteile für beide Seiten gegeben sein, etwa vereinfachte Abläufe oder kundenspezifische Angebote.

Die Kundenansprache durch Social Media, CRM und Mieterportale birgt aber auch **Risiken**. Es ist auf wirtschaftliche Effizienz zu achten. Den Vorteilen stehen (hohe) Kosten gegenüber. Diese ergeben sich sowohl aus den Investitionskosten als auch den Kosten beim laufenden Geschäftsbetrieb. Vielfach sind demgegenüber die Vorteile nicht direkt monetär zu quantifizieren (z. B. Mieterzufriedenheit).

Aus technischer Sicht sind weitere Risiken gegeben. Zum einen stellt die hohe Abhängigkeit von der Technik eine wichtige Kritik an der Nutzung dieser digitalen Geräte dar, zum anderen ist es das Thema Datenschutz und Datensicherheit. Aufgrund der starken Nutzung großer Datenmengen besteht das Risiko von Datenmanipulationen. Das Sammeln und Auswerten von Daten unterliegt vielfältigen Schutzbestimmungen, die sich ständig verändern bzw. erhöhen. Rechtliche Rahmenbedingungen sind daher zwingend zu beachten.

Des Weiteren ist das schnelle Veränderungstempo risikoreich, da die Kundenanforderungen nach andauernder Erreichbarkeit und schnellen Kommunikationswegen immer mehr steigen. Digitalisierung erfordert eine hohe Änderungsbereitschaft von Mitarbeitern und Management und Anpassung an ein sich ständig wandelndes Umfeld. Darüber hinaus besteht bei der Kommunikation über Social Media und Portale bei negativen Vorfällen die Gefahr von Shitstorms, da Mieter und Kunden schnell reagieren können, was das Unternehmensimage verschlechtern können.

Immobilienmanagement

Das Immobilienmanagement (englisch: *Real Estate Management*) hat eine zunehmende Bedeutung in der Nutzungsphase von Immobilien gewonnen. Früher wurde das als Immobilienverwaltung bezeichnet, wegen der steigenden Anforderungen an die Bewirtschaftung der Immobilien ist heute der Begriff „Immobilienmanagement" eher gerechtfertigt. Auch der Begriff „Objektverwaltung" beschreibt nicht mehr ausreichend den Aufgabenbereich des Immobilienmanagements. Es reicht heute nicht mehr aus, eine Immobilie bloß zu vermieten und sich gelegentlich ein Bild vom Zustand des Objekts zu machen. Beim Management der Immobilien wird durch die Digitalisierung ein erhebliches Wertschöpfungspotenzial erwartet. Neue Geschäftsmodelle bieten sich an und Prozesse lassen sich effizienter gestalten.

Immobilienmanagement ist die Planung, Steuerung, Umsetzung und Kontrolle sämtlicher wertbeeinflussender Maßnahmen über die gesamte Wertschöpfungskette einer Immobilie entsprechend den Zielvorgaben des Eigentümers. Dabei liegt der Tätigkeitsfokus des Immobilienmanagements ebenso auf der Betreuung von Einzelobjekten wie auf Portfolios. Das Immobilienmanagement größerer Investmentmanager und Investoren ist typischerweise über mehrere Ebenen gegliedert, wie in Abbildung 4.4 dargestellt. In der Praxis werden daher für die gleichen Inhalte zuweilen unterschiedliche Bezeichnungen verwendet. Grundsätzlich sind verschiedene Ebenen beim Immobilienmanagement zu unterscheiden: die Investmentebene, die Portfolioebene und die Objektebene mit Property- und Facility-Management.

Die Mieter erwarten entsprechend ihrer Erfordernisse und Bedürfnisse vom Management heute einen angemessenen Service, zusätzliche Dienstleistungen sowie eine stetige Betreuung. Gleichzeitig hat das Immobilienmanagement die Vorgaben der Immobilienbesitzer und Investoren umzusetzen, wobei dieses durch aussagekräftige Reportings dokumentiert werden soll. Der Service- und Managementaspekt gewinnt so bei beiden Ansprechpartnern an Bedeutung. Mit zunehmender Veränderung hin zu kundenorientierten Management- und Dienstleistungsunternehmen verändern und

	Asset-management		Facility Management

Portfolio-management		Property Management	

- Optimale Struktur des Anlage-vermögens
- Risiko-management

- Umsetzung der Portfoliostrategie in Objekt-strategien

- Umsetzung der Objektstrategien

- Betriebs- und Bewirtschaftungs-prozesse

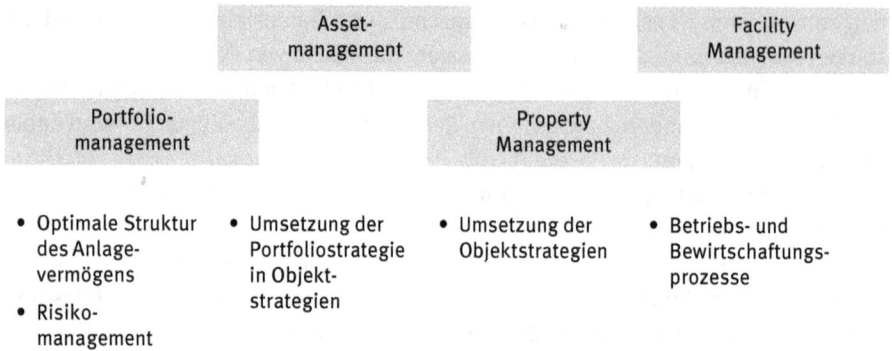

Abb. 4.4: Immobilienmanagement – Managementebenen; Quelle: eigene Darstellung in Anlehnung an Rottke, Thomas, 2017.[3]

vervielfältigen sich zudem die täglich anfallenden Aufgaben, sodass insgesamt die Anforderungen an das Immobilienmanagement steigen.

Die Serviceangebote zusätzlich zu den täglich anfallenden Verwaltungsaufgaben zu koordinieren ist die große Herausforderung. Dabei können digitale Technologien einen wesentlichen Beitrag liefern. Softwarelösungen für das Immobilienmanagement ermöglichen, die anfallenden Aufgaben zu planen und zu organisieren, wobei auch Zusatzmodule und Softwarelösungen von externen Partnern eingesetzt werden. So kann ein modernes und kundenorientiertes Immobilienmanagement ein größeres Serviceangebot effizienter organisieren.

Das **Real Estate Investmentmanagement** (deutsch: *Immobilien-Investment-management*) ist das rahmengebende Management von Immobilienbeständen oder Geschäftsfeldern. Auf der Investment- bzw. Eigentümerebene wird über die Unternehmens- und Anlagestrategie entschieden. Die immobilienbezogenen Ziele und Möglichkeiten des Investors/Unternehmens werden definiert und auf dieser Basis die prinzipiellen Vorgaben für Investitions- und Desinvestitionsentscheidungen. Hier werden zunächst das gewünschte Risiko-Rendite-Profil sowie der Zeitpunkt des Ankaufs und des eventuellen späteren Verkaufs festgelegt. Weitere Rahmenbedingungen für die Anlagestrategie können ebenfalls bereits auf dieser Ebene bestimmt werden. Hierzu gehört z. B. in welche Regionen, Lagen und Objekttypen investiert werden soll. So werden auf der Investmentebene die strategischen Vorgaben für das Assetmanagement auf der Objektebene gesetzt. Informations- und Kommunikationstechnologien sind zu wesentlichen Stützen geworden, da sie beim Immobilienmanagement wesentlich z. B. den Erwerb und die Verwaltung von Objekten vereinfachen.

---

3 Die Einteilung orientiert sich an Rottke und Thomas, 2017. Von der Gesellschaft für immobilienwirtschaftliche Forschung (gif) gibt es eine differenziertere Abgrenzung (siehe gif, 2004).

Der Begriff **Real Estate Portfoliomanagement** stammt aus der Kapitalmarkt-theorie und kann als zielgerichtetes Verwalten von Investmentobjekten, hier von Immobilien, definiert werden. Im Portfoliomanagement wird das Immobilienportfo-lio als Ganzes betrachtet einschließlich aller Effekte, die sich aus z. B. Finanzierung, Liquidität, Struktur und Besteuerung ergeben. Beim Real Estate Portfoliomanage-ment werden auf der Portfolioebene unter Berücksichtigung der von den Investoren vorgegebenen Investmentpolitik Strategien entwickelt, indem aus den Investment-vorgaben Maßnahmen abgeleitet werden. Ziel ist Erfolgspotenziale durch eine syste-matische Portfoliostrukturierung aufzubauen und zu erhalten. Es soll die optimale Zusammensetzung eines Portfolios bestimmt werden. Dazu gehören die Entwicklung, Umsetzung und Kontrolle der Portfoliostrategie zur Rendite-Risiko-Optimierung so-wie das Risikomanagement. Während die Inhalte und Maßnahmen prinzipiell immer ähnlich sind, unterscheiden sich die Ziele in Abhängigkeit von den jeweiligen Investo-ren. Neben den strategischen Leitlinien für Investitionsentscheidungen können auch strukturierte Finanzierungen dazugehören. Aus dem Portfoliomanagement erfolgt auch die Berichterstattung an die Investoren bzw. die Unternehmensleitung.

Auf der Objektebene wird zwischen der strategisch-taktischen und der operativen Ebene unterschieden. Das **Immobilien-Assetmanagement** deckt im Wesentlichen auf der Objektebene strategisch-taktische Aufgaben ab. Das Assetmanagement übt faktisch die Eigentümervertretung in allen Immobilienfragen aus. Ziel ist, die Vorga-ben des Investors zu erreichen, sowie diesbezügliche Wert- oder Nutzungssteigerungs-potenziale zu identifizieren. Dies umfasst die Entwicklung von Objektstrategien und die operative Steuerung sowie die Umsetzung und Kontrolle der wertbeeinflussenden Maßnahmen. Damit verbunden ist die Steuerung und Kontrolle des Property-Manage-ments. Dem Assetmanagement kommt damit zu großen Teilen eine Führungsrolle zu. Es hängt von der Ausgestaltung in der jeweiligen Organisation ab, inwieweit Asset-manager auch operative Aufgaben aus dem Tagesgeschäft erledigen. Die Grenze zwi-schen Asset- und Property-Management verläuft daher durchaus unterschiedlich. Es schließt sich das operative Objektmanagement an, das alle operativen Management-aufgaben übernimmt und sowohl die eigenen Geschäftsprozesse als auch interne und externe Dienstleister steuert.

Property-Management (Gebäudebewirtschaftung, Hausverwaltung) beschreibt den Gesamtprozess der Haus- und Gebäudeverwaltung auf der operativen Ebene. Pro-perty-Management ist die Vertretung des Eigentümers vor Ort und arbeitet am Objekt selber. Es erfolgt dort die laufende Betreuung der Mieter sowie die laufende Beaufsich-tigung der Immobilie. Es wird typischerweise unterteilt in kaufmännisches, techni-sches und infrastrukturelles Property-Management. Das Property-Management wird in vielen Fällen vom Investmentmanager auf Dritte ausgelagert. Ziel ist die vorgegebe-ne Objektstrategie des Investors effizient umzusetzen. Dabei wird die treuhänderische Wahrnehmung der Eigentümerfunktion übernommen. Property-Manager lassen sich funktional zwischen Asset- und Facility-Management ansiedeln und sind Ansprech-partner für die Nutzer der betreuten Immobilie. Sie verantworten die Positionierung der Objekte im Markt und optimieren den Mieterbesatz. Während üblicherweise das kaufmännische Management in Eigenleistung erbracht wird, erfolgt das technische und infrastrukturelle Management in Fremdleistung.

Real Estate Facility-Management (FM) bezieht sich auf das operative Management von Immobilienprozessen; das moderne FM entwickelte sich aus den hausmeisterlichen Wurzeln. Es ist das lebenszyklusbezogene, nutzungsorientierte, operative Management mit dem Ziel, die Wirtschaftlichkeit zu steigern. Facility-Management liegt eine technische Orientierung zugrunde, wobei das Gebäude bzw. dessen technische Ausstattung und haustechnische Systeme funktionsfähig zu gestalten, zu erhalten und kostenoptimal auszulegen sind.

Digitale Technologien beim Immobilienmanagement

Die Potenziale der Digitalisierung in Form von Informations- und Kommunikationstechnologien bestehen im Real Estate-Management, um mehr Effizienz und Nachhaltigkeit zu erreichen. Die Optimierung der Gebäudetechnik und des technischen Facility-Managements wird als eines der großen Potenziale der Digitalisierung angeführt. Durch die Digitalisierung werden sich dabei speziell die Anforderungen an die Verwaltung verändern. Digitalisierung im Immobilienmanagement bedeutet nicht nur, zuvor analog ausgeführter Arbeiten auf eine digitale Basis zu übertragen. Sie ist im Wesentlichen ein Vernetzungsprozess, der alle Projektparteien rund um den Immobilienbetrieb in Echtzeit zusammenführt. Es ergeben sich erhebliche Effizienzgewinne, da Betreiber und Dienstleister untereinander verknüpft sind. Interne Stellen und externer Dienstleister in datengetriebene Prozesse einzubinden, ist ein wichtiger Schritt zur Automatisierung von Standardprozessen. Im Folgenden werden nur die Auswirkungen im Nicht-Investmentbereich betrachtet, während die Einsatzmöglichkeiten digitaler Technologien bei Immobilieninvestments im Kapitel 5 analysiert werden.

Am Ende der Errichtung eines Gebäudes kann die Übergabe eines **BIM-Modells** des Bauwerks stehen. Das digitale Modell bildet das Gebäude mit allen relevanten Informationen ab, sodass Wissensverluste durch die Weitergabe des digitalen Modells mit allen Gebäudedaten am Übergang von der Bau- zur Nutzungsphase vermieden werden können. Bei der herkömmlichen Planung ohne BIM-Einsatz sind diese Daten nicht verwertbar erfasst. In Verbindung mit BIM ergeben sich somit neue Möglichkeiten bei der Bewirtschaftung des Gebäudes unter Nutzung des digitalen Modells. Insbesondere in der Betriebsphase, bei Instandhaltungen, Reparaturen und Umbauten bieten BIM-basierte Immobilien gegenüber herkömmlichen Verfahren Vorteile. Allein schon aufgrund der vielen im System hinterlegten verfügbaren Informationen sind diese gegeben. So können beispielsweise aus der BIM-Software Wartungsverträge für Aufzugsanlagen generiert oder Angebote für Handwerksleistungen mit genauen Maß- und Produktangaben erstellt werden.

Das digital unterstützte Facility-Management (**computer-aided Facility-Management, CAFM**) kommt in der Betriebsphase der Immobilie zum Einsatz. Eine

CAFM-Software kann an das BIM-Modell angebunden werden. Dabei handelt es sich um eine Software, die die Arbeit bei der Planung und Ausführung von mitarbeiter- bzw. arbeitsplatzbezogene Dienstleistungen erleichtert. Sie überwacht alle Aktivitäten, die u. a. im Zusammenhang mit der Raumverwaltung stehen, wie z. B. Instandhaltungsplanung, Störungsmanagement oder Reinigungsmanagement. Zusätzlich können auch Dokumente, die im Zuge des Bauprojekts entstanden sind, für den Gebäudebetrieb genutzt werden. Ebenso kann bei Modernisierungs-, Umbau- bzw. Abrissmaßnahmen (siehe Kapitel 4.4.3) zur genauen Planung und Mengenermittlung auf das bereits bestehende digitale Modell aufgesetzt werden.

Mithilfe von CAFM können Facility-Manager ihre Dienstleistungen standardisieren und Prozesse optimieren. Ein Teil davon ist die Möglichkeit, die Auslastung von Arbeitsplätzen und Einrichtungen zu erhöhen, die Anzahl der Umzüge zu senken und die Wartungsplanung sowie die Instandhaltung effizient auszuführen. Der Einsatz des Budgets wird ebenfalls langfristig optimiert. Weitere positive Effekte in der Bewirtschaftungsphase von Immobilien werden auf lange Sicht erzielt, wenn das BIM-Datenmodell regelmäßig durch Sensoren mit neuen Daten aktualisiert wird. Um die Einsatzfähigkeit eines solchen CAFM-Systems sicherzustellen, ist eine einheitliche, gut strukturierte und vollumfängliche Datenbasis notwendig.

Wesentliche Potenziale für **Data Science** liegen im Immobilienmanagement. Im Rahmen des Data Science können die beim Immobilienmanagement gewonnenen Daten mittels Algorithmen ausgewertet und nutzbar gemacht werden. Als wichtige Voraussetzung für eine nachhaltige Bewirtschaftung von Immobilienbeständen erweist sich schon heute die digitale Datenerfassung und -analyse. Die Erhebung, Überwachung und Auswertung von Datenmengen aus Gebäuden und Produktion, die Erstellung von Algorithmen zur Betriebs- und Energieoptimierung, der Fernwartung oder eine vorausschauende Instandhaltung (Predictive Maintenance) können digitalisiert werden. Voraussetzung ist hier insbesondere die strukturierte Sammlung sowie eine gebündelte Zusammenführung der Daten in eine zentrale Datenbank. Denn nur auf diese Weise ist eine adäquate Auswertung und Nutzung der gesammelten Daten möglich. In der Entstehungsphase der Daten kann damit bereits gearbeitet werden, um beispielsweise Simulationen durchzuführen, noch bevor überhaupt die Planungen abgeschlossen sind.

Beim Data Science werden digitale Technologien eingesetzt, um einen Mehrwert für die Unternehmen und Kunden bei der Verwaltung der Immobilien zu erreichen. Beim Portfolio- und Assetmanagement kann mithilfe von Data Science die Struktur des Portfolios verbessert werden. Es lassen sich Markt- und Mietvertragsdaten analysieren, um Markttrends vorherzusagen. Daran kann dann die Investitionsstrategie ausgerichtet werden. Weiterhin lassen sich so die Renditen bei Portfolios und Immobilien optimieren oder Mietausfälle vorhersagen und vermeiden. In diesem Rahmen bietet Data Mining z. B. Methoden, um gespeicherte Daten zu analysieren und möglichst automatisiert vorhandene Daten auf empirische Zusammenhänge zu untersuchen.

Künstliche Intelligenz kann beim Immobilienmanagement helfen, Dokumente zu erkennen und zu klassifizieren. Immobilienmanager sind mit vielen Dokumenten konfrontiert, die das tägliche Arbeiten bestimmen. Häufig genug sind diese Dokumente noch händisch abgelegt, wobei auch Duplikate und irrelevante Dokumente vorhanden sind. Die erfolgreiche Klassifizierung generiert weitere Potenziale. Eine Maschine, die Dokumente automatisch erkennt und kategorisiert, kann diese Dokumente in weiteren automatischen Arbeitsschritten auch selbstständig benennen, datieren, an die richtige Stelle in der Ablagestruktur sortieren und die Nutzer auf Lücken und Redundanzen hinweisen.

Portale und Plattformen unterstützen während der Nutzungsphase die Bewirtschaftung von Immobilien. So können Verwalter und Eigentümer oder Mieter, Informationen über Portale auszutauschen. In der Immobilienbewirtschaftung sind von der Erkennung über die Beauftragung bis zur Bezahlung der Maßnahmen diverse Akteure involviert. Dadurch erhöht sich innerhalb der Prozesskette die Gefahr des Medienbruchs, der zu Datenverlust und einer zeitintensiven Informationsrecherche führt. Durch eine digitale Plattform können Informationen lückenlos weitergegeben und damit Aufträge rasch erledigt werden.

Das digitale Dokumentenmanagement mithilfe von Plattformen bringt diverse Vorteile für das Asset Management. Der allgemeine, örtlich unbeschränkte Zugriff innerhalb des Unternehmens und externer Parteien auf die Objektdaten ermöglicht eine unkomplizierte Bearbeitung des Assets. Es entfallen heterogene Ablagestrukturen, da die Dokumente thematisch und chronologisch eindeutig klassifiziert und geordnet vorliegen. Darüber hinaus weiten sich durch die verfügbaren Daten die Geschäftsfelder im Asset Management aus. Anstelle einer komplexen Datenextraktion oder gar der Durchforstung diverser Dokumentenordner stellt die Plattform einen Transaktionsdatenraum für die verlustfreie Datenzusammenführung bereit. Die Immobilie mit ihrer gesamten Dokumentation verbleibt in der Plattform, die Zugriffsberechtigung wechselt auf den neuen Eigentümer.

Durch das aufeinander abgestimmte Zusammenspiel von Anlagentechnik und IT kann in der Gesamtbetrachtung somit eine vorausschauende Instandhaltung (**Predictive Maintenance**) erreicht werden. Predictive Maintenance arbeitet mit verschiedenen Technologien, um Störquellen ausfindig zu machen. Ein wichtiges Element sind Sensoren, die via Ultraschall-, Vibrations- oder Temperaturmessung potenzielle Problembereiche in Geräten, z. B. kritische Werte, aufspüren. Predictive Maintenance kann Unternehmen Zeit und Geld sparen, da präventive Reparaturen kostengünstiger und mit weniger Aufwand verbunden sind als Instandsetzungen nach einem Ausfall. Zudem lassen sich die üblichen Wartungskontrollen (Preventive Maintenance) reduzieren, da die Predictive Maintenance-Sensoren ohnehin immer kontrollieren.

Die **Visualisierung** kann im operativen Real Estate Management eingesetzt werden, wobei hier auf **Augmented Reality** und **Drohnen** eingegangen werden soll. Im Bereich des Facility-Managements kommt AR in der laufenden Wartung sowie bei der Betreuung der Immobilien zum Einsatz. Mobile Applikationen ermöglichen beispielsweise im Bereich Instandhaltung komplette Planungs- und Betriebsdaten sowie Anlagenhistorien oder Prozessanweisungen zu technischen Anlagen direkt an der Anlage vor Ort abzurufen. Dabei werden alle relevanten Informationen lage- und blickwinkelgerecht direkt über die Anlage projiziert. Informationen zu Objekten in der virtuellen Welt erhalten so direkten Bezug zu jenen in der realen Welt. Die Wartung und Instandhaltung von komplexen Anlagen kann mithilfe der Augmented Reality durch das Einblenden zusätzlicher technischer Informationen effizienter durchgeführt werden. Die bereits erwähnten Visualisierungsmöglichkeiten von technischen Komponenten per AR erleichtern, Bauteile zu lokalisieren und ermöglichen wichtige aktuelle Informationen einzublenden. Auf diese Weise verkürzt AR die Einsatzzeiten und erleichtert die Schulung und das Training neuer Mitarbeiter. Der Nutzer hat bei der Arbeit die Hände frei und erhält alle Informationen, die er benötigt, direkt in sein Gesichtsfeld projiziert. Ferner kann Augmented Reality genutzt werden, um komplexe Sachverhalte einfacher begreifbar zu machen, so bei der Wartung von Haustechnik in einem Smart Home. Dadurch kann der Erklärungsprozess verkürzt sowie der Einsatz von Servicetechnikern reduziert werden. Drohnen können beim operativen Immobilienmanagement eingesetzt werden. Sie können z. B. Messungen von Energieverlusten durchführen. Weiterhin können sie eingesetzt werden, um eine Zustandsbeurteilung von Rohrleitungen, Parkplätzen usw. durchzuführen.

Perspektivisch soll mithilfe des **Internet of Things** eine miteinander vernetzte Gebäudetechnik möglichst autonom oder zumindest semiautonom zustandsbezogen eigene Wartungen, Prüfungen oder auch Ad-hoc-Maßnahmen anfordern. Bis das IoT im Immobilienmanagement Wirkung zeigen kann, sind erhebliche Investitionen nötig, um die Verbräuche und Daten der technischen Geräte und Anlagen digital zu erfassen. Hierzu ist der Einbau bzw. bei Bestandsbauten und -anlagen die Nachrüstung mit Sensoren erforderlich, um auswertbare Anlagendaten zu generieren. Durch IoT lassen sich Nutzungs-, Wartungs- und Instandhaltungszyklen anhand von sensorischen Warnungen oder statistischen Lebensdauern zeit- und kostenoptimal neu definieren. Durch den gezielten Einsatz des Internet of Things können signifikante Einspar- und/oder Optimierungspotenziale im Gebäudebetrieb identifiziert und generiert werden. Die Erfassung von Belegung bzw. Auslastung von Räumen oder Arbeitsplätzen ermöglicht eine nachfrageorientierte Leistungserbringung und bietet somit Möglichkeiten der Prozessoptimierung für den Dienstleister sowie Kosteneinsparpotenziale für Investoren und Nutzer.

Durch die **Blockchain-Technologie** ergeben sich beim Immobilienmanagement neue Möglichkeiten. Eine blockchain-basierte digitale Gebäudeakte kann eine Vielzahl von Prozessen über den gesamten Lebenszeitraum einer Immobilie optimieren. Mietvertragsmanagement, Betriebskostenabrechnung, aber auch immobilienbezogene Dienstleistungen wie Strom- und Wasserversorgung einschließlich der Ablesung können blockchain-basiert abgewickelt werden.

Nutzen lässt sich diese Technologie für die Abrechnung von Dienstleistungen und Verbrauchsgütern. Jedes Mal, wenn ein Kunde eine Leistung in Anspruch nimmt, entsteht so ein neuer Block in der Kette. Leistungsumfang, Nutzungsdauer und alle anderen Daten, die erfasst werden, sind darin gespeichert. Statt einer klassischen pauschalen Abrechnung von Mieten und Nebenkosten kann z. B. die tatsächliche Nutzung von Gebäuden, Ressourcen und Dienstleistungen in Rechnung gestellt werden. Internet of Things erlaubt dabei die präzise Erfassung der relevanten Informationen. Sensoren an Ein- und Ausgängen erkennen, wann der Nutzer das Gebäude betritt oder verlässt und lösen jeweils einen neuen Datenbank-Block aus. Selbstverständlich geht das auch bei einzelnen Räumen wie z. B. Besprechungszimmern, die nicht täglich benötigt werden. Nebenkosten wie Strom und Wasser können ebenfalls direkt bei der Nutzung erfasst und abgerechnet werden.

Die Nebenkosten werden bei diesem Modell direkt mit dem Anbieter abgerechnet. Jede Nutzung führt zu einem Block zugunsten des jeweiligen Versorgers. Alle Seiten können auf dieselbe Blockchain zugreifen – das ist der Vorteil einer dezentralen Datenbank. Da all diese Vorgänge in der Blockchain zuverlässig und fälschungssicher gespeichert sind, können diese Daten für eine einfache genaue Abrechnung verwendet werden. Der Datenschutz, sonst ein großes Problem bei einer solchen Bündelung von Informationen, bleibt gewährleistet. Das Verzeichnis ist zwar für alle beteiligten Anbieter zugänglich, die einzelnen Datensätze sind jedoch anonym und nur insoweit miteinander verknüpft, wie das für die einzelnen Anwendungen nötig ist.

Smart Metering ist eine kommunikationsfähige elektronische Messeinrichtung, auch intelligenter Zähler genannt. Das ermöglicht eine Fernablesung von Zählerständen für Strom, Wärme oder Solar und führt zu einer effizienteren Bewirtschaftung von Immobilien. Die Mieter müssen für die Fernablesung nicht mehr anwesend sein oder gar auf einen Techniker warten. Die jährliche Ablesung des individuellen Verbrauchs vor Ort wird dadurch ersetzt, dass ein Anbieter die Daten der Zähler mittels Fernablesetechnik elektronisch ermitteln kann. Weiterhin kann die Nebenkostenabrechnung per Computer erledigt werden. Darüber hinaus können die Mieter ihren Verbrauch kontrollieren und zum günstigeren Zeitpunkt Energie verbrauchen. Dem Nutzen stehen aber die Kosten entgegen und weiterhin ist fraglich, ob ein Vorteil von Smart Metering tatsächlich genutzt werden kann: Energie verbrauchen, wenn diese günstig ist. Auch die Eigentümer profitieren, da die Mieter nicht mehr wegen einer Terminvereinbarung informiert werden müssen. Der Verwaltungsaufwand lässt sich dadurch reduzieren und eine bessere Kostenkontrolle ist gegeben.

Eine weitere digitale Technik ist **Smart Grid**, wodurch ein intelligentes Stromnetz in einem Gebäude etabliert wird, um so Ressourcen einzusparen. Eine zunehmende Vernetzung von Stromproduzenten mit den Stromkonsumenten kann als Lösung für den Anstieg von Energieeinspeisungen aus erneuerbaren Energiequellen in das Stromnetz sein. Durch Solaranlagen auf den Gebäuden, die überschüssige Energie an das allgemeine Stromnetz abgeben, kann die Energieversorgung sichergestellt werden. Darüber hinaus erhalten die Eigentümer bzw. Nutzer der Immobilie durch das Einspeisen überschüssiger Energie in das Stromnetz ein Entgelt.

Bewertung

Zusammenfassend bietet die Digitalisierung **Vorteile**, da durch das digitale Management aufgrund einer großen Bandbreite an Möglichkeiten Zeit und Kosten reduziert und gleichzeitig die Mieterzufriedenheit erhöht werden kann. Wesentliche Ziele, die mit der Digitalisierung verfolgt werden können, sind die Senkung von Betriebskosten, die Einsparung von Energie und Ressourcen, die Optimierung der Betriebsabläufe sowie die Steigerung der Gesamtwirtschaftlichkeit.

Allerdings gibt es **Voraussetzungen**, wenn digitale Lösungen im Immobilienmanagement Transparenz in Bezug auf Objektdaten und -informationen einen echten Mehrwert schaffen sollen. Für den Datenschutz ist es notwendig, dass die Kommunikation zwischen den Akteuren datentechnisch abgesichert wird, damit kein unbefugter Zugriff auf die Daten und Anlagen von außen stattfinden kann. Standardschnittstellen können ein Problem darstellen, wenn eine Vielzahl unterschiedlicher Anlagen oder einzelner Bauteile insbesondere von verschiedenen Herstellern technischer Gebäudeausrüstung miteinander zu vernetzen ist.

Im Immobilienmanagement ist eine der größten **Herausforderungen** die fragmentierte und teils völlig unübersichtliche Datenlage. Die Probleme potenzieren sich durch die Heterogenität der Objekte, die Komplexität der Portfolios, die Zahl der Verträge sowie die Anzahl der beteiligten Akteure. Ein weiteres Risiko beim Erfassen großer Datenmengen ist sowohl die Anpassung und Neueinführung von neuen IT-Systemen als auch die entstehende Abhängigkeit von diesen Störanfälligkeiten dieser Systeme. Zugleich besteht ein hohes Risiko der ständig steigenden Datenmengen, die in ihrer Komplexität nicht erfasst und verarbeitet werden können. Für eine optimale Erhebung und Nutzung von Informationen sind sowohl hochwertig entwickelte IT-Systeme als auch erfahrene IT-Spezialisten notwendig. Digitales Immobilienmanagement erfordert somit einen hohen Kostenaufwand bei der Einführung und bei der Nutzung.

4.4.3 Verwertungsphase

In der Verwertungsphase entspricht die Immobilie nicht mehr der Nachfrage der Nutzer. Die Verwertungsphase ist oftmals weniger durch physischen Verfall als durch Leerstand oder Alternativnutzungen bedingt. Viele ältere Bestandsimmobilien entsprechen heute nicht mehr den Marktbedürfnissen. Gründe dafür können ein veralteter Baustil, ein unzweckmäßiger Raumzuschnitt, eine unzureichende technische Ausstattung oder ein zu hoher Energieverbrauch sein. Die Nachfrage der Mieter kann auch ein wichtiger Anstoß für Refurbishments sein. Eine Rolle spielt dabei vielfach der Wunsch, das Gebäude den heutigen Anforderungen an eine nachhaltige Immobilie anzupassen. Damit ergeben sich in dieser Phase des Lebenszyklus zwei Möglichkeiten, nämlich der Abriss oder aber umfangreiche Sanierungen bzw. Refurbishments.

Das Gebäude kann erhalten bleiben und einer neuen Nutzung zugeführt werden. Das Gebäude kann umgebaut bzw. revitalisiert (Refurbishment) werden. Refurbishment umfasst einschneidende Umbaumaßnahmen. Die Begriffe Refurbishment und Revitalisierung (Rückbau eines Gebäudes bis auf die Rohbaustruktur) werden häufig auch synonym verwendet. Dabei geht es um komplexe bauliche Umgestaltungen einer älteren Bestandsimmobilie, die nicht mehr den Nutzungsanforderungen an dem Standort genügt. Das Refurbishment kann von einer Teilmodernisierung bis zur Kernsanierung (komplette Entkernung) reichen. Das Ausmaß hängt u. a. von der Qualität der vorhandenen Bausubstanz, der technischen Güte und Ausstattung, der künftigen Nutzung oder Marktfähigkeit ab. Auch die vorhandene Grundstückssituation und der umliegende Bestand spielen bei der Entscheidung eine bedeutende Rolle. Bei Refurbishment handelt es sich um Projektentwicklung im Bestand und damit können die digitalen Technologien angewendet werden, die auch schon im Kapitel 4.4.1 analysiert worden sind.

Durch den digitalen Wandel ergibt sich eine wachsende **Komplexität** bei der Gebäudetechnik. Das kann dazu führen, dass sich die durchschnittliche Nutzungsdauer sowohl bei den Gebäuden als auch bei der Gebäudetechnik verringert. Problematisch kann die Beschaffung von Ersatzteilen sein, sei es, dass die Anbieter nicht mehr am Markt sind oder es Kompatibilitätsprobleme mit anderen Materialien gibt. Falls die Objekte am Ende der Halteperiode nicht mehr den Anforderungen der digitalorientierten Nutzer entsprechen, können sie nur mit Abschlägen verkauft werden oder es bedarf umfassender Refurbishments. Von daher sind die Auswirkungen der Digitalisierung und die damit verbundenen Änderungen auf das Nutzer- und auch Nachfrageverhalten stärker zu berücksichtigen. Wie auch in der Projektentwicklungsphase können digitale Technologien den Prozess effizienter gestalten. Die Revitalisierung und Modernisierung von Immobilien sind in der Regel mit großem finanziellem Aufwand verbunden. Diese Kapitalbeschaffung kann u. a. durch **Crowdfunding** erfolgen.

Bei beiden Alternativen der Verwertungsphase kann als eine digitale Technologie **Building Information Modeling** eingesetzt werden. Mithilfe der BIM-Software werden zu allen Objekten vielfältige Daten in Form von kategorisierten Attributen hinterlegt. Dazu gehören auch Informationen über die Kompatibilität der Bauteile, damit das Refurbishment oder der Abriss effizienter umgesetzt werden können. BIM stellt einen neuen und modernen Prozess nicht nur in der Planungs- und Nutzungsphase dar, sondern auch beim Refurbishment und auch zum Abbau des Objekts am Ende seiner Lebensdauer. In der Verwertungsphase können **Portale** zur Vermittlung von Objekten genutzt werden, die eine Umnutzung benötigen oder teilweise abgerissen werden sollen.

5 Digitalisierung und Immobilien-Investmentmarkt

Durch die digitale Transformation können sich unterschiedliche Auswirkungen auf die Immobilien-Investmentmärkte[1] und die Finanzierung der gehandelten Immobilien ergeben. In diesem 5. Kapitel wird auf diese Querschnittsfunktion des Produktlebenszyklus einer Immobilie Bezug genommen. Es ergeben sich Effekte zum einen auf die Geschäftsmodelle (Kapitel 5.2), die sich zumindest ändern, und zum anderen auf die Geschäftsprozesse (Kapitel 5.2), die effizienter gestaltet werden können. Es werden jeweils kurz die traditionellen Formen dargestellt, um dann die digital veränderten Modelle und Prozesse zu beschreiben. Jeweils unterschiedliche Technologien wirken sich dabei aus. Da es sich um eine monetäre Transaktion handelt, sind die Immobilien – ihre Standorte und Gebäude – selbst nicht betroffen.

Neben den hier betrachteten Aspekten wird sich der digitale Wandel auch bei der Wertentwicklung der Immobilien niederschlagen. Bei einer Investitionsrechnung wird eine Prognose über die geplante Haltedauer und den Exit vorgenommen. In diese Planung fließen Annahmen zur Entwicklung von Miete, Markt und sozioökonomische Faktoren ein. Der Faktor Digitalisierung wird hierbei heute noch vernachlässigt. Die langfristigen Immobilienpreise bzw. -werte werden durch die Digitalisierung beeinflusst. Da Immobilien oft langfristig gehalten werden, wirken sich langfristige Trends auf deren Wertentwicklung aus. In den nächsten Jahren wird der digitale Veränderungsdruck weiter zunehmen. Durch den digitalen Wandel ergibt sich eine wachsende Komplexität bei der Gebäudetechnik. Das kann dazu führen, dass sich die durchschnittliche Nutzungsdauer sowohl bei den Gebäuden als auch insbesondere bei der Gebäudetechnik verringert. Problematisch kann die Beschaffung von Ersatzteilen sein, sei es, dass die Anbieter nicht mehr am Markt sind oder es Kompatibilitätsprobleme mit anderen Materialien gibt. Falls die Objekte am Ende der Halteperiode dann nicht mehr den Anforderungen der digital-orientierten Nutzer entsprechen, können sie nur mit Abschlägen verkauft werden oder es bedarf umfassender Refurbishments. Von daher sind die Auswirkungen der Digitalisierung und die damit verbundenen Änderungen auf das Nutzer- und auch Nachfrageverhalten stärker zu berücksichtigen.

5.1 Auswirkungen auf Geschäftsmodelle

Die Digitalisierung wird zu Umgestaltungen bei den Geschäftsmodellen bei Investitionen in Immobilien und den damit zusammenhängenden Finanzierungen führen. Durch den digitalen Wandel bei den Geschäftsmodellen soll der Kunde einen zusätzlichen bzw. anderen Nutzen erhalten.

---

[1] Für eine ausführliche Darstellung des Immobilien-Investmentmarktes mit den Zusammenhängen und Entwicklungstrends siehe Vornholz, 2017, S. 31ff. und 143ff.

https://doi.org/10.1515/9783110726909-005

Im Folgenden wird nach der Vorstellung der traditionellen Geschäftsmodelle aufgezeigt, wie die Leistungen und Wertschöpfungspotenziale in diesem Segment des Immobilienmarktes durch sowohl FinTechs als auch Crowdfunding verändert werden. Auch andere digitale Innovationen werden alternative Geschäftsmodelle schaffen, die dazu führen, dass die Kunden einen (zusätzlichen) Nutzen haben und sich so für die Unternehmen im Investment- und Finanzierungssegment neue Ertragsquellen erschließen lassen.

5.1.1 Traditionelle Geschäftsmodelle

Der **Immobilien-Investmentmarkt**, der als Querschnittsfunktion über alle drei Phasen der Wertschöpfungskette von Immobilien reichen kann, ist definiert als Markt für Kapitalanlagen in Immobilien. Auf diesem Markt werden Immobilien verkauft bzw. finanzielle Mittel in Immobilien angelegt. Es gibt jedoch keine einheitliche Definition des Immobilien-Investmentmarktes, sondern es kann z. B. nach privaten und institutionellen Teilmärkten unterschieden werden. Die gehandelten Immobilien können Bestandsobjekte, Projektentwicklungen oder Entwicklungsgrundstücke sein. Darüber hinaus lassen sich Immobilientransaktionen in Einzelobjekt- und Portfoliotransaktionen (Verkauf von mindestens zwei räumlich getrennten Immobilien) unterscheiden. Das Transaktionsvolumen bildet die Käufe und Verkäufe von Immobilien ab und ist relativ unabhängig vom Immobilienbestand. Zwischen den Eigentümern, die eine Immobilie verkaufen wollen, und den Nachfragern bzw. Investoren bilden sich die Preise für Immobilien. Wird die Relation zwischen dem Immobilienpreis und dem Cash Flow (u. a. Mieten) und/oder der Wertsteigerung des Objekts ermittelt, ergeben sich die entsprechenden Renditekennziffern. Während beim Kauf von selbst genutzten Wohnimmobilien der Kaufpreis im Vordergrund steht, sind es bei den (institutionellen) Investoren des gewerblichen Immobilienmarkts die Renditen.

Eng verknüpft mit den Investments ist die **Immobilienfinanzierung**, auch wenn das traditionell als eigene Querschnittsfunktion im Lebenszyklus einer Immobilie betrachtet wird. Die Finanzierung von Immobilien lässt sich jedoch gut in den hier betrachteten Investmentprozess integrieren, da diese beiden Funktionen voneinander abhängen und im Digitalisierungsprozess teilweise gemeinsam verändert werden. Zahlreiche digitale Entwicklungen haben Auswirkungen auf Immobilieninvestments und -finanzierung. Die Immobilienfinanzierung ist zwar nur ein Baustein der Wertschöpfung der Immobilienwirtschaft, sodass die Digitalisierung der Immobilienfinanzierung in die meisten Komponenten der Wertschöpfung der Immobilienwirtschaft auswirkt.

Der Markt für Immobilienfinanzierungen ist in Deutschland sehr fragmentiert. Eine Vielzahl von Wettbewerbern – Universalbanken, Hypothekenbanken, Bausparkassen, Sparkassen und Versicherungen – teilen sich den Markt. Im Folgenden wird dabei zwischen der Finanzierung für die selbst genutzten Wohnimmobilien und der

Finanzierung von Immobilien unter Renditegesichtspunkten unterschieden, da hier vielfach Unterschiede und differenzierte Potenziale für die Digitalisierung gesehen werden.

Der digitale Wandel hat Auswirkungen auf den Investment- und Finanzierungsmarkt. Zum einen ergeben sich Änderungen bei den Geschäftsmodellen und zum anderen bei den Geschäftsprozessen, die effizienter gestaltet werden können. Mithilfe von Innovationen sind mit den Kundenbedürfnissen bestehende Leistungen auf Basis neuer Technologien zu verbessern sowie grundlegend neue Leistungen zu entwickeln. Dabei verändern sich Kundenbedürfnisse stetig und auch Technologien entwickeln sich weiter. Da es sich um monetäre Transaktionen handelt, werden die Immobilien durch veränderte oder neue Geschäftsmodelle selbst nicht smarter.

5.1.2 Digital beeinflusste Geschäftsmodelle

Im Bereich der Investments und der Finanzierung von Immobilien kommt es zu neuen, alternativen Geschäftsmodellen, die auf den digitalen Wandel zurückzuführen sind. Dies sind vor allem FinTechs, die hier Potenziale sehen, und das Crowdfunding, was eine Alternative zur klassischen Finanzierung darstellt. Wie auch beim Crowdfunding bieten Plattformen weitere digital beeinflusste alternative Geschäftsmodelle.

FinTechs
Neue Geschäftsmodelle im **Immobilien-Investmentmarkt** kommen neben traditionellen Unternehmen vor allem von den FinTechs, kurz für Financial Technology bzw. Finanztechnologien. Der Begriff FinTech setzt sich aus den Wörtern Financial Services (deutsch: *Finanzdienstleistungen*) und Technology (deutsch: *Technologien*) zusammen. Dieser bezeichnet Unternehmen und Anwendungen, die auf digitale Angebote bei Finanzdienstleistungen setzen. FinTechs entwickeln Innovationen bei Finanzdienstleistungen und für Finanzdienstleister außerhalb der stark regulierten klassischen Finanzdienstleistungsbranche, die den Immobilien-Investmentmarkt neu gestalten können.

Vorangetrieben werden FinTechs vor allem von kreativen Start-up-Unternehmen, die neuartige oder veränderte Lösungen von Anwendungssystemen bieten. Diese stellen eine Neu- oder Weiterentwicklung im Finanzdienstleistungsbereich dar und wirken sich auch auf die Immobilienmärkte aus. Begünstigt werden FinTechs von den Entwicklungen im Bereich Data Science und Cloud-Computing sowie von der Verbreitung von Mobile Computing durch z. B. Smartphones in Verbindung mit dem ständigen Zugriff auf das Internet.

Die Finanztechnologien sind auch bei den Investments und Finanzierungen von Immobilien zu finden. Dabei wird beabsichtigt, klassische Geschäftsmodelle im Sektor der Finanzdienstleistungen durch den Einsatz moderner Informations- und Kommunikationstechnik zu verbessern oder gänzlich neu zu schaffen. Diese Finanzdienstleister können ihre Dienstleistungen auch effizienter und konsumentenfreundlicher anbieten, da sie nicht der strengen Regulatorik der klassischen Finanzintermediäre wie Banken oder Investmentmanager unterliegen. Dabei können die Nutzer dieser Technologien grundsätzlich von einer benutzerfreundlichen oder intuitiven Bedienung sowie von einer gesteigerten Wirtschaftlichkeit profitieren. Sie erhalten damit Alternativen zu den klassischen Dienstleistungen der Bank wie Kreditvergaben oder Kapitalanlagen in Immobilien.

FinTechs haben sich bereits vielfach erfolgreich auf dem Finanz- und Kapitalmarkt etabliert. Sie können künftig auch eine größere Rolle in der **Immobilienfinanzierung** einnehmen, indem sie teilweise Geschäftsmodelle übernehmen oder Innovationen beisteuern. FinTechs können außerdem Kooperationspartner werden und den etablierten Banken helfen, ihre Angebote zu verbessern. Wie in vielen anderen Sektoren fungieren sie als externe Denkwerkstätten großer Konzerne. Statt Banken zu substituieren, wären sie daher eher Komplementäre.

FinTech-Entwicklungen können im Bereich der Kreditvergabe beobachtet werden. Die Vermittlung von Immobilienkrediten wurde erfolgreich über Online-Plattformen auf dem Kreditmarkt etabliert. Die Betreiber der Online-Plattformen agieren dabei nicht selbst als Kreditinstitut, sondern sie vermitteln (anonym) Kredite und sorgen so für eine wesentliche Neuerung auf dem Finanz- und Kapitalmarkt. Schon jetzt profitieren FinTechs davon, dass die Kreditvergabe für Immobilien durch Banken von den Verbrauchern als sehr aufwendig und komplex beurteilt wird. Gerade kleine Unternehmen suchen daher nach Alternativen. Außerdem können FinTechs bestimmte Tranchen der Finanzierung übernehmen, etwa den riskanteren Part bei privaten Immobilienfinanzierungen. In diesem Rahmen bieten die Unternehmen ebenfalls Projektentwicklern Mezzanine-Finanzierungen oder Nachrangdarlehen an. Das Geschäftsmodell könnte auch zukünftig erweitert werden, zumal Größe und Hürden durch den Verbraucherschutz in diesem spezifischen Markt eine geringere Rolle spielen.

FinTechs sind weiterhin auf dem Markt für **Kapitalanlagen in Immobilien** (Immobilieninvestments) aktiv. Dazu betreiben sie u. a. Online-Plattformen, die Anlagemöglichkeiten vergleichen und anbieten. Innovative Finanzdienstleistungen sowie Dienstleistungen und Beratung bieten FinTechs ebenfalls an.

Eine weitere Form der FinTechs stellen **Robo-Advisor** dar, wobei sich die Bezeichnung aus den englischen Wörtern Robot (deutsch: *Roboter*) und Advisor (deutsch: *Berater*) zusammensetzt. Sie nutzen einen systematischen, größtenteils automatisierten Prozess für eine professionelle Vermögensverwaltung. Häufig übernimmt ein Algorithmus die Erstellung und die laufende Überwachung und/oder die Anpassung der Portfolios. Robo-Advisor sollen die nächste Generation der Geldberater sein, da Geld automatisch auf Empfehlung von regelbasierten Modellen angelegt wird. Computerprogramme werden dabei von Robo-Advisors verwendet, um Investmententscheidungen zu treffen. Es wird zwischen aktiven und passiven Robo-Advisors unterschieden. Das Portfolio wird bei der passiven Anlage nur bei der Auflage durch Computerprogramme zusammengestellt, während bei der aktiven auch zwischenzeitlich das Portfolio immer wieder umgeschichtet werden kann. Die Vorteile werden in geringeren Kosten als bei traditionellen (menschlichen) Investmententscheidungen und auch in der Unabhängigkeit von den individuellen Kenntnissen der Berater gesehen. Bei dieser Art der Zeichnung können Banken etc. die Anteile vermitteln, ohne unter bestimmten Voraussetzungen die Kunden beraten zu müssen und entsprechende Risiken bzw. Haftung zu übernehmen. Kunden haben den Vorteil, dass ihnen ein aufwendiger Beratungsprozess erspart bleibt, der andernfalls gesetzlich vorgeschrieben wäre. Ein anderes Geschäftsmodell sieht die direkte Online-Zeichnung über den Anbieter der Fonds vor, wobei aber üblicherweise Vertriebspartner eingebunden werden.

Crowdfunding

Die Digitalisierung führt mit Crowdfunding zu neuen Geschäftsmodellen bei der Finanzierung, die ursprünglich aus den USA kam. Die Bezeichnung ist eine Zusammensetzung aus den Worten Crowd (deutsch: *Masse*) und Funding (deutsch: *Finanzierung*). Crowdfunding beschreibt allgemein die kollektive Finanzierung von Geschäftsideen, Projekten, anderen Initiativen oder Unternehmen (Start-ups). Die Finanzierung erfolgt in der Regel durch viele Anleger mit jeweils kleinen Beträgen. Das Startkapital kommt dabei nicht von Banken oder einzelnen Großinvestoren, sondern von zahlreichen kleinen Investoren, häufig Privatpersonen. Diese auch als Schwarmfinanzierung bezeichnete Methode wird auf verschiedenen spezialisierten Plattformen angeboten. Crowdfunding stellt eine interessante Erweiterung der Investoren- bzw. Finanzierungsbasis dar, da das Risiko auf neue Teilnehmergruppen gestreut werden kann. Crowdfunding hat sich schon vielfach etabliert und erfasst nun auch die Immobilienfinanzierung.

Es wird zwischen verschiedenen Arten von Crowdfunding unterschieden. Diese ergeben sich im Wesentlichen durch den Mehrwert, den der Geldgeber im Gegenzug für sein Investment erhält.

Donation-based Crowdfunding ist die einfachste Variante des Crowdfunding und basiert auf Wohltätigkeit (also kein Investment). Die Online-Spendensammlung ist anlassbezogen und hat meist ein festes Finanzierungsziel. Eine Gegenleistung wird nicht erwartet, der investierte Betrag des Geldgebers ist rein als Spende gedacht. Besonders populär ist diese Art des Crowdfundings bei Projekten, die einem guten Zweck dienen oder auch zur Finanzierung von Vereinen oder von Projekten aus der Kreativ- und Kunstszene. Immobilienfinanzierungen werden mittels Donation-based Crowdfunding nicht unterstützt.

Reward-based Crowdfunding als das klassische Crowdfunding ist das Investieren von Kapital in Projekte oder Unternehmen und basiert auf (eher materielle) Gegenleistung; eine finanzielle Vergütung erfolgt meist nicht. In Europa werden mit dieser Form sehr oft kreative Projekte finanziert. Weiterhin wird Crowdfunding etwa für die Finanzierung von Musik- und anderen Kreativprojekten eingesetzt und üblicherweise nicht in Immobilien. Als Gegenleistung für ihre Unterstützung bekommen die Spender zwar kein Geld, werden in der Regel jedoch als Unterstützer oder Sponsoren öffentlichkeitswirksam erwähnt oder erhalten beispielsweise signierte Erstausgaben der unterstützten Werke. Bei dieser Art der Finanzierung von sozialen Projekten sind die Geldgeber nicht unbedingt an Gewinnen interessiert – eine Spendensammlung also, die im Internet einen anderen Namen trägt.

Lending-based Crowdfunding, auch als **Crowdlending** (also „Leihen") oder **Crowd-Kredit** bezeichnet, ist eine Finanzierungsform, bei der die Investoren für ihr eingesetztes Kapital eine Verzinsung erhalten. Die Crowd vergibt über eine feste Laufzeit einen Kredit zu einem vorab vereinbarten Zins. Beim Crowd-Kredit handelt es sich um Fremdkapital und er ist damit eine Alternative zum klassischen Bankkredit. Crowdlending kann dabei zwischen Privatpersonen erfolgen („Peer-to-Peer-Lending") oder von Privatpersonen an Unternehmen („Peer-to-Business-Lending"). Private Geldgeber verleihen ihr Kapital über die entsprechende Plattform an den Projektinitiator oder Firmengründer – und erhalten es innerhalb einer festgesetzten Zeit mit Zinsen wieder zurück. Ein höheres Ausfallrisiko (teilweise als risikoreichere Nachrangdarlehen) im Vergleich zu einem Bankkredit bedeutet meist einen höheren Zins. Der Vorteil für die Projektinitiatoren besteht darin, dass sie sich nicht ausführlich mit Banken auseinandersetzen müssen. Damit ist diese Form auch für Immobilienfinanzierungen geeignet.

Equity-based Crowdfunding wird häufig auch mit dem Begriff **Crowdinvesting** bezeichnet, da es sich bei dieser Art um ein Investment mit finanzieller Gegenleistung, also um eine Beteiligung, handelt. Die Anleger erhalten für das Investment einen festen Zinssatz oder werden über einen erfolgsabhängigen Zinssatz an zukünftigen Gewinnen des Projekts beteiligt. Die Vermittlung erfolgt über Internet-Dienstleistungsplattformen. Die Investitionen haben eigenkapitalähnlichen Charakter, da die Kapitalgeber mit ihrem Investment meist Beteiligungen an Unternehmen erwerben, bei denen sie am jährlichen Gewinn und von der Unternehmenswertsteigerung profitieren. Die Projekte zielen auf Investoren ab, die bei vollem Risikobewusstsein auf die potenziell hohen Renditen von Investments setzen. Im Falle des Scheiterns eines Startups verlieren die Geldgeber ihre Einlage jedoch ohne Gegenleistung. Crowdinvesting für Immobilien wird beispielsweise bei Immobiliendienstleistungen (PropTechs) oder bei Finanzdienstleistungen (FinTechs) angewandt.

Real-Estate-Crowdfunding als die Schwarmfinanzierung von Immobilienprojekten hat sich als eigenständige, alternative Finanzierungsform etabliert. Dabei wird eine Gewinnerzielungsabsicht der Investoren unterstellt, während der Verwendungszweck der eingeworbenen Mittel (z. B. Finanzierung, Re- und Umfinanzierung, Erwerb, Modernisierung) unbestimmt ist. Dabei kann Eigenkapital und/oder Fremdkapital eingesammelt werden. Bei beiden Ausgestaltungen von Real-Estate-Crowdfunding werden die Investoren in der Regel nicht zu Eigentümern der Immobilie, sondern dies ist eine zwischengeschaltete Projekt- oder Zweckgesellschaft (SPV = Special Purpose Vehicle), die die individuellen Anlagen der (Einzel-)Investoren bündelt.

Bei Real Estate Crowdfunding bezeichnet Crowdfunding das Sammeln von Geldbeträgen von vielen einzelnen Geldgebern („Crowd") mit dem Ziel ein bestimmtes

Projekt zu realisieren. Über das Internet bzw. eine Plattform wird Crowdfunding als Möglichkeit zur (indirekten) Finanzierung einer Bestandsimmobilie oder einer Projektentwicklung angeboten. Es werden auf entsprechenden Online-Plattformen Vorhaben präsentiert um Kapital einzuwerben. Die Community kann sich finanziell beteiligen, wenn die Idee sinnvoll und erfolgversprechend erscheint, sodass die Finanzierung auf viele verteilt wird. Dadurch entsteht für Projektentwickler eine neue Kapitalbeschaffungsvariante und für Kleinanleger eine unter Umständen interessante Anlageform in Immobilien. Die Plattformen profitieren von indirekten Netzwerkeffekten, da sie für Kapitalgeber und Kapitalnehmer umso attraktiver sind, je mehr Nutzer sich auf der anderen Plattformseite beteiligen.

Aufgrund gesetzlicher Regelungen lässt sich der Markt für Immobilien-Crowdfunding in Deutschland unterteilen. Einerseits ist der Markt reguliert, andererseits gibt es zahlreiche Kampagnen, die nicht der Prospektpflicht unterliegen, weil ihr Emissionsvolumen unterhalb der Grenze von 2,5 Mio. Euro liegt. Nicht prospektpflichtige Angebote sind klassische Graue-Markt-Produkte. Die fehlende Regulierung führt zu weniger Transparenz als bei regulierten Produkten und ist häufig auch mit eher nicht marktgerechten Konditionen verbunden sowie mit mehr Risiko. Bei der angebotenen Verzinsung wäre häufig kein institutioneller Investor bereit, für einen mittleren einstelligen Zinssatz ein Nachrangdarlehen bereitzustellen. Real-Estate-Crowdfunding ist daher für Anleger geeignet, die die Chancen und Risiken eines solchen Investments beurteilen können und deren wirtschaftliches Konzept verstehen. Dazu gehört vor allem das Bewusstsein, dass es sich dabei um ein eher risikoreiches Investment handelt.

Plattformen und Portale
Durch die Digitalisierung ergeben sich neben Crowdfunding neue Geschäftsmodelle in Form von internet-basierten Transaktionsplattformen. Diese Plattformen sind neue Geschäftsmodelle, die auf der einen Seite beim Kauf und Verkauf von Immobilien (Immobilieninvestments) eingesetzt werden. Auf der anderen Seite stellen Plattformen Möglichkeiten dar, neue Strategien bei der Immobilienfinanzierung zu entwickeln.

Plattformen bei Immobilieninvestments
Neue digitale Formen in Form der Vermarktung über Immobilienportale finden immer mehr Anwendungen. Plattformen können eingesetzt werden, um Verkäufer und Käufer untereinander in Verbindung zu bringen. Die Portale ermöglichen zum einem die Darstellung der angebotenen Immobilien und zum anderen die Möglichkeit, in Kontakt mit den potenziellen Interessenten zu treten.

Über Plattformen können sich einerseits **Immobilienverkäufer** anhand eines Profils präsentieren und Kontakt mit anderen Akteuren suchen. Dabei erfasst ein Verkäufer oder Assetmanager zunächst sein Objekt bzw. Portfolio, das er verkaufen möchte, auf der Plattform. Dabei kann er selbst entscheiden, welche Details hinterlegt werden sollen. Die Daten sind daher nur in einem zugelassenen Rahmen öffentlich einsehbar. Dabei kann das Objekt im Detail beschreiben oder nur anonymisiert mit den Basisdaten dargestellt werden. Weitere Ergänzungsangebote auf der Plattform sind möglich. Die jeweiligen Dokumente zur Beurteilung der Immobilie können auch über eine Cloud zur Verfügung gestellt werden. Neben den eigenen Objektdaten ist auch eine Darstellung detaillierter oder anonymisierter Yield- und Mietangaben für Vergleichsobjekte in der unmittelbaren Umgebung oder an Vergleichsstandorten möglich. Für Immobilienverkäufer besteht somit die Möglichkeit, die Online-Portale neben der Vermarktung über die eigene Internet-Seite zu nutzen, um eine größere Reichweite für die Kundenansprache, auch auf internationaler Ebene zu erzielen.

Andererseits können **Käufer** Plattformen nutzen, um Immobilien zu suchen. Ein Investor bzw. potenzieller Käufer kann sein grundsätzliches Kaufinteresse anzeigen. Über die Portale lassen sich die eingestellten Angebote kategorisiert aufrufen. Mögliche Kategorien sind beispielsweise: Immobilien, Preis oder Quartier. In einem Profil kann der Teilnehmer seine Interessen an spezifischen Immobilienarten oder Regionen hinterlegen. Danach würde er automatisch eine Information bekommen, sobald z. B. ein Objekt zum Verkauf gestellt würde, das in diese Kategorien fällt. Bei Interesse kann der potenzielle Käufer auf das Objekt bieten bzw. eine grobe Indikation abgeben. Sollte er nicht allein, sondern dies z. B. mit einem strategischen Partner erwerben wollen, so kann er auch ein Interesse an einem Joint Venture bekunden. Der Verkäufer entscheidet dann, mit welchen Parteien er weiter verhandeln möchte. Eine weitere Alternative stellen KI-basierte Asset-Plattformen dar, wobei sich für institutionelle Investoren neue Möglichkeiten für profitable Anlagen ergeben. Potenzielle Kaufobjekte sind mit sämtlichen Informationen per Mausklick einsehbar.

Online-Portale entwickeln bei Immobilieninvestments immer mehr **Zusatzleistungen**, um den Bereich der Vermarktung und Vermittlung von Immobilien zu optimieren. Diese bieten für Immobilienunternehmen und Makler eine optimierte Darstellung von Immobilien und eine programmierte vorgefilterte Interessentenauswahl an, die zur Einsparung von Personalkapazitäten für diese Aufgaben führen. Auch die erleichterte Kommunikationsmöglichkeit mit Kunden über diese Portale und die transparente Darstellung von Informationen bringen Mehrwerte für die Nutzer, da potenzielle Geschäftspartner durch diesen unverbindlichen und schnellen Kommunikationsweg sich schneller über eine Immobilie informieren können. Kurze Reaktionszeiten und direkte Kommentare auf Anzeigen können positive Auswirkungen auf die Vermarktung von Immobilien haben. Es findet zudem eine stetige Entwicklung bei den Angeboten der Portalanbieter statt, sodass Dienstleistungen, wie Bonitätsprüfung und Markteinschätzungen, als zusätzliche Leistungen angeboten werden. Weitere Optimierungsmöglichkeiten bestehen darin, dass zusätzliche Schnittstellen geschaffen werden, die diverse Prozesse, wie eine Interessentenvorauswahl mithilfe von angelegten Interessentenprofilen, automatisch ausführen. Die Digitalisierung ermöglicht einen einfacheren Informationsfluss und -sammlung, wodurch eine höhere Markttransparenz erreicht wird. Neben Investoren können auch andere Marktteilnehmer ihre Dienstleistungen anbieten: Anwälte und Gutachter können bei Verkaufstransaktionen mitwirken, Property-Manager ihre Leistungen vorstellen und Banken für Finanzierungen von Bestandsobjekten oder Projektentwicklungen bieten. Insgesamt führt dies im Zuge der Digitalisierung zu Effizienzsteigerungen im Bereich der Vermarktung mit neuen Geschäftsmodellen.

Plattformen bei Immobilienfinanzierungen

Immobilienfinanzierungen werden als „neues" Geschäftsmodell über digitale Medien ebenfalls angeboten. Für Immobilienfinanzierungen sind insbesondere transaktionszentrierte Plattformen von Relevanz. Das Geschäftsmodell einer derartigen Plattform führt zum Aufbruch der traditionellen Kreditnehmer-Bank-Beziehung. Während bislang eine direkte Beziehung zwischen dem Kreditnehmer und den Banken besteht, werden Banken zukünftig vorrangig nur noch als Mittler zwischen Kreditnehmern und Investoren gesehen. Diese indirekte Beziehung soll mithilfe von Plattformen erfolgen, wobei Drittanbieter und institutionelle Investoren in die Wertschöpfungskette integriert werden. Die Bank (als Plattformbetreiber) bzw. die Plattform selbst leitet die Kunden an ausgewählte Banken oder Investoren weiter. Dies macht Kooperationen der Banken mit u. a. FinTechs möglich. Internet-Angebote werden daher auf der einen Seite zu weiteren Angeboten für die Kunden und auf der anderen Seite zu einer weiteren Verschärfung des Wettbewerbs bei den Finanzierern führen.

In einer ersten Entwicklungsphase hatten Banken, Bausparkassen und andere Finanzdienstleister Angebote in das Internet eingestellt. Dabei handelte es sich zunächst primär um Angebote für die private Wohnungsfinanzierung. In einer zweiten Phase begannen dann übergeordnete Anbieter in der Funktion eines „virtuellen Finanzierungsvermittlers" (als Kreditmarktplätze), die Angebote mehrerer Baufinanzierungsanbieter zu vermarkten. Finanzierungsportale haben sich auf unterschiedliche Finanzierungsoptionen spezialisiert. Neben Vergleichsportalen für verschiedene Kreditangebote gibt es auch Crowdfunding-Plattformen.

Die Plattformen bringen Angebot und Nachfrage ähnlich einem klassischen Marktplatz zusammen (Matchmaking) und wickeln Interaktionen standardisiert ab – allerdings digital und mit deutlich mehr Teilnehmern (hohe Reichweite und Skalierbarkeit) und bieten daher ein effizienteres Matching an. Angesichts der Standardisierung von insbesondere privaten Immobilienfinanzierungen sind diese für den Vertrieb über Plattformen geeignet. Auf einer Plattformseite beteiligen sich Kapitalgeber (Investoren, Kreditgeber), auf der anderen Seite Kapitalnehmer (Projektinitiatoren, Kreditnehmer). Die Plattformen selbst treten in der Regel als Vermittler auf, koordinieren die Abwicklung (Vertragsgestaltung) und erhalten dafür Provisionen. Sie vermeiden durch ihre Zusammenarbeit mit lizenzierten Banken und/oder mit Serviceanbietern einen eigenen bankenähnlichen Regulierungsaufwand. Die Plattformen als Marktplätze sind zum größten Teil auf private Marktteilnehmer spezialisiert, während an einer geringeren Zahl an Plattformen gewerbliche Immobilien gehandelt werden. Durch die Digitalisierung ändert sich das Geschäftsmodell eines Immobilienfinanzierers. Die klassischen Kompetenzen bei der Immobilienfinanzierung wie Strukturierung, Transaktionsabwicklung und Risikomanagement werden ergänzt um neue Fähigkeiten wie Innovationsentwicklung.

Private Immobilienfinanzierungen werden zunehmend über das Internet angeboten. Die Käufer nutzen Online-Plattformen, um verschiedene Finanzierungsmodelle und Finanzierungsanbieter miteinander zu vergleichen. Finanzierungsplattformen zeichnen sich im Regelfall durch Eingabemasken aus, bei denen dem Kunden nach Eingabe seiner persönlichen Daten sowie der Objekt- und Kreditdaten der „günstigste" Anbieter aus der Liste der mit dieser Plattform kooperierenden Unternehmen nachgewiesen wird. So kann der Kunde seinen Kreditwunsch einschließlich der persönlichen Angaben und näherer Informationen zur Immobilie in ein „Internet-Formular" eingeben und erhält dann vom Anbieter eine Rückmeldung bzw. eine vorläufige Zusage. Oftmals befinden sich auch Rechentools auf den Plattformen, mit denen der Kunde eine Vorkalkulation seiner Immobilienfinanzierung selbstständig im Internet vornehmen kann. Darüber hinaus werden ergänzende Informationen zur Verfügung gestellt. Im Regelfall werden im Internet nur standardisierte Finanzierungen angeboten.

Exkurs: Finanzplattformen

Die großen amerikanischen Technologiekonzerne wie Google, Facebook oder Amazon können digitale Bankdienstleistungen einfach in ihre Plattformen integrieren (z. B. Bezahlsystem Amazon Payments).

Die traditionellen Banken versuchen den Aufbau eigener Plattformen, um hierüber eigene Bankprodukte oder solche von ausgewählten Fremdanbietern zu vertreiben. Sie verfügen über eine Vielzahl von Kundenbeziehungen und die Kunden nutzen z. B. intensiv das Online-Banking, was Banken als Wettbewerbsvorteil gegenüber den Technologiekonzernen ansehen. Der Kern der Kundenbeziehung sollen demnach Plattformen sein. Dabei verdient eine Bank nicht nur mit den eigenen Produktangeboten, sondern auch an Kommissionszahlungen der Fremdanbieter. Die Banken erhalten die Kundenbeziehungen und verdienen an jeder Transaktion.

Beispiele für das Engagement von (Nicht-)Banken als Schnittstelle mit dem Kunden gibt es bereits bei verschiedenen Bankprodukten. So bestehen Plattformen für die Vermittlung von Einlagen (wie WeltSparen) oder von Konsumentenkrediten (wie check24 oder verivox) oder für Anlagen (wie Scalable Capital) oder Hypothekenkredite von Interhyp oder Hypoport. Kunden haben inzwischen die Möglichkeit, über ihr Online-Banking auch sämtliche andere Bankverbindungen zu verwalten.

In einer Variante haben Kreditinstitute die Möglichkeit, als Produktanbieter, Vertrieb oder in beiden Rollen auf dem Marktplatz auftreten zu können. Je stärker sich die Kreditinstitute selbst als Plattform positionieren, desto mehr Informationen können sie über ihre Kunden sammeln und die Gestaltung ihrer eigenen Angebote nutzen. Mit einer intelligenter Datenanalyse (Data Science) kann herausgefunden werden, welche Dienstleistungen den Kunden angeboten werden können. Über die Kreditplattform können Banken ihren Kunden auch Baufinanzierungsprodukte anderer Produktanbieter anbieten und ihnen so unter Berücksichtigung verschiedenster Sondervereinbarungen ein individuell passendes Angebot zur Verfügung stellen.

Die Banken setzen zunehmend auf Plattformmodelle, zunächst erfolgte dies beim Fondsvertrieb, aber nun auch zunehmend für Baufinanzierungen. Bei privaten Immobilienfinanzierungen übernimmt die Plattform nur die Kundenschnittstelle. Risikobewertung, Finanzierung und Monitoring/Servicing bleiben bei der Bank. Dabei wird die Wertschöpfungskette stark automatisiert bzw. standardisiert und die Drittanbieter werden in dem Geschäftsmodell stark integriert.

Eine Alternative stellt eine Plattform dar, bei der sich Banken und freie Vermittler von Baufinanzierungen treffen. Die Plattform als B2B-Marktplatz richtet sich ausschließlich an freie Vermittler von Baufinanzierungen. Eine Kreditplattform vernetzt eine Vielzahl von Banken (und Versicherungen) mit mehreren Finanzberatern und ermöglicht so den schnellen, direkten Vertragsabschluss. Die Banken stellen dort ihre Kreditangebote ein und die privaten Vermittler sind die indirekten Nachfrager für Privatpersonen. Die Vermittler können über den Marktplatz auf die Angebote der Baufinanzierer zugreifen. Die Aufgabe der Plattform ist es, diese Angebote zur Verfügung zu stellen und somit den Banken einen neuen Vertriebskanal zu erschließen.

Weiterhin existieren Geschäftsmodelle in Form von Kreditplattformen für Peer-to-Peer-Kredite (siehe Crowdfunding). Diese bringen Menschen, die Geld übrig haben und es nicht zur Bank bringen wollen, dazu, es über Plattformen an Personen zu leihen, die dieses Geld für bestimmte Projekte benötigen. Dabei erhalten Kreditnehmer teilweise bessere Konditionen als bei einer Bank, da sich Kreditgeber und -nehmer die Spanne zwischen Einlagen- und Kreditzins teilen. Aufgrund gesetzlicher Vorschriften der BaFin sind Plattformen nur als Vermittler zwischen Kreditgeber und -nehmer tätig. Diese Kreditplattformen helfen Kreditnehmern, die nicht über ausreichend Sicherheiten oder eine ungenügende Bonität verfügen, und Investoren, die eine hohe Rendite erwarten.

Das Geschäftsmodell des Internet-Vertriebswegs bei den Finanzdienstleistern wird im Regelfall in eine Multikanal-Vertriebsstrategie integriert. Im Rahmen dieser Strategie bieten die Anbieter Baufinanzierungen parallel über Internet, über den Filialvertrieb und über Callcenter an. Der Kunde nutzt den Vertriebsweg, den er persönlich bevorzugt, und vermag auch zwischen den Vertriebskanälen zu wechseln. Anbieter können eine Konditionendifferenzierung vornehmen, sodass für standardisierte Baufinanzierungen, die über das Internet leichter anzubahnen sind, Anreize bei den Konditionen bestehen. Als Vermittler zwischen Anbieter und Nachfrager verbessern Plattformen grundsätzlich die Informationstransparenz im Markt und senken Transaktionskosten. Die Vertriebsmöglichkeiten über Plattformen, Webseiten und Social Media werden so häufig nicht substitutiv, sondern ergänzend bzw. komplementär genutzt. Immobilienbörsen und maklereigene Internet-Seiten dienen aber bislang vor allem als Marketing-Instrument und weniger als eigenes Angebot.

Großvolumige wohnwirtschaftliche und gewerbliche Finanzierungen sind über das Internet derzeit nicht üblich. Komplexe Vorhaben, etwa Finanzierungen von Mehrfamilienhäusern zur Kapitalanlage unter Steuer- und Renditeaspekten sowie gewerbliche Objekte, eignen sich weniger für das Internet, sondern dienen eher der Startpunkt für einen Kontakt zwischen Kunde und Berater.

Bei der gewerblichen Immobilienfinanzierung sollen bzw. können Plattformen ein mögliches zukünftiges Geschäftsmodell sein. Das ist derzeit vor allem noch ein **Zukunftsmodell**, auch wenn schon vielfach Ideen und Modelle diskutiert werden.

Bei einem solchen Plattformmodell besetzt die Bank nach wie vor die Kundenschnitt-stelle; bestehende Wertschöpfungsstufen im Finanzierungsprozess sowie neue Wert-schöpfungsstufen aber werden für Drittanbieter geöffnet, um einen Mehrwert für den Kunden zu schaffen. Auch die Bereitstellung von Kapital, die bisher als Kern-leistung der Bank angesehen wird, gehört dazu. Potenzielle Kapitalgeber können als Investoren neben anderen Banken auch Fremdkapitalgeber wie institutionelle Anle-ger (Versicherungen oder Pensionskassen) oder Debt-Funds sein. Eine Besonderheit stellt der spezielle Bereich der Mezzanine-Finanzierung dar. Durch Plattformen soll eine Schnittstelle zwischen den Kreditnehmern mit Mezzanine-Kapitalbedarf und risikobereiten Investoren geschaffen werden. Die digitalen Plattformen ermöglichen das Matching der unterschiedlichen Bedürfnisse sowie eine schnelle und transpa-rente Umsetzung. Die Bank als möglicher Betreiber der Plattform erzielt damit mehr Umsätze und eventuell auch Erträge bzw. Gewinn.

Nicht mehr die Bereitstellung von Kapital soll für die Immobilienbanken zu-künftig die Kernkompetenz sein. So kann z. B. die Finanzierung von einem anderen Investor bzw. einer anderen Bank übernommen werden. Der Kundenkontakt (Kunden-schnittstelle), die Risikoanalyse sowie Strukturierungskompetenz können dies dann sein. Darüber hinaus kann dies die Datensammlung, Immobilienbewertung oder Risi-kobewertung (Bewertung von Objekten und Kreditnehmern und daraus abgeleitet ein detailliertes Investitionsdossier) sein. Weitere Dienstleistungen der Banken können das Monitoring und Servicing sein.

Weitere Finanzierungsdienstleistungen der Bank für den Prozess auf der Platt-form können weiterhin das Origination und die Strukturierung von Geschäften sein. Zusätzlich kann die Bank den Abgleich von Investoren und Kreditnehmern vorneh-men und die Kreditverträge aushandeln und formulieren. Schließlich können die Ban-ken auch die Aufgaben der Kreditadministration übernehmen. Das wären sowohl die Überwachung von Krediten (Zahlungen etc.) als auch die Betreuung laufender Kredi-te (Kundenanfragen, Rollover mit variablen Zinssätzen etc.). Als zusätzliche Angebote kann ein Kreditinstitut auch ein qualitativ hochwertiges Beratungsangebot für Kredit-nehmer und Investoren bieten.

Bewertung

Die **Bank** profitiert vor allem davon, dass sie die Kundenschnittstelle gegenüber anderen Wettbewerbern verteidigt. Sie stärkt so ihre Position, indem sie diese Schnitt-stelle zum Kunden aktiv ausgestalten kann. Vorteilhaft für das Kreditinstitut ist au-ßerdem, dass die Bilanz nicht belastet wird, es ergibt sich so ein risikofreier, wenn auch geringerer Ertrag. Von der Etablierung einer Plattform für gewerbliche Immobili-enfinanzierung wird sich ein hohes Erfolgspotenzial versprochen. Insbesondere trifft dies auf First-Mover zu, denen es gelingt den Marktstandard zu etablieren. Der Vorteil des Plattformmodells liegt darin, dass die Wertschöpfungsschritte überwiegend vom effizientesten Anbieter erbracht werden, was sich positiv auf Qualität und Geschwin-digkeit auswirkt. Die Bank kann ihr Ertragspotenzial deutlich erweitern und verdient bei den Geschäften an allen Wertschöpfungsstufen mit – unabhängig davon, ob sie am Ende selbst die Finanzierung bereitstellt oder ein anderer Akteur über ihre Platt-form zum Zug kommt. Bei erfolgreicher Einführung einer Plattform kann auch ein momentan unerwünschtes Geschäft, weil z. B. nicht konform mit der Risikostrategie oder derzeit ökonomisch nicht darstellbar (kleine Ticketgrößen, ausgewählte Objekt-kategorien etc.), zukünftig mithilfe von Plattformen durchgeführt werden. Nachteilig wirkt sich aber aus, dass den meisten Banken das organisatorische und kulturelle Know-how und die digitale Souveränität fehlen.

Die **Kreditnehmer** wiederum erhalten über den Bankkontakt Zugang zu Fi-nanzierungen, wobei sich das Angebotsspektrum hinsichtlich Laufzeit, Volumen, Risikoklasse oder Objektkategorie für sie erweitern könnte. Sie können attraktive Finanzierungskonditionen realisieren und potenzielle Dienstleistungen von ausge-wählten Drittanbietern erhalten. Die Finanzierungsplattform kann dem Kunden mehr Markttransparenz und eine breitere Produkt- und Konditionenauswahl bieten. Auch profitiert der Kreditnehmer vom geringeren Aufwand: Nach dem Datenaustausch mit dem Kundenbetreuer seiner Bank erhält er mehrere Finanzierungsangebote aus einer Hand und muss somit nicht zahlreiche Gespräche führen.

Die **Investoren** profitieren von einem direkten Zugang zu neuen Assetklassen ohne einen eigenen Vertriebskanal aufbauen zu müssen. Teilnehmende Investoren können mit ihren unterschiedlichen Risikoprofilen ein breiteres Spektrum an Finan-zierungsleistungen anbieten. Auch besteht nicht die Gefahr, durch den Prozess als Kreditinstitut im Sinne des Kreditwesengesetzes eingestuft zu werden. Die Verteilung der Marge zwischen Investor und Bank hängt insbesondere von der Komplexität des Geschäfts und von der erbrachten Zusatzleistung (z. B. Risikoanalyse, Bestandsser-vices) ab.

5.2 Auswirkungen auf Geschäftsprozesse

Der Prozess des Investments/der Finanzierung lässt sich in drei Phasen unterteilen, die miteinander in logischer Folge verknüpft sind. Zunächst ist dies die Vertriebs- und Kaufphase, in der der Käufer und der Verkäufer einer Immobilie miteinander in Kon-takt treten. In der sich anschließenden Phase der Immobilienfinanzierung fragt der Käufer bei einem Kreditinstitut nach einem Kredit, wobei unterschiedliche Aspekte zu beachten sind. In der abschließenden Phase des Eigentumsübertrags wird zunächst ein Kaufvertrag abgeschlossen, der dann durch den Notar und den Grundbucheintrag abgeschlossen wird. Das Ergebnis ist eine abgeschlossene Transaktion einschließlich der Finanzierung.

Bei den Immobilieninvestments und der sich anschließenden Finanzierung die-nen neue Technologien in erster Linie dazu, interne Prozesse zu verbessern. Damit kann über Kostensenkungen die Wettbewerbsfähigkeit der teilnehmenden Akteure gesteigert werden. Die Prozesse der Transaktionen und auch deren Finanzierung sol-len zukünftig digital optimiert werden.

Exkurs: Vision eines Immobilienkaufs

Mit digitalen Technologien dauert der Immobilienkauf in der Zukunft keine Stunde. Nach einer Besichtigung mithilfe von Virtual Reality einigen sich Käufer und Verkäufer per App über die Verkaufsbedingungen und übertragen Eigentum und Kaufpreis direkt untereinander. Ein Smart Contract prüft automatisch die Identität von Käufer und Verkäufer, die Solvenz des Käufers sowie das Eigentum am Grundstück, dokumentiert den Eigentümerwechsel und die Zahlung des Kaufpreises manipulationssicher in einem dezentralen Netzwerk (Blockchain) und überträgt auch noch die Grunderwerbsteuer an das Finanzamt.

Alle erforderlichen Informationen über den Zustand des Gebäudes, die anstehenden Reparaturen und die Versorgungsverträge sind in einer digitalen Gebäudeakte vermerkt und auf Knopfdruck für Käufer und Verkäufer verfügbar, sodass auch die Kosten für etwaige Mängelbeseitigungen schon automatisch in den Kaufpreis einberechnet werden können. Die Transaktionskosten belaufen sich auf einen Bruchteil der heutigen Gebühren, da Intermediäre wie Makler, Notare oder Banken nicht mehr benötigt werden.

5.2.1 Vertriebs- und Kaufanbahnungsphase

Den ersten Teil des Geschäftsprozesses der Kaufanbahnung betrifft das Zusammentreffen von Verkäufern mit den potenziellen Käufern einer Immobilie. Das traditionelle Vorgehen bzw. der Prozess bei der Objektvermarktung beginnt mit der Zusammenstellung der Unterlagen, die für den Verkauf einer Immobilie benötigt werden (z. B. Grundbuchauszug oder Lageplan). Zum Teil werden diese Dokumente auch für die Wertermittlung benötigt, andere Unterlagen sind erst im Laufe des Verkaufsprozesses erforderlich. Weiterhin werden Aufnahmen von der Immobilie für das Exposé benötigt.

Nach der Erstellung des Exposés startet die Vermarktung, traditionell direkt oder in Printmedien. Die Nutzung dieser Vermarktungskanäle steht Eigentümern ebenfalls frei, jedoch verfügen Makler in der Regel über vergünstigte Konditionen in Printmedien sowie aufgrund von Erfahrungswerten und durch Kontakte zu anderen Maklern über eine größere Reichweite. Mithilfe digitaler Technologien kann dieser Prozess neu bzw. anders organisiert werden. Der traditionelle Prozess, der auch schon teilweise mithilfe von Informations- und Kommunikationstechnologien erfolgt, wird durch Social Media, Plattformen, Visualisierung und durch Data Science verändert.

Social Media

Social Media hat im Bereich der Vermarktung und des Vertriebs von Immobilien einen hohen und zunehmenden Stellenwert, der sowohl komplementär als auch substitutiv im Prozess wirken kann. Durch den transparenten Umgang mit Immobilienangeboten und die Darstellung von aktuellen Bauprojekten in Netzwerken können potenzielle Kunden gezielt auf ihre Ansprüche angesprochen und somit geworben werden. Immobilienanbieter können auf Reaktionen als Feedback zeitnah reagieren und ihre Strategie somit schnell an die Ansprüche der Kunden anpassen.

Die Möglichkeiten Social Media während der Vertriebsphase einzusetzen, sind vielfältig. Viele Faktoren entscheiden darüber, ob der professionelle Einsatz sinnvoll ist. Soziale Netzwerke werden im Privatleben stark genutzt, doch in professioneller Hinsicht eher vernachlässigt. Damit kann aus Sicht des Vertriebs leicht Kontakt zu den Kunden gehalten und beim Objekt-Marketing einfach vernetzt werden. Neben Facebook oder Twitter eignen sich auch Blogs für Makler, um sich fachlich zu positionieren. Da nur regelmäßig aktualisierte Blogs interessant sind, ist das Bloggen also sehr zeitaufwendig. Bei einem strategischen Vorgehen ist zu entscheiden, welche Kanäle genutzt und welche Inhalte transportiert werden sollen. Kontinuität ist dabei wichtig, sodass Social Media ein Hilfsmittel zur Kommunikation werden kann.

Plattformen und Portale

Plattformen und Portale im Internet haben den **Vertriebsprozess** dank digitaler Ansätze in den vergangenen Jahren deutlich vereinfacht. Die Suche nach einer Immobilie bzw. einem Käufer war früher mühsam und zeitaufwendig, sei es auf eigene Initiative oder mithilfe eines Maklers. Dabei zielen die Anstrengungen vorwiegend darauf ab, bestehende Dienstleistungen digital zu optimieren. Dies betrifft etwa Anbieter und Terminsuche, Angebotsvergleiche, die Bereitstellung von umfangreichem Bildmaterial, die Verknüpfung mit Google Maps sowie die Einbindung von Finanzierung und Versicherungsdienstleistern.

Über Plattformen kann der Käufer nicht nur Vorgänge, Informationen oder Dokumente online einsehen, sondern es können auch verschiedene Immobilieninvestment-Vehikel erworben werden. Der Online-Verkauf ist ein Weg des digitalen Vertriebs. Durch die Vermarktung von Immobilien durch Internet-Portale hat der Markt in den vergangenen Jahren erheblich an Transparenz gewonnen. War es vorher noch sehr aufwendig, einen guten Überblick über die angebotenen Immobilien zu gewinnen ist dies heute deutlich einfacher. Auch die Auswertung von Angebotspreisen ist einfacher geworden.

Das war aber nur der erste Schritt auf dem Weg zu einer digitalisierten Immobilienwirtschaft. Anstatt wie bisher mithilfe automatisierter Suchagenten nach bestimmten Kriterien wie Preis und Lage eine Immobilie zu suchen, kann sich der Prozess in Zukunft umdrehen. Die Immobilie wird sich ihre Mieter selbst suchen, indem Suchende auf Immobilienportalen ein Profil über sich erstellen. Auf Basis von Arbeitsort, Einkommen, Familienstand, Hobbys und diversen Präferenzen werden ihnen passende Angebote vorgeschlagen. Es ist sogar vorstellbar, dass ein derartiges Profil aus einer Summe aggregierter Daten aus sozialen Netzwerken automatisiert erstellt wird. Wenn jemand z. B. den Arbeitsort wechselt, schlägt ein Algorithmus neue Wohnungen vor.

Visualisierung

Visualisierung ist auch eines der zukünftig relevanten Themen, wenn es um digitale Innovationen beim Verkaufsprozess von Immobilien geht. Dabei kann als digitale

Technologie eine evolutionäre Innovation wie **Virtual Reality** (VR) eingesetzt werden. Besichtigungen können durch die Einführung von VR in Zukunft reduziert werden, da Interessenten durch die Technologie bereits vorher einen Blick in die Immobilie werfen können, den sie bislang nur durch ihr physisches Erscheinen in dem Objekt erhalten haben. Damit kann die Vermarktung bereits vor der Fertigstellung einer Immobilie einsetzen, da den Kunden bereits eine realgetreue Begehung des zukünftigen Objekts ermöglicht wird.

Potenzielle Käufer können Immobilien besichtigen, auch wenn sie sich noch in der Bauphase befinden. Diese virtuellen Immobilien können Kunden u. a. mit VR-Headsets eingehend ansehen. Dabei lassen sich die Grundrisse mit verschiedenen Gestaltungsfeatures und Designs bearbeiten. Die VR lässt die Besichtigung noch realer erscheinen, als es Fotos bewirken könnten. Daher können zukünftig VR-Rundgänge direkt als Datei gemeinsam mit dem Exposé an den Interessenten versendet werden. Dieser kann mit seiner VR-Brille die Besichtigung der Immobilie starten. Allerdings sind VR-Brillen in Deutschland bislang kaum verbreitet.

Das Tool können Immobilienmakler auch bei bestehenden Immobilien einsetzen. Makler können eine Virtual Reality-Besichtigung für eine Immobilie erstellen, um so potenzielle Kunden schneller zu erreichen. Sie können Interessenten bereits Besichtigungstouren mit VR-Brillen ermöglichen. Der Kaufinteressent kann per VR-Headset nach Häusern oder Wohnungen suchen, indem er den gewünschten Standort, die Anzahl der Zimmer und den Preis eingibt. Die Interessenten können sich virtuell durch die Räumlichkeiten und die Umgebung bewegen. Auch Umgebungseffekte wie Geräusche, Lichtverhältnisse, Wetterbedingungen und Jahreszeiten können direkt erfahrbar gemacht werden.

Bei der Erstellung eines Exposés könnte zukünftig **Augmented Reality** eingesetzt werden. Schon heute besteht die Möglichkeit, mittels eines Markers (z. B. ein im Exposé abgedruckter QR-Code) und eines mobilen Endgeräts die Visualisierung einer Immobilie in die Realität zu projizieren. Gerade bei Interessenten von Neubauimmobilien findet diese Technologie Anklang, da es ihnen leichter fällt, sich einen Eindruck von dem Objekt zu verschaffen. Für Bestandsimmobilien sind solche Features aufgrund der hohen Kosten der benötigten Aufnahmen eher selten. Es ist aber möglich, dass Interessenten bald nicht mehr nur Neubauten, sondern auch existierende Immobilien mit einem Marker im Exposé in die Realität projizieren und die Objekte aus allen Himmelsrichtungen betrachten.

Bei der Prüfung zu erwerbender Immobilien können **Drohnen** eingesetzt werden. Mithilfe von Drohnen wird jeder Bereich einer Wohnung oder eines Hauses eingescannt. Im Rahmen der Due Diligence werden sie bei der Überprüfung des Zustands der Gebäudefassade oder des Daches eingesetzt, um Zeit und Kosten zu sparen. Besonders interessant ist das bei Objekten in abgelegenen Standorten. Auch „tote Ecken" in Gebäuden können so begutachtet werden. Die Drohnen dürfen aufgrund gesetzlicher Bestimmungen allerdings ausschließlich leer stehende Gebäude von innen befliegen und müssen auch beim Fotografieren von außen einen Diskretionsabstand einhalten.

Data Science

Mithilfe von Data Science kann die **Markttransparenz** auf dem Immobilien-Investmentmarkt erhöht werden. Data Science soll zum einen die schwer durchschaubaren Marktentwicklungen besser analysieren und für bessere Investitionsprognosen sorgen. Die Voraussetzung für den Einsatz von Data Science zur Unterstützung von Investmenttransaktionen sind die Bereitstellung und das Vorhandensein von Daten, die jedoch oft nicht oder nur unzureichend verfügbar sind.

Die Immobilienwirtschaft zeichnet traditionell eine geringe Markttransparenz aus, was sowohl auf die spezifischen Eigenschaften von Immobilien und gesetzliche Regelungen beim Datenschutz als auch auf das Verhalten der Marktteilnehmer zurückzuführen ist. Es sind vor allem die Unternehmen der Immobilienwirtschaft selbst, die Gebäudedaten und Vertragsinformationen nicht der Öffentlichkeit zur Verfügung stellen. Dies zeigt sich z. B. bei Deal-Meldungen, in denen viele Angaben, sei es zu Kaufpreisen, Renditen oder Vertragspartnern, fehlen.

Zwar hat sich in den vergangenen Jahren die Markttransparenz im Investmentmarkt erhöht, aber die Märkte sind immer noch eher intransparent. Im vergangenen Jahrhundert waren weniger Daten verfügbar, die zudem noch im Wesentlichen aus Befragungen von Marktteilnehmern stammten. Die Digitalisierung soll hier ein quantitatives und qualitatives Mehr schaffen. Durch die Digitalisierung stehen mehr Informationen und Daten online zur Verfügung, die mithilfe von Data Science analysiert werden können. Große, heterogene Datenmengen sind schon für sich genommen wertvoll, aber nur deskriptiver Natur.

Auf Plattformen, die auf der Blockchain-Technologie basieren, können automatisch Daten erzeugt und eingestellt werden. Diese Daten können dann von verschiedenen Teilnehmern genutzt werden. Dadurch werden auch fehleranfällige manuelle Updates vermieden. Im Investmentmanagement können mit Plattformen Daten verteilt, erhalten und bearbeitet werden. Durch Algorithmen der Künstlichen Intelligenz können aus einer Vielzahl einzelner Beobachtungen, etwa zu Immobilienkäufen, Smart Data entstehen. Informationen können aufbereitet und zur Verfügung gestellt werden. Durch Data Science können Markttrends prognostiziert werden, die dann bei Investitionsstrategien und Investmententscheidungen berücksichtigt werden können.

Im **Portfoliomanagement** kann Data Science bei Investmententscheidungen bzw. bei der Portfoliosteuerung ebenfalls einen zusätzlichen Nutzen bringen. Für eine Investmententscheidung werden Daten benötigt, die in den meisten Fällen nicht zentralisiert vorliegen, sondern sie müssen für jedes Objekt individuell zusammengetragen werden. Das ist zeitaufwendig und kostenintensiv. Die Qualität der Daten kann zudem oftmals nur als ausreichend eingestuft werden. In einem von Daten getriebenen, digitalisierten Prozess werden die Schritte ganzheitlich automatisiert. Der einzelne Bearbeiter, Transaktionsmanager oder Ankäufer profitiert von einer umfassenden Fülle von Marktwissen. Sämtliche für den Prozess des Ankaufs benötigten Daten werden bei Data Science kombiniert, aufbereitet und systematisch verknüpft. Diese, zumeist noch als Rohdaten vorliegend, können mithilfe Künstlicher Intelligenz verarbeitet und veredelt werden. Auf der Basis der verbesserten Marktinformationen können der Wert einer Immobilie besser bestimmt und die Renditeentwicklung auch komplexer Immobilienportfolios einfacher prognostiziert werden.

Der Prozess der **Due Diligence** beschleunigt sich durch den Einsatz von Data Science, wenn Daten automatisch ermittelt und ausgewertet werden. Im Rahmen der Due Diligence bei Transaktionsprozessen ist eine Vielzahl von Dokumenten für die Interessenten bereitzustellen. Dies umfasst neben Grundbuch- und Baulastenverzeichnisauszügen weitere Dokumente und Negativbescheide, beispielsweise zum Erschließungskostenbeitrag und Denkmalschutz. Hinzu kommen noch Listen zu Kautionen, Mietverhältnissen und Mietrückständen. Mittlerweile sind virtuelle Datenräume vorhanden und es liegen viele Informationen vor. Notwendig ist es, sie entsprechend zu analysieren und auch die Bedeutung für den Kontext zu erfassen. Automatisierte Abläufe zu implementieren, würde bei einem Eigentümerwechsel die Due-Diligence-Prüfung effizienter gestalten. Um den Interessenten diese Datenmengen bereitzustellen, bietet sich eine cloud-basierte Lösung an. Die bereits in den vorherigen Prozessen (siehe Kapitel 4) digital erfassten oder für den Transaktionsprozess digitalisierten Dokumente werden auf einem Server hochgeladen und per Passwort geschützt.

Beim **Kaufprozess** können durch Data Science die Prozesse effizienter gestaltet werden. So werden die vorher festgelegten Kriterien einer Anlagestrategie mit den Informationen zu den einzelnen Objekten aus dem Data-Pool verglichen. Entsprechend der Strategie sollen die Objekte spezifische Vorgaben z. B. bezüglich der Mieterstruktur, der Leerstandquote und der Ist-Rendite erfüllen. Die Exposés und Objektinformationen der verfügbaren Objekte werden mit den vorliegenden Anforderungen der Strategie abgeglichen. Data Science ist in der Lage, ein detailliertes Matching zwischen den in der Strategie definierten Kriterien und den Objekten herzustellen. So können verschiedene Investitionsszenarien erarbeitet werden und der Investor kann mithilfe dieser Szenarien Entscheidungen effizienter treffen. Transparente und einheitliche Datenbestände ermöglichen ein besseres Verständnis des Portfolios und rationalere Entscheidung. Ein optimal implementiertes Datenmanagement schafft so Transparenz für die Investoren und die beteiligten Investmentmanager.

Am Ende des Prozesses steht die Entscheidung des Investors über einen Kauf, wobei auch hier durch Data Science weitere Erkenntnisse gewonnen werden. Die Entscheidung des Investors geben weitere Informationen, die die Systeme des Data Science nutzen können. Sowohl die Daten der gekauften Immobilie als auch die der nicht gewählten Objekte bringen neue Erkenntnisse, die im Weiteren genutzt werden können, um systemgenerierte Vorlagen für zukünftige Entscheidungen zu verbessern und daraus auch neue Strategien abzuleiten. Ein umfangreicher Daten-Pool und entsprechende Data Science-Kompetenzen können im Investmentmarkt Wettbewerbsvorteile schaffen. Die Informationen und die Erkenntnisse aus der Analyse sowie der jederzeitige und global mögliche Zugriff schaffen für Portfolio- und Assetmanager Zeit- und Wissensvorsprünge.

Die Auswertung von Daten kann sowohl für interne als auch externe Vorhaben (**Reporting**) eingesetzt werden. Im Immobilienmanagement existieren beim Portfolio- und Assetmanagement differenzierte Anforderungen an das externe Reporting für die teilweise sehr unterschiedlichen Interessengruppen. Diese steigen kontinuierlich, wobei sowohl Datenumfang als auch -formate immer differenzierter werden. Das Immobilienmanagement benötigt häufiger individuell aufbereitete Daten. Der Nutzen unterschiedlicher Datenquellen wird im Immobilienmanagement optimiert, indem die Informationen zentralisiert und aggregiert sowie entsprechend analysiert werden.

Umfangreiche Auswertungsmöglichkeiten sind für den **internen Gebrauch** nötig, so z. B. benötigt das Risikomanagement täglich Analysen bestimmter Indikatoren. Eine effizient organisierte Datenbank kann beispielsweise Renditen auf Objektebene und Portfolioebene berechnen. Außerdem können unterschiedliche Renditekennzahlen wie Wertänderungsrenditen, Währungsrenditen, Liquiditätsrenditen oder Mietrenditen automatisch kalkuliert werden. Dies gilt auch für die Renditeangaben nach verschiedenen Berechnungssystematiken. Weiterhin werden im Rahmen des **externen Reportings** Daten verwendet, so u. a. werden für Ausarbeitungen für die Anleger andere Kennzahlenanalysen benötigt und auch für den Fondsverband BVI oder die INREV werden ebenfalls spezielle Kennziffern für deren Indizes bewertet.

Die Anforderungen stellen große Herausforderung für das Immobilienmanagement dar. Diesen kann das Management besser genügen, wenn schneller und effizienter auf historische und aktuelle Daten sowie auf Prognosen zugegriffen werden kann. Mithilfe entsprechender Datenbanken lassen sich aussagekräftige interne und externe Reports erstellen. Für ein effizientes Datenmanagement sind Datenbanken notwendig, die Primärdaten in einem Format vorhalten, das unterschiedlichste Auswertungen und Lieferungen erlaubt. Die Qualität und Konsistenz der Primärdaten sind dabei eine Grundvoraussetzung. Die daraus entstehenden Analysen und Reportings ergeben sich aus der Qualität der Primärdaten. Bestehende Datenbanken können dies oftmals kaum noch leisten. Die Datenbanken vieler Immobilienunternehmen und Investmentgesellschaften sind oft historisch gewachsen und daher individuell strukturiert. Die Daten liegen in den unterschiedlichsten Systemen oder teilweise gar nicht in verwertbarer elektronischer Form vor. Es können auch spezifische Anpassungen zu bestimmten Anlässen wie neuen Reports vorgenommen werden. Redundanzen, aus individueller Verarbeitung resultierende Fehlerquellen sowie zeitliche Verzögerungen können durch den Einsatz digitaler Tools vermindert werden.

5.2.2 Immobilienfinanzierungsprozess

Eine Immobilienfinanzierung wird für die Errichtung, den Erwerb oder die Sanierung/das Refurbishment von Gebäuden benötigt. Für die Finanzierung können Eigenkapital sowie Fremdkapital eingesetzt werden. Im Kreditgewerbe wird aufgrund der stark unterschiedlichen Systematik zwischen privater und gewerblicher Immobilienfinanzierung unterschieden. Als private Immobilienfinanzierung wird die Finanzierung einer überwiegend vom Eigentümer für Wohnzwecke genutzten Immobilie bezeichnet, wobei aufgrund unterschiedlicher Risikoprofile weiter zwischen Eigennutzerfinanzierung und Kapitalanlegerfinanzierung unterschieden wird. Die gewerbliche Immobilienfinanzierung umfasst die Finanzierung von gewerblich genutzten Immobilien, die deutlich komplexer als die private Immobilienfinanzierung ist. Zu Beginn des Finanzierungsprozesses steht der Kontakt zwischen dem Kunden und einem Finanzinstitut.

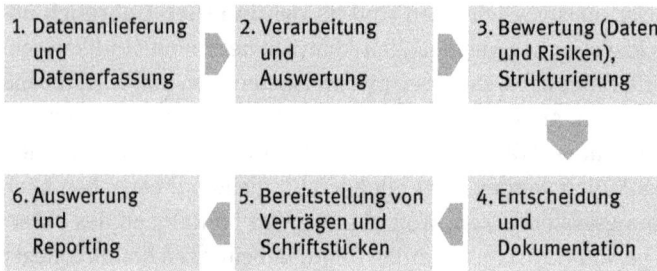

1. Datenanlieferung und Datenerfassung	2. Verarbeitung und Auswertung	3. Bewertung (Daten und Risiken), Strukturierung
6. Auswertung und Reporting	5. Bereitstellung von Verträgen und Schriftstücken	4. Entscheidung und Dokumentation

Abb. 5.1: Kreditprozess; Quelle: eigene Darstellung.

Traditioneller Kreditfinanzierungsprozess

Dabei kann in der Akquisitionsphase die Initiative von der Bank durch eine allgemeine Marketing-Maßnahme ausgehen oder der Kunde sucht einen geeigneten Finanzierungspartner für sein geplantes Projekt oder Investment. Das allgemeine Angebot einer Bank wird von einem Kunden nachgefragt (oftmals bei der privaten Immobilienfinanzierung) oder dadurch, dass die Bank auf eine konkrete Anfrage eines Kunden ein entsprechendes Angebot der Bank unterbreitet (oftmals bei der gewerblichen Immobilienfinanzierung).

Beim traditionellen Kreditfinanzierungsprozess, wie er in Abbildung 5.1 exemplarisch dargestellt ist, erfolgt eine manuelle Datensammlung durch einzelfallorientierte, händische Übertragung von Inputs aus Quellen in verschiedene Analysetools. Dabei entstehen vielfach Redundanzen, da Daten mehrfach erfasst und nicht zentral- bzw. zwischengespeichert werden. Bei der manuellen Datenweiterverwendung werden einzelfallorientiert und händisch die Toolergebnisse in u. a. Entscheidungsvorlagen, Verträge und in Bestandssysteme übertragen. So werden die Analysen von unterschiedlichen Personen teilweise mehrfach bearbeitet und es ergibt sich so ein hoher manueller Aufwand. Insgesamt fällt dadurch der Gesamtprozess länger aus und Kunden sowie Mitarbeiter haben nur eingeschränkte Transparenz über den Fortschritt des Kreditprozesses. Bei Finanzierungsprozessen sehen die Kunden die Bringschuld eindeutig bei den Banken gesehen, indem sie ihre Kreditprozesse digitalisieren.

Von einem schnellen, einfachen und automatischen Prozess ist die traditionelle Immobilienfinanzierung heute noch weit entfernt. Es herrscht eine mangelnde Transparenz über die Engagementsdaten und eine fehlende vollständige Übersicht über die bereits vorhandenen bzw. noch fehlenden Unterlagen. Die Bank hat hierdurch Nachteile, da alle relevanten Informationen manuell zusammengetragen, erfasst und weiterverarbeitet werden müssen. Insgesamt sind die traditionellen Kreditprozesse somit zeitaufwendig, langsam und fehleranfällig.

Der Wunsch nach Transparenz bezieht sich auch auf eine verbesserte Informationslage, um besser entscheiden zu können, Aufwände bei der Informationsbeschaffung einzusparen sowie unnötige oder fehlerhafte Arbeit unterlassen zu können. Das kann zwar auch innerhalb eines Unternehmens relevant sein, kommt aber noch stärker in der Zusammenarbeit zwischen mehreren Parteien des Immobilienfinanzierungsprozesses zum Tragen. Wenn z. B. mehrere Banken mit dem Entwickler sowie mehreren Parteien von Dienstleistern wie Berater und Rechtsanwälte gemeinsam an einer Finanzierung arbeiten, kommt es bislang vor, dass nicht jede Partei stets auf dem neuesten Stand ist, an der richtigen Version eines Vertrags arbeitet oder die relevanten Informationen im Datenraum zur Verfügung hat.

Digitaler Kreditfinanzierungsprozess

Durch die **digitalen Techniken** soll die Effizienz des Kreditprozesses erhöht werden, wobei durch Investitionen in IuK-Technologien die administrativen Kosten gesenkt werden sollen. Die wesentlichen Veränderungen im Immobiliengeschäft sind dabei überwiegend nicht im Vertrieb bzw. Geschäftsmodell, sondern in der Veränderung der Arbeitsprozesse in der Organisation bei der Bearbeitung und Abwicklung der Kauf- und Finanzierungstransaktion zu sehen. Um Effizienzgewinn zu erzielen, sind Arbeitsschritte zu automatisieren, zu digitalisieren sowie Tätigkeiten insgesamt zu den dafür am besten qualifizierten Parteien zu verlagern.

Während die klassische Abwicklung eines Immobilienfinanzierungsprozesses in der Finanzdienstleistungsbranche regelmäßig ressourcenaufwendig ist, kann die Digitalisierung und die damit verbundene Automatisierung die wirtschaftliche Effizienz steigern. Die Digitalisierung bietet verschiedene Möglichkeiten, um diesen Teil des Geschäftsprozesses anders und effizienter zu gestalten. Durch eine „fabrikartige" Organisation der Kreditbearbeitung können Einsparungen bei den Verwaltungskosten erreicht werden. Dabei sollen das Middle- und Back-Office mithilfe der Digitalisierung optimiert werden. Die Servicequalität und die Prozessgeschwindigkeit sollen hierdurch erhöht werden.

Der Wunsch nach Effizienz bezogen auf Immobilienfinanzierung bedeutet, dass jeder einzelne Schritt des Immobilienfinanzierungsprozesses, von der Erstellung einer Finanzierungsanfrage bis hin zur laufenden Kreditbetreuung, schneller und einfacher gestaltet und soweit wie möglich automatisiert werden muss. Durch die Vielzahl an involvierten Parteien bei einer Immobilienfinanzierung – wie die Darlehensnehmer, die Banken, die Gutachter, externe Rechtanwaltskanzleien und weitere Parteien – liegt eine Vielzahl an Schnittstellen vor. Heute dominieren an diesen Schnittstellen noch wenig effizient E-Mail-Ketten, Word-Markup-Versionen und die allseits wohlbekannte Stille Post.

Bei der zukünftigen Digitalisierung der Geschäftsprozesse steht die **IT-System-vernetzung** im Vordergrund. Es geht darum, die bislang dezentrale Arbeit an der Immobilienfinanzierung bei Banken, Entwicklern, Anwälten und vielen anderen durch gemeinsame digitale Systeme und Datenbestände abzulösen. Die bislang vorherrschenden Abstimmungswege Papier und E-Mail sollen durch integrierte Plattformen ersetzt werden, an die alle Teilnehmer angeschlossen sind und gemeinsam auf einem Daten- und Informationsstand arbeiten. Zwar arbeitet auch heute schon jede der Parteien des Immobilienfinanzierungsprozesses intern auf digitalen Systemen, diese sind aber nicht zwischen den Akteuren digital vernetzt. Zukünftig sind gemeinsame IT-Systeme oder Plattformen naheliegend, sodass alle Parteien direkt auf dem gleichen IT -System arbeiten können. Ein manueller Datenaustausch oder Abgleich wird somit unnötig und die Informationssicherheit steigt, da Medienwechsel in unsichere Übertragungswege entfallen.

Für die Digitalisierung des Kreditprozesses ist es zunächst erforderlich, dass die Daten und Informationen schon in digitaler und geeigneter Form in das Kreditinstitut kommen. Die Datenanlieferung und die Datenerfassung erfordern eine digitale **Kundenschnittstelle**. Als eine Schnittstelle mit dem Kunden kann als ein zentrales Element ein Kundenportal verwendet werden. Ein Immobilienkundenportal ist eine Prozessplattform, auf der die am Immobilienfinanzierungsprozess Beteiligten Transparenz über die jeweils notwendigen Schritte, Dokumente und Leistungen erhalten. Damit ist für Prozessbeteiligte ersichtlich, welche Schritte bis hin zur Unterschrift bzw. der Auszahlung noch zu erbringen sind, wer hierfür in der Verantwortung ist und ob dafür Zulieferleistungen noch ausstehen.

Beim Kundenportal erfolgt ein direkter Austausch zwischen Kunde und Bank. Ein übergeordnetes Datensystem macht eine Datenerfassung nur einmal notwendig. Der Kunde liefert zunächst einige Daten für die Finanzierungsanfrage, die dann im Folgenden sukzessive ergänzt bzw. validiert werden. Über die Schnittstelle erfolgt ein Upload der Unterlagen, was wechselseitig zwischen Bank und Kunde geschehen kann. Für den Kunden bietet ein Kundenportal einen zusätzlichen Service. Er erhält dabei Strukturierungshilfen und eine Übersicht über die benötigten Unterlagen. Durch die dadurch gegebene Transparenz erfährt der Kunde auch den jeweiligen Status der Bearbeitung. Somit ist auch eine verbesserte und zielgerichtete Kommunikation mit dem Kunden möglich. Es sind daher Zeit- und Effizienzgewinne im Prozess möglich. Ebenfalls kann eine **App** verwendet werden, um eine Finanzierungsanfrage für den Versand der Daten an das Kreditinstitut zu strukturieren.

Die Digitalisierung des Antragsprozesses kann ebenfalls als zusätzliches Serviceangebot für Kunden interpretiert werden. Es bietet zum einen auch den Ansatzpunkt für künftige Dienstleistungen und kann damit eine weitere Ertragsquelle der Bank darstellen. Es lässt sich zum anderen so die Transparenz des Bearbeitungsprozesses erhöhen und damit die Nachvollziehbarkeit für den Kunden.

Das **Research** bildet eine essenzielle Basis für Investitionsentscheidungen. Der größte Anteil der in der Immobilienwirtschaft genutzten Daten entfällt auf das Research. Dies kann dadurch erklärt werden, dass der Bereich Research in den meisten Unternehmen die Aufgabe besitzt, immobilienspezifische Daten zu erheben, auszuwerten und anschließend gebündelt zur Verfügung zu stellen. Dem Research kann durch die Verwendung und Verarbeitung dieser enormen Datenmengen das größte Big Data Potenzial innerhalb der Immobilienwirtschaft zugeschrieben werden. Denn dieser Bereich wird besonders durch die Vielzahl und enorme Masse an unterschiedlichen Daten geprägt. Das Research verfolgt das Ziel Markt- sowie Preisentwicklungen und Einschätzungen auf dem Immobilienmarkt abzuleiten. Dies geschieht aufgrund der verbesserten Datengrundlage aus einer Kombination von internen sowie externen Daten und Informationen.

Die Daten können in einem **Datenraum** gespeichert und damit dokumentiert und wiederverwendbar genutzt werden. Die Verwendung von Datenräumen bzw. Clouds hat sich etabliert. Ein Kunde kann daher auch von Banken erwarten, dass entweder seine Datenräume genutzt oder dem Kunden ein Datenraum zur Verfügung gestellt wird. So erleichtern gut strukturierte Datenräume mit entsprechender Priorisierung die Informationsbeschaffung. Ein Datenraum ermöglicht einen schnelleren und zuverlässigeren Transport von Daten und vor allem ohne Medienbruch. Er kann als Schnittstellen zu einer E-Akte verwendet werden und bietet gleichzeitig die Voraussetzung dafür, „smarte" Anwendungen und Formulare einzuführen. Das führt zu einem intelligenten Dokumentenmanagement, bei dem ein gemeinsames Arbeiten an Dokumenten möglich sein sollte. In einem gemeinsamen Datenraum für Dokumente können alle involvierten Parteien gemeinsam z. B. an Verträgen arbeiten. So kann die Bearbeitung veralteter Stände von Verträgen oder das kontinuierliche Anfragen einzelner Dokumente nicht mehr auftreten. Smartes Datenmanagement und kompatible Strukturen des Datenaustauschs können zur Verschlankung von Arbeitsprozessen führen. Dadurch können bei Finanzierungen für alle daran beteiligen Parteien die Transparenz und Effizienz erhöht werden.

In einem zentralen **Dokumentenmanagement** erfolgt eine Darstellung in einer einheitlichen Oberfläche. Dadurch kommt es mithilfe angeschlossener Tools zu einer systematischen Aufbereitung der erfassten Daten. Das zentrale Dokumentenmanagementsystem ermöglicht eine parallele Bearbeitung und Transparenz für alle Beteiligten. Es schafft einen schnellen, workflowbasierten Entscheidungsprozess. Das Zielbild eines Dokumentenmanagementsystems ist die automatische Bereitstellung von Verträgen und Schnittstellen und Dokumentationen auf „Knopfdruck". Gelingt es, durch die Digitalisierung die Kreditbewilligung zu beschleunigen, kann eine gesteigerte Kundenzufriedenheit erwartet werden. Auf der einen Seite können verschiedene Bereiche der Bank parallel mit den Dokumenten arbeiten. Gleichzeitig werden auch die vorhandenen Daten automatisch in verschiedene Anwendungen eingespielt, sei es bei Kreditvorlagen in der Kreditanalyse oder im Kreditrisikomanagement. Auf der anderen Seite gibt es Transparenz sowohl extern als auch intern durch zielgerichtete Informationen für alle relevanten Beteiligten. Damit sind eine digitale Auswertung und ein Reporting insbesondere für interne Auswertungszwecke möglich. Dies kann

u. a. Portfolioanalysen, Auswertungen zu Marktveränderungen sowie eine schnellere Erstellung von Reports zur Erfüllung aufsichtsrechtlicher Anforderungen umfassen. Außerdem kann dies auch für zusätzliche Dienstleistungen für die Kunden genutzt werden.

Nach Auszahlung des Kredits schließlich beginnt im Bestandsgeschäft die **Kreditbetreuung**, in der sich ein hohes Potenzial an denkbarer Effizienzoptimierung befindet. Auch nach Unterschrift des Kreditvertrags und bei anstehender Auszahlung gilt es bislang, die vereinbarten, oft vielzähligen Auszahlungsvoraussetzungen zu prüfen, nachzufragen, abzustimmen und zu dokumentieren. Dies erfolgt bislang vielfach händisch, langwierig und arbeitsintensiv. In der Kreditbetreuung kommt es angesichts der Digitalisierung zu veränderten und teilweise zu neuen Geschäftsprozessen. In der laufenden Kreditbetreuung kann es vorkommen, dass der Kreditnehmer gar nicht genau weiß, was die Bank wann benötigt, sodass diese immer wieder aufs Neue angefragt werden. Oder der Kunde übersendet einfach eine Auswahl an Dokumenten, die die Bank benötigt.

Im Idealfall bestünde kein menschlicher Arbeitsbedarf, jedoch sind hierfür noch formale wie technische Voraussetzungen zu erfüllen. Die Maschine sollte dann alle Überwachungsdaten automatisch übermitteln und verarbeiten. Doch bislang sind auch dies manuelle, zeitaufwendige und häufig ineffiziente Tätigkeiten. Die Aufbereitung und Übermittlung sowie die Auswertung sind meist händisch, Fristen verstreichen, Nachfragen werden nötig und die Informationspakete sind vielfach höher als tatsächlich notwendig, um die vertraglich fixierten Covenants (deutsch: *Kreditkonditionen*) ausreichend zu prüfen. Digitale Akten und die digitale Integration des Datenflusses können zu einer integrierten Prozesskette führen, bei der Daten nur einmal eingegeben und dann weitgehend EDV-gestützt verarbeitet werden. Gerade im Back-Office sind hohe Prozesskosteneinsparungen möglich, die bisher nur zum Teil erschlossen sind. Mithilfe Künstlicher Intelligenz sollen zudem zukünftig Dokumente ausgewertet und verarbeitet werden. So soll die Dokumentenflut, die bei einer Immobilienfinanzierung anfällt, möglichst vom Computer erkannt, eingelesen und vorbearbeitet werden und für den Menschen nur noch im Wesentlichen die Interpretation der Daten als Arbeit verbleiben.

Bei der **Bonitätsprüfung** im Rahmen der Immobilienfinanzierung wird anhand eines Kriterienkataloges geprüft, ob ein potenzieller Kreditnehmer kreditwürdig ist. Die bisherigen Prozesse werden teilweise noch analog durchgeführt, was zu Effizienzverlusten und Verzögerungen führt. So müssen die Unterlagen privater aber auch gewerblicher Kunden teilweise noch postalisch versendet werden. Ein erster Schritt in Richtung digitaler Prozesse besteht darin, dem Kunden die Möglichkeit zu geben, die Unterlagen auch elektronisch zu übermitteln und sie dann maschinell auslesen zu lassen. Das Ziel ist die papierlose Prüfung. Ein weiterer Schritt besteht darin, auf eingereichte Dokumente der Kunden ganz zu verzichten und diese automatisch einzuholen. Um die Geschwindigkeit noch weiter zu erhöhen, können Systeme auf Basis von Künstlicher Intelligenz genutzt werden, die durch die Analyse von großen Datensätzen lernen und den Entscheidungsalgorithmus fortlaufend optimieren. Mithilfe der digitalen Finanztechnologie kann dieser Prozess beschleunigt und kostengünstiger durchgeführt werden. Durch eine automatisierte Prozessabwicklung können auf der Seite des Immobilienkäufers und auf der Seite des Kreditgebers Zeit und somit auch Ressourcen gespart werden. Dies wiederum führt zu sinkenden Kosten, die dem Käufer in Form von besseren Margen zugutekommen können.

Bei der **Immobilienbewertung** wird der Wert des zu finanzierenden Objektes geschätzt, da zum einen der Wert der Immobilien bei Covenants beachtet wird und zum anderen für den Fall des Zahlungsausfalls die Immobilie als Sicherheit hinterlegt ist. Bei der Immobilienbewertung werden eines oder mehrere der drei standardisierten Wertermittlungsverfahren gemäß Immobilienwertermittlungsverordnung angewendet. Es handelt sich um das Vergleichswertverfahren, das Sachwertverfahren und das Ertragswertverfahren. Während das Vergleichswertverfahren einen Wert anhand vergleichbarer Immobilien ermittelt, finden beim Sachwertverfahren die Kosten der Immobilie Beachtung. Das Ertragswertverfahren wiederum wird für die Wertermittlung vor allem von Renditeimmobilien genutzt. So unterschiedlich die drei Verfahren in ihren Ansätzen auch sind, der Verlauf ist durch die Immobilienwertermittlungsverordnung geregelt. Bei der Bewertung muss geprüft werden, ob die Immobilie werthaltig ist. Für Banken, die Pfandbriefe emittieren, ist die Beleihungswertermittlung bindend, weshalb eine physische Begehung des Objektes notwendig ist. Auch die Aufsicht erwartet letztlich die Bewertung der Immobilie durch Sachverständige vor Ort. Immobilieninvestmentmanager wiederum sind teilweise mit entsprechenden regulatorischen Vorgabe konfrontiert, Objekte quartalsweise bewerten zu lassen.

Durch eine digitale Neustrukturierung des Immobilienbewertungsprozesses lassen sich die Gutachten effizienter durchführen. Es gibt Ansätze, die Prozesse digital zu beschleunigen und effizienter zu gestalten. Eine Möglichkeit besteht darin, die Daten und Bewertungen digital zu erfassen. Ein wesentlicher Bestandteil der Bewertung bedeutet den Wert oder die Qualität von Daten abzuschätzen, zu bestimmen und in einen Zusammenhang zu bringen.

In der Immobilienbewertung fallen eine Vielzahl von Daten an. Ein wesentlicher Bestandteil der Bewertung bedeutet den Wert oder die Qualität von Daten abzuschätzen, zu bestimmen und in einen Zusammenhang zu bringen. Die Würdigung der Daten in Verbindung mit der Beurteilung ihrer Tragfähigkeit und der Prognose führen zu der Einschätzung des zukünftigen Verhaltens der Marktteilnehmer und somit zur Wertfindung. Mithilfe der Digitalisierung können Standardprozeduren um ein Vielfaches schneller und kostengünstiger bewältigt werden. Durch die mobile Eingabe von Daten ergeben sich ebenso Potenziale, die für die weitere Bearbeitung genutzt werden können. Weiterhin kann das Research für die Immobilienbewertung effizienter gestaltet werden. Derzeit werden die Informationen oftmals individuell zusammengesucht. Strukturierte Datenräume mit entsprechender Priorisierung erleichtern die Informationsbeschaffung.

Intelligentes Datenmanagement und kompatible Strukturen des Datenaustauschs können zur Verschlankung von Arbeitsprozessen führen. Im digitalen Zeitalter ist vorstellbar, dass einem Gutachter eine Art „Cockpit" zur Verfügung steht, das über standardisierte Schnittstellen zu Anbietern verfügt. So können Auskünfte und Marktdaten nach Bedarf ausgewählt und zentral eingeholt werden. Dies geschieht z. B. durch Geobasisdatenanbieter, die so Grundbuchauszüge einholen und online zur Verfügung stellen. Weiterhin sind Informationen wie Marktberichte oder Bodenrichtwerte online verfügbar. Erste Bewertungen können außerdem durch Vergleichsdatenbanken und hedonische Verfahren durchgeführt werden. Schließlich beansprucht auch die Ablage der Dokumente Zeit und Lagerkapazitäten. Digitale Systeme erlauben das Arbeiten in einer Cloud und digitale Signaturen können die Abläufe beschleunigen, da die Dokumente nicht mehr ausgedruckt werden müssen.

Da die unterschiedlichen Wertermittlungsverfahren vollständig standardisiert sind, sehen PropTechs eine Gelegenheit, eine Wertermittlung ohne die Hinzunahme eines Gutachters oder Maklers durchzuführen. Sowohl Immobilienportale als auch Start-ups geben mithilfe ihrer Website oder Apps nach Eingabe von Eigenschaften der Immobilie eine Werteinschätzung ab. Es ist wahrscheinlich, dass so genannte „Standardimmobilien" künftig nahezu vollständig automatisiert bewertet werden können.

Der große Vorteil der webbasierten Wertermittlungen sind die stetig wachsenden Datenmengen, da mit jedem zusätzlichen Datensatz die Algorithmen präziser werden. Jedoch gilt es zu beachten, dass einige Datensätze mit der Zeit veralten und schnell nicht mehr aussagekräftig sind. Ein Beispiel hierfür sind die Preise in den deutschen Großstädten, die in den vergangenen Jahren massiv angestiegen sind und dafür sorgen, dass ältere Verkaufsfälle nicht mehr als Vergleichsobjekt zur Wertermittlung herangezogen werden können.

Schließlich muss eine Bank die **Refinanzierung der Kredite** vornehmen, wofür verschiedene Optionen bereitstehen. Bei einer Refinanzierung beschaffen sich Geschäftsbanken selbst Finanzmittel. Eine Möglichkeit besteht darin, dass sich Geschäftsbanken bei der Notenbank mit Zentralbankgeld versorgen. Eine einzelne Bank kann sich am (Interbanken-)Geldmarkt Geld beschaffen. Hierbei werden z. B. die Kredite über Anleihen oder insbesondere bei Immobilien durch Pfandbriefe refinanziert. Damit leiht sich die Bank Geld am Kapitalmarkt, das sie plus einer Marge an die Kunden weitergibt. Eine weitere Möglichkeit besteht in der Refinanzierung über Einlagen. Dies ist die klassische Form der Refinanzierung, da hierbei Einlagen auf Sparkonten zur Finanzierung von Krediten genutzt werden. Weiterhin gibt es auch die Alternative, Darlehensforderungen am Kapitalmarkt zu verkaufen, die sogenannte Verbriefung. Eine Verbriefung ist die Bündelung eines Pakets von gleichartigen Verbindlichkeiten (wie etwa Immobilienkredite) und dessen Umwandlung in handelbare Wertpapiere. Dabei verkauft der Forderungsinhaber (englisch: *Originator*), also ein Kreditinstitut, Teile seiner Forderungen an eine eigens dafür gegründete Zweckgesellschaft. Diese finanziert den Ankauf durch die Ausgabe von Wertpapieren. Da die Wertpapiere mit den Forderungen besichert sind, werden sie auch als Asset-Backed-Securities (ABS) bezeichnet. Verbriefungen helfen den Banken, da sie ihre Kreditsumme verringern und damit in ihren Bilanzen Spielraum für neue Kredite schaffen. Eine Möglichkeit, das Kreditrisiko zu reduzieren oder Forderungen zu verkaufen, bietet die Weitergabe des Risikos oder eines Kreditanteils an einen Dritten. Maßnahmen, die mit einer Übertragung einhergehen, werden unter dem Begriff der Ausplatzierung zusammengefasst. Alternativ gibt es den Konsortialkredit, bei dem ein Kredit durch mindestens zwei Kreditinstitute an einen Kreditnehmer gewährt wird. Durch beide Möglichkeiten werden das Risiko und die Kreditsumme an einen Dritten übertragen.

Bei den traditionellen Formen der Refinanzierung sind durch die Digitalisierung keine disruptiven Effekte bezüglich der Geschäftsprozesse zu erwarten, da diese bereits weit entwickelt und durch regulatorische Vorgaben geprägt sind. Gerade in der Gewerbeimmobilienfinanzierung ist der Refinanzierungsprozess teilweise noch sehr traditionell. So werden mögliche Partner für die Refinanzierung im Rahmen des Market-Soundings bzw. der Marktsondierungen telefonisch kontaktiert, weil der Kreis der Interessenten für eine Syndizierung als relativ klein gilt.

Im Vergleich zur traditionellen sind bei der digital beeinflussten Refinanzierung neben Plattformen für Immobilienfinanzierung (siehe Kapitel 5.1.2) auch Ausplatzierungsplattformen für Kredite möglich. Auf diesen Plattformen bieten Banken die Immobilienkredite zur Ausplatzierung an. Die Bank selbst entscheidet, welche Details sie hinterlegt. Diese Daten sind in dem zugelassenen Rahmen öffentlich einsehbar: anonymisiert mit den Basisdaten oder im Detail. Die Dokumente können auch über eine Cloud zur Verfügung gestellt werden. Weiterhin können sich andersherum auf der Plattform Immobilieninvestoren präsentieren und ihre Interessen an spezifischen Immobilienarten oder Regionen hinterlegen.

Des Weiteren können Plattformen auch eingesetzt werden, um Einlagen einzuwerben. Eine Immobilienbank kann über eine Plattform mit anderen Banken (vorzugsweise der gleichen Gruppe wie Sparkassen oder Genossenschaftsbanken) verbunden sein, auf der die Banken die Einlagenprodukte für ihre Kunden zeichnen können. Mit den Einlagen erweitern die immobilienfinanzierenden Banken ihr Refinanzierungsspektrum, während sie bislang hauptsächlich auf den Pfandbrief setzten.

Immobilienfinanzierung
Bei **privaten Immobilienfinanzierungen** findet der Kundenkontakt im Geschäftsprozess einer Bank traditionell in Filialen oder digital über Homepages oder Online-Plattformen statt. Die Potenziale der Digitalisierung werden schon genutzt, da die Kundengewinnung im Retailgeschäft oftmals bereits online stattfindet, das Filialgeschäft verliert an Bedeutung. Online-Plattformen und Online-Vermittler spielen bereits eine wichtige Rolle bei der Immobilienfinanzierung und werden noch an Bedeutung gewinnen.

Dies kann eine Chance für Banken darstellen, da die Kreditvermittlung über die jeweiligen Plattformen bereits einen wichtigen Beitrag zum Geschäftserfolg leistet. Jedoch können Banken auch bei weiterer Verbreitung von Plattformen den unmittelbaren Zugang zum Kunden verlieren, wenn sie nur einer von vielen Anbietern (austauschbaren) auf einer von Externen betriebenen Plattformen sind.

Bei der **gewerblichen Immobilienfinanzierung** haben die einzelnen Finanzierer zwar jeweils nur wenige Filialen oder Niederlassungen, online finden aber nur wenige Finanzierungen statt. Bei gewerblichen Immobilienfinanzierungen ist angesichts der Digitalisierung der folgende Prozess mithilfe von Plattformen möglich, wenn auch eher als eine Vision. Auf einer Plattform informiert die Bank darüber, in welchem Segment sie gemäß ihren Bedingungen zu Finanzierungen bereit ist. Über diese Plattform fragt dann ein Investor nach einer Finanzierung. Nun kann die Bank entweder die Aktivitäten nur beobachten oder Detailinformationen zu dem Objekt für die Abgabe eines Angebots anfordern. Der Investor sieht nun, wer sich für die Finanzierung interessiert und kann die Interessenten freischalten oder weitere zur Abgabe eines Angebots einladen. Eine Verschwiegenheitserklärung (Non-Disclosure-Agreement; NDA) sichert die Vertraulichkeit und die Bank erhält danach den Zugriff auf die Objektunterlagen. Die Bank trägt nach Prüfung der Kreditunterlagen ihre Finanzierungsindikation in ein vorgegebenes Formular ein. Die Plattform kann von der Bank selbst oder Dritten betrieben werden.

Bei einem vermehrten Einsatz von Plattformen für Finanzierungen hätte dies gegebenenfalls außerordentliche Folgen für den Kreditvergabeprozess. Für die Banken bedeutet dies einen erhöhten Wettbewerb und die Notwendigkeit, ihre Prozesse zu standardisieren und zu beschleunigen. Zudem kann die Steuerung des eigenen Kreditportfolios stark vereinfacht werden, indem nicht mit der Strategie kompatible Kredite weitergegeben werden. Für die Investoren kann sich die Transparenz bezüglich Preisindikationen und Darlehensbedingungen erhöhen. Der Arbeitsaufwand, eine Vielzahl von Banken zu kontaktieren, würde sich verringern. Bei der gewerblichen Immobilienfinanzierung können diese Einsparungen zum Tragen kommen, auch wenn die Abwicklungsprozesse aufgrund der Heterogenität der einzelnen Geschäftsvorfälle im Gegensatz zur privaten Baufinanzierung komplexer sind. Dies betrifft sowohl die allgemeine Prüfung und Bewertung des Kreditantrags als auch die der Sicherheiten, u. a. in Form der Immobilienbewertung.

Es geht um eine Digitalisierung der Kreditvergabe und des -prozesses. Durch eine umfassende Digitalisierung des Kreditprozesses können Geschwindigkeit, Qualität und Effizienz signifikant verbessert werden. Die Digitalisierung des Kreditprozesses wird als notwendiger Schritt angesehen, um zukünftige neue Geschäftsmodelle anbieten zu können. Um Geschäftsmodell künftig anpassen zu können, wird eine umfassende Digitalisierung des Kreditprozesses als notwendige Voraussetzung angesehen.

Bewertung

Insgesamt kann die Immobilienfinanzierung durch die Digitalisierung schneller und transparenter werden. Derzeit vergehen zwischen Antragstellung und Kreditzusage oft noch mehrere Tage und im gewerblichen Bereich eher Wochen bzw. Monate. Zukünftig können Zusagen bei der Immobilienfinanzierung online gewissermaßen ad hoc gegeben werden. Hinzu kommt, dass aus Sicht des Kreditnehmers die Digitalisierung dazu beiträgt, dass die unterschiedlichen Konditionen besser und einfacher verglichen werden können. Aus rechtlichen Gründen kann aber die Immobilienfinanzierung nicht als kompletter Geschäftsprozess digitalisiert werden. Aufsichtsrechtliche Vorgaben erfordern z. B. in vielen Fällen persönlich die Immobilie zu besichtigen. Die Vertragsunterlagen müssen ebenso weiterhin nach wie vor in Schriftform mit den Unterschriften des Anbieters und des Kunden versehen werden. Zusätzliche Herausforderungen können sich durch weitere rechtliche Verschärfungen bei Finanzdienstleistungen und Verbraucherschutzbestimmungen ergeben. Die Digitalisierung ist ein kontinuierlicher Prozess und entsprechend zu etablieren, da sich im Laufe der Zeit immer wieder, z. B. auf Basis regulatorischer Änderungen, Ineffizienzen in Prozessen ergeben. Ein weiteres Ergebnis der Prozessoptimierung kann darin liegen, dass Geschäftspartner, bei denen im Leistungsangebot Kosten durch höhere Effizienz eingespart werden können, diese in Form höherer Gebühren weitergegeben werden können.

5.2.3 Eigentumsübertragungsprozess

Wenn sich Eigentümer und Interessent über einen Kaufpreis geeinigt haben, steht als letzter Prozessschritt der eigentliche Immobilienverkauf an. Bei einer Immobilientransaktion ist ein notarieller Kaufvertrag zwischen Käufer und Verkäufer zum Abschluss erforderlich. Für alle Schritte einer Eigentumsübertragung ist die Einschaltung eines Notars gesetzlich vorgeschrieben, der ein unabhängiger Träger eines öffentlichen Amtes ist. Der Übergang des Eigentums mit allen Nutzungsrechten und Lasten erfolgt durch die Eintragung in das Grundbuch. Dieses ist ein öffentliches Register, das beim zuständigen Amtsgericht geführt wird.

Die Aufgabe eines **Notars** ist, Käufer und Verkäufer durch das Geschäft zu begleiten, einen reibungslosen Ablauf zu sichern und nicht zuletzt dafür zu sorgen, dass alle Vorschriften eingehalten werden. Der Notar überprüft unabhängig die Transaktion. Häufig erfolgt vor dem Unterschriftstermin ein Vorgespräch, nach dem der Notar einen Kaufvertragsentwurf formuliert hat. Diesen schickt er den Parteien dann vor der Beurkundung zur Kontrolle zu. Der Kaufvertrag, der vom Notar beurkundet wird, soll größtmögliche Rechtssicherheit schaffen.

Ein Notar stellt dabei zwar sicher, dass der Immobilienkaufvertrag juristisch einwandfrei ist, kennt aber die zwischen Verkäufer und Käufer getroffenen Vereinbarungen nicht im Detail. Weiterhin überprüft der Notar nicht, ob der Kaufpreis angemessen ist. Auch darf der Notar nicht ohne Weiteres die Bonität und Zuverlässigkeit der Vertragspartner in Zweifel ziehen. Wenn der Notar den Vertrag im Beurkundungstermin dann vollständig verlesen hat und alle Fragen geklärt sind, wird er von den Parteien sowie dem Notar unterzeichnet. Mit der Unterzeichnung ist der Vertrag bindend. Wenn alle Voraussetzungen erfüllt sind und alle erforderlichen Unterlagen vorliegen, stellt der Notar beim Grundbuchamt den Antrag zur Eigentumsumschreibung. Dabei beantragt der Notar, eine Auflassungsvormerkung einzutragen – vergleichbar einer Reservierung. So wird zukünftiges Eigentum gesichert. Der Verkäufer hat nun keine Möglichkeit mehr, die Immobilie anderweitig zu verkaufen – selbst wenn ihm ein deutlich höherer Preis geboten würde.

Die Hauptaufgabe des **Grundbuchamts** besteht darin, die entsprechenden Grundbücher zu verwalten und auf Antrag Änderungen vorzunehmen. Zudem gewähren die Grundbuchämter auf Antrag Einsicht in die Grundbücher und fertigen Grundbuchauszüge in einfacher und beglaubigter Form an. In der Regel handelt es sich dabei um Änderungen, die durch einen notariellen Vertrag im Grundbuch vermerkt werden wie etwa Eigentumsumschreibungen nach Verkauf oder Grundschulden. Der Prozess der Eintragung der Grundschuld ins Grundbuch sowie der Abfrage von bestehenden Lasten ist noch wenig digitalisiert. Bis vor wenigen Jahren war es noch üblich, die Grundbücher als Loseblattsammlungen zu führen. Mittlerweile bieten die Grundbuchämter auch digitale Abfragen an, aber es bestehen keine einheitlichen Standards in Deutschland.

Blockchain-Technologie

Bei der Eigentumsübertragung im Rahmen des Kaufs einer Immobilie kann die Einführung der Blockchain-Technologie (siehe auch Kapitel 3.3.2) zu deutlichen Veränderungen führen. Diese Technologie kann bei **Investmenttransaktionen** genutzt werden, um Details der Transaktion zu dokumentieren und zwischen den Deal-Partnern zu kommunizieren. Das System ermöglicht den Teilnehmern einen zeitnahen Zugang zu sicheren, verschlüsselten Transaktionsdokumenten, die ansonsten manuell durchgeführt werden müssten, was entsprechende Zeit benötigen würde. Die Unterlagen können auch den Behörden zeitnah zur Verfügung gestellt werden, falls das nötig ist. Insgesamt werden dadurch sowohl Zeit als auch Kosten eingespart. Transaktionen in der Blockchain sind für alle beteiligten Parteien zugänglich, wodurch die Nachvollziehbarkeit von Immobiliengeschäften und die Transparenz erhöht werden. Die Speicherung erfolgt dezentral und über alle Teilnehmer eines Netzwerks verteilt. Den Marktteilnehmern stehen alle relevanten Informationen transparent zur Verfügung. Zurückliegende Transaktionen werden erfasst und können nicht gelöscht oder verändert, sondern nur stetig ergänzt werden. Die Transaktionshistorie einer Immobilie kann zukünftig mittels der Blockchain gespeichert, nachverfolgt und laufend aktualisiert werden.

Die Blockchain-Technologie eignet sich insbesondere für den Datenaustausch mehrerer Parteien, wobei diese Daten verifiziert werden sollen und dieser Austausch zur Abwicklung eines Transaktionsgeschäfts dient. Bisher musste bei solchen Geschäftsvorfällen auf einen Mittelsmann, z. B. einen Notar, zurückgegriffen werden, oder die beteiligten Parteien standen im direkten Austausch. Durch die Blockchain können diese Mittelsmänner zukünftig eingespart werden. Gerade die Immobilienwirtschaft ist durch eine Vielzahl von Mittelsmännern, vertraglichen Beziehungen und kleinteiligen Buchungen geprägt, die von der Blockchain potenziell übernommen werden können. Allerdings ergibt sich das Problem, dass ein Grundprinzip der Blockchain-Technologie die Transparenz der Transaktion bei gleichzeitiger Anonymität der User ist. Diese Anonymität des Nutzers lässt sich nur schwerlich mit der Forderung nach Transparenz in der Immobilienbranche vereinbaren.

Das **Grundbuch** eignet sich grundsätzlich für den Einsatz der Blockchain-Technologie. Es wird immer weitergeführt und alle Änderungen sind transparent. Wechselt der Eigentümer eines Grundstücks, so wird diese Information als neuer Block an den Informationsstrang angehängt. Somit können auch große und umfangreiche Transaktionen schnell und mit Sicherheit durchgeführt werden, ohne dass zentrale Kontrollstellen oder übergeordnete Institutionen hinzugezogen werden müssen. Dies senkt die Nebenkosten bei Verkäufen. Darüber hinaus werden Informationsasymmetrien bei Anwendung der Blockchain-Technologie reduziert.

Allerdings sind die Technologie und die rechtlichen Rahmenbedingungen nicht so weit, um diese in großem Stil anwenden zu können. Die Eintragung selbst kann in Deutschland bislang rechtlich nicht digital erfolgen, wie dies in anderen Ländern schon möglich ist. Während sich Länder wie Georgien oder Ghana vom Einsatz blockchain-basierter Grundbuchsysteme vor allem mehr Transparenz versprechen und Missbräuche sowie Korruption vermeiden wollen, geht es digitalen Vorreitern wie Estland oder Schweden in erster Linie um Bürokratieabbau und mehr Effizienz staatlicher Leistungen. Für Deutschland sind aber für diesen Prozess kurzfristig keine wesentlichen Veränderungen zu erwarten, da das deutsche Grundbuch- oder Bauordnungsamt wohl nicht so schnell digital transformiert wird.

Exkurs: Grundbuchamt in Großbritannien

Das Zentrale Grundbuchamt (Land Registry) in Großbritannien verfügt über Daten und Informationen zu rund 28 Mio. Grundstücken in England und Wales. Diese Daten sind für jede einzelne Immobilie von jedem online abfragbar. Alle Auskünfte werden online bestellt, und online gibt es auch die Rechnung, die mit der Geld- oder Kreditkarte zu bezahlen ist.

Das britische Zentrale Grundbuchamt ist online mit allen Banken und den Anwälten (englisch: *solicitors*) verbunden, die Grundstücksgeschäfte abwickeln. Das Grundbuchamt ist zu Wohnimmobilien die bei Weitem umfassendste und beste Datenquelle in Großbritannien. Dabei ist das Grundbuchamt die mit weitem Abstand zuverlässigste Quelle für Preisveränderungen von Wohnimmobilien.

Voll liberalisiert und digitalisiert sind genaue Beschreibungen einschließlich Größe und Lage, Informationen über den jetzigen Besitzer und seine Vorgänger, Angaben zu Hypotheken und anderen Belastungen wie etwa Wegerechten oder auch Abmachungen zwischen Bauträgern und ihren Kunden. Der letzte Kaufpreis darf indes nur genannt werden, wenn die Immobilie nach dem Jahr 2000 den Besitzer gewechselt hat. Da die meisten Immobilien im Schnitt alle sieben Jahre den Eigentümer wechseln, ist das aber keine große Beeinträchtigung.

Damit unterscheidet sich der britische Umgang mit Immobiliendaten erheblich von den deutschen Usancen. In Deutschland gibt es kein zentrales Grundbuchamt und Auskünfte werden nur bei berechtigtem Interesse erteilt. Offizielle Daten über Transaktionen deutscher Wohnimmobilien erheben die amtlichen Gutachterausschüsse, die sich auf die Angaben der Notare stützen. Nationale Angaben werden jedoch nur alle zwei Jahre erhoben und veröffentlicht. Die lokalen Mietspiegel sind umstritten, weil sie zum einen meist in Absprache von Vertretern von Vermietern und Mietern sowie den Behörden und nur selten als qualifizierte Mietspiegel auf wissenschaftlicher – aber ebenfalls umstrittener – Basis erhoben werden.

Smart Contracts

Auf der Basis der Blockchain-Technologie lassen sich **Smart Contracts** gestalten. Dabei handelt es sich um Verträge, die standardisiert und selbsterfüllend sind. Der Vertrag überprüft seine Bedingungen selbstständig und handelt automatisiert. Es handelt sich weniger um Verträge im herkömmlichen Sinne als um einen Code, der dazu genutzt werden kann, definierte Vertragsbedingungen auszuführen. Die Bedingungen sind dabei für die teilnehmenden Parteien vollkommen transparent. Durch die Nutzung von Smart Contracts unterstützt die Blockchain die Automatisierung manueller Prozesse, für die normalerweise Intermediäre notwendig sind. Durch die Verwendung solcher Verträge kann der Vermögensaustausch größtenteils automatisiert erfolgen, wenn die entsprechenden, im Vorfeld definierten, Voraussetzungen eintreten (z. B. das Eingehen der Zahlung).

Prädestiniert für die Blockchain-Technologie sind kleinteilige, sich wiederholende Geschäftsprozesse wie z. B. Vertragsverhältnisse, an denen viele kleinteilige Verträge beteiligt sind. Hier ermöglicht diese Technologie ein effizientes Vertragsmanagement. Möglich werden solche intelligente, sich selbst abschließende Smart Contracts durch das Zusammenspiel mit dem Internet of Things (IoT). In Kombination mit IoT lässt sich z. B. eine automatische Nebenkostenabrechnung erzeugen.

Auch weitere Kaufverträge können in Zukunft mithilfe von Smart Contracts automatisiert und in der Cloud gestaltet werden. Ein Smart Contract soll je nach Fall und Anwender einen Papiervertrag ersetzen, ergänzen oder duplizieren. So werden vertraglich verbindliche Abhängigkeiten automatisiert überprüft, ausgeführt oder terminiert. Ein Smart Contract könnte die vertragliche Sicherheit erhöhen, den Verwaltungsaufwand minimieren und die Dokumentation verbessern. Ferner könnten Intermediäre wie Anwälte, Notare oder bürokratische Verwaltungsorgane teilweise überflüssig werden. Es ist schon technisch möglich, Grundstückskaufverträge für Standardverträge ohne Notar über das elektronische Zertifizierungsverfahren abzusichern.

Notare werden nicht überflüssig, sondern sie sind immer dann gefragt, wenn Dinge vom Standard bei Smart Contracts abweichen, also beispielsweise komplizierte Wegerechte auszuhandeln sind. Weiterhin ist nicht abzusehen, wann in Deutschland die gesetzlichen Rahmenbedingungen geschaffen werden, um beispielsweise den Immobilienverkauf über derartige Verträge abwickeln zu können.

6 Digitalisierung und Büroimmobilienmarkt

In den Bürogebäuden[1] werden insbesondere Verwaltungstätigkeiten und Schreib-tischtätigkeiten durchgeführt. Büroimmobilien stellen Flächen in Form abgeschlos-sener Räume dar, in denen spezielle Einrichtungen und geeignete Arbeitsmittel vorhanden sind, um allgemeine Verwaltungstätigkeiten oder die Tätigkeiten des Dienstleistungssektors erledigen zu können. Wichtige Unterscheidungskriterien sind zum einen die Lage (z. B. Central Business District oder Back-Office-Standort) und zum anderen die Bürokonzepte oder -formen.

In diesem Kapitel wird darauf eingegangen, wie sich durch die Digitalisierung die Büroarbeit verändert und welche Folgen sich dadurch für die Geschäftsmodelle (Kapitel 6.1) und Geschäftsprozesse (Kapitel 6.2) bei der Vermietung von Büroflächen ergeben. Weiterhin werden sich durch den digitalen Wandel die Anforderungen an Standorte ändern; die Immobilien selbst und deren Ausstattung wandeln sich in Rich-tung von Smart Office-Konzepten (Kapitel 6.4). Im vorangegangenen Kapitel ist bereits auf die Investments, auch in Büroimmobilien, und deren Finanzierung eingegangen worden, sodass dies hier nicht mehr analysiert wird.

Infolge der Digitalisierung werden sich die Leistungserstellungsprozesse in der Büroarbeit deutlich verändern. Der Leistungs- und Innovationsdruck auf die Mitar-beiter in Büros wird zunehmen und zugleich wird ihre durchschnittliche Anwesen-heit in Bürogebäuden sinken. Das Bürogebäude wird in einer mobilen, dynamisierten und digitalen Welt zum Ankerpunkt für die Mitarbeiter von Organisationen. Durch die Digitalisierung der Geschäftsmodelle und -prozesse ergeben sich somit neue An-forderungen an zukunftsfähige Büroimmobilien sowie deren Standorte. Die digitale und vernetze Welt verändert grundlegend das Raum-, Zeit- und Organisationsgefüge der Arbeit. Digital vernetzte Arbeit muss nicht mehr an räumlich fixierten Arbeitsplät-zen erbracht werden, ist nicht mehr zwingend zu festen und standardisierten Zeiten zu leisten und erfordert nicht in allen Fällen zeitgleiche physische Anwesenheit der Teammitglieder. Diese Zukunftstrends werden aber nicht allgemein umgesetzt, son-dern werden vermutlich nur einen Teil der Arbeitswelt betreffen. Grundsätzlich han-delt es sich bei den Auswirkungen der Digitalisierung auf den Büroimmobilienmarkt um einen Veränderungsprozess, der sich allmählich vollzieht und nicht revolutionär. Die traditionellen Bürostrukturen werden anhaltend dominieren und alternative Kon-zepte sind eher noch unterrepräsentiert.

Differenziert sind die Erwartungen hinsichtlich der Auswirkungen der Digitalisie-rung auf die Nachfrage nach Büroflächen. Die Digitalisierung bietet gleichzeitig das Potenzial für mehr und weniger Bedarf an Bürofläche. Auf der einen Seite ist eine **hö-here Büroflächennachfrage** durch die Informations- und Kommunikationsbranche

---

[1] Für eine ausführliche Darstellung des Büroimmobilienmarkts mit den Zusammenhängen und Ent-wicklungstrends siehe Vornholz, 2017, S. 91ff.

https://doi.org/10.1515/9783110726909-006

gegeben, da diese im Vergleich zu anderen Branchen weitaus höhere Wachstumsraten aufweist. Auch Bereiche, die von der Digitalisierung oder dem Online-Handel profitieren, werden ihre Nachfrage steigern. Deutlich wird dies beispielsweise im Handelssegment oder bei Dienstleistungssegmenten, bei denen der Einfluss der Digitalisierung stetig zunimmt. Telekommunikations-, Software- und Internet-Unternehmen gehören zu den Motoren des wirtschaftlichen Aufschwungs. Mehrere Ballungszentren kristallisieren sich dabei in Deutschland als Schwerpunkte der New Economy heraus. Dies führt zu Veränderungen in der Struktur der Flächennachfrage. Die IuK-Branche ist in allen deutschen Großstädten ein wichtiger Nachfrager nach Bürofläche geworden. Die Unternehmen konnten einen enormen Bedeutungszuwachs verzeichnen, so hat sich der Büroflächenumsatz beispielsweise dieser Unternehmen in Berlin in den vergangenen fünf Jahren mehr als versiebenfacht und hatte 2015 einen Anteil von mehr als 40 % des gesamten Umsatzvolumens. Die hohe Dynamik dieser Zukunftsbranchen hat außerdem positive Effekte auf das regionalwirtschaftliche Wachstum, den jeweiligen Arbeits- und letztlich auch den Immobilienmarkt. Gleichzeitig haben aber diese dynamisch wachsenden Unternehmen hohe Ansprüche an die Flexibilität der Büronutzung. Dies sind tendenziell kürzere Mietlaufzeiten, um sich stärker an eine Expansion bzw. veränderte Mitarbeiterzahlen anpassen zu können.

Auf der anderen Seite kann es infolge zunehmender Digitalisierung zur **Abnahme des Büroflächenbedarfs** kommen. Es sinkt zunächst der Flächenbedarf für die Dokumentenverwaltung und Archivierung in Papierform, da der Anteil digitaler Dokumente in den Unternehmen stark zunimmt. Durch den Trend zu mobilem, vernetztem Arbeiten können Unternehmen, die diese Arbeitsformen einführen, ihren Flächenbedarf senken. Flexibles Arbeiten mithilfe der Digitalisierung kann in verschiedenen Formen erfolgen, wie z. B. Homeoffice, Desk-Sharing oder Co-Working. Dabei arbeiten bei flexibler Nutzung mehrere Arbeitnehmer oder Unternehmen zugleich in meist größeren, offenen Räumen und Unternehmen mieten diese Büroarbeitsplätze zeitweise und flexibel an. Voraussetzung für den Minderbedarf ist vielfach, dass einerseits die Beschäftigten eine längere Zeit außerhalb des Büros arbeiten und andererseits geeignete sowie flexible Gebäude und Flächen vorhanden sind. Dafür ist u. a. ein geeignetes und flexibles Gebäude- und Flächenlayout notwendig, das Anpassungen erlaubt. Bisher ist insgesamt noch kein spürbarer Rückgang des Büroflächenbedarfs erkennbar, was daran liegt, dass der Anteil von Homeoffice in Deutschland stagniert. Auch ist noch kein spürbarer Rückgang der Pro-Kopf-Bürofläche durch die Zunahme von Telearbeit festzustellen. Trotz hohen Wachstums alternativer Arbeitsplätze verliert das klassische Büro seine Bedeutung als zentrale Anlaufstelle nicht, vielmehr ist es weiterhin der Standard.

6.1 Auswirkungen auf Geschäftsmodelle

Bei den Geschäftsmodellen im Bürobereich kann zwischen zwei grundsätzlich verschiedenen Effekten der Digitalisierung unterschieden werden. Zum einen sind dies **neue Bürokonzepte**, die sich durch die digitale Transformation mit den neuen Berufsbildern und Arbeitsweisen ergeben. Bürokonzepte, auch Büroform oder Bürotyp genannt, sind Strukturmodelle zur Gestaltung von Büroflächen, wobei sie prinzipielle Lösungen für die funktionalen Erfordernisse bieten. Im Folgenden wird unterschieden zwischen konventionellen und alternativen, digital beeinflussten Konzepten, die dann weiter unterteilt werden können. Dies führt dazu, dass sich Büroimmobilien vermehrt in Betreiberimmobilien wandeln und auch neue Formen entstehen, die Büronutzung zu bezahlen. Zum anderen zeigen sich durch die Digitalisierung neue Möglichkeiten in der (kurzfristigen) **Vermietung von Büroflächen** durch Plattformen und Portale. Die Digitalisierung wirkt sich bei den in Tabelle 6.1 dargestellten Modellen teilweise besonders aus und führt zu neuen Geschäftsmodellen.

Tab. 6.1: Geschäftsmodelle der Bürovermietung, Quelle: eigene Darstellung in Anlehnung an Catella Research, 2017, S. 6f. und Cushman & Wakefield, 2018, o. S.

Typ	Definition
konventionelle Bürofläche	Der klassische Bürotyp, der im Eigentum einer einzigen Organisation oder langfristig von einer solchen angemietet ist. Auf der Bürofläche erfolgt in unterschiedlichen Bürokonzepten die alltägliche Büroarbeit.
Alternative, digital beeinflusste Bürokonzepte	
Business Center	Eine Bürofläche oder ein Bürogebäude, das vollständig ausgestattet ist und zentral betrieben wird. Einzelne Schreibtische oder komplette Büroräumen werden vermietet.
Managed Office	Ein individuell gestalteter Arbeitsplatz, der von einem einzelnen Anbieter über den kompletten Zeitraum der Nutzung vermittelt und gemanagt wird.
Serviced Office	Der exklusive Zugang wird zu einem privaten und gesicherten Bereich gewährleistet, oftmals kombiniert mit separaten Räumen.
Co-Working Space	Der Vermieter derartiger Flächen gewährt unabhängig voneinander arbeitenden Personen kurzfristig Arbeits-möglichkeiten und Ausstattungsgegenstände.
Virtual Office	Es werden eine Adresse und bestimmte Geschäftsfunktionen verwendet, ohne dass Flächen physisch genutzt werden.

(vertikale Markierungen: dedicated ↑ / shared ↓)

6.1.1 Traditionelles Geschäftsmodell der Bürovermietung

Das **traditionelle Geschäftsmodell** der Vermietung zeichnet sich dadurch aus, dass eine konventionelle Bürofläche mit entsprechenden Mietverträgen vermietet wird. Grundsätzlich können Mietverträge formlos geschlossen werden: wenn der Vertrag allerdings für länger als ein Jahr abgeschlossen werden soll, bedarf er der Schriftform. Die Mietdauer ist unterschiedlich geregelt, die konventionellen Büroflächen weisen Mietverträge mit einer eher langen Laufzeit auf. Zwar sank der Anteil der langfristigen Mietverträge (über zehn Jahre) in der letzten Zeit, aber auch heute liegt der Standard bei fünf Jahren plus Option für fünf Jahre. Das Büro wird in der Regel unmöbliert vermietet. Der Mietgegenstand muss eindeutig – auch von einem Dritten – bestimmbar sein. Es muss klar geregelt sein, was zum Mietgegenstand gehört und folglich vom Mieter genutzt werden darf. Definiert werden muss auch der Nutzungsumfang bzw. die Nutzungsart. Es ist grundsätzlich die Pflicht des Vermieters, die Mietsache in einem vertragsgemäßen Zustand zu erhalten und bei der Rückgabe ist der Originalzustand wiederherzustellen. Bei Büroflächen werden diese Pflichten üblicherweise auf den Mieter vertraglich übertragen.

Es wird üblicherweise eine feste Miete pro Fläche (Euro pro m^2 pro Monat) berechnet. Im Bereich der Gewerberaummiete werden darüber hinaus sämtliche in einem Objekt anfallenden Betriebskosten anteilig auf die Mieter übergewälzt, wobei es insoweit einer eindeutigen und transparenten vertraglichen Regelung bedarf.

Bei den konventionellen Büroflächen ist das **Zellenbüro** die klassische Büroform, die zumeist Ein- oder Zweipersonenbüro sind. Zellenbüros sind in Deutschland die vorherrschende Büroform, weil sie dem Einzelnen Individualität und Rückzugsmöglichkeiten bieten. Sie behindern aber die Kommunikation und Zusammenarbeit, sind wenig flexibel und nur bedingt flächenwirtschaftlich effizient. **Großraumbüros** sind als Reaktion auf die Nachteile der Zellenbüros entstanden. In Großraumbüros werden möglichst viele an einem Arbeitsablauf beteiligte Beschäftigte räumlich zusammengefasst. So sollen Kooperation und Kommunikation verbessert werden, die Arbeitsabläufe transparenter, die Statussymbole hierarchischer Organisationen aufgehoben und die Räume an wechselnde Anforderungen angepasst werden. Die Zellen- oder auch Großraumbüros sind oftmals entlang eines trennenden Mittelgangs in den Etagen eines Bürogebäudes angeordnet. Die Angestellten sind üblicherweise zu relativ festen Arbeitszeiten an den ihnen (fest) zugewiesenen Arbeitsplätzen.

Das Großraumbüro erlebt ein Comeback als **Open Space-Büro**, wobei dies durchdachter und lebenswerter konzipiert sein soll. Open Space-Büros sind individuell auf die Bedürfnisse der Firma und der Teams eingerichtete Großräume. Der Arbeitsraum ist in verschiedene Funktionsbereiche unterteilt; es gibt Zonen für konzentriertes Arbeiten an Einzelarbeitsplätzen, Meeting-Bereiche oder Tische für Gruppenarbeiten. Im Idealfall kann jeder Mitarbeiter jeden Arbeitsbereich nutzen und die räumliche Positionierung einzelner Mitarbeiter kann sich ständig ändern. Ein Open Space-Büro verbraucht einerseits insgesamt weniger Bürofläche als die Einzelbüros. Weniger Fläche kann eine höhere Flächenproduktivität oder anders herum weniger Büromiete und Bürokosten bedeuten. Open Space-Offices stehen nicht nur symbolisch für Kreativität, sondern ermöglichen kurze Wege und einen besseren Austausch der Mitarbeiter untereinander. Andererseits sind viele Arbeitnehmer gegen dieses Konzept, da sie keinen eigenen Schreibtisch mehr haben.

Weitere Formen traditioneller Bürokonzepte sind **Desk-Sharing** (deutsch: *Tisch teilen*) oder das **non-territoriale Büro**: Büroräume ohne oder mit nur teilweise fester Belegung durch persönlich zugewiesene Arbeitsplätze bzw. Arbeitsgruppen. Nach diesem Konzept steht einer bestimmten Anzahl von Beschäftigten eine begrenzte Zahl von Arbeitsplätzen zur Verfügung, die spontan oder nach Anmeldung genutzt werden können. Damit entfällt die persönliche Zuordnung eines Arbeitsplatzes zu einem bestimmten Beschäftigten und die Organisationsflexibilität erhöht sich. Die Arbeitsplätze sollen dadurch besser ausgelastet werden, um Kosten für das Unternehmen einzusparen.

Homeoffice stellt für Bürovermieter kein neues Geschäftsmodell dar, da hierbei Unternehmen ihren Mitarbeitern nur zu bestimmten Zeiten die Gelegenheit bieten, von zu Hause aus zu arbeiten. Die Digitalisierung ist eine der Voraussetzungen für die Einrichtung von Homeoffice, da vom Heimarbeitsplatz eine technisch optimale Verbindung mit dem Unternehmen notwendig ist. In Betriebsvereinbarungen wird festgelegt, wie der Arbeitgeber die Heimarbeitsplätze ausstatten muss und welche Kriterien erfüllt sein müssen, damit Arbeitnehmer einen Anspruch auf einen solchen Arbeitsplatz haben. Homeoffice erfordert von ihnen viel Disziplin, denn Absprachen zu Erreichbarkeit und Anwesenheit müssen verbindlich sein. Nach dem Labour Force Survey von Eurostat hat sich Homeoffice in der EU sehr unterschiedlich entwickelt. In Deutschland nutzen dies nur 12 % (2014), wobei dieser Anteil seit Mitte des vergangenen Jahrzehnts leicht rückläufig ist. In Europa insgesamt ist hingegen seit 2005 ein stetiger Anstieg zu verzeichnen, wobei der Anteil momentan insgesamt rund 17 % beträgt. Der höchste Anteil an Homeoffice-Arbeitsplätzen befindet sich in Skandinavien. Nach einer anderen Umfrage des Branchenverbands Bitkom können im Jahr 2018 Mitarbeiter in knapp jedem dritten deutschen Unternehmen ganz oder teilweise von zu Hause aus arbeiten.

Traditionell ist das allgemein vorherrschende immobilienwirtschaftliche Bild der klassischen Büroarbeit mit dem **Ort der Leistungserstellung** am Schreibtisch verbunden. Unternehmen, die traditionelle, aber innovative Bürolösungen umsetzen wollen, sehen sich oft mit dem Widerstand der Mitarbeiter konfrontiert. Häufig ist dabei der Protest der Führungskräfte am stärksten, da diese befürchten, das Privileg eines großzügigen Einzelbüros zu verlieren. Die meisten Arbeitnehmer bevorzugen einen festen Arbeitsplatz mit Tisch und Sitzplatz, nur ein geringer Teil ist für Desk-Sharing (kein fester Schreibtisch) oder eine Großraumlösung. Auch wenn sich die neuen Bürokonzepte dynamisch entwickeln, stellen die neuen Geschäftsmodelle auch langfristig eher eine Ausnahme dar. Bei einem Bestand von mehr als 400 Mio. m^2 Bürofläche in Deutschland kann zum einen jedes Jahr nur ein Bruchteil neu gebaut oder umgebaut werden und zum anderen ist das Nachfragepotenzial begrenzt.

Bei den traditionellen Bürokonzepten haben Büroangestellte oftmals eine starre Regelung bei der Arbeitszeit, auch wenn sich heute immer mehr flexible Arbeitszeitmodelle finden. Diese Veränderungen lassen sich mit der zunehmenden Forderung nach Selbstbestimmung in der Gesellschaft erklären (New Work, siehe Kapitel 2.1.5), die besonders in der Generation der Millenials auftritt. Als Folge hiervon verschwimmen die Grenzen zwischen Arbeitswelt und Privatsphäre zusehends. Diese Art moderner Arbeitsprozesse erfordert hierfür geeignete alternative Bürotypen, die insbesondere den digitalen Wandel als Voraussetzung haben.

6.1.2 Digital beeinflusste Geschäftsmodelle

Beim traditionellen Geschäftsmodell der Bürovermietung sorgten mittel- bis langfristige Mietverträge für Sicherheit – aufseiten der Mieter und Vermieter gleichermaßen. Das traditionelle Streben der Unternehmen nach Planungssicherheit kollidiert jedoch zunehmend mit den durch die Digitalisierung veränderten Rahmenbedingungen. Die Unsicherheit der Marktteilnehmer nimmt zu und der Wunsch nach Beständigkeit wird vom Erfordernis der Flexibilität verdrängt. Der Trend zu neuen Bürokonzepten lässt neue Geschäftsmodelle der Bürovermietung entstehen, die von der gif auch als **Flexible Workspace** oder von anderen als **Flex Spaces** oder **Flexible Office Space** bezeichnet werden.[2] Auf derartigen Flächen werden Büroarbeitsplätze von einem Betreiber zu flexiblen Konditionen im Hinblick auf Laufzeiten, Anzahl und Preise angeboten. Die Nutzer profitieren ferner von der vorhandenen Büroinfrastruktur und weiteren Dienstleistungen u. a. des Betreibers.

Folgende **Einflussfaktoren** prägen die neuen Geschäftsmodelle der Büroflächenvermietung. Aus Unternehmenssicht spielt das Ziel der Kosteneffizienz eine wesentliche Rolle für die Einführung digitaler Geschäftsmodelle. Weiterhin ist dies der Trend zur Sharing Economy, was die geteilte Nutzung von Ressourcen bezeichnet. Ökonomisch gesehen lassen sich so Fixkosten reduzieren und Ressourcen besser auslasten; gesellschaftlich spiegelt sich dies in alternativen Konsum- und Produktionsmodellen wider. Ebenfalls lassen sich die Präferenzen der Generation Y und der Digital Natives mit Technologieaffinität mit mobiler Kommunikation, flachen Hierarchien und den Möglichkeiten zur Selbstverwirklichung (New Work) gut mit dem Angebot neuer Bürokonzepte vereinbaren. Der soziale Wandel bzw. das Streben nach einer veränderten Work-Life-Balance verstärken den Wandel. Immer mehr Arbeitnehmer betrachten traditionelle Arbeitsmodelle als unflexibel und wenig kompatibel mit ihrem Wunsch nach einer ausgewogenen Work-Life-Balance.

---

2 Es existieren aber keine einheitliche Definitionen und Abgrenzungen, sodass es immer wieder zu Überschneidungen bei Konzepten und Begriffen kommt. Diese werden auch unterschiedlich verwendet. Im Folgenden werden diese Begriffe, obwohl sie teilweise von Einzelnen unterschiedlich verwendet werden, synonym eingesetzt.

Die **Zielgruppe** für Anbieter von Flexible Office Space sind Selbstständige oder Unternehmen, die sich nicht für einen längeren Zeitraum festlegen wollen oder nur für einen kurzen Zeitraum eine Bürofläche benötigen und daher eine große Flexibilität wünschen. Weiterhin sind die Start-up-Branche bzw. junge Unternehmen aus technologieorientierten und kreativen Branchen eine typische Klientel für diese neuen Geschäftsmodelle. Schließlich hat der technologische Fortschritt einen großen Einfluss auf den Wandel der Arbeits- und Bürowelt. Aufgrund von Mobile und Cloud-Computing verändern sich die Arbeitsweisen und es lässt sich heutzutage quasi von überall arbeiten und man ist nicht zwangsläufig auf eine Büroinfrastruktur angewiesen (Stichwort: Technology as an Enabler).

Dieser Trend hat aber nicht zu leeren Büros und der Dominanz des Homeoffices geführt, weil hier sozialer Kontakt und Austausch fehlen. Es entwickeln sich vielmehr differenzierte Bürostrukturen vom klassischen Zellenbüro über Open Space-Strukturen bis hin zu neuen Bürokonzepten. Moderne Informations- und Kommunikationstechnologien ermöglichen es, die Arbeit von Raum und Zeit zu entkoppeln, gleichzeitig erlauben sie eine schnelle, hohe und zuverlässige Vernetzung von Informationen und Wissen. Aufgrund neuer Arbeits- und Bürokonzepte entwickeln sich die Anforderungen an moderne Büroimmobilien entsprechend weiter (siehe Kapitel 6.4). Das klassische Schema eines orts- und zeitgebundenen Arbeitsplatzes wird abgelöst durch in Bezug auf Struktur, Arbeitszeit und -ort flexible Strukturen, wie die Abbildung 6.1 zeigt.

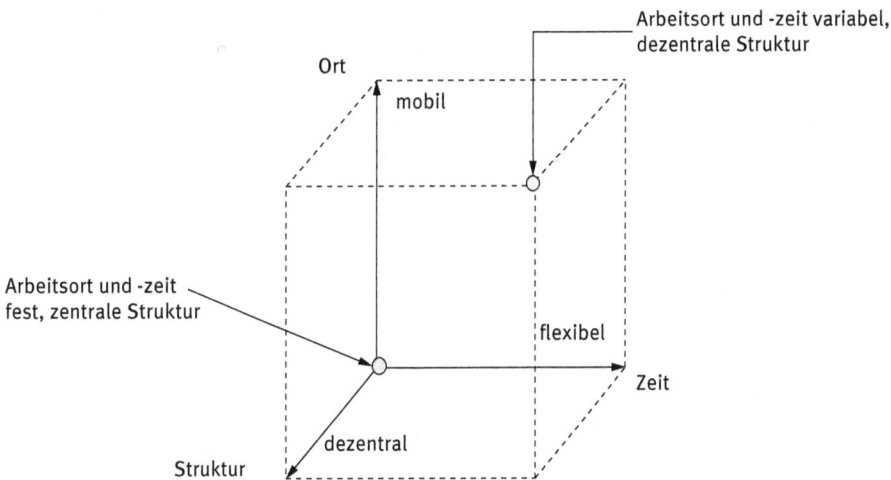

Abb. 6.1: Nutzeranforderungen an Büroimmobilien; Quelle: Deutsche Hypo, 2010, S. 5, eigene Darstellung.

Traditionelle Geschäftsmodelle und Arbeitsweisen werden von digitalen Arbeitsprozessen verdrängt. Das bedeutet für Unternehmen: höhere Anforderungen an Effizienz, Innovationskraft und Kreativität. Deshalb müssen sie ihre Arbeitsstruktur grundlegend überdenken und ebenso die Gestaltung der Büros. Die digitale Arbeitswelt führt zur Büroimmobilie von morgen. Bei den alternativen, digital beeinflussten Bürovermietungskonzepten wird ein Büro als Dienstleistung angeboten, das flexibel anmietbar ist.

Flexible Workspaces greifen diese Entwicklung auf und schaffen eine alternative Arbeitsform, die im Wesentlichen durch ein flexibles räumliches Arbeitskonzept geprägt ist. In einem räumlich offen gestalteten Konzept werden Infrastruktur und Arbeitsplätze, wahlweise in unterschiedlichen Leistungspaketen, von den Anbietern gestellt. Eine Nutzung bleibt dabei zeitlich befristet und beinhaltet bei Bedarf auch die Teilnahme an Workshops oder gemeinsamen Veranstaltungen. Zwar ist gegenwärtig eine besonders starke Marktdynamik festzustellen, aber der Umsatzanteil am Gesamtmarkt ist mit knapp über 5 % eher gering.

Durch die neuen Geschäftsmodelle der Vermietung werden aus den Büroimmobilien zunehmend **Betreiberimmobilien**. Die digital veränderten bzw. neuen Geschäftsmodelle führen zu neuen Herausforderungen für die Eigentümer bzw. Vermieter der Büroflächen. Diese sind speziell für die Nutzung durch eine bestimmte Art konzipiert. Sie werden vom Eigentümer in der Regel an einen einzigen Betreiber vermietet, der sie in eigener Regie bewirtschaftet. Beispiele für traditionelle Betreiberimmobilien sind Sportanlagen, Freizeitparks, Hotels oder Kliniken. Die Flexible Workspaces sind auch Betreiberimmobilien, da der Mieter diese an die Endnutzer weitervermietet. Die traditionelle, auf Langfristigkeit angelegte Miet- bzw. Zahlungsbereitschaft für eine Bürofläche wird durch neue, flexible Vermietungskonzepte ersetzt.

Der mit einer Betreiberimmobilie erzielbare wirtschaftliche Erfolg hängt neben den auch für alle anderen Immobilien relevanten Einflussfaktoren maßgeblich von den Qualitäten des Betreibers und seines Konzepts ab. Bei den alternativen Geschäftsmodellen bei der Bürovermietung ist von einem häufigeren und schnellen Mieterwechsel auszugehen, da die Mieter möglichst flexibel auf ihre jeweilige unternehmerische Situation reagieren wollen. Auf diese Erwartung haben die Betreiber zu reagieren, um stets für eine hohe Vermietung der Büroflächen zu sorgen. Dies bezieht sich zum einen auf das Vermietungskonzept, d. h. für welche Zielgruppen die entsprechenden Immobilien vorgesehen sind, und zum anderen auf das Vermietungsmanagement, um jederzeit die potenziellen Mieter zu finden.

Durch die neuen Bürovermietungskonzepte entstehen neue **Entlohnungsformen** für die Flächennutzung abseits üblicherweise langfristig ausgelegter Mietverträge. Das traditionelle Geschäftsmodell der Vermietung zeichnet sich dadurch aus, dass eine feste Miete pro Fläche (Euro pro m² pro Monat) berechnet wird, während es bei alternativen Konzepten neue Konzepte gibt. Im Vergleich zur Flächenmiete bei den traditionellen Geschäftsmodellen sind die Verträge bei den alternativen Konzepten bedeutend kurzfristiger gestaltet. Entsprechende Entlohnungsarten finden bei flexibel gestalteten Bürokonzepten statt. Bei den alternativen Geschäftsmodellen gibt es ein Preismodell, das sich an dem „Pay-as-You-Use-Prinzip" (Bezahlung nach Nutzung; Äquivalenzprinzip) orientiert. In einem Flexible Office Space gibt es je nach Ausrichtung verschiedene Arbeitsplätze. Im Open Space-Bereich können Hot Desks (freie

Platzwahl nach Verfügbarkeit) oder Fixed Desks (fester Arbeitsplatz) belegt werden. Weiterhin können Arbeitsplätze im Einzel- oder Mehrpersonenbüro genutzt werden. Da im Open Space-Bereich weniger Fläche pro Arbeitsplatz gebraucht wird, sind die dortigen Angebotspreise (Median Hot Desk: 200 Euro, Fixed Desk: 295 Euro) deutlich niedriger als im Privatbüro (Median 500 Euro).[3] Es wird nur die tatsächliche Nutzung eines Produktes bezahlt und nicht für den Besitz. Dem Nutzer ermöglicht das eine hohe Flexibilität und verringert seine Fixkosten.

Die „Treue" der Mieter zum Objekt, teilweise zum Standort und zur Mietvertragslänge wird weiter abnehmen. Es wird eine Zweiteilung des Marktes für Büroflächen(-Nutzung) zu erwarten sein: Zum einen große Unternehmensstrukturen mit mittel- bis langfristigem Nutzungshorizont und variable Kosten pro Arbeitsplatz als Steuerungsgröße, zum anderen eine kurz- bis mittelfristige Flächennutzung nach dem Pay-as-You-Use-Prinzip. Das Aufkommen der Flexible Workspaces mit dem Wechsel der Entlohnungsform zur Kostenbemessung und Vergleichbarkeit für einen Arbeitsplatz stellt eine strukturprägende Veränderung dar. Den Nutzern von Workspaces wird mit individuell kompatibleren Angebotspaketen entgegengekommen. Für die Vermieter der flexiblen Flächen ergibt sich das Dilemma bei der Bewirtschaftung der Flächen zwischen Flexibilität im Verhältnis zur langfristigen Planbarkeit der Nutzung und entsprechenden Einnahmen.

Die **Kostenstruktur** bei den unterschiedlichen Geschäftsmodellen differiert stark. Beim traditionellen Geschäftsmodell entstehen vorvertragliche Transaktionskosten wie Ausgaben für Möbel und Technik. Bei steigender Anzahl an Arbeitsplätzen ergeben sich stetig sinkende Kosten. Die Mieten stellen monatliche Fixkosten dar. Bei Flexible Workspaces sind die vorvertraglichen Kosten deutlich günstiger, da nur zusätzlich Kosten für Laptop oder Arbeitsmaterialien anfallen. So entstehen aber monatlich höhere Kosten als bei der traditionellen Bürovermietung. In wirtschaftlicher Hinsicht entstehen bei den traditionellen und alternativen Geschäftsmodellen etwa nach drei Mietjahren ähnlich hohe Kosten. In der langfristigen Betrachtung sind die Büroarbeitsplätze der traditionellen Geschäftsmodelle deutlich günstiger. Je kürzer die Laufzeit und je weniger Mitarbeiter beschäftigt werden sollen, desto eher eignet sich Flexible Workspace als Konzept.

Bewertung

Der **Vorteil** der Flexible Workspace beim Pay-as-You-Use-Prinzip ist, dass sich für den Vermieter flexibler Arbeitsflächen überdurchschnittlich höhere Mieterträge generieren und Auslastungsgrade erzielen lassen, was insbesondere in Zeiten des konjunkturellen Aufschwungs bzw. Booms gilt. Für den Nutzer entsteht durch die neue Entlohnungsform eine hohe Transparenz über die Kosten, die Nutzung ist letztlich sehr effizient, da der Mieter nur für den Teil zahlt, den er nutzt und von dem er auch

---

3 Die Mieten sind derzeit repräsentativ für deutsche Großstädte, können aber sehr unterschiedlich nach Standort oder Angebot ausfallen.

wirklich profitiert. Die Serviceleistungen können zu einer höheren Kundenzufriedenheit beitragen, da ein spezialisierter Betreiber die Leistung erbringt.

Das damit einhergehende **Risiko** für den Vermieter bzw. Betreiber liegt in der mangelnden Planbarkeit der Buchungssituation über einen längeren Zeitraum (gilt nicht für den Eigentümer, da dieser an den Betreiber von Flexible Workspace vermietet). Der Anbieter kann nur bedingt die mögliche Nutzungsintensität der Bürofläche vorausplanen. Für den Anbieter kann die Messung der tatsächlichen Nutzung aufwendig sein, was eine hohe Betreiberqualität voraussetzt. Die Preisnutzungsmodelle bei Büroflächen werden insgesamt weiterhin mehr auf Flexibilität ausgelegt sein. Eine hohe Transparenz ermöglicht dem Kunden die direkte Vergleichbarkeit mit anderen Anbietern, was einen stärkeren Preiswettbewerb zur Folge haben kann.

Formen von Flexible Workspace

Die neuen Arbeitsformen Flexible Workspace werden auch teilweise als Business Center oder als Co-Working beschrieben, wobei das damit verbundene Arbeiten in Open Spaces bei einer genaueren Betrachtung nur einen Teil der flexiblen Arbeitswelt ausmacht. Daneben stehen weitere Modelle oder Hybridmodelle, die verschiedene Varianten verbinden.

Tab. 6.2: Vergleich von Business Center und Co-Working, Quelle: eigene Darstellung in Anlehnung an Jones Lang LaSalle, 2017.

	Business Center	**Co-Working**
Fokus	auf Privatbüros	hoher Anteil von Open Space- und Gemeinschaftsflächen auf Kommunikation/Kollaboration
Umfeld	seriöses Business-Umfeld	trendiges Design
Ziel	leistungsstarkes Serviceangebot	räumliche Alternative zu Homeoffice
Nachteil	wenig Networking-Möglichkeiten	mangelnde Privatsphäre, Wissensabfluss und Konkurrenz
Zielgruppe	business-orientiert	Start-ups, Freelancer

Das Angebot an Flexible Workspace ist sehr vielfältig. Die einzelnen Betreiber lassen sich grundsätzlich in drei Kategorien klassifizieren. Alle drei Konzepte unterscheiden sich je nach Größe, Standort, Flächenangeboten, Preisen und den Nutzern voneinander. In der Tabelle 6.2 sind nur die beiden profilierten Positionen dargestellt. Business Center zeichnen sich durch den Fokus auf die Privatsphäre aus. Co-Working-Space-Anbieter legen den Fokus hingegen auf das Teilen (sharing) von offenen Raumkonzepten. Hybride Workspaces bieten ein Angebot aus einzelnen Büros sowie Arbeitsplätze im Open-Space-Bereich.

Viele Anbieter von Flexible Workspace haben eine Kombination aus beiden Konzepten verwirklicht. Gerade das ruhige und konzentrierte Arbeiten erfordert Rückzugsmöglichkeiten. Somit gibt es hier ein vielfältiges Raumkonzept, das den Anforderungen verschiedener Tätigkeiten (Konzentration, Kollaboration, Event) entspricht. Zudem wünschen Corporates als Nutzer häufig zusätzlich eigene, abgeschlossene Bereiche. In der Praxis scheint sich durchzusetzen, dass ein kleinerer Anteil an Open Space-Flächen auf Co-Working in einem solchen Hybridmodell und der Rest auf geschlossene Einzel- oder Teambüros entfällt.

Die verschiedenen Typen von Flexible Office Space unterscheiden sich in der Größe der Flächen, die insgesamt zur Anmietung angeboten werden. Ein klassisches Business Center in Deutschland ist in der Regel zwischen 900 und 1.600 m^2 groß, während die Standorte derjenigen Anbieter, die sich auf reines Co-Working spezialisiert haben, deutlich kleiner sind. Hier bewegt sich das Gros zwischen 200 und 500 m^2. Die größte Spannweite findet sich beim Hybridmodell mit üblichen Flächen zwischen 900 und 4.000 m^2, die größten Anbieter verfügen sogar über mehr als 10.000 m^2 Bürofläche an einem Standort. Business Center und Hybrid-Konzepte sind kommerziell geprägt, verfügen über größere Flächenangebote und fordern höhere Mieten. Zudem bieten sie der vermeintlich zahlungskräftigeren Zielgruppe der Unternehmen i. d. R. optimalere Nutzungsmöglichkeiten.

Business Center

Business Center ist der allgemeine Ausdruck für ein Bürogebäude oder ein Gebäudeteil, in dem Flächen angeboten werden, die Mieter für relativ kurze Zeit mieten können. Neben der Vermietung eines eingerichteten Büroarbeitsplatz (Zellenbüros) für kurze oder längere Zeit werden darüber hinaus Dienstleistungen angeboten. Eine einheitliche Definition findet sich hierzu nicht, da die Anbieter auch selbst diese Begriffe geprägt haben. Es werden teilweise die gleichen Tatbestände für verschiedene Begriffe verwendet oder die gleichen Angebote mit unterschiedlichen Begriffen belegt. Das Business Center gilt als eine digital beeinflusste Büroform, bei dem Ideen und Konzepte auch aus dem Hotelbereich übernommen werden. Räumliche Vorbilder sind ebenfalls die Business-Lounges in Flughäfen und Bahnhöfen oder der traditionelle britische Club, in dem es weder Schreibtische noch Büros gibt. Ein Beispiel für einen Anbieter sind die Büroflächen von Regus.

Treiber und wesentlicher Einflussfaktor der Nachfrage nach Business Centern sind zum einen die digitale Transformation und die auch dadurch neuen Arbeitsweisen. So kann u. a. aufgrund von Cloud-Technologien flexibel gearbeitet werden. Zum anderen verändert sich die Nachfrage wegen des demografischen Wandels. Die Anzahl der Personen aus der Millennium-Generation wird im Arbeitsleben zunehmen und insbesondere die kreativen Arbeitskräfte bevorzugen derartige Angebote. Die Mieter können vor allem aus anderen Orten als dem Sitz der Bürogebäude kommen oder sind Start-ups oder benötigen kurzfristig Flächen (u. a. wegen Projekten). Aufgrund ihrer erwarteten Wachstumsperspektiven wollen vor allem Start-ups keine langfristigen Verträge abschließen. Sie sind daher wegen der Flexibilität und der Annehmlichkeiten und der relativ hohen Mieten ideale Mieter in einem Business Center.

Die Mietkonditionen wie Mietdauer und -flächen sind recht flexibel gestaltet und den Mietern werden zusätzliche Dienstleistungen angeboten. In einem Business-Center verfügt jedes Unternehmen über ein eigenes abgeschlossenes Büro. Einzig die Infrastruktur teilen sich die Mieter. Business Center vermieten in einem seriösen Business-Umfeld einen eingerichteten Büroarbeitsplatz in Privatbüros (üblicherweise Zellenbüros für einen oder mehrere Arbeitsplätze) sowie optional weitere Dienstleistungen und Infrastruktur. Diese Dienstleistungen wie z. B. Empfang, Kantine, Poststelle bis hin zu Reisebüro- und Mietwagenservice oder Fitnesscenter ergänzen das Raumangebot. Die Büros sind bei jedem Arbeitsplatz komplett mit moderner IuK-Technik ausgestattet. Größere Büroflächen bis hin zu einem einzelnen Arbeitsplatz sind zu mieten – von wenigen Stunden (z. B. spezielle Lounges für Geschäftsreisende an Flughäfen) bis zu mehreren Monaten. Im Vergleich zu Co-Working wird der Austausch zwischen den Unternehmen konzeptionell jedoch nicht gefördert.

Die Standorte von Business Centern befinden sich überwiegend in zentralen Bürolagen großer Bürostandorte (CBDs) mit einer guten Adresslage – selten sind sie in Stadtteillagen zu finden. Zu den Kunden von Business Centern gehören somit in erster Linie Unternehmen und Freiberufler, die hochwertig ausgestattete Einzel- und Teambüros in Verbindung mit professionellen Büroservices nachfragen. Dabei unterscheidet sich das Angebot in Abhängigkeit von der Lage, so sind es in den Finanzbezirken eher einzelne Büros, während in kreativen Quartieren mehr Co-Working geeignete Flächen nachgefragt sind. Die Ausstattung der Büros ist hochwertig, funktional und technisch modern, wirkt aber aufgrund der angestrebten Seriosität und zu Gunsten der Kompatibilität mit möglichst vielen Corporates bisweilen neutral bis steril.

Bewertung

Diese neue Büroform Business Center kommt auf der einen Seite den steigenden Anforderungen vieler Nutzer an Flexibilität entgegen. Es bestehen bisher aber auch Vorbehalte aufseiten der Mitarbeiter. Auf der anderen Seite haben Business Center aufgrund ihrer standardisierten Ausstattung Nachteile. Sie weisen eine geringe Repräsentativität für Kundengespräche auf. Auf mittlere Frist dürften derartige Bürolösungen jedoch an Bedeutung gewinnen und sich als Marktnische etablieren, da die Nutzer Kosten einsparen können und darüber hinaus flexibel sein wollen.

Co-Working

Co-Working (oder Coworking, deutsch: *zusammenarbeiten*) ist eine der Entwicklungen im Bereich neuer Arbeitsformen. Das neue Geschäftsmodell basiert auf der digitalen Transformation und der Flexibilisierung der Arbeit. Es sieht vor, dass die Eigentümer von Büroflächen diese an einen Co-Working-Betreiber vermieten, der diese weiter an die Nutzer vermietet. Dabei nehmen die Betreiber eine Zwischenfunktion zwischen Vermieter und Mieter ein: Sie mieten vom Gebäudeeigentümer die Flächen, statten diese komplett aus und vermieten dann individuelle Arbeitsplätze oder einzelne Büros an die Nutzer weiter. Die Nutzer mieten sich fertige Arbeitsplätze auf absehbare Zeit und profitieren von der vorhandenen Infrastruktur und den Möglichkeiten zur Kollaboration bzw. Zusammenarbeit. Mietverträge werden dabei nicht mit dem Gebäudeeigentümer geschlossen, sondern mit dem jeweiligen Betreiber, der – je nach Ausrichtung – verschieden umfangreiche Dienstleistungen und Strukturen zur Verfügung stellt. Ein Anbieter in diesem Marktsegment ist beispielsweise Unicorn.

Erst seit wenigen Jahren ist überhaupt ein vermehrtes Auftreten von Co-Working-Betreibern festzustellen. Die Bedeutung in Deutschland wächst; inzwischen werden derartige Konzepte nicht mehr nur als alternativ abgestempelt. Der Begriff wird in der Praxis sehr unterschiedlich verstanden und verwendet, teilweise wird auch von „Commercial Co-Working" gesprochen. Ursprünglich stammt dieses Modell aus der Start-up-Szene und der Kreativwirtschaft, wobei ein gemeinsames Arbeiten auf gemeinsamen Flächen stattfinden soll. Co-Working ist ein garantierter Arbeitsplatz in einer gemeinsam genutzten Fläche – ohne festen Arbeitsplatz. Ressourcen und Dienstleistungen werden gepoolt und gemeinsam genutzt, um zum einen eine höhere Effizienz zu erreichen und zum anderen gemeinschaftliche Arbeiten (Kollaboration) zu fördern. Die Basis dieses Konzepts sieht vor, dass Bürobeschäftigte aus verschiedenen Bereichen zugleich in meist größeren, offenen Räumen arbeiten und auf diese Weise voneinander profitieren können. Sie können unabhängig voneinander agieren und in unterschiedlichen Firmen und Projekten aktiv sein oder auch gemeinsam Projekte verwirklichen und Hilfe sowie neue Mitstreiter finden.

Von den **Vermietern** wird erwartet, dass sie flexibel nutzbare Flächen zur Verfügung stellen, die für kurze Zeit gemietet werden können und möblierte Arbeitsplätze besitzen. Darüber hinaus sind sie dafür zuständig, dass die Infrastruktur zeitlich begrenzt genutzt werden. Somit haben sie nicht mehr die Planungssicherheit, z. B. einer vermieteten Single-Tenant-Immobilie, können aber eine höhere Miete verlangen. Die **Eigentümer bzw. Projektentwickler** haben derartige Flächen zu entwickeln bzw. beim Refurbishment zu erstellen, damit sie diesen flexiblen und digitalbedingten Anforderungen gerecht werden.

Die Miete fällt deutlich höher aus, als es bei einem klassischen Mietvertrag der Fall wäre. Dafür können Mietverträge für kurze Zeit abgeschlossen werden und die Arbeitsplätze sind sofort bezugsbereit. Beim Co-Working werden einzelne Arbeitsplätze oder separate Büros einschließlich der erforderlichen Büroinfrastruktur (u. a. Netzwerk, Drucker, oder Besprechungsräume) zeitlich flexibel vermietet. In den Büros wird als Basisinfrastruktur ein Schreibtisch mit Strom- und Internet-Anschluss für eine temporäre Dauer gegen einen pauschalen Preis zur Verfügung gestellt. Außerdem gibt es ähnlich wie beim Desk-Sharing die Möglichkeit, einen flexiblen Arbeitsplatz zu buchen. Die Co-Working-Flächen liegen vor allem in Trendvierteln, jedoch rücken auch vermehrt Flächen in traditionellen Bürostandorten in den Fokus.

Betreiber vermieten nicht nur Büros, sondern es erfolgt ein gezieltes **Community-Management** und eine gemeinsame Plattform für Corporate- und Start-up-Unternehmen – einschließlich organisierter Networking-Events. Die Raumstruktur ist geprägt durch mehrheitlich offene Arbeits- und Kommunikationsbereiche und der Möglichkeit zu Kollaboration und zum Wissensaustausch unter den Nutzern. Durch die Mitgliedschaft in einem Co-Working-Space besteht die Möglichkeit u. a. über eine App den Zugang zum internen Netzwerk der dort ansässigen Unternehmen zu erhalten. Dies ermöglicht eine Gemeinschaft ("Community") zu bilden, die durch gemeinsame Veranstaltungen, Workshops und weitere Aktivitäten gestärkt werden kann. Dabei bleibt die Nutzung jedoch stets unverbindlich und zeitlich flexibel. Co-Working bietet die Flexibilität hinsichtlich Anmietung und Kündigung von Büroarbeitsplätzen.

Mieter von Co-Working-Flächen

Für den Trend Co-Working ist die Digitalisierung eine notwendige Voraussetzung. Das Konzept zielt zum einen auf große Unternehmen und zum anderen gleichermaßen auf Start-ups und Kreative, die kreativitätsfördernden Open Space-Bereichen im trendigen Design suchen. Dementsprechend sind bei professionellen Co-Working-Centern nicht nur kurzzeitige, sondern auch mittel- und langfristige Anmietungen möglich und gewünscht. Genutzt werden können diese Flächen von Selbstständigen, Freiberuflern, Gründern (Start-ups) oder Menschen, die für verschiedene Arbeitgeber arbeiten.

Zunächst waren es vor allem **Start-ups**, die die Möglichkeiten des Co-Workings nutzten, um von der Flexibilität, der Preisgestaltung und den möglichen Synergien zu profitieren. Die Startups oder Freiberufler sind in volatilen Wachstumsphasen auf kurzfristige Mietverträge und Serviceleistungen angewiesen. Auf diesen Flächen finden sich zudem vor allem neue, kreative Branchen, die sich in den vergangenen Jahren und Jahrzehnten vor allem im Zuge der zunehmenden Digitalisierung entwickelt haben.

Vermehrt suchen heute auch **etablierte Unternehmen** die Möglichkeit, derartige Strukturen mitzunutzen. Die Mieter haben dadurch mehr Flexibilität in der Unternehmensentwicklung, da sie anpassungsfähig sind und leichter expandieren können. Mieter sind daher Mitarbeiter von derartigen Unternehmen mit etabliertem Standort, die kurzfristig expandieren oder die Projektteams in kreativer, innovationsfördernder Umgebung zusammenbringen möchten.

Ursprüngliche Co-Working-Spaces finden sich in angesagten Kiezen und Quartieren. Sie locken ihre Nutzer mit lounge-ähnlichem Design, Szenegetränken sowie gemütlicher Ausstattung. Das Hipster-Ambiente lockt besonders Freelancer, Kreative und Start-ups in ihrer frühen Entwicklungsphase. Die Nutzer erwarten neben der Besonderheit der Location vorwiegend Synergieeffekte durch die Interaktion mit den anderen Gründern bzw. Unternehmen vor Ort. Als bevorzugten Standort wählen diese Anbieter sowohl trendige Stadtteillagen als auch Top-Lagen in der Innenstadt.

Vorrangig handelt es sich bei den Nutzern weiterhin um kleinere Unternehmen. Der klassische Nutzer von Co-Working-Spaces mietet im Schnitt Flächen für maximal zehn Arbeitsplätze und maximal zwölf Monate an. Er zeigt Interesse an der Anmietung zusammenhängender Flächen – sei es für Einzelprojekte oder Abteilungen. Größere Unternehmen gehören zuletzt auch verstärkt zu den Mietern. Diese nutzen das Angebot, um einen temporär höheren Flächenbedarf zu bedienen oder um sich als innovativ und kreativ darzustellen.

Weitere Formen von Co-Working sind zum einen **Incubator Space-Flächen**. Die Mieter dieser Flächen (vor allem Start-ups) wollen bestimmte Forschungsergebnisse in Innovationen umsetzen. Die Betreiber der Flächen bieten zusätzliche Leistungen wie Mentoring-Programme oder Ähnliches an. Hinzu kommen spezielle Start-up-Events, Workshops oder Netzwerkveranstaltungen in der Gründungsphase. Die Flächenangebote sind überwiegend themenspezifisch ausgerichtet, es steht der „Hub"-Gedanke im Vordergrund. Zum anderen erfolgt bei **Accelerator Space** eine institutionelle Unterstützung von Start-ups durch Coaching im Zusammenhang mit der Vermietung von Büroflächen.

Bewertung

Bei einem **Vergleich der Kosten** zwischen der Anmietung eines traditionellen Büros und Co-Working-Arbeitsplätzen sind die folgenden Aspekte zu beachten. Der Abschluss eines eigenständigen Mietvertrags bedeutet vorvertragliche Transaktionskosten sowie Ausgaben für Möbel, Mieterausbau und Technik, die beim Co-Working nicht anfallen. Die monatlichen Kosten sind bei Co-Working-Flächen höher als beim traditionellen Büro. Neben Kostenaspekten sind auch qualitative Faktoren wie Flexibilität, Kosten- und Planungssicherheit, vertrauliches Umfeld und Sicherheit, Komplexität des Prozesses, Darstellung des eigenen Unternehmens in den Flächen zu berücksichtigen.

Das Geschäftsmodell stellt sowohl für die Vermieter von Büroflächen an Co-Working-Anbieter als auch für die Mieter bei diesen Anbietern verschiedene **Risiken** dar. Gegen derartige Konzepte sprechen langfristige Unternehmensziele wie die strategische Ausrichtung, der Wunsch nach Standort- und Objektsicherung oder auch die Mitarbeitergewinnung und -bindung. Regionale und sektorale Rahmenbedingungen, beispielsweise Flächenknappheit in Verbindung mit der vor allem in den A-Städten bestehenden Verhandlungsmacht der Vermieter, können ebenfalls lange Laufzeiten zur Folge haben.

Co-Working ist aus Sicht der Personalpolitik eines Unternehmens differenziert zu beurteilen. Einerseits lässt sich insbesondere die jüngere Generation mit dem modernen Arbeitsumfeld gewinnen, andererseits könnten Bewerber das langfristige Bekenntnis des Unternehmens zum Standort hinterfragen. Der Erfolg hängt wiederum davon ab, dass die Betreiber zur richtigen Zeit die richtigen Menschen zusammenbringen, die interagieren und kooperieren. Das Bürogebäude bzw. vielmehr das Arbeitsumfeld kann dazu einen wesentlichen Beitrag leisten.

Für die Eigentümer und damit Vermieter von Büroflächen stellen Co-Working-Anbieter recht konjunkturreagible Mieter dar. Diese Mieter vereinbaren längerfristige Mietverträge und nehmen auch tendenziell größere Flächen ab als klassische Büromieter. Aber sie betreiben ein klassisches Fristentransformationsgeschäft, was höhere Risiken birgt: Sie mieten langfristig an und vermieten kurzfristig weiter. Dieses Geschäft ist besonders anfällig für Konjunkturzyklen. In einer Boomphase mag dieses Risiko gering erscheinen. Im Falle einer Krise werden sich Unternehmen jedoch als erstes von Co-Working-Flächen zurückziehen, weil sie schnell gekündigt werden können.

Für die Büroflächenvermieter, die an Co-Working-Anbieter vermieten, besteht weiterhin das Risiko, dass dieses ein relativ junges Geschäftsmodell ist. Viele Anbieter derartiger Flächen sind erst seit kurzer Zeit am Markt und haben teilweise keine großen finanziellen Reserven. Ob sich Co-Working wirklich langfristig etabliert, kann derzeit niemand abschließend beurteilen.

Vorteilhaft für die Mieter ist der Full Service, den die Co-Working-Spaces bieten, der weit über ein normales Büro hinausgeht. Es besteht eine hohe Flexibilität hinsichtlich Zeit und Ort bei der Anmietung von Arbeitsflächen. Auch für Freelancer, die vorher am Heimarbeitsplatz saßen, bieten Co-Working-Center eine Alternative. Innovative und kreative Gesprächs- und Zusammenarbeitsmöglichkeiten sind gegen Nebengeräusche und die allgegenwärtige Ablenkung abzuwägen. Kommunikation, Networking und Teamarbeit prägen diese Bürokonzepte. Der (temporäre) Arbeitsplatz soll mit einem Lebensgefühl gekoppelt sein, das Synergieeffekte und Kreativität fördern soll. Unter Co-Working-Nutzern haben sich fünf Grundwerte etabliert, die deren Lebens- und Arbeitsgefühl widerspiegeln: Offenheit, Zugänglichkeit, Nachhaltigkeit, Kollaboration und Gemeinschaft. Die Vermieter profitieren von derartigen Flächen, da die Mieter bereit sind, relativ hohe Mieten zu bezahlen.

Nachteilig für die Mieter bei den Co-Working-Anbietern sind der höhere Preis, weniger Privatsphäre mit teilweise hoher Geräuschkulisse und kein vertrautes Umfeld sowie weniger Platz pro Arbeitsplatz. Auch die Trennung von Arbeit und Privatem ist vielen Menschen zunehmend wichtiger, was bei dieser alternativen Büroform weniger gegeben ist. Es besteht bei mangelnder Datensicherheit die Gefahr des Wissensabflusses und der Konkurrenz, falls Wettbewerber vor Ort sind. Die Mieter haben bei Co-Working-Spaces keine Garantie für eine funktionierende Gemeinschaft, es besteht die Gefahr einer Zufalls-Community. Es ist eine der Aufgaben der Betreiber für ein gutes Miteinander zu sorgen.

Für Co-Working-Betreiber weisen deren Mieter oftmals höhere Risiken und geringe Sicherheiten auf, da sie nur kurzfristige Mietverträge eingehen und als Start-ups noch oftmals eine unsichere Zukunft haben. Weiterhin ist von einem geringeren Verantwortungsbewusstsein der Mitglieder gegenüber Möbeln und Allgemeinflächen auszugehen. Dadurch ist für die Vermieter von einem höheren Aufwand für Reinigung und Reparatur auszugehen.

Auf der Angebotsseite droht ein Überangebot, da derzeit und zukünftig viele neue Co-Working-Flächen auf den Markt kommen. Es ist momentan ein relevanter Trend am Büroimmobilienmarkt, der von einem „Hip-Faktor" profitiert. Es ist aber ungewiss, ob es langfristig eine entsprechende Nachfrage für diese Flächen geben wird. Diese flexible Form der Bürovermietung ist daher eher eine Ergänzung zu konventionellen Büroflächen, wird diese aber nicht überflüssig machen.

Insgesamt hält die quantitative Dimension nicht mit der qualitativen Bedeutung von Co-Working mit. Fast 5 % aller im Jahr 2017 vermieteten Büroflächen in den deutschen Top 7 Standorten wurden von professionellen Co-Working-Centern angemietet, die Center haben ihren Flächenumsatz 2017 also verfünffacht. Jedoch ist nur knapp 1 % der Bestandsflächen von alternativen Geschäftsmodellen belegt. Die Nachfrage nach diesen Flächen wird auch künftig weiter steigen. Die hohe Wettbewerbsintensität zwischen den verschiedenen Anbietern und Konzepten kann aber zukünftig sinkende Mieten bewirken.

Weitere flexible Büro-Geschäftsmodelle

Die Idee des **Serviced Office** stammt aus den 1980er-Jahren aus Großbritannien und entwickelte sich aus den Call Centern. Serviced Offices gewährleisten den exklusiven Zugang zu einem privaten und gesicherten Bereich, oftmals kombiniert mit separaten Räumen. Dieses Bürokonzept befindet sich üblicherweise als Teilfläche in Business Centern. Im Unterschied zu konventionellen Büroflächen werden zusätzliche Dienstleistungen für einen Mieter angeboten, oftmals in Form einer Inklusivmiete, die höher als bei konventionellen Büros ist.

Ein **Managed Office** ist eine Büroform, die zwischen einem konventionellen Büro und einem Serviced Office angesiedelt ist. Managed Space ist ein individuell gestalteter Arbeitsplatz, der von einem einzelnen Anbieter vermittelt und über den kompletten Zeitraum der Nutzung gemanagt wird. Es ist oftmals größer als ein Serviced Office, z. B. eine Etage in einem Bürogebäude. Bei diesem Konzept sind üblicherweise Dienstleistungen wie Poststelle oder Sekretariat nicht enthalten.

Bei einem **Hybrid-Modell** (vgl. Jones Lang LaSalle, 2017 oder Catella, 2018) handelt es sich üblicherweise um eine Kombination der Konzepte Business Center und von Co-Working. Sie bieten ihren Nutzern eigene Räumlichkeiten, regen sie aber gleichzeitig strukturell zum Austausch mit anderen Unternehmen an. Dabei greifen die Mieter auf eine gänzlich gemeinsame Infrastruktur zurück. Konferenzräume, flexible Arbeitsflächen und weitere Infrastruktur werden unternehmensübergreifend genutzt. Dabei werden vornehmlich Privatbüros angeboten, aber auch Open Space- oder Gemeinschaftsflächen. Diese Hybrid-Modelle werden u. a. von den Unternehmen „wework" oder Design Office angeboten.

Bei einem **Virtual Office** (deutsch: *virtuelles Büro*) werden eine Adresse und bestimmte Geschäftsfunktionen verwendet, ohne dass Flächen physisch genutzt werden. Es handelt sich um Business-Center, in denen dem Kunden die üblichen Dienstleistungen wie Sekretariatsaufgaben angeboten werden. Der grundlegende Unterschied besteht darin, dass der Kunde ein virtueller Mieter ist. Er muss kein Büro anmieten, sondern die Dienstleistungen werden online angeboten. Ein virtuelles Büro ermöglicht eine Geschäftsadresse an einem repräsentativen Standort, ohne gleich ein teures Büro in z. B. der Innenstadt zu mieten. Für viele Unternehmer ist es nicht sinnvoll, bei Gründung große Budgets in ein Bürogebäude in bester Lage mit guter Ausstattung zu investieren. Insbesondere für junge Unternehmen und Start-ups sind langfristige Mietverträge, viel Personal und gebundenes Kapital durch teures Inventar nicht tragbar. Aber auch für Unternehmer, die viel unterwegs sind, kommen die zeitweise anmietbaren Büro- und Konferenzräume infrage, um Geschäftspartner zu empfangen.

Exkurs: Crowdwork

Als Crowdwork werden neue Formen der digitalen Arbeit bezeichnet, die von internetbasierten Plattformen organisiert und reguliert werden. Crowdwork umfasst eine Form digitaler Erwerbsarbeit, die einerseits auf dem Crowdsourcing-Konzept basiert und andererseits unter signifikantem Einsatz digitaler Technologien erfolgt. Hierbei erstellen viele Mitwirkende (sogenannte Crowdworker) digitale Güter ausgehend von einem offenen Aufruf. Die Arbeit findet dabei auf IT-basierten Plattformen statt. Diese Crowd steht in keinem Beschäftigungsverhältnis mit dem Auftraggeber oder der Plattform. Den Crowdwork-Plattformen kommt bei der Gestaltung der Arbeitsbedingungen eine zentrale Rolle zu, denn anders als bei einer reinen Arbeitsvermittlung per Internet organisieren sie die Verteilung der Aufgaben, strukturieren den Arbeitsprozess und übernehmen die Leistungskontrolle.

Zwei grundlegende Modelle von Crowdwork lassen sich unterscheiden: einerseits standardisierte, in kleine Arbeitspakete heruntergebrochene Routine- und Unterstützungsaufgaben wie Textproduktion, Datenkategorisierung oder Umfragen (sogenannte Mikroaufgaben); andererseits kreative Aufgaben, die ebenfalls relativ standardisiert sein können oder aber hochgradig spezialisiert und wissensintensiv sind wie im Bereich der Programmierung oder Innovation (sogenannte Makroaufgaben). Mikroaufgaben erfordern kein spezifisches Vorwissen und sind zumeist in wenigen Minuten erledigt. Für die Bearbeiter besteht wenig eigener Gestaltungsspielraum. Für Aufgaben, die einen gewissen Grad an Kreativität oder Wissen voraussetzen, haben sich hingegen projektförmige Arbeitsformen entwickelt, die häufig als Wettbewerbe organisiert werden.

Bürovermietung über Plattformen

Ein weiteres Geschäftsmodell bei der Vermietung von Büroflächen ist die Nutzung der digitalen Technologie in Form der Plattformen bzw. Portale. Ein Portal tritt dabei nicht selbst bei der Bürovermietung als Vermieter auf, sondern bringt Anbieter von Büroflächen und Mietinteressenten auf seiner Plattform zusammen. Es werden möblierte oder unmöblierte Büroflächen vermittelt. Wie auch in Kapitel 4.4.2 analysiert, stellen Plattformen eine digitale Alternative beim Vermietungsmanagement von Büroflächen dar. Die dort dargestellten Strategien treffen auch hier zu, hinzu kommt, dass dieses Geschäftsmodell bei den digital beeinflussten Bürokonzepten eingesetzt werden kann. Dabei können sowohl Untermietverträge als auch kurzfristige Verträge der Vertragsinhalt sein.

Bei den beschriebenen digital beeinflussten Geschäftsmodellen der Bürovermietung stellen spezielle Plattformen ein neues Geschäftsmodell dar. Bei alternativen Bürokonzepten handelt es sich oftmals um kurzfristige Vermietungen oder nur um eine kleine Teilfläche in einer Büroimmobilie oder Untervermietungen. Dies kann von einem einzelnen Schreibtisch bis hin zu (möblierten oder unmöblierten) Büros mit mindestens einem abgeschlossenen Raum reichen. Die Mindestvertragslaufzeit ist kurzfristig und damit deutlich kürzer als bei konventionellen Verträgen.

Zwar finden sich solche Mietangebote auch auf etablierten Immobilienportalen, aber vielfach geht dies bei den neuen Plattformen über die reine Vermittlung hinaus. Der Service umfasst z. B. auch die vertragliche Regelung von Untermietverhältnissen. Zudem können auch Dienstleistungen rund um die Vermietung angeboten werden, wie z. B. Umzug, Getränkelieferung oder Reinigung des Büros.

Konkurrenz stellen die neuen Plattformen für die eher traditionellen Business Center dar und vor allem der Co-Working-Spaces, die auch Schreibtische und Büroräume kurzfristig vermieten, aber als Vermieter und nicht als Vermittler auftreten. Diese Plattformen machen die etablierten Büromakler keineswegs überflüssig, sondern sind eher als Ergänzung zu sehen. Die Vermittlung von kleineren Büroflächen ist für die großen Makler oftmals nicht wirtschaftlich zu betreiben. Vielfach decken die digitalen Vermittlungsplattformen lediglich eine Nische am Büroflächenmarkt ab, da auf Vermietungen nur ein geringer Marktanteil an den Vermittlungen im Bürobereich entfällt.

Bewertung

Der **Vorteil** dieser Plattformen ergibt sich dadurch, dass sie den Wunsch nach Flexibilität erfüllen. Die Plattformen übernehmen eine Mittlerfunktion, indem sie Unternehmen, die ihre Büroflächen kurzfristig nicht benötigen, mit den Mietern, die kurzfristig Flächen suchen, zusammenbringen. Die Unternehmen haben dadurch zusätzliche Erlöse, wobei die Büromieter sogar bereit sind, höhere Preise aufgrund der Flexibilität zu bezahlen.

Nachteilig kann sich auswirken, dass nicht in jedem Gewerbemietvertrag das Recht zur weiteren Vermietung festgeschrieben ist. Weiterhin kann sich die Flexibilität für den Mieter auch nachteilig auswirken: Falls der Hauptmieter mehr Fläche benötigt, sind die Mieter gezwungen auszuziehen. Begrenzt ist das Potenzial der neuen Plattformen, weil Vermieter größerer, abgeschlossener Flächen selten bereit sind, kurzfristige Verträge abzuschließen.

6.2 Auswirkungen auf Geschäftsprozesse

In diesem Kapitel wird auf die durch die Digitalisierung beeinflussten Geschäftsprozesse in der Nutzungsphase von Büroimmobilien eingegangen. Dabei geht es um die verschiedenen Aktivitäten bzw. den Prozess bei den Vermietern und um die Geschäftsbeziehung mit den Mietern. Traditionelle Geschäftsprozesse beim Management von Büroimmobilien werden von digitalen Arbeitsprozessen verändert und abgelöst. Es wird angestrebt, dass es durch die Anwendung digitaler Technologien zu Effizienzsteigerungen im Bereich der Vermarktung und zu Prozessoptimierungen im Management von Büroflächen kommt.

Hier soll im Wesentlichen gezeigt werden, wie die digitalen Technologien die Geschäftsprozesse zwischen Vermietern und Mietern verändern. Nicht eingegangen wird zum einen auf die Geschäftsprozesse der Mieter von Büroflächen, da diese aus sehr unterschiedlichen Bereichen kommen, eigene Prozesse haben und sich so keine allgemeingültigen Aussagen treffen lassen. Zum anderen wird auch nicht auf die Geschäftsprozesse in der Investmentphase von Büroimmobilien eingegangen oder in den anderen Phasen des Lebenszyklus (Projektentwicklung und Verwertung) analysiert wurden (siehe dazu Kapitel 4.4).

Der Geschäftsprozess des Managements von Büroflächen ist vor allem auf der operativen Ebene eines Unternehmens angesiedelt. Hierbei sind alle zusammenhängenden oder sich gegenseitig beeinflussenden Tätigkeiten in der Nutzungsphase der Büroimmobilien gemeint und umfassen alle wertschöpfenden Aktivitäten, die die vom Mieter erwartete Leistungen schaffen. Ein Geschäftsprozess besteht aus einer funktionsüberschreitenden Folge von Tätigkeiten, um die aus der Geschäftsstrategie und Geschäftszielen abgeleiteten Prozessziele zu erfüllen. Durch die digitalisierten Geschäftsprozesse soll ein effizienteres Management der Büroflächen erreicht werden. Bislang waren diese Prozesse teilweise zeit- und arbeitsintensiv und wiesen zudem oft eine hohe Fehlerquote auf. Durch die Digitalisierung wird der Geschäftsprozess üblicherweise nicht vollständig revolutioniert oder bewährte Prozesse werden nicht vollständig ersetzt, sondern sie werden weiterentwickelt. Dabei kann allerdings bereits die Modernisierung eines Teils der Prozesskette große Effizienzsteigerungen bewirken. Von zentraler Bedeutung ist eine Digitalisierung sowohl der internen als auch der unternehmensübergreifenden (externen) Geschäftsprozesse. Intern geht es um Prozessautomatisierung und -optimierung und extern u. a. um die Kommunikation zu Kunden und Auftragnehmern. In der Nutzungsphase einer Büroimmobilie ergeben sich durch die Digitalisierung große Potenziale, wie die folgenden Ausführungen verdeutlichen.

Zu Beginn der Nutzungsphase geht es zunächst darum, Mieter für die Büroflächen zu gewinnen, dazu können und werden die Vermieter im Rahmen des **Vermietungsmanagements** zunehmend digitale Technologien einsetzen. Vor der Digitalisierung fand die traditionelle Immobiliensuche bzw. das -angebot insbesondere über Printmedien statt oder die Interessenten suchten selbst in den ausgewählten Gebieten, was mühsam und zeitaufwendig war. Alternativ beauftragten sie einen Makler. Für Immobilienvermieter können digitale Medien wie u. a. die eigene Internet-Seite oder Social Media oder Immobilienportale eingesetzt werden. Dadurch können im Vergleich zu den traditionellen Maßnahmen eine größere Reichweite und eventuell eine schnellere Erreichbarkeit erzielt werden. Perspektivisch ist zu erwarten, dass sich die digitalisierte Immobilienvermittlung weiterentwickelt. Weitere Dienstleistungen, wie Bonitätsprüfung und Markteinschätzungen, können als zusätzliche Leistungen angeboten werden. Optimierungsmöglichkeiten bestehen darin, dass zusätzliche Schnittstellen zu anderen Angeboten geschaffen werden. In diesem Bereich sind viele PropTechs aktiv, die die Bürosuche vereinfachen wollen. Die gewonnenen Daten können dann im Rahmen von Smart Data für Marktforschungszwecke verwendet werden.

Unterstützung bei den Vermietungsaktivitäten können die digitalen Technologien der Visualisierung geben. Mithilfe von Virtual Reality ist es möglich, die Immobilien schon vor der Fertigstellung anzusehen. Zur Vorbereitung der Vermarktungsaktivitäten mittels Visualisierung können mithilfe von Drohnen einzelne Bereiche eines Büros eingescannt und anschließend angesehen werden.

Den Abschluss der Vermietungsphase bildet die Unterzeichnung des Mietvertrags, wobei hier als digitale Technologie die Smart Contracts eingesetzt werden können. Mietverträge können dadurch automatisiert und in der Cloud gestaltet werden. Ein Smart Contract kann die vertragliche Sicherheit erhöhen, den Verwaltungsaufwand reduzieren und die Dokumentation verbessern. Ferner könnten Intermediäre wie Anwälte, Notare oder Verwaltungsorgane teilweise überflüssig gemacht werden.

Nach dem Mietabschluss folgt das **Mietermanagement**, um die Mieter optimal zu betreuen. Das Mietermanagement stellt eine immer zentraler werdende Aufgabe in der Immobilienwirtschaft dar. Zum Mietermanagement gehört die regelmäßige Kontaktpflege mit den Bestandsmietern, um deren Bedürfnisse zu erkennen und hierauf kurzfristig reagieren zu können. Die Digitalisierung ermöglicht dabei effizientere Prozesse in der Betreuung. Diese Funktion erfüllt bei Büroimmobilien im Regelfall durch die Hausverwaltung (Property-Management).

Durch die digitale Transformation soll die Zusammenarbeit von Eigentümern, Mietern, Hausverwaltern und Dienstleistern vereinfacht und verbessert werden. Social Media wird so von Bürovermietern als Marketing-Tool und Kommunikationstechnologien genutzt und ermöglicht eine effiziente Kundenansprache. Mieterportale geben dem Mieter die Möglichkeit, Dienste rund um die Wohnung zu bestellen oder bestehende Schwierigkeiten oder Anregungen zu melden. Im Rahmen des Instandhaltungsmanagements erhalten die Mieter über ein Ticketsystem die notwendigen Informationen und können Handwerker digital beauftragen und ihre Rechnungen online im Buchungssystem abgerechnet werden. Dank Statusinfos bleiben alle Beteiligten stets auf dem Laufenden. Es ist möglich, fast die gesamte Wertschöpfungskette (Arbeitsabläufe, Baubesprechungsprotokolle und Aufträge oder das Erfassen von Mängeln) digital zu erfassen und zugleich dadurch den Prozess zu dokumentieren.

Eine Weiterentwicklung der Mieterportale sind Mieter-Apps, die es ermöglichen, die Funktionen des Mieterportals über mobile Endgeräte zu nutzen. PropTechs agieren bereits in die Schnittstelle zwischen Mieter und Vermieter und bieten u. a. plattformbasierte Weblösungen für die Verwaltung von Immobilienbeständen. Die Kontrolle der Mietzahlungen oder die Beauftragung von kleinen Reparatur- und Instandhaltungsleistungen können demnach automatisiert erfolgen.

Schließlich gehört zu den Managementaufgaben in der Nutzungsphase die Betreuung der Immobilien: das **Immobilienmanagement** (Real Estate Management). Immobilienmanagement ist die Planung, Steuerung, Umsetzung und Kontrolle sämtlicher wertbeeinflussender Maßnahmen über die gesamte Wertschöpfungskette einer Büroimmobilie oder eines Immobilienportfolios entsprechend den Zielvorgaben des Eigentümers. Die Potenziale der Digitalisierung bestehen im Real Estate Management, um mehr Effizienz und Nachhaltigkeit zu erreichen. Dies bedeutet nicht nur zuvor analog ausgeführter Arbeiten auf eine digitale Basis zu übertragen, sondern ist im Wesentlichen ein Vernetzungsprozess, der alle Projektparteien rund um den Immobilienbetrieb in Echtzeit zusammenführen soll.

Mithilfe von computer-aided Facility-Management soll die Arbeit bei der Planung und Ausführung von mitarbeiter- bzw. arbeitsplatzbezogenen Dienstleistungen erleichtert werden. Im Bereich des Facility-Managements kommt ebenfalls Augmented Reality in der laufenden Wartung sowie bei der Betreuung der Immobilien zum Einsatz. Mobile Applikationen ermöglichen dadurch beispielsweise im Bereich Instandhaltung komplette Planungs- und Betriebsdaten sowie Anlagenhistorien oder Prozessanweisungen zu technischen Anlagen direkt an der Anlage vor Ort abzurufen.

Im Rahmen des Data Science können die beim Immobilienmanagement gewonnenen Datensätze mittels Algorithmen ausgewertet und nutzbar gemacht werden. In der Entstehungsphase der Daten kann damit bereits gearbeitet werden, um beispielsweise Simulationen durchzuführen, noch bevor überhaupt die Planungen abgeschlossen sind. Portale und Plattformen unterstützen während der Nutzungsphase die Bewirtschaftung von Büroimmobilien. Im Immobilienmanagement sind von der Erkennung über die Beauftragung bis zur Bezahlung diverse Akteure involviert. Dadurch erhöht sich innerhalb der Prozesskette die Gefahr des Medienbruchs, der zu Datenverlust und einer zeitintensiven Aufarbeitung führt. Durch eine digitale Plattform können Informationen lückenlos weitergegeben und damit Aufträge rasch erledigt werden. Perspektivisch soll mithilfe von Internet of Things eine miteinander vernetzte Gebäudetechnik möglichst autonom oder zumindest semiautonom in Abhängigkeit vom Zustand der Immobilie eigene Wartungen, Prüfungen oder auch Ad-hoc-Maßnahmen anfordern. Durch den gezielten Einsatz von IoT können signifikante Einspar- und/oder Optimierungspotenziale im Gebäudebetrieb realisiert werden. Durch die Blockchain-Technologie ergeben sich beim Immobilienmanagement weitere Potenziale. Eine digitale Gebäudeakte kann eine Vielzahl von Prozessen über den gesamten Lebenszeitraum einer Immobilie optimieren. Mietvertragsmanagement, Betriebskostenabrechnung, aber auch immobilienbezogene Dienstleistungen wie Strom- und Wasserversorgung einschließlich der Ablesung können blockchain-basiert abgewickelt werden.

6.3 Auswirkungen auf Standorte

Die Standorte der **konventionellen Büroflächen** mit ihren traditionellen Geschäftsmodellen sind zum einen nach der Makrolage auf die sieben A-Städte in Deutschland konzentriert, wo sich ungefähr ein Viertel der Büroflächen befindet. In den anderen Städten sind die anderen Bürostandorte, die zu teilweise wesentlich geringeren Mieten vermietet werden. Zum anderen ist nach der Mikrolage in den Großstädten zwischen vor allem den Bürozentren (Central Business District, CBD) und den Nebenlagen bzw. Back-Office-Standorten zu unterscheiden. Gemäß der Lage ergeben sich auch unterschiedliche Miethöhen, Repräsentanzniveaus und Flächenproduktivitäten.

Aufgrund der Digitalisierung besteht nur bedingt Potenzial bei **traditionellen Unternehmen** für neue, andere Standorte. Der Ort der Arbeit ändert sich, wenn überhaupt, nur allmählich. Lageentscheidungen und Entfernungen verlieren zwar für Unternehmen umso mehr an Bedeutung, je schneller und kostengünstiger Information als wesentliche Ressource übertragbar ist. Das stationäre, zentrale Büro unabhängig vom Standort bleibt aber nach wie vor der klassische Unternehmensort. Beim Makrostandort wird der Großteil der Büroarbeit weiter in den Großstädten stattfinden. Auch eine relative Aufwertung kleinerer Zentren und ländlicher Gebiete gegenüber den Ballungszentren ist denkbar. Bei Homeoffice mit nur wenigen Anfahrten pro Woche kann die durchschnittliche Pendlerdistanz erhöht werden und so werden dezentrale Standorte interessanter.

Nach dem Mikrostandort ist weiterhin zwischen dem Central Business District und der Peripherie zu unterscheiden. Zentrale Lagen erfüllen oftmals auch repräsentative Funktionen, während sich in der Peripherie die Back-Office-Standorte befinden. Informations- und Kommunikationstechnologien haben den Effekt, dass Arbeitnehmer oder Freiberufler flexibler sind. Durch Verbesserungen der Technologien ist es möglich, Arbeitnehmer von unterschiedlichsten Orten in Teams arbeiten zu lassen oder komplett neue Beschäftigungsverhältnisse einzugehen. Dadurch sinkt die Zahl der Arbeitnehmer, die an exponierten und prestigeträchtigen – aber dadurch auch teuren – Standorten arbeiten müssen. Es kann sich ebenfalls der Bedarf an repräsentativen Gewerbeflächen in 1a-Lagen reduzieren. Gleichzeitig erreichen immer mehr Unternehmen ihre Kunden über digitale Vertriebswege. Hohe Aufwendungen für monatliche Mieten für Büroflächen werden dadurch infrage gestellt.

Es bleibt aber der Imageeffekt des guten Standorts. Grundsätzlich ist die Präsenz eines Großteils der Büroarbeitsplätze in besten innerstädtischen Standorten nicht erforderlich. Lediglich in den oberen Führungsebenen der Zentralen und bei einer Reihe repräsentativer Funktionen sind Face-to-Face-Kontakte unverzichtbar. Hier wird auch künftig der Citylage eindeutig der Vorzug gegeben. Dies gilt jedoch kaum für die Back-Offices, die die überwiegende Mehrzahl der Büroflächen beanspruchen. Aufgrund der Möglichkeiten, von überall zu arbeiten, werden künftig von den Arbeitnehmern vor allem gut erreichbare Bürostandorte präferiert. Dieses entspricht aber nicht immer den Standortpräferenzen der Unternehmen.

Das Homeoffice stellt nur eine Ergänzung dar und kann Unternehmensstandorte nicht grundsätzlich ersetzen, da trotz Arbeit von zu Hause ein Teil der Arbeit weiter im Unternehmen stattfinden wird. Eventuell können die Bürokonzepte an den Standorten verändert werden, nicht aber der Standort selbst wird dadurch infrage gestellt.

Junge Unternehmen der IT-Branche wie **PropTechs** hingegen bevorzugen häufig ein entsprechendes innovatives Umfeld – etwa in originellen Objekten oder in „In"-Vierteln – aber auch in Privatwohnungen, Co-Working-Angeboten oder Business Centern. Die Anbieter von alternativen Flexiblen Workspaces mieteten anfangs eher

Loftflächen in alten Fabriken oder anderen stilvollen Locations. Häufig handelt es sich dabei um ehemals industriell genutzte Objekte, die für verschiedene Nutzungen verwendet werden können. Diese Flächen sind nicht durch eine besondere Nutzung geprägt, sondern eignen sich vielmehr für diverse Nutzungsanforderungen. Sie werden den Anforderungen der Nutzer entsprechend vom Vermieter angepasst. PropTechs und Start-ups sind zunächst nicht an den etablierten Top-Standorten oder in klassischen Büroobjekten zu finden, da sie die vergleichsweise hohen Mieten nicht bezahlen wollen oder können. Sind sie nachhaltig erfolgreich und expandieren, dann werden sie auch an den traditionellen Standorten Büroräume suchen. Anbieter von z. B. Co-Working-Flächen siedeln sich heute zunehmend in Top-Lagen an. Waren sie am Anfang eher am Rande der City angesiedelt, sind sie nun zunehmend auch im Zentrum zu finden. Ebenfalls steigt in diesem Zusammenhang die Größe der Co-Working-Flächen.

6.4 Smart Office – Auswirkungen auf Gebäude und Ausstattung

Einen wesentlich sichtbareren Wandel im Büro wird der Megatrend der Digitalisierung hinsichtlich des Gebäudes und seiner Ausstattung verzeichnen. Smart Office dient als Oberbegriff für technische Verfahren und Systeme in Büroräumen und Firmengebäuden, in deren Mittelpunkt eine Erhöhung von Arbeits- und Lebensqualität, Sicherheit und effizienter Nutzung steht. Ein Smart Office ist ein Gebäude, in dem die zahlreichen Geräte der **Gebäudetechnik** und der **Informations- und Kommunikationstechnologien** zu intelligenten Gegenständen werden, die sich an den Bedürfnissen der Nutzer orientieren. Smart Office ist durch den Einsatz neuer Technologien gekennzeichnet, die im Speziellen ein mobiles Arbeiten jederzeit ermöglichen.

Ein Smart Office dokumentiert die neuen Standards von mobilen und miteinander verbundenen Beschäftigten. Durch die **Vernetzung** dieser Gegenstände untereinander können neue Assistenzfunktionen und Dienste zum Nutzen der Mieter bereitgestellt werden. Hierzu gehören die Büroflächen, neue Technologien und bedarfsgerechte Serviceleistungen. Smart Office kombiniert die Präferenzen der Mitarbeiter mit dem innovativen Denken und neuen Technologien, um das Potenzial der Beschäftigten zu fördern und freizugeben. Dazu bedarf es einer ganzheitlichen, langfristigen Perspektive. Ein Büro ist nicht vollständig smart, solange nicht alle Teile, von Technologien bis zu Dienstleistungen, die Beschäftigten unterstützen. Die Digitalisierung führt zu einer Vernetzung, die es erlaubt, Informationen und Wissen schnell und sicher zu vernetzen und ortsunabhängig zur Verfügung zu stellen. Dies leistet ein Smart Office, das Informationen auf mobilen Endgeräten verfügbar macht und dementsprechend über eine leistungsfähige IT-Infrastruktur verfügen muss. Damit können Mitarbeiter unabhängig vom Arbeitsplatz auf alle relevanten Prozesse, Programme und Informationen zugreifen.

Ein Smart Office weist darüber hinaus eine hohe **Flexibilität** in dem Sinne auf, dass es zugänglich ist und offen für Veränderungen und Innovationen im Zeitablauf.

Es wird durch digitale Technologien möglich, effizient die Arbeit zu planen und zu performen. Die Anforderungen an moderne zukunftsfähige Büroimmobilien ergeben sich aus den Veränderungen durch die Digitalisierung der Geschäftsmodelle und -prozesse. Unternehmen müssen entsprechend ihre Strukturen überprüfen. Im Zeitalter der Digitalisierung wird der Anspruch an die Bürogebäude noch weitgehender und vor allem kurzfristiger sein. Die umfassende Anpassungsfähigkeit von Infrastrukturen wird zum Erfolgsfaktor. Gebäude im Zeitalter der Digitalisierung werden anpassungsfähiger und smarter sein. In den konventionellen Bürogebäuden wird fast ausschließlich Schreibtischarbeiten nachgegangen. Diese singuläre Nutzung von Flächen ist jedoch im Wandel begriffen; auch hier ist der Grund vor allem der veränderte Anspruch an Arbeit. Arbeit wird zunehmend nicht mehr als reines Mittel zum Zweck (siehe New Work, Kapitel 2.1.5) wahrgenommen, sondern als Element, das Erfüllung spendet und Leistung entlohnt. Wo Arbeit beginnt und Freizeit aufhört wird unklarer, Überlappungen zwischen Arbeit, Freizeit, Erholung, Bildung und Konsum werden zunehmend stärker. Dementsprechend ändert sich auch die Nutzung von Gebäuden hin zu mehrfunktionaler Pluralität. Die Flexibilität wirkt sich auch auf die Büroimmobilien und -räume aus, für die eine umfassende technische Ausstattung erforderlich wird. Um Einrichtungen praktischer, zweckdienlicher und auch flexibler zu gestalten, wird zurzeit auf eine integrierte funktionale und physische Mischung von Nutzungsarten wie Büro, Kultur, Einzelhandel und teilweise auf Wohnnutzung gesetzt; idealerweise in Form von sogenannten Mixed-Use-Gebäuden. Eine zentrale Anforderung an die Büroimmobilien wird daher in der Zukunft das Bereitstellen von flexiblen und dem jeweiligen Bedarf anpassbaren Nutzungsmöglichkeiten sein, um den weiter voranschreitenden Entwicklungen in der Arbeitswelt zu entsprechen.

Die digitale **Gebäudetechnik** betrifft etwa Fahrstühle, Fenster, Türen, Heizungen, Beleuchtung, Belüftung und Brandschutz. Das ganze Gebäude wird zu einem vernetzten System mit ständigem Datenaustausch, sodass alle Bereiche optimal aufeinander abgestimmt werden können. Selbstlernende Systeme tracken das Verhalten der Nutzer und können darauf reagieren. Smart Office kann auch etwa ein intelligentes Energiedatenmanagementsystem sein, wobei mithilfe intelligenter Stromzähler ebenso der Energieverbrauch reduziert wird.

Für immer mehr Unternehmen ist der Zugang zu modernen (Hochgeschwindigkeits-)Datennetzen unverzichtbar. Bei der Vermietung gewinnt neben dem Angebot der technischen Infrastruktur des Gebäudes die Dienstleistungskomponente an Bedeutung. Dazu zählen Wartungsverträge für die IuK-Technik, aber auch andere Leistungen im Rahmen einer umfassenden Gebäudebewirtschaftung. Der Weg zur „intelligenten" Immobilie, bei der alle gebäudetechnischen Anlagen vernetzt sind und vom Facility-Management gesteuert und optimiert werden, ist bereits fortgeschritten. Dies eröffnet sowohl für Mieter als auch für Betreiber erhebliche Kostensenkungspotenziale. Insgesamt werden durch sich schnell ändernde Anforderungen an die IT-Technologie die Lebenszyklen von Büroimmobilien stetig kürzer. Vorinstallierte Verkabelungen für PCs, Internet, Telefon usw. gehören zum Standard. Flächen, die nicht diesen Anforderungen entsprechen, sind schwerer zu vermieten und daher zunehmend vom Leerstand betroffen. Es muss aber auch die wirtschaftliche Effizienz der technischen Infrastruktur beachtet werden.

Moderne **Informations- und Kommunikationstechnologien** im Büro vereinfachen die Arbeitsprozesse. Ein modernes Bürokonzept hat die flexible Arbeitsweise von Smart Working optimal zu unterstützen, indem es flexible und dem jeweiligen Bedarf anpassbare Nutzungsmöglichkeiten bereitstellt. Die technischen Rahmenbedingungen werden in einem Smart Office wichtiger. Informationen und Wissen sind schnell und sicher zu vernetzen und orts- und zeitunabhängig zur Verfügung zu stellen. Dieses beinhaltet aber nicht mehr territorial definierte Arbeitsbereiche (wie im Zellenbüro), vielmehr gibt es tätigkeitsbezogene Bereiche, die von der Team- bis zur konzeptionell-individuellen Arbeit flexible Räumlichkeiten zur Verfügung stellen.

Beim Smart Office werden mithilfe des Internets der Dinge sowie von Mobile und Cloud-Computing die einzelnen Komponenten – in der Regel drahtlos – untereinander kommunizieren und zugleich über eine Vielzahl an Sensoren das Geschehen innerhalb des Gebäudes erfassen sowie Informationen aus den mobilen Geräten ihrer Nutzer – auch außerhalb des Gebäudes – in ihre Aktionen einbeziehen. Das Internet der Dinge kann die Gebäude smart machen. Eine aufwendige und kabelgebundene Steuerung der heutigen Hightech-Gebäude wird in dieser Form zunehmend überflüssig werden. Zukunftsfähige Büroimmobilien werden zunehmend variabler und mit modernster Technik ausgestattet sein. Moderne Bürogebäude und Bürokonzepte bieten eine intelligente, technologiebasierte und optimal medial unterstützte Arbeitsumgebung. Die Gebäude sind daher mit einer intelligenten Gebäudetechnik effizient auszustatten, um den Ansprüchen der Nutzer gerecht zu werden. Bei den verschiedenen Nutzungen und der Anpassungsfähigkeit darf die Funktionalität des Gebäudes nicht eingeschränkt werden. So sollten die Energiesysteme und die Haustechniksysteme anpassungsfähig sein. Für den Immobilieneigentümer ist dies vorteilhaft, da flexible Nutzungskonzepte eine einfache Umstrukturierung in den nachhaltigen Gebäuden garantieren.

Intelligent vernetzte Systeme im Smart Office gelten als Basis für den wirtschaftlichen Erfolg einer Immobilie. Die **Ausstattung der Büroimmobilien und der Arbeitsplätze** wird ebenfalls durch die Digitalisierung verändert. Die neue Flexibilität der Arbeit wirkt sich auch auf das Layout der Büroflächen aus. Aufgrund des Wandels der Arbeitsinhalte ist mehr Raum für eigenverantwortliches, projektbezogenes Arbeiten zu schaffen, aber auch für die Zusammenarbeit in neuen Arbeitsformen. Das Büro der Zukunft unterstützt die Mitarbeiter bei ihren unterschiedlichen Arbeitsaufgaben und Tätigkeiten. Das klassische Einzel- bzw. Zellenbüro wird diesen Anforderungen häufig nicht mehr gerecht und auch das Großraumbüro ist hierfür vielfach nicht die geeignete Konzeption. In einem modernen Büro ist es einerseits den Mitarbeitern möglich, konzentriert und ungestört zu arbeiten. So werden z. B. Inseln für individuelle Einzelaktivitäten wie Telefonate geschaffen. Andererseits sollte die organisationsübergreifende Kommunikation und Zusammenarbeit durch mehr gemeinschaftliche Fläche für Teamarbeit gefördert werden auch um die Mietflächen optimal zu nutzen.

7 Digitalisierung und Einzelhandelsimmobilienmarkt

Die Digitalisierung stellt für den Einzelhandel[1] eine große Herausforderung dar und hat weitreichende Konsequenzen. Im Einzelhandel sind die Folgen der Digitalisierung schon über einen längeren Zeitraum und am deutlichsten im Vergleich zu anderen Immobilienmärkten zu erkennen.

In diesem Kapitel wird darauf eingegangen, wie sich durch die Digitalisierung der Einkauf verändert und welche Folgen sich dadurch sowohl für den Einzelhandel als auch für die entsprechenden Immobilien ergeben. Die traditionellen Geschäftsmodelle (Kapitel 7.1) werden durch den E-Commerce infrage gestellt; dabei werden im Folgenden sowohl Einzelhandel als auch deren Immobilien vor Herausforderungen gestellt. Die Digitalisierung verändert weiterhin die Geschäftsprozesse (Kapitel 7.2) des Einzelhandels und ebenso die bei der Vermietung dieser Immobilien. Differenzierte Reaktionen sind bei den einzelnen Standorten des Einzelhandels (Kapitel 7.3) festzumachen. Mithilfe von Smart Retail-Konzepten (Kapitel 7.4) reagiert der Einzelhandel und zeigt einen digital veränderten Einkaufsprozess. Auf Investments und Finanzierung von Einzelhandelsimmobilien wird auch hier nicht weiter eingegangen (siehe Kapitel 5).

Die Konsumenten kaufen immer mehr online und informieren sich mithilfe des Internets. Dementsprechend hat das Internet das Einkaufsverhalten sehr deutlich verändert, was sich auf den Einzelhandel und die entsprechenden Objekte auswirkt. Den stationären Einzelhandel setzt das stark unter Druck. Unter stationärem Handel werden alle Einkaufsstätten bzw. Betriebsformen des Einzelhandels verstanden, die über einen Verkaufsraum verfügen. Durch den Online-Handel (Electronic Commerce oder E-Commerce) und Veränderungen bei den Einkäufen ergeben sich für den Einzelhandel neue Geschäftsmodelle und veränderte Geschäftsprozesse. Für den Markt der Einzelhandelsimmobilien ist die Wirkung des Megatrends Technischer Fortschritt bzw. Digitalisierung aber auch ambivalent. Zum einen gewinnt mit dem Online-Handel ein Handelsformat an Bedeutung, das keine Verkaufsflächen und damit Einzelhandelsimmobilien benötigt. Zum anderen bietet der technische Fortschritt in Form von Smart Retail dem stationären Einzelhandel neue Entwicklungschancen.

7.1 Auswirkungen auf Geschäftsmodelle

Durch den boomenden Online-Handel verändert sich die Einzelhandelslandschaft und übt Druck auf die klassischen Geschäftsmodelle und Vertriebskanäle aus. Da für den E-Commerce keine Verkaufsflächen notwendig sind, wird somit die Digitalisierung

---

[1] Für eine ausführliche Darstellung des Einzelhandelsimmobilienmarkts mit den Zusammenhängen und Entwicklungstrends siehe Vornholz, 2017, S. 104ff.

https://doi.org/10.1515/9783110726909-007

des Einzelhandels auch nicht ohne Auswirkungen auf den Markt der Einzelhandelsimmobilien bleiben. Der E-Commerce wird in den nächsten Jahren den Strukturwandel im Einzelhandel bzw. bei Einzelhandelsimmobilien entscheidend prägen.

7.1.1 Traditionelle Geschäftsmodelle

Der Einzelhandel ist eine zwischen Produzenten, Großhandel und den Verbrauchern liegende Absatzstufe. Der Einzelhandel bezieht seine Produkte von den Herstellern oder dem Großhandel und verkauft diese an die Endverbraucher (neudeutsch: *B2C-Handel*). Ziel der Handelsunternehmen ist es, ein für den Kunden adäquates Angebot mit einem entsprechenden Preis-Leistungs-Verhältnis bereitzustellen und dabei ein wirtschaftlich positives Ergebnis zu erzielen.

Die Mehrzahl der traditionellen Geschäftsmodelle ist dabei auf entsprechende Immobilien angewiesen. Entsprechend der Differenzierung der amtlichen Statistik können verschiedene Geschäftsmodelle unterschieden werden. Nach der Höhe des Umsatzes entfällt der größte Teil auf den „Einzelhandel mit Waren verschiedener Art", der in Verkaufsräumen stattfindet. Relativ geringe Bedeutung weist umsatzmäßig das Geschäftsmodell auf, bei dem Waren auch mobil mithilfe von Ständen u. a. auf Märkten angeboten werden. In der amtlichen Statistik wird dies als „Einzelhandel an Verkaufsständen und auf Märkten" erfasst. Schließlich gibt es auch den Einzelhandel, der nicht in Verkaufsräumen oder an Verkaufsständen oder auf Märkten stattfindet. Er wird als Versand- und heute auch als Internet-Einzelhandel (E-Commerce) bezeichnet.

Der Einzelhandel mit Waren verschiedener Art in Verkaufsräumen lässt sich äußerst vielfältig aufgliedern, was sich dann auch bei den entsprechenden Immobilien zeigt. Einzelhandelsimmobilien sind der Ort, an dem der stationäre Einzelhandel auf Verkaufsflächen Waren an die Endverbraucher verkauft. Diese Immobilien können beispielsweise nach den Kriterien Lage (z. B. 1a-Lage, Innenstadt oder „Grüne Wiese") oder der Betriebsform (z. B. Kaufhaus oder Discounter) oder dem Sortiment (z. B. Lebensmittel oder Möbel) unterteilt werden. Weitere Gestaltungsmerkmale eines Geschäftsmodells im Handel sind u. a. der Marktauftritt mit der Warenpräsentation und den Serviceleistungen sowie der Logistik und die eingesetzten finanziellen Ressourcen.

Der **Markt für Einzelhandelsimmobilien** wird durch unterschiedliche Einflussfaktoren sowohl auf der Angebots- als auch der Nachfrageseite bestimmt. Einzelhandelsimmobilienmärkte werden angebotsseitig von den Projektentwicklungen und Fertigstellungen determiniert, die sich auf den Immobilienbestand auswirken. Die Nachfrage nach Einzelhandelsimmobilien kommt von den Einzelhandelsunternehmen. Von grundsätzlicher Bedeutung für die Entwicklung des Einzelhandels und damit für die davon abhängige Nachfrage des Einzelhandels nach Verkaufsflächen ist die Umsatzentwicklung. Der Einzelhandelsumsatz selbst wird wieder entscheidend von der Entwicklung der Wirtschaft (v. a. Beschäftigungsentwicklung), dem verfügbaren Einkommen und den daraus bestrittenen Konsumausgaben der privaten Haushalte bestimmt. Hinzukommen weitere gesamtwirtschaftliche und sozio-demografische Faktoren. Der digitale Umbruch im Handel kann nicht unabhängig vom demografischen Wandel und der damit verbundenen Siedlungs- und Mobilitätsentwicklung betrachtet werden. Die Geschäftsmodelle ebenso wie die Entwicklung von Einzelhandelsstandorten sind das Ergebnis eines Zusammenwirkens der Entscheidungen von Konsumenten, von Politik und Verwaltung sowie von den Einzelhandelsunternehmen. Die individuellen Geschäftsmodelle des Einzelhandels werden entsprechend diesen Marktentwicklungen angepasst.

Die **Konsumenten** bestimmen die Struktur und Entwicklung von Einzelhandelsstandorten durch ihre Nachfrage und ihr Kaufverhalten. Beim traditionellen Kaufprozess besucht der Kunde einen Anbieter, wählt dort ein Produkt und kauft auch dort ein. Notwendige Bedingung für den Erfolg eines Geschäftsmodells ist es, dass es vom Konsumenten anerkannt und akzeptiert wird. In den vergangenen Jahren haben sich nicht nur das Verhalten der Kunden, sondern auch die Geschäftsmodelle verändert. Wie bei dem „Henne-Ei-Problem" lässt sich auch hier nicht genau bestimmen, was Ursache und was Wirkung ist. Eine Vielzahl von Faktoren übt Einfluss auf das Nachfrageverhalten und damit auf die Entwicklung des Einzelhandels aus. Beispielhaft können ökonomische, demografische und kulturelle Faktoren aufgeführt werden. Die Ansprüche der Konsumenten an den Einzelhandel sind in den vergangenen Jahren deutlich gewachsen und gleichzeitig vielfältiger geworden.

Entscheidungen und Vorgaben von **Politik und Verwaltung** bestimmen darüber hinaus den Handlungsrahmen und die Geschäftsmodelle der Unternehmen. Hierzu zählen einzelhandelsspezifische Vorgaben stadtplanerischer Art (z. B. Ansiedlungsverbote für bestimmte Betriebsformen und Sortimente an einzelnen Standorten) neben dem generellen gesetzlichen Rahmen. Einen Beitrag zur Flächenexpansion leisten die Kommunen und die Verwaltung, indem sie neue Einzelhandelsflächen ausweisen, um die Attraktivität ihres Einzelhandelsstandortes zu verbessern und um Kaufkraft in ihrem Gebiet zu halten. Die grundsätzlichen Rahmenbedingungen der Standortgegebenheiten (z. B. Flächenverfügbarkeit, Standorterschließung oder auch Preise für Grundstücke) werden von den Kommunen beeinflusst.

Die **Unternehmen** des Einzelhandels reagieren auf diese beiden Einflussgrößen weiterhin durch die Wahl der für den Standort optimalen Betriebsform und die Auswahl eines geeigneten Geschäftsmodells. Der Handel befindet sich in einem tief greifenden Umbruch, der mit einer zunehmenden Konzentration sowie einer anhaltenden Filialisierung einhergeht. Einerseits, da kleinere Betriebsformen dem Preis- und Angebotswettbewerb immer weniger standhalten können. Andererseits, da Kleinunternehmen oftmals die finanziellen Mittel und Kompetenzen fehlen, eigene spezialisierte Online-Angebote aufzubauen.

Die Einzelhandelsunternehmen haben in den vergangenen Jahren mit einer Ausdifferenzierung des Angebots und einer Flächenexpansion reagiert und auch die Betriebsformen haben entsprechend ihre Marktanteile verändert. Die Unternehmen wollen einerseits über Umsatzsteigerungen ihre Marktstellung verbessern, was aber häufig nur über Flächenwachstum erreicht werden konnte. Als Beispiele hierfür seien das Wachstum der Discounter oder der Drogerieketten genannt. Zum Flächenwachstum trägt andererseits die weitere Expansion erfolgreicher Unternehmen bei. Gleichzeitig gibt es natürlich das Beharrungsvermögen der bestehenden Einzelhandelsunternehmen, die trotz wirtschaftlicher Schwierigkeiten nicht sofort ihre Geschäfte aufgeben. Um den Vermieter der Einzelhandelsflächen am geschäftlichen Risiko des Mieters zu beteiligen, kann auch eine umsatzabhängige Miete vereinbart werden. Dieses Risiko kann der Vermieter dadurch reduzieren, dass eine Mindestmiete vereinbart wird.

Vor dem Hintergrund dieser Wirkungszusammenhänge ist es auch bereits in den vergangenen Dekaden zu einem erheblichen Strukturwandel im Einzelhandel und Veränderungen bei den traditionellen Geschäftsmodellen gekommen. Das Angebot an Einzelhandelsimmobilien und die Geschäftsmodelle im Einzelhandel werden auch weiterhin den sich verändernden Rahmenbedingungen Rechnung tragen müssen.

7.1.2 Digital beeinflusste Geschäftsmodelle: E-Commerce

Der Trend Konnektivität und die Verbreitung des Internets sind wichtige Einflussfaktoren für den Einzelhandel. Mit dem Internet eröffnet sich dem Einzelhandel ein neuer Vertriebskanal, der seither stetig an Bedeutung gewinnt und daher weniger Personal und vor allem keine Verkaufsflächen (aber Logistikimmobilien) benötigt. Beim Geschäftsmodell Electronic Commerce oder E-Commerce geht es um die Anbahnung, Aushandlung und Abwicklung von geschäftlichen Transaktionen über Netzwerke. E-Commerce wird auch als „elektronischer Handel" oder „Internet-Handel" oder Online-Handel bezeichnet. E-Commerce fokussiert sich auf externe Handelstransaktionen und ist die Summe aller Prozesse kommerzieller Transaktionen zwischen Wirtschaftssubjekten, die über das Internet abgewickelt werden. Der Verkauf und Kauf von Gütern stehen dabei im Fokus. Es ist ein Teil des Electronic Business (E-Business), das den Kauf und Verkauf von Waren und Leistungen über elektronische Verbindungen umfasst.[2] Eine weitere Unterscheidung lässt sich nach Art der Teilnehmer vornehmen. Unternehmen bieten Produkte für Endverbraucher (Einzelhandel, Business-to-Consumer (B2C)) oder für Unternehmen (Großhandel, Business-to-Business (B2B)) an.

Mobile Commerce als eine Form des E-Commerce bezieht sich auf Handlungen, bei dem mindestens zu einem Zeitpunkt ein mobiles, elektronisches Endgerät (z. B. Smartphone oder Tablet-PC) eingesetzt wird. Das Smartphone ist als Dreh- und Angelpunkt „der" Zugang zum Kunden. Der Bedeutungszuwachs wird zum einen durch die stark gestiegene Zahl mobiler Endgeräte verursacht und zum anderen dadurch, dass

---

2 Zum Electronic Business gehören weiterhin die elektronische Beschaffung (E-Procurement), die E-Communication, der Verkauf von Produkten und Dienstleistungen (E-Shop) sowie die Ermöglichung des Handels über digitale Netzwerke (E-Marktplatz).

das Smartphone ein fester Bestandteil des Alltags geworden ist. Die mobilen Endgeräte werden von den Konsumenten verstärkt als praktisches Hilfsmittel beim Einkauf genutzt und werden in Zukunft noch stärker das Einkaufsverhalten beeinflussen. Dabei wird das Smartphone nicht mehr nur zum Telefonieren, sondern zunehmend zur Recherche von Produktinformationen oder direkt für den Online-Kauf verwendet. Die Vorliebe für Online-Käufe über das mobile Internet via Smartphones und Tablets hat insbesondere bei der jungen Generation stark zugenommen. Die zunehmende Integration des Smartphones in den alltäglichen Tagesablauf und in die Informations- und Kaufprozesse ist auch eine Vorbereitung für neue Anwendungen der Sprachsteuerung.

Der Anteil der Onlinekäufe über Smartphone nimmt stark zu. Schon heute werden fast 30 % des Onlineumsatzes durch Käufe mit dem Smartphone erzielt. Die rasante Marktdurchdringung von Smartphones wird auch auf das künftige Onlinekaufverhalten erheblichen Einfluss haben. Smartphones werden zunehmend auch während des Offline-Einkaufs im stationären Laden genutzt. Daher schaffen auch stationäre Läden Voraussetzungen für eine stärkere (mobile) Vernetzung beim Shopping. Während die Bedeutung von Tablets für das Online-Shopping begrenzt bleibt, könnten künftig auch Sprachassistenten an Relevanz gewinnen.

Einer der Hauptgründe für das Wachstum des M-Commerce ist die Verfügbarkeit des mobilen Internets, das eine ortsunabhängige Informationsbeschaffung und Kommunikation ermöglicht. Weiterhin war das die Möglichkeit, eine Website bzw. einen Online-Shop für das Smartphone zu optimieren. Neben der mobilen Website besteht die Möglichkeit, eine App zu nutzen. Eine mobile Website ist betriebssystemunspezifisch und über die Browser aller Endgeräte abrufbar. Dabei wird die Website so dargestellt, dass sie für das jeweilige Gerät optimiert angezeigt wird. Eine App hingegen wird speziell für das jeweilige Betriebssystem entwickelt. Die wichtigsten sind hierbei iOS von Apple und Android von Google. Der Vorteil gegenüber einer Website liegt darin, dass auf bestimmte Funktionen des Smartphones zugegriffen werden kann, um die Anwendung zu personalisieren. Des Weiteren sind sie in der Regel schneller zu bedienen, da sie sich auf eine bestimmte Funktion konzentrieren.

Das **Geschäftsmodell des Online-Handels** unterscheidet sich auf vielfältige Weise vom klassischen stationären Einzelhandel (Ausnahme: Versandhandel[3]). Der Online-Handel stellt nicht nur einen neuen Vertriebskanal im herkömmlichen Sinne dar, sondern ein neues Geschäftsmodell mit neuen Anforderungen. Beim E-Commerce werden Ein- und Verkaufsvorgänge mithilfe des Internets vorgenommen. Beim Online-Handel wählt der Kunde erst ein Produkt und wählt den Anbieter aus und kauft dann ein. Suchmaschinen, Vergleichsportale und Netzwerke spielen eine wichtige Rolle bei der Kaufentscheidung.

---

3 Da E-Commerce von der Abwicklung her betrachtet ein Versandgeschäft darstellt, werden die Umsätze des traditionellen Katalogversands und des Online-Handels in der amtlichen Statistik gemeinsam als „Versandhandel" erfasst. Es zeigt sich aber, dass der Anteil des traditionellen Versandhandels stark rückläufig ist und auch in Zukunft noch weiter abnehmen wird.

Im Online-Handel sind die bisher so wichtigen Faktoren des Einzelhandels wie Standorte, Verkaufsmitarbeiter und Filialbestandssteuerungsprozesse eher unbedeutend. Auch die mit dem Internet einhergehende globale Preistransparenz steht im Konflikt zur lokalen Preisgestaltung, wie es der stationäre Händler betreibt. Hier kommen ebenfalls neue Aufgaben auf ihn zu, denn im traditionellen stationären Einzelhandel werden oft nur wenige Anbieter miteinander verglichen. Der klassische Kaufprozess wird dabei in den entscheidenden Phasen der Informationssuche, der Bewertung und des Kaufes durch den Online-Handel dahingehend beeinflusst, dass die benötigten Informationen und Bewertungen im Internet in viel größerem Ausmaß vorhanden sind.

Auch die stationären Sortimentskonzepte sind nicht anwendbar, da im elektronischen Handel die Zielgruppen und Sortimente nicht so eindeutig definiert werden können. Ein Umdenken ist in den Bereichen Retail-Branding, Markenprofil und Werbung notwendig, da der Online-Handel ein neues Internet-Markenmanagement erfordert. In der nahezu unübersehbaren Vielfalt der Markennamen und Shops ist vor allem Aufmerksamkeit und Markenbekanntheit zu erreichen, da der Online-Kunde sonst auf andere, bekanntere Anbieter zurückgreifen wird. Die großen Online-Händler sind sowohl für die etablierten Handelsunternehmen als auch für die lokalen Einzelhändler eine starke Konkurrenz. Einkaufs- und Entscheidungsverhalten im Einzelhandel haben sich ebenso wie die Anspruchs- und Erwartungshaltung der Kunden stark verändert.

Der Online-Handel stellt aufgrund der Technologie und der neuen Vertriebswege andere Anforderungen für die Unternehmen im Einzelhandel. Der Standort, ein wesentlicher Faktor im stationären Handel, spielt nur eine untergeordnete Rolle. Von weitaus größerer Bedeutung ist die Frage, welches Medium der Kunde für seine Bestellung benutzt. Jeder dieser Kanäle stellt unterschiedliche Anforderungen an die jeweils verwendete Technik. Entsprechend des Kontaktprinzips, also der Art und Weise, wie das Handelsunternehmen und seine Kunden in Beziehung zueinander treten, gilt beim Online-Handel das Distanzprinzip: Anbieter und Kunde treten physisch nicht in Kontakt. Die räumliche Trennung wird durch Medien überbrückt, und zwar entweder durch einen Katalog oder über das Internet.[4] Die Abgrenzung der verschiedenen Distanzhandelsformen liegt in der Vermarktungskonzeption und dem dabei zugrunde liegenden Kontaktmedium: Ein Katalog, der entweder gedruckt oder elektronisch vorliegen kann, oder der Einsatz elektronischer Medien, entweder über das Internet, das Handy oder das Fernsehgerät.

Der **Umsatz im Online-Handel** verzeichnet seit Jahren ein kontinuierliches Wachstum und ist laut des Einzelhandelsverbands HDE von 1,3 Mrd. Euro im Jahr 1999 auf knapp 50 Mrd. Euro im Jahr 2017 angestiegen. Der Bundesverband E-Com-

---

4 Dementsprechend wird auch der Online-Handel neben dem Versandhandel in der amtlichen Statistik zur Wirtschaftszweige-Systematik zum Betriebstyp des Distanzhandels gezählt.

merce und Versandhandel Deutschland e. V. (bevh) sieht sogar einen Umsatz von knapp 60 Mrd. Euro im Jahr 2017. Der Online-Handel ist damit der Wachstumstreiber im deutschen Einzelhandel. Der Umsatz im E-Commerce hat einen Anteil von rund 10 % am gesamten Einzelhandelsumsatz. Die folgende Abbildung 7.1 zeigt die Entwicklung des Umsatzes im Online-Handel mit Waren in Deutschland in den Jahren 1999 bis 2017 mit einer Prognose des Einzelhandelsverbands HDE für 2018.

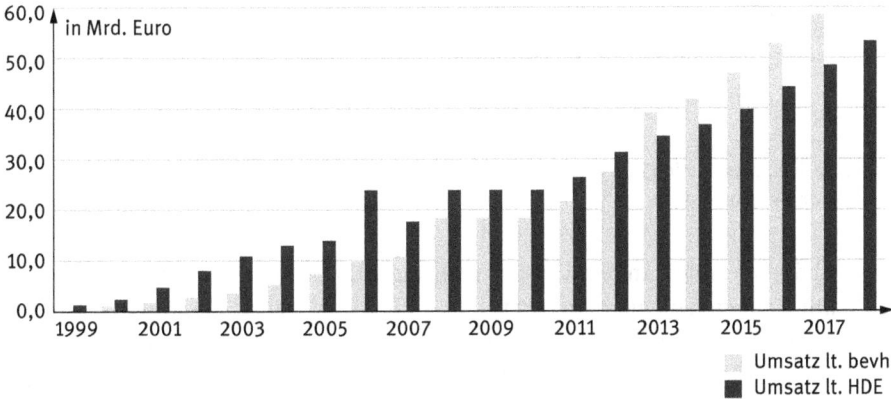

Abb. 7.1: Umsatzentwicklung im E-Commerce; Quelle: Bundesverband E-Commerce und Versandhandel Deutschland e. V. (bevh), 2018.

Obwohl E-Commerce in den vergangenen Jahren hohe Zuwächse aufwies, betreiben viele Einzelhändler keine eigene Website und auch keinen eigenen Online-Shop bzw. den Online-Verkauf über eine Plattform. Den Einstieg in den digitalen Online-Handel mit der niedrigsten Schwelle bieten dem Fachhandel lokale Online-Marktplätze. So könnten sich auch kleine Unternehmen ihre digitale Agenda aufbauen.

Auswirkungen auf den Einzelhandel

Der E-Commerce hat verschiedene Folgen für den Einzelhandel, die sich sowohl quantitativ als auch insbesondere qualitativ zeigen. Die Bedeutung des Online-Handels wird in den kommenden Jahren weiter steigen, was nicht zuletzt an den stetig zunehmenden **Umsätzen** deutlich wird. Abbildung 7.2 zeigt auf der einen Seite, dass auch wenn der Online-Handel seit Jahren zweistellige Wachstumsraten beim Umsatz erzielt und zukünftig weiter wachsen wird, dieser den stationären Einzelhandel nicht ersetzen konnte. Auf der anderen Seite weist aber der gesamte Einzelhandel einen stetig anwachsenden Umsatz auf, während der im stationären Einzelhandel seit 2011 nur leicht wächst bzw. konstant bleibt.

Das Umsatzwachstum des Online-Handels war im Vergleich zur Entwicklung im traditionellen Einzelhandel insgesamt überproportional, wodurch E-Commerce einen

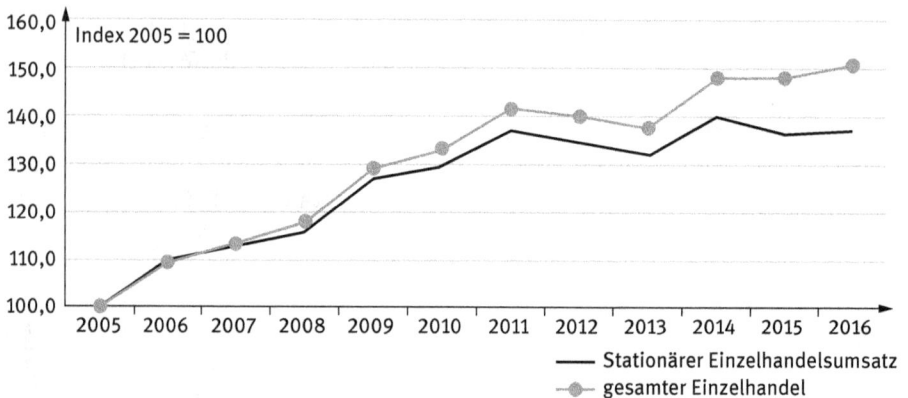

Abb. 7.2: Umsatz im stationären und gesamten Einzelhandel; Quelle: Statistische Bundesamt, 2018, und eigene Berechnung.

immer höheren Anteil an den Umsätzen ausmacht. Der Online-Handel konnte nach der amtlichen Statistik allein in den vergangenen 10 Jahren seinen Anteil an den Gesamtumsätzen im deutschen Einzelhandel von 1,3 % auf 8,5 % steigern, bei einer Zunahme der Gesamtumsätze im Einzelhandel um 11,3 %. Bei dem Einzelhandel i. e. S. nach Abgrenzung des Verbandes HDE wies der Handel offline von 2009 bis 2017 ein jährliches Wachstum von 1,8 % auf. Hingegen konnte Online ein jährlicher Zuwachs von 15,3 % erzielt werden. Damit zeigt sich zwar eine dynamische Entwicklung dieses Vertriebskanals, der Großteil der Umsätze entfällt aber nach wie vor auf klassische Verkaufsräume.

Die **Passantenfrequenzen** sind die Anzahl von Personen, die in einem bestimmten Zeitraum an einem abgrenzbaren Einzelhandelsstandort anzutreffen sind. Die verschiedenen Zählungen sind eher widersprüchlich und lassen keinen einheitlichen Schluss zu. Das ist nicht zuletzt dadurch begründet, dass die Standorte einem dynamischen Wandel unterliegen mit einem ständigen Wechsel von Einzelhandelsgeschäften. Zudem sind die Bedingungen bei den Zählungen nicht unbedingt gleich. Nach dem Beratungshaus Comfort schwanken die Passantenfrequenzen in Hamburg zwischen den Jahren 2011 und 2017 zwischen 230.000 und 270.000 Personen, ohne dass eine eindeutigen Tendenz festzustellen ist. Auch die Daten von Jones Lang LaSalle weisen eine sehr volatile Entwicklung mit jährlichen Schwankungen auf, ohne eine eindeutige Tendenz. Das lange prognostizierte Aussterben der Innenstädte bleibt zumindest in den Großstädten aus. Das liegt u. a. daran, dass viele Händler die Zeichen der Zeit erkannt haben und entsprechend reagieren.

Gleichzeitig führt der Online-Boom zu einer Verdrängung und Verschärfung des tief greifenden **Strukturwandels im Einzelhandel**. Bereits bestehende Probleme des Handels werden dadurch teilweise massiv verstärkt. Das Internet mit umfassenden Informationen über Produktvielfalt und -preise übt großen Druck auf den stationären Handel aus. Die verbesserte Preistransparenz sowie die Umsetzung neuer Technologien lassen die Profitabilität des Einzelhandels sinken. Neue Technologien, aber auch demografische Entwicklungen und veränderte Konsumgewohnheiten, zwingen die Anbieter dazu, ihre Geschäftsmodelle ständig anzupassen.

E-Commerce wird weitreichende **qualitative Folgen** für den traditionellen Einzelhandel haben. Wenn auch der stationäre Handel weiterhin eine große Bedeutung hat, ist auch dieser vom veränderten Kaufverhalten betroffen. So wird vor dem Offline-Kauf zunehmend online recherchiert. Die Nachfrage nach Einzelhandelsimmobilien wird dadurch gestützt, dass zusätzlich Internet-Händler in den stationären Einzelhandel einsteigen. Für weitere Flächennachfrage sorgen E-Commerce-Anbieter (Pure Player), die zur Generierung von Synergieeffekten auf temporäre oder dauerhaft stationäre Läden setzen. Umgekehrt erschließen sich derzeit bisher ausschließlich stationär aktive Einzelhändler neue Vertriebswege. Vor diesem Hintergrund ist davon auszugehen, dass insgesamt die Nachfrage nach Einzelhandelsimmobilien in den kommenden Jahren bestenfalls eher stagnieren wird.

Nicht allein der faktische Anteil des Online-Handels ist bereits heute von spürbarer Bedeutung für den stationären Handel, sondern die totale Vernetzung und Art der Informationsbeschaffung, die die Strategien der Einzelhändler verändern muss. Der überwiegende Anteil der Käufer hat sich bereits im Vorfeld eines Kaufes im Internet über Produktqualität und Preise informiert. Dies macht den Markt transparenter.

Reaktionen des Einzelhandels

Der Online-Handel hat noch weiteres Wachstumspotenzial, sodass dieser zusätzliche Absatzkanal kalkulierbare Auswirkungen auf den stationären Einzelhandel haben wird. Langfristig wird der Online-Handel nicht die Bedeutung des stationären Einzelhandels erlangen können. Der traditionelle stationäre Handel selbst erweitert seinen Absatzkanal digital. Weiterhin lassen sich nicht alle Produkte in gleicher Qualität („das Produkt sehen") und in gleichem Angebot („das Produkt fühlen") über das Internet vertreiben. Gleichzeitig eröffnen auch typische Online-Händler verstärkt „Outlets", um auf diese Weise mehr Kundennähe zu generieren. Dies wiederum steigert die Nachfrage nach Flächen vor allem in den 1a-Lagen von Großstädten.

Trotz des Online-Booms und teilweise rückläufiger Kundenfrequenz wird der stationäre Handel auch in Zukunft dominierend bleiben. Neben dem Ort zum Anfassen und Ausprobieren der Ware kommt vor allem das Erlebnis des Einkaufens. Eine Erweiterung des traditionellen Geschäftsmodells stellt der **Erlebniseinkauf** als Antwort auf die Digitalisierung dar. Im Mittelpunkt des Einkaufens steht dabei nicht mehr nur die Ware, sondern immer mehr das Einkaufs- und Freizeiterlebnis. Zudem wird das gastronomische Angebot erhöht, da Kunden beim Centerbesuch meist länger bleiben und auch im Schnitt mehr Geld ausgeben. Darüber hinaus suchen Kunden die Einkaufszentren gezielt nach ihrem Gastronomieangebot aus. Weiterhin ist dies die Aufwertung der Innen- und Außenarchitektur für mehr Aufenthaltsqualität bis hin zu Quartiersentwicklungen, die einen Abschied von den bisherigen Strukturen der reinen Einkaufsstraßen bedeuten.

Die Konsumenten wollen beim Einkauf etwas erleben. Gute Unterhaltung und Entertainment sind gefragt, architektonisch attraktiv gestaltete Räume sollen zum Verweilen einladen. Die Verbindung aus Freizeitspaß und Hintergrundinformationen wird essenzieller. Dies geschieht etwa in Form von Angeboten, die das spielerische Ausprobieren von Produkten ermöglichen oder – für eher funktional ausgerichtete Kunden – durch die Verfügbarkeit weiterführender Informationen mittels digitaler Technologien (siehe Kapitel 7.4 Smart Retail). Der Einzelhandel entwickelt sich vor diesem Hintergrund zu Erlebnisimmobilien der Zukunft. Schon heute sind Einkaufen und Erlebnis ein wichtiger Bestandteil der Freizeitgestaltung, die das soziale Miteinander fördern. In Bezug auf die Digitalisierung sind dabei vor allem die Händler gefragt, ihre Kunden individuell abzuholen und – soweit möglich – dadurch an das stationäre Angebot zu binden.

Eine weitere Reaktionsmöglichkeit des Einzelhandels besteht darin verschiedener **Vertriebskanäle** zu nutzen. Der Einzelhandel reagiert auf den boomenden Online-Handel mit dem Ausbau digitaler Vertriebskanäle, da personalisierte Angebote für die jeweils speziellen Bedürfnisse von Kunden gewünscht werden. Somit wächst der Druck auf den Einzelhandel, die verschiedenen Vertriebskanäle miteinander zu verzahnen. Somit müssen Online- und Offline-Handel nicht im Widerspruch stehen. Eine Vielfalt von Geschäftsmodellen mit verschiedenen Absatzwegen bis zum Kunden hat sich daher im Handel gebildet. Als Service für den Kunden treibt der Handel die Verschmelzung der Vertriebswege sowie die Digitalisierung der Geschäfte voran. Es geht darum von online und offline effizient zu verknüpfen, da eine reine Güterversorgung allein nicht mehr ausreicht.

Neue Geschäftsmodelle im Zeitalter der Digitalisierung
- Pure Offline: Umsatz aus dem stationären Ladengeschäft ohne Bezug zum Internet.
- Click-and-Collect (Drive-in-Märkte): Der Kunde erwirbt ein Produkt im Online-Handel und bezieht das Produkt im stationären Handel.
- Research Offline/Purchase Online: Produkte werden im stationären Handel identifiziert und verglichen. Der Erwerb erfolgt jedoch zu meist günstigeren Preisen online.
- Research Online/Purchase Offline: Produkte werden online identifiziert und verglichen. Der Erwerb erfolgt jedoch im stationären Handel.
- Showrooming: Es werden nur wenige Stücke des Produkts exponiert ausgestellt und vorgeführt. Der Verkauf erfolgt üblicherweise online und die Ware wird im Nachgang versandt. Ziel ist neben der Umsatzsteigerung vor allem die Markenbekanntheit zu erhöhen und die Kunden stärker an den stationären Handel zu binden.
- Pure Online: Umsatz aus dem Online-Shop ohne Bezug zum stationären Einzelhandel.

Die traditionelle Form des stationären Einzelhandels stellt der **Singlechannel-Handel** dar. Dabei erfolgt der Vertrieb nur über einen Kanal und ist im Wesentlichen durch den direkten Kundenkontakt geprägt. Neben dem stationären Einzelhandel kann auch der Versandhandel auf einen Vertriebskanal beschränkt sein, sofern keine zusätzlichen Filialen betrieben werden. Es existiert zwischen dem Einzelhandel und dem Kunden nur ein einziger Berührungspunkt (englisch: *Touchpoint*).

Die Einzelhändler streben entgegen den Vorstellungen des Singlechannel-Handels vielfach eine gezielte Differenzierung und ein abgestimmtes Zusammenwirken der verschiedenen Kanäle an. Die Anbieter im Online-Handel haben eine differenzierte Historie und eine unterschiedliche geschäftliche Basis. Die Differenzierung der Vertriebswege soll daher in erster Linie aufzeigen, welche Herkunft („DNA") die Anbieterstrukturen im Online-Handel aufweisen. Neben Anbietern mit Basis im Internet, den sogenannten Internet- Pure-Playern (wie Amazon), sind dies die klassischen Katalogversender, stationäre Händler und Hersteller. Im Zuge von verschiedenen Strategien haben sich mittlerweile immer mehr Mischformen der angegebenen Formate entwickelt. Längst betreiben einstige Versender und Internet-Pure-Player eigene stationäre Geschäfte. Erstmals lag im Jahr 2017 das Onlinewachstum der Onlinehändler mit stationärer Basis über dem der klassischen Onlinehändler.

Der Einkauf findet heute sowohl online wie auch offline statt und beide Vertriebswege werden aus Sicht des Handels und der Nachfrager miteinander verknüpft. Produkte werden vor Ort gesucht und getestet und danach online bestellt oder andersherum. So werden auf unterschiedliche Weise das Internet und der stationäre Einzelhandel vom Kunden genutzt. Durch den Einsatz von mehreren Absatzkanälen wird versucht, die Kunden durch Verbindung des stationären Einzelhandels mit dem E-Commerce auch wieder an die Einzelhandelsimmobilien zu binden. Durch eine effiziente Verbindung von physischer Präsenz vor Ort und umfangreichem Angebot im Internet sollen Konsumenten in die Läden kommen.

Multichannel-Handel ist der wohl bekannteste und am längsten gebräuchliche Begriff für den Mehrkanal-Handel. Das liegt sicher auch an der Nähe der übersetzten Wörter. Für den Begriff existiert keine allgemein anerkannte Definition, es herrscht in der Literatur sowie in der Praxis jedoch Einigkeit, dass es sich bei Multichannel um eine Distributionsstrategie oder Geschäftsmodell handelt. Multichannel-Handel bedeutet, dass der Händler seine Waren über mehrere Kanäle direkt an die Kunden verkauft. Bei dieser Form betreibt der Händler nicht nur sein klassisches Geschäftsmodell, sondern besetzt parallel auch andere Kanäle, ohne jedoch bei diesen miteinander zu interagieren. Der Begriff steht für einen mehrgleisigen Vertrieb des Handels oder auch für mehrere Vertriebskanäle. Diese Kanäle können z. B. ein Ladengeschäft, Versandhandel oder ein Web-Shop sein. Die einzelnen Vertriebswege haben dabei nichts miteinander zu tun und so kann der Kunde nicht kanalübergreifend agieren. Die verwendeten Kanäle existieren nebeneinander.

Die Vertriebskanäle sind dabei in der Regel kaufmännisch, organisatorisch und logistisch voneinander getrennt und existieren als unabhängige Einheiten. Dadurch sollen die unterschiedlichen Präferenzen der Kunden bedient werden, um möglichst alle Zielgruppen zu erschließen. Ein Unternehmen verfügt also über mehrere Kanäle, der Kunde hat jedoch nicht die Möglichkeit, seinen Informations- und Einkaufsprozess kanalübergreifend fortzuführen, da diese keine Integration der Vertriebskanäle gewährleisten.

Multichannel-Handel unterscheidet drei wesentliche Formen von Vertriebskanälen:

- Bricks & Clicks: Diese Form ist im Handel am häufigsten anzutreffen. Hier besteht das Multichannel-System aus einem stationären Handel (Bricks) sowie einem Online-Shop (Clicks).
- Clicks & Sheets: Ein Handelsunternehmen kombiniert einen Online-Shop mit dem traditionellen Katalogversand (Sheets). Hier wird ein mehrgleisiger Versandhandel betrieben.
- Bricks, Clicks & Sheets: Der stationäre Handel, der Online-Shop sowie der traditionellen Katalogversand werden miteinander kombiniert.

Bei **Crosschannel** sind wieder mehrere Vertriebskanäle gegeben, wobei aber im Unterschied zum Multichannel-Ansatz die verschiedenen Vertriebswege miteinander verknüpft sind. Der wesentliche Unterschied ist der integrative Aspekt; die unterschiedlichen Kanäle werden strategisch zusammengeführt. Das bedeutet, dass der Kunde nicht nur das gleiche Angebot über alle Kanäle hinweg erfährt, sondern er erhält die Möglichkeit, seinen Kaufprozess kanalübergreifend zu gestalten. Ein Kunde kann sich also kanalübergreifend informieren und auch bestellen. Alles basiert auf einer Datenbasis, einem Lager, einem Warenbestand und einer Kundendatenbank. Ursächlich für den Crosschannel-Ansatz ist das Kaufverhalten der Kunden, die zwischen den unterschiedlichen Kanälen wechseln möchten. Informationen über Produkte und Preise sowie der Kauf können sowohl offline als auch online erfolgen.

Beim **Omnichannel**, der eine Weiterentwicklung zum Multichannel-Handel darstellt, werden alle Kanäle („omni") genutzt. Unter dem Begriff Omnichannel steckt grundsätzlich die gleiche Idee wie bei Crosschannel. Der Unterschied hier ist die Zeitgleichheit, die hinzukommt, da der Kunde zwei oder mehrere Kanäle zur gleichen Zeit nutzen kann. Omnichannel steht für die gleichzeitige Nutzung aller verfügbaren Einkaufs- und Informationskanäle. Der Kunde kauft sowohl offline als auch online ein. Beim Omnichannel kann der Käufer kanalübergreifend agieren und auch die Datenzentrale ist dieselbe. Omnichannel bedeutet, dass jederzeit und über jeden Vertriebsweg auf das gesamte Angebot zugegriffen werden kann.

Die Prozesse und Entscheidungen werden zusammengeführt, um einen schlüssigen Auftritt in sämtlichen Prozessschritten der Interaktion mit den Kunden zu erreichen. Bei diesem Ansatz werden die Vorteile der klassischen und digitalen Kommunikations- und Vertriebskanäle möglichst nahtlos miteinander verbunden, um die Kunden mit Beginn der Informationssuche bis hin zum Kaufabschluss durch die Vernetzung jedes Touchpoints anzusprechen. Die Kunden können zu jeder Zeit zwischen den verschiedenen Kanälen (wie z. B. stationär, online, mobil, Callcenter, soziale Medien) wechseln, ohne dass ihre bisherigen Informationen verloren gehen. Einheitliche Daten und übergreifende Prozesse machen dies möglich. Allerdings legt der Begriff Omnichannel den Fokus auf die Konsumentensicht und stellt somit keine Mehrkanal-Strategie im engeren Sinne dar. Vielmehr bezieht sich der Begriff auf das Verhalten der Kunden und wird in diesem Zusammenhang verwendet.

Auswirkungen für Einzelhandelsimmobilien

Für den Markt für Einzelhandelsimmobilien sind die Wirkungen dieser Entwicklungen nicht eindeutig. Einerseits gewinnt mit der Umsatzentwicklung im Online-Handel ein Handelsformat an Bedeutung, das keine Verkaufsflächen benötigt. Hier sind es eher verkehrsgünstig gelegene Logistik- und Warenverteilzentren, die benötigt werden. Eine Vision bleibt die voll automatisierte Versorgung mit Waren durch einen automatisierten Online-Handel. Hierbei sollen mit Sensoren die Warenbestände beispielsweise im Kühlschrank eines Konsumenten erfasst werden, und bei Unterschreiten einer definierten kritischen Menge bestellt das Gerät selbstständig das betreffende Produkt nach. Geliefert wird dann direkt nach Hause, sodass bei diesem Handelsformat eine klassische Einzelhandelsimmobilie nicht mehr benötigt wird. Andererseits kann der traditionelle Einzelhandel vom E-Commerce profitieren, wenn es gelingt diesen neuen Vertriebsweg in die bestehenden Geschäftsmodelle zu integrieren. Da das Ladenlokal somit nicht ersetzt wird, stabilisiert sich die Flächennachfrage.

Einen eindeutigen Zusammenhang zwischen der Entwicklung der **Einzelhandelsflächen** und dem Wachstum des E-Commerce lässt sich statistisch nicht nachweisen. Das liegt u. a. daran, dass eine Vielzahl von Einflussfaktoren gegeben ist. Gleichwohl lässt sich feststellen, dass in den vergangenen Jahren die Einzelhandelsfläche in Deutschland insgesamt stagnierte, während der E-Commerce deutlich beim Umsatz zulegen konnte. Darüber hinaus sind sowohl deutliche Effekte bei einzelnen Einzelhandelssortimenten als auch Standorten festzustellen (siehe dazu Kapitel 7.3).

Der Strukturwandel im Einzelhandel mit der differenzierten Umsatzentwicklung findet ihren Niederschlag in diesen Marktergebnissen. Während für den Einzelhandel flächendeckende Erhebungen über den **Leerstand** und seine Entwicklung fehlen, zeigen sich die Auswirkungen vornehmlich bei der Entwicklung der **Einzelhandelsmieten**. In den schwächeren Lagen (B- oder Randlagen) sind schon längerfristig die negativen Effekte festzustellen, teilweise sind auch stärkere Rückgänge festzustellen. In den Spitzenlagen der großen Städte ist in den vergangenen Jahren die Miete zurückgegangen bzw. hat stagniert. Die Entwicklung des E-Commerce ist dabei ein wesentlicher Einflussfaktor, aber nicht nur der einzige.

> **Exkurs: E-Commerce als disruptive oder evolutionäre Technik**
> Ist der Online-Handel durch Pure Player und auch Multichannel eine disruptive/revolutionäre oder eine evolutionäre Technologie? Die Beurteilung hängt von den Kriterien ab und womit die Entwicklung verglichen wird. Die Argumente für eine disruptive Veränderung durch den Online-Handel basieren auf drei Aspekten:
> – bequemes Einkaufen von und Lieferung nach Hause,
> – viel mehr Auswahl und
> – Ubiquität (überall in jeder Menge erhältliches Gut).

Die Geschäftsidee „bequeme Bestellung und Lieferung nach Hause" hatten schon die klassischen Versandhändler wie Otto, Quelle oder Neckermann. Dementsprechend wäre dies keine disruptive Entwicklung.

Die Kataloge der Versandhändler boten in ihren Boom-Zeiten auch viel mehr Auswahl als der einzelne stationäre Händler. Der Unterschied beim Online-Handel besteht darin, dass dieser noch mehr Auswahl bietet.

Zeitgemäße Ubiquität war auch bei den klassischen Versendern gegeben, da die Bestellkarte jederzeit abgeschickt – oder später – telefonisch bestellt werden konnte. Da beim Online-Handel an 24 Stunden an 7 Tagen bestellt werden kann, stellt dies eine echte Erweiterung dar.

Ein faktisches Argument gegen die These von der Disruption bzw. Revolutionierung des Handels ist, dass der stationäre Handel nach wie vor das bestimmende Geschäftsmodell ist. Der Online-Anteil am Gesamtumsatz ist insgesamt noch in den einzelnen Branchen sehr unterschiedlich. Er liegt aber weit unter dem des stationären Handels. Der Online-Handel ist keine disruptive Technik, da er (noch) relativ gering und langfristig den stationären Einzelhandel nicht verdrängen wird. Gleichwohl hat er den Handel aber verändert, sodass die evolutionäre Veränderung durch den Online-Handel relativ groß ist.

7.2 Auswirkungen auf Geschäftsprozesse

Die Anwendung digitaler Technologien wird die Geschäftsprozesse im Einzelhandel und bei den Einzelhandelsimmobilien verändern. Beim Kunden gibt es Veränderungen bei Einkaufsprozessen (siehe Kapitel 7.1). Die Prozesse beim E-Commerce unterscheiden sich grundsätzlich nicht von denen traditioneller Anbieter, aber werden in der Regel elektronisch unterstützt, ergänzt oder in einzelnen Phasen substituiert. Ziel ist es, Kauf- und Geschäftsprozesse zu vereinfachen oder auch bequemer und schneller abzuwickeln. Erlöse werden hier überwiegend direkter Art erzielt (Verkauf von Produkten und Leistungen). Es können aber auch indirekte Einnahmen erzielt werden, z. B. mit Werbung. Zwei unterschiedliche Aspekte werden in diesem Kapitel behandelt. Zum einen wird der Geschäftsprozess des Einzelhandels (Warenwirtschaftssysteme) selbst betrachtet und dessen potenzielle Auswirkungen auf diese Immobilienart. Zum anderen wird der Einsatz digitaler Technologien in der Nutzungsphase der Einzelhandelsimmobilie analysiert.

Für den ökonomischen Erfolg von Einzelhandelsunternehmen ist die Gestaltung effizienter Geschäftsprozesse mit **Warenwirtschaftssystemen** bedeutend. Ein Warenwirtschaftssystem bildet die Warenströme in einem Einzelhandelsunternehmen ab, die sich von der Warenannahme bis hin zum Warenverkauf vollziehen können. Jedoch sind die im Unternehmen vorhandenen Informationen von Unternehmen zu Unternehmen sehr unterschiedlich, da es kein grundsätzlich standardisiertes Warenwirtschaftssystem gibt.

Die logistischen Prozesse im Einzelhandel wurden in den vergangenen Jahrzenten grundlegend verändert. Aufgrund der Aufzeichnung der Warenströme, der Lieferscheine, der Warenbestellungen etc. können die internen Abläufe und Produkte besser analysiert werden. Auf der Basis der analytischen Erkenntnisse kann der Einzelhandel das Sortiment anpassen und optimieren. Zusammen mit der Sortimentsoptimierung kann so auch die Warenpräsentation im Markt angepasst werden. Es steht mehr Platz zur Verfügung, um bestimmte Artikel bei der Warenpräsentation in den Fokus zu stellen.

Die Digitalisierung kann hierbei eingesetzt werden, um die Wertschöpfungs- und Lieferkette im Einzelhandel mithilfe moderner Warenwirtschaftssysteme zu verändern und zu automatisieren. Die Kernkomponenten der Logistik wie Lagerung und Transport können durch IT-Systeme an Transparenz und Effizienz gewinnen. Insbesondere in den Bereichen der Produktverfügbarkeit, der benötigten Lagerbestände, des Produktverfalls (u. a. bei Lebensmitteln) und des Warenschwunds kann die digitale Technik eingesetzt werden. Bisher wurde die optimale Einkaufsmenge mithilfe statistischer Auswertungen und individueller Erfahrungen geschätzt. Diese können durch automatische Entscheidungssysteme auf Basis Künstlicher Intelligenz ergänzt bzw. ersetzt werden.

In der **Nutzungsphase der Einzelhandelsimmobilie** zeigen sich deutliche Unterschiede bei einzelnen Betriebsformen, denn so stellen z. B. Fachmärkte oder Fachgeschäfte auf der einen Seite und Shoppingcenter auf der anderen Seite andere Anforderungen an das Management der Immobilien während ihrer Nutzung dar. Auf die anderen Phasen der Wertschöpfungskette wird hier nicht gesondert eingegangen, da Einzelhandelsimmobilien keine grundlegenden Unterschiede zu anderen Objektarten aufweisen (siehe Kapitel 4.4.1 und 4.4.3).

In der Nutzungsphase von Einzelhandelsimmobilien werden traditionelle Geschäftsprozesse beim Management immer mehr von digitalen Arbeitsprozessen verdrängt. Insgesamt führt die Anwendung digitaler Technologien zu Effizienzsteigerungen im Bereich der Vermarktung oder zu Prozessoptimierungen in der Verwaltung. Der Geschäftsprozess des Managements von Einzelhandelsflächen ist vor allem auf der operativen Ebene eines Unternehmens angesiedelt. Hierbei sind alle zusammenhängenden oder sich gegenseitig beeinflussende Tätigkeiten in der Nutzungsphase der Einzelhandelsimmobilien gemeint und umfassen alle wertschöpfenden Aktivitäten, die die vom Mieter erwartete Leistungen schaffen. Durch die digitalisierten Geschäftsprozesse soll ein effizientes Management der Einzelhandelsflächen erreicht werden. Bislang waren diese Prozesse teilweise zeit- und arbeitsintensiv und wiesen zudem oft eine hohe Fehlerquote auf. Durch die Digitalisierung wird der Geschäftsprozess üblicherweise nicht vollständig revolutioniert oder bewährte Prozesse werden nicht vollständig ersetzt, sondern sie werden eher weiterentwickelt.

In der Nutzungsphase geht es zunächst darum Mieter für die Einzelhandelsimmobilien zu gewinnen, dazu können und werden die Unternehmen im Rahmen des **Vermietungsmanagements** zunehmend digitale Technologien einsetzen. Vor der Digitalisierung fand dieses insbesondere über Printmedien statt oder die Vermieter bzw. Interessenten suchten selbst; alternativ wurde ein Makler beauftragt. Für Immobilienvermieter können die digitalen Instrumente wie die eigene Internet-Seite oder Social

Media oder Immobilienportale eingesetzt werden. Dadurch kann im Vergleich zu den traditionellen Maßnahmen eine größere Reichweite erzielt werden. Perspektivisch ist zu erwarten, dass sich die digitalisierte Immobilienvermittlung weiterentwickelt. Weitere Dienstleistungen, wie Bonitätsprüfung und Markteinschätzungen, werden zu zusätzlichen Leistungen.

Unterstützung bei den Vermietungsaktivitäten können die digitalen Technologien der Visualisierung liefern. Mithilfe von Virtual Reality und Augmented Reality ist es möglich, die Einzelhandelsflächen schon vor der Fertigstellung anzusehen. Um die Vermarktungsaktivitäten mittels Visualisierung vorzubereiten, wird mithilfe von Drohnen eine Immobilie eingescannt und kann anschließend angesehen werden. Den Abschluss der Vermietungsphase bildet die Unterzeichnung des Mietvertrags, wobei hier als digitale Technologie die Smart Contracts eingesetzt werden können. Mietverträge können in Zukunft mithilfe dieser Technologien automatisiert und in der Cloud gestaltet werden. Ein Smart Contract kann die vertragliche Sicherheit erhöhen, den Verwaltungsaufwand reduzieren und die Dokumentation verbessern.

Nach dem Mietabschluss folgt das **Mietermanagement**, in der die Eigentümer bzw. Vermieter das Ziel haben, die Mieter direkt oder indirekt optimal zu betreuen. Das Mietermanagement stellt eine immer zentraler werdende Aufgabe in der Immobilienwirtschaft dar. Die Digitalisierung ermöglicht hierbei effizientere Prozesse. Zum Mietermanagement gehört auch die regelmäßige Kontaktpflege mit den Bestandsmietern, um deren Bedürfnisse zu erkennen und hierauf kurzfristig reagieren zu können.

Durch die digitale Transformation soll die Zusammenarbeit von Eigentümern, Mietern, Hausverwaltern und technischen Dienstleistern vereinfacht werden. Social Media wird von Einzelhandelsvermietern als Marketing-Strategie und Kommunikationsinstrument genutzt. Es ermöglicht eine effiziente Kundenansprache. Aufgrund der Interaktivität des Internets können der Online-Handel und das Customer Relationship Management (CRM) miteinander verbunden werden. Die Kundengewinnung, die Gestaltung von Kundenbeziehungen und die gezielte Ausrichtung der Geschäftsprozesse auf die Kundenbedürfnisse haben für den Online-Handel eine herausragende Bedeutung. Dadurch wird eine Neuausrichtung der Marketing-Politik im Online-Handel möglich.

Mieterportale geben dem Mieter die Möglichkeit, Dienste rund um die Einzelhandelsflächen zu bestellen oder bestehende Schwierigkeiten oder Anregungen zu melden. Eine Weiterentwicklung der Mieterportale sind Mieter-Apps, die es ermöglichen, die Funktionen des Mieterportals über mobile Endgeräte zu nutzen. PropTechs drängen bereits in die Schnittstelle zwischen Mieter und Vermieter und bieten plattformbasierte Weblösungen für die Verwaltung von Immobilienbeständen.

Schließlich gehört zu den Managementaufgaben in der Nutzungsphase die Betreuung der Immobilien: das **Immobilienmanagement**. Dies ist die Planung, Steuerung, Umsetzung und Kontrolle sämtlicher wertbeeinflussender Maßnahmen über die gesamte Wertschöpfungskette einer Einzelhandelsimmobilie entsprechend den Zielvorgaben des Eigentümers. Es gibt verschiedene Managementaufgaben bei Einzelhandelsimmobilien, die auch digitalisiert werden können. Die Potenziale der Digitalisierung bestehen im Real Estate Management, um mehr Effizienz und Nachhaltigkeit zu erreichen. Dies bedeutet nicht nur, zuvor analog ausgeführter Arbeiten auf eine digitale Basis zu übertragen, sondern ist im Wesentlichen ein Vernetzungsprozess, der alle Projektparteien rund um den Immobilienbetrieb in Echtzeit zusammenführt.

In der Immobilienbewirtschaftung sind von der Erkennung über die Beauftragung bis zur Bezahlung diverse Akteure involviert. Dadurch erhöht sich innerhalb der Prozesskette die Gefahr des Medienbruchs, der zu Datenverlust und einer zeitintensiven Informationsrecherche führt. Durch digitale Plattformen können eine Informationsweitergabe und damit eine rasche Auftragserledigung erfolgen. Perspektivisch soll mithilfe des Internet of Things eine miteinander vernetzte Gebäudetechnik möglichst autonom oder zumindest semiautonom zustandsbezogen eigene Wartungen, Prüfungen oder auch Ad-hoc-Maßnahmen erledigen. Dadurch können signifikante Einspar- und/oder Optimierungspotenziale im Gebäudebetrieb identifiziert werden. Durch die Blockchain-Technologie ergeben sich beim Immobilienmanagement neue Potenziale. Eine blockchain-basierte digitale Gebäudeakte kann eine Vielzahl von Prozessen über den gesamten Lebenszeitraum einer Immobilie optimieren. Mietvertragsmanagement, Betriebskostenabrechnung, aber auch immobilienbezogene Dienstleistungen wie Strom- und Wasserversorgung einschließlich der Ablesung können blockchain-basiert abgewickelt werden.

7.3 Auswirkungen auf Standorte

Bislang gab es einen stetigen Anstieg, wenn auch in den vergangenen Jahren eher stagnierende Entwicklung der Einzelhandelsflächen. Vor diesem Hintergrund gab es schon immer einen Wettbewerb zwischen den Standorten. Durch den E-Commerce erhöhen sich dieser Wettbewerb und der Strukturwandel zwischen Standorten. Auch in Zukunft wird es die verschiedenen Vertriebswege geben, aber der stationäre Einzelhandel wird mittel- bis langfristig merklich durch den Internet-Handel belastet. Dies wird sich auf die Nachfrage nach einzelhandelsgenutzten Immobilien auswirken, wobei aber Unterschiede nach Einzelhandelssortimenten, Betriebsformen und Lagen bzw. Standorten zu erwarten sind.

Sortimente und Standorte

Es ist ein unterschiedliches Tempo beim Wachstum des Online-Anteils in den verschiedenen Sortimenten des Einzelhandels festzustellen. Durch den E-Commerce kommt es zu Veränderungen bei der Sortimentsentwicklung im stationären Einzelhandel, die sich dann auf den Verkaufsflächenbedarf und auch auf die jeweiligen Standorte des Einzelhandels auswirken wird.

Als Reaktion auf den E-Commerce gibt es je nach Sortiment unterschiedliche Reaktionen. Je nach **Warengruppe** eignet sich das Internet als Vertriebsweg mehr oder weniger. Besonders der Vertrieb digitaler oder digitalisierbarer Güter kann einfach über das Internet abgewickelt werden (z. B. Computersoftware, elektronische Texte, Flugtickets). Grundsätzlich bietet sich dieser Vertriebsweg für Produkte an, deren Preise leicht vergleichbar sind und von deren Qualität sich der Kunde nicht unbedingt per Augenschein überzeugen muss. Dazu zählen z. B. Bücher oder Musik-CDs. Gleichzeitig sind aber die Wachstumspotenziale z. B. bei Büchern oder CDs aufgrund des erreichten Niveaus begrenzt. Weniger geeignet ist E-Commerce bei Produkten, die der Kunde vor Ort selbst betrachten möchte und dabei den „Erlebnis- und Impulskauf" vorzieht. Bei komplexen Gütern wird es ebenfalls seltener zum elektronischen Handel kommen. Hier kann jedoch das Internet zumindest Suchfunktionen übernehmen.

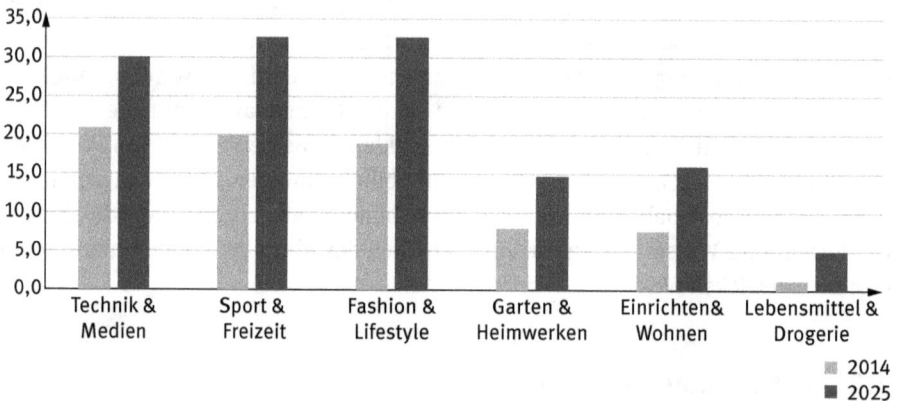

Abb. 7.3: Umsatzanteil des Online-Handels in den einzelnen Warengruppen in Deutschland in Prozent; Quelle: GfK, 2015, S. 6.

Differenziert waren die Entwicklungen und sind die **Zukunftsaussichten** für einzelne Warengruppen (siehe Abbildung 7.3). Laut den HDE-Online-Monitoren 2017 und 2018 verlagert sich vielfach der Umsatz, wenn auch von den steigenden Online-Umsätzen in allen Branchen die stationären Händler mit ihren Online-Shops profitieren. Im Jahr 2017 wurden demnach im Durchschnitt 606 Euro pro Kopf im stationären Bekleidungseinzelhandel ausgegeben, 1,5 % oder 537 Mio. Euro weniger als im Jahr zuvor. Die durchschnittlich 324 Euro pro Kopf, die im Online-Shop für Mode ausgegeben wurden, bedeuten hier ein Umsatzplus von 10,3 % und für die Online-Shops ein Plus von 1,2 Mrd. Euro im Vorjahresvergleich. Das bedeutet eine Verschiebung von offline zu online und das Wachstum findet nur online statt. Im Bereich Consumer Electronics lautet das Verhältnis 513 Euro pro Kopf stationär, das ist ein Minus von 3,1 % oder 970 Mio. Euro, hingegen werden 322 Euro pro Kopf online ausgegeben, was ein Umsatzzuwachs von 10,5 % oder 1,2 Mrd. Euro bedeutet. Auch hier findet das Wachstum im Online-Handel statt. Das gilt auch in der Heimwerker- und Gartenbranche.

Eine Ausnahme bildet der Handel mit Fast Moving Consumer Goods (FMCG, u. a. Lebensmittel, Drogerieware). Bei **Lebensmitteln** stehen den durchschnittlich 3.138 Euro Offline-Umsatz nur 98 Euro pro Kopf an Online-Umsatz gegenüber. Obwohl der Online-Handel 2017 im Vergleich zum Vorjahr um 15,9 % zulegte, ist der stationäre Einzelhandel um 2,6 % oder 5,0 Mrd. Euro gewachsen. Zwar konnte im vergangenen Jahr der digitale Handel mit Lebensmitteln überproportional wachsen, auch wenn sein Anteil am gesamten Online-Geschäft derzeit noch unter 2 % liegt. Bei den FMCG-Untergruppen Wein und Sekt beträgt der Anteil schon rund 5 % und bei Körperpflegeartikeln mehr als 10 %.

Insbesondere in diesem Segment wird noch starkes Wachstum erwartet, wobei aber folgende Restriktionen zu beachten sind. Zum einen stellt der Versand von frischen Lebensmitteln höhere Ansprüche als die Lieferung anderer Güter dar. Die Logistikkosten bei Lebensmittellieferungen sind höher als bei anderen Gütern, was zu einer geringeren Reichweite bzw. Einzugsgebiet führt. Insbesondere durch die notwendige Kühlung wirken sich die Versandkosten daher überproportional aus. Zum anderen hat Deutschland eine relativ hohe geografische Abdeckung durch den Lebensmitteleinzelhandel mit einem dichten Handelsnetz. Das Angebot ist nah, relativ günstig und attraktiv; der Convenience-Gewinn durch den Online-Handel ist somit eher gering. Die Kernklientel der Online-Händler sind Stadtbewohner, für diese Kunden ist aber der Online-Einkauf oft umständlicher als der Besuch in einem der vielen Läden in der Nachbarschaft.

Daher wird insgesamt nur ein relativ moderates Wachstum des Online-Handels im Lebensmitteleinzelhandel zu sehen sein, auch wenn die Wachstumsraten höher ausfallen. Dieses wird sich insbesondere auf urbane Ballungsräume und eine eher kaufkräftige Nachfrage beziehen. Weiterhin reagiert der stationäre Lebensmittelhandel derzeit und investiert in moderne Verkaufsflächen sowie den „Erlebnisfaktor", den das Internet nicht bieten kann. Es dürfte damit kaum zu einer Verdrängung des stationären Einzelhandels kommen.

Betriebsformen und Standorte
Die Digitalisierung wird sich auf die einzelnen Betriebsformen des Einzelhandels differenziert auswirken. Änderungen von Betriebsformen und Sortimenten beeinflussen wiederum die Nachfrage nach entsprechenden Standorten und Immobilien.

Vorteilhaft sind sehr gut geschnittene Geschäftshäuser in erstklassigen Lagen in größeren Städten, die eine hohe Anzahl an Verbrauchern erreichen, die Bekanntheit von Marken fördern und Einzelhändlern die Möglichkeit einer bestmöglichen Warenpräsentation bieten. Fachmarktzentren sind ebenfalls weniger betroffen, während Fachmärkte, die sich bislang in erster Linie über ihren Preisvorteil definierten, in Bedrängnis geraten können.

Einkaufszentren erweitern ihre Restaurant- und Freizeitflächen, um so die Verweildauer von Kunden zu verlängern. Bei Shoppingcentern wird sich der Markt weiter ausdifferenzieren zwischen großen regionalen Zentren mit attraktivem Mietermix und schwach positionierten Objekten in sekundären Lagen. Zu den Verlierern gehören zweitklassige, nicht dominante Einkaufszentren beispielsweise mit Instandhaltungsstau, einem Mangel an wichtigen Mietern (u. a. Gastronomiekonzepte) oder unzureichendem Parkplatzangebot. Auch für kleine Franchisebetriebe in Einkaufszentren kann die Digitalisierung nachteilig werden, wenn die Besucherfrequenz im Shoppingcenter infolge des E-Commerce sinkt.

Effekte in Abhängigkeit von Lagen und Standorten

Aufgrund des starken Wachstums des E-Commerce werden die Standorte in unterschiedlichem Ausmaß betroffen sein. Der Strukturwandel im Handel – auch durch den Online-Handel – wirkt sich unterschiedlich auf Städte in unterschiedlichem Grad von der Konzentration des Handels aus. Je nach Größe und Funktion (Metropolen/ Großstädte, Klein- und Mittelstädte) und Lage im Raum (verstädterter Raum, ländlicher Raum) sind unterschiedliche Effekte zu erwarten. Nach dem Ansatz des BBSR wird unterschieden nach Großstädten (Städte mit mindestens 100.000 Einwohnern mit meist oberzentraler Funktion), Mittelstädten (Gemeinden mit 20.000 bis 100.000 Einwohner) sowie Kleinstädten (mit 5.000 bis 20.000 Einwohnern). Weiterhin wird die Entwicklung im ländlichen Raum analysiert.

Die folgenden Aussagen sind vielfach eher allgemeingültig, da noch die individuelle Situation einer Stadt zu berücksichtigen ist. Bedeutend für die künftige Bedeutung einer Stadt bleiben die sozio-ökonomischen Rahmenbedingungen, vor allem das Arbeitsplatzangebot, wodurch u. a. das Bevölkerungswachstum gesichert wird. Für den Erfolg einer Einzelhandelsimmobilie sind ebenfalls die klassischen Kriterien wie eine hohe Kundenfrequenz, die Möglichkeit einer zeitgemäßen Warenpräsentation, Parkmöglichkeiten oder die Erreichbarkeit mit dem öffentlichen Personennahverkehr wichtig.

Es ist zu erwarten, dass die Segmentierung zwischen den verschiedenen Lagen aufgrund der Digitalisierung noch stärker zunehmen wird. Es werden schwächer positionierte Lagen verlieren, während die Flächennachfrage neuer und den Digitalisierungserfordernissen angepasster Shop-Konzepte weiter zunehmen kann.

Großstädte und Metropolen

Großstädte und Metropolen weisen das vielfältigste und differenzierteste Handelsangebot auf. Es sind die geringsten Effekte für die Zentren der Großstädte aufgrund des zunehmenden Online-Handels zu erwarten. Großstädte haben aufgrund ihrer Einwohnerzahl und Zentralität die besten Aussichten, auch zukünftig ihre Bedeutung als Handelsstandorte zu behalten. Städte mit einer hohen Einwohnerzahl haben in der Regel ein größeres Marktpotenzial und einen attraktiven Einzelhandelsbesatz. Der Branchenmix und auch der hohe Filialisierungsgrad tragen dazu bei, dass ein Standort in der gesamten Region „als Einkaufsstadt" wahrgenommen wird.

Großstädte mit einer hohen Urbanität dürften sich auch künftig als wichtige Handelsstandorte behaupten. Dies gilt in besonderer Weise für die sieben A-Städte und für die Innenstädte wachsender Großstädte. Stagnierende bis schrumpfende Großstädte können hingegen negative Prozesse – infolge der Abwanderung von Handelsbetrieben und der Ausdünnung der Handelslandschaft – zumindest im innerstädtischen Kern eine gewisse Zeit widerstehen. Innerhalb des städtischen Einzelhandels kommt den Innenstädten in der Regel eine herausgehobene Bedeutung zu. Die Bedeutung sinkt aber mit zunehmender Stadtgröße, da die städtischen Strukturen immer polyzentrischer (dezentrale Standorte) werden. Auf die verschiedenen Einzelhandelslagen innerhalb einer Stadt wirkt sich der Strukturwandel im Handel unterschiedlich aus.

Die **1a-Lagen in den Innenstädten** werden längerfristig voraussichtlich nicht völlig anders aussehen als heute. Die 1a-Lagen der Top A-Städte und weiterer ausgewählter Großstädte mit hoher Einzelhandelszentralität werden von den Auswirkungen des Online-Handels nicht so stark betroffen sein. Innerhalb der Innenstädte wird sich die Polarisierung der Lagen in den Großstädten verstärken: 1a-Lagen werden noch interessanter, die Nachfrage nach Flächen steigt dort kontinuierlich an – dafür „bröckelt" es an den Rändern der City. Die 1a-Lagen stehen dennoch unter Veränderungsdruck, denn durch die hohen Mieten und veränderten Handelskonzepte verändert sich die Nachfrage.

Die meisten Großstädte und vor allem die Metropolen profitieren hingegen davon, dass hier noch der Branchenmix im Einzelhandel für die Kunden attraktiv ist. Interessante Innenstadtlagen und Einkaufscenter sind als Ziele des Erlebniskaufs wenig angreifbar. Voraussetzung hierfür ist die Schaffung einer hohen Aufenthaltsqualität, d. h. emotionale Orte, die eine Marktplatzfunktion alter Prägung übernehmen. Die Einzelhändler der Innenstadt können im Verbund mit der übrigen innerstädtischen Angebotspalette – von administrativen, kulturellen Angeboten über gastronomische, sonstige Dienstleistungen bis hin zu Stadt-Events – eine besondere urbane Erlebnisqualität erzeugen. Den Kunden ist ein Mix aus klassischem Verkauf, Freizeit, Gastronomie und Dienstleistungen an einem Ort zu bieten. Durch die attraktive Lage der Läden und Showrooms gibt es ein besonderes Einkaufserlebnis. Während weniger Flächen für klassische Ladenlokale genutzt werden, gibt es eine deutlich höhere Nachfrage nach Freizeit- und Gastronomieflächen.

Größere Innenstädte weisen einen Freizeit-, Stadtbummel- und Unterhaltungscharakter auf. Mit zunehmender Stadtgröße nimmt die relative Bedeutung der City für die tägliche Versorgung ab. Aspekte wie Freizeitgestaltung und Erlebniseinkauf treten in den Vordergrund. Kaufkraftzufluss von außen kann den Abfluss der lokalen Kaufkraft in den Online-Handel kompensieren. Dies gilt vor allem auch für Städte mit hohem Tourismusanteil, da die einzelhandelsrelevante Nachfrage dieser Besucher überwiegend in den stationären Handel fließt. Hiervon profitieren jedoch vor allem die zentralen Lagen mit den höchsten Passantenfrequenzen, während die Neben- und Stadtteillagen zunehmend von steigenden Leerständen betroffen sind.

Das Image der Innenstädte hängt bis heute maßgeblich von den dort vertretenen Einzelhändlern ab, ebenso wie diese von eben diesem Image abhängen. Für die Attraktivität einer Innenstadt sind die örtlichen Einkaufsmöglichkeiten entscheidend. Ein solcher Imagevorteil gegenüber benachbarten Städten erzielt mehr Frequenz in diesen Innenstädten und das bewirkt wiederum eine Steigerung des Umsatzes im örtlichen Handel. Wenn sich der Kunde im Geschäft über ein Produkt informiert und es anschließend online kauft, kann dies dazu führen, dass einige Händler gezwungen sind, die Geschäfte zu Ausstellungsflächen umzubauen oder die Ladenfläche zu verkleinern oder den Fokus beim Verkauf der Ware selbst auf den Online-Handel zu legen.

Gleichzeitig gibt es jedoch den Trend, dass Online-Händler dazu übergegangen sind, neben dem weiterhin wachsenden Online-Geschäft offline in hochfrequentierte Innenstädte zu expandieren. Reine Online-Händler, die stationäre Läden eröffnen, bevorzugen zentrale Lagen in Großstädten mit hoher Kaufkraft und Zentralität. Sollten weitere Online-Händler sich dieser Entwicklung anschließen und ebenso in die Städte expandieren, droht den bisherigen Einzelhändlern nun nicht mehr nur virtuelle, sondern auch reale Konkurrenz. Aber davon profitieren die Einkaufslagen, da mehr Angebote und Attraktivität geschaffen wird.

Zwar können sich die innerstädtischen A-Lagen der großen deutschen Einkaufsmetropolen und einige dominante Stadtteilzentren vom Durchschnitt nach oben absetzen, was angesichts des großen Angebots und des Ambientes nicht überrascht. In diesen Top-Städten verlieren aber die **B-Lagen, Nebenlagen und Nebenzentren**, wenn auch lokal differenziert. B-Lagen sind für viele der früheren Mieter auch aufgrund der Online-Konkurrenz nicht mehr attraktiv. Die Mietniveaus werden hier weiter sinken. Die Vitalität von Stadtteillagen bzw. -zentren hängt einerseits von der Baustruktur der Quartiere und andererseits von der Stadtgröße ab. So weisen Einfamilienhausgebiete in der Regel kein eigenständiges Zentrum auf. In den Siedlungserweiterungen der Gründerzeit gibt es dagegen häufig Zentrenstrukturen mit Einzelhandelsgeschäften in den Erdgeschossen. In den Siedlungen der städtebaulichen Moderne (1950er- bis 1980er-Jahre) wurden ab einer gewissen Siedlungsgröße in der Regel auch Funktionsgebäude für Einzelhandel, wohnortnahe Dienstleistungen und Infrastruktureinrichtungen errichtet. Der Strukturwandel mit der Randwanderung des Handels, veränderten Flächenansprüchen und auch dem Bedeutungsgewinn der Innenstadt führte bereits in den zurückliegenden Jahrzehnten zu einem Bedeutungsrückgang fast aller Stadtteilzentren. In einzelnen Zentren dominieren auch Shoppingcenter oder Fachmärkte. Der Online-Handel kann auch hier zum Trendverstärker werden.

Mittelstädte
Für Mittelstädte ist grundsätzlich eine größere Gefährdung zu sehen und es sind wachsende Schwierigkeiten zu erwarten. Unterschieden werden kann zwischen Mittelstädte zum einen mit eher nahversorgungsorientierten Strukturen (d. h. Umlandstädte, die im Umfeld großer Metropolen liegen) und zum anderen solitär gelegenen Städten mit

großem Einzugsgebiet. Tendenziell ist im Vergleich die Gefahr von Leerstand in Mittelstädten größer. Mittelstädten fällt es darüber hinaus zunehmend schwer, die hohen Ansprüche der Kunden an gastronomische und kulturelle Angebote zu erfüllen.

Mittelstädte in wachsenden Regionen verfügen tendenziell über gute Rahmendaten wie beispielsweise eine hohe Kaufkraft. Durch die stetige Re-Urbanisierung entwickeln sich größere Städte tendenziell positiver und die Stadt gewinnt an Bedeutung als Wohnstandort, da die Bevölkerung vor allem in den Kernstädten wächst. Vor diesem Hintergrund werden sich auch in Zukunft Standorte positiv entwickeln, die überdurchschnittlich gute wirtschaftliche Rahmenbedingungen (Kaufkraft, Arbeitsplätze) aufweisen. Eine hohe Tourismusintensität verstärkt diese Faktoren, da touristische Handelsumsätze vorwiegend in die stationären Geschäfte fließen und zusätzliche Marktpotenziale eröffnen.

Städte, die eine steigende Bevölkerungszahlen aufweisen, sehr gut ausgebaute Infrastruktur besitzen oder sogar zentrale Anlaufstelle für logistische Zwecke sind und damit insgesamt eine höhere Attraktivität besitzen, sind von dieser Entwicklung weniger bis gar nicht betroffen. Einzelhandelslagen in Mittelstädten, die eine günstige wirtschaftliche und sozio-demografische Entwicklung aufweisen, können sich gut gegen den Online-Handel behaupten. Dies gilt auch für Mittelstädte, die einen attraktiven Stadtkern und entsprechendes Ambiente und vor allem touristische Attraktionen aufweisen. Solche Städte besitzen die Widerstandsfähigkeit, sich im digitalen Strukturwandel zu behaupten. Dazu gehören auch Mittelstädte, die sich nicht im Einzugsgebiet einer Großstadt befinden, die aber im weiten Umfeld als einzige die Versorgungsfunktion übernimmt.

Die Mittelstädte in ländlich geprägten Regionen können eine wichtige Versorgungsfunktion für das Umland haben. Der Handel übernimmt dann gemeinsam mit Gastronomie, Tourismus, Kultur und weiteren Dienstleistungen eine zentrale Rolle für die Attraktivität der Stadt. Je gefestigter die heutige Einzelhandelsbedeutung der Mittelstadt ist, desto günstiger sind auch die Ausgangsbedingungen und Perspektiven für die Zukunft. Große, prosperierende Mittelstädte stehen hinsichtlich ihrer sozio-demografischen Rahmenbedingungen den Großstädten nicht sonderlich nach. Dank ihrer relativen Nähe bieten Mittelzentren bei guter verkehrstechnischer Erreichbarkeit eine attraktive Mischung aus Anbietern von Nahversorgung und von überregionalem Flair, was sich in überdurchschnittlichen Einzelhandelsumsätzen niederschlägt.

Schwierig wird es vor allem für die **Mittelstädte**, die sich **im näheren oder weiteren Umkreis von Großstädten** befinden. Der Einzelhandel von Kommunen im „Speckgürtel" der Großstädte und Metropolen steht vor großen Herausforderungen. Mittelstädte mit unausgewogenem Handelsbesatz sind dabei stärker von Leerständen betroffen. Je kleiner die Stadt und je geringer ihre (relative) Handelsbedeutung ist, desto stärker leiden auch die Stadtteilzentren. Diese und Ortszentren verlieren ihre verbliebenen „zentrentypischen" Sortimente an den Online-Handel und auch die jeweiligen starken Zentren oder Innenstädte. Kunden, die ohnehin eine längere Anfahrt in Kauf nehmen müssen, fahren gleich in die Großstadt, weil sie das komplette Angebot haben wollen. In kleineren Zentren, die aufgrund ihrer begrenzten Einzugsgebiete nur für wenige, regional ausstrahlende Einzelhandelsformate interessant sind, werden nur noch die attraktivsten Mietflächen am Markt präsent bleiben. Es besteht die Gefahr, dass das fehlende Angebot online kompensiert wird.

Bedrohte Mittelstädte sind bereits heute von abnehmender Standortattraktivität, schlechter werdender Infrastruktur, aber auch von sinkenden Bevölkerungszahlen und Nachbarstädten umgeben, die eine höhere Standortattraktivität besitzen. Diese Faktoren senken die Attraktivität und die Qualität der Innenstadt, Investitionen in öffentliche Räume bleiben aus und die Vielfalt der Einzelhändler ist beschränkt und nimmt weiter ab. Strukturschwachen Innenstädten (stark) schrumpfender Städte bleibt kaum Spielraum für eine geordnete Weiterentwicklung, da der Fokus der Akteure meist darauf ausgerichtet ist, den Bestand an die sinkende Nachfrage anzupassen. Sie werden sich als Antwort auf den erneuten Strukturwandel im Handel verkleinern müssen. Das dementsprechend schmale Sortiment des örtlichen Handels kann die Bedürfnisse der Kunden nicht mehr erfüllen und dem gegenüber steht das inzwischen fast unbegrenzte Sortiment im Online-Handel. Solche Städte werden in den kommenden Jahren von besonders stark sinkenden Kundenfrequenzen betroffen sein.

Kleinstädte

Bei den Kleinstädten ist ebenfalls keine einheitliche Tendenz festzustellen, vielmehr gibt es sehr unterschiedliche Perspektiven. Auf der einen Seite können kleinere Städte, die in ihrer Umgebung eine zentrale Stellung einnehmen, ihre Bedeutung als Standorte der Nahversorgung zumindest teilweise erhalten. Der Einzelhandel ist auf die Nahversorgung mit Waren für die Grundbedürfnisse wie Lebensmittel- oder Drogerieartikel konzentriert. Die Erwartungshaltung der Kunden ist dort also schon reduziert. Die Bevölkerung wird auch weiterhin das Versorgungsangebot nutzen. Kleinstädte fernab der Großstädte haben zum Teil eine wichtige Versorgungsfunktion für das Umland, und es wird ein Grundumsatz nachgefragt. Kleine Innenstädte erfüllen damit zusehends die Funktion des (ausschließlichen) Nahversorgers. Falls sie attraktive Voraussetzungen mitbringen, werden sie von Leerständen wahrscheinlich nicht allzu sehr betroffen sein.

Andererseits sind andere Kleinstädte stärker von den Auswirkungen des Online-Handels betroffen. Je kleiner die Stadt und je geringer ihre (relative) Handelsbedeutung ist, desto stärker leiden sie. Bei Städten in einer „Sandwich-Position" zwischen dominierenden Handelszentren wird durch den Online-Handel die Passantenfrequenz weiter abnehmen. Kleinstädte mit unausgewogenem Handelsbesatz sind ebenso besonders betroffen. Sie verlieren ihre verbliebenen „zentrentypischen" Sortimente an den Online-Handel und auch an die jeweiligen starken Zentren oder Innenstädte im Umland. Kleinstädte büßen durch die räumliche Umstrukturierung und die Konzentration der Nahversorgungsfunktion an verkehrsgünstigen Standorten ihre zentrale Funktion ein. So sind weitere Nachfrageverluste, Leerstände und größere Probleme zu erwarten. Ebenso wird in Kleinstädten, die bereits heute ein oft unzureichendes Handelsangebot haben, die Nachfrage weiter abnehmen. Weitere Umsatzrückgänge im dortigen stationären Einzelhandel und eine Ausweitung der Leerstände sind die Folge. Das Risiko der Kleinstädte liegt darüber hinaus in der Abhängigkeit vom inhabergeführten Einzelhandel, wenn es um Non-Food-Sortimente wie Bekleidung geht. Bei diesen nichtfilialisierten Facheinzelhändlern ist die Gefahr von Geschäftsaufgaben groß.

Ländlicher Raum

Für den ländlichen Raum wird erwartet, dass sich der Strukturwandel im Handel am stärksten auswirkt. Schon heute weisen die Gemeinden bereits ein oft unzureichendes Handelsangebot auf. Diese Angebotslücken kann der Online-Handel zunehmend schließen. Die wachsende Bedeutung des Online-Handels auf dem Land lässt sich auch in den Branchenzahlen ablesen. Im Vergleich zum Wachstum in Deutschland mit rund 10 % (2017) war der Zuwachs in den kleineren Kommunen deutlich höher. Hier legte der Umsatz laut dem Branchenverband bevh um mehr als 17 % zu. Im Vergleich zu den großen Städten gewannen die Lieferungen auf dem Land und in kleineren Kommunen damit an Gewicht und erreichten einen Anteil am dortigen Gesamtmarkt von rund 60 %. Das Internet ist für die Bevölkerung in strukturschwachen Räumen eine Chance, überall gleichwertige Lebensverhältnisse realisieren zu können. Für den stationären Einzelhandel im ländlichen Raum wird sich das aber nachteilig auswirken.

Im ländlichen Raum wird die Versorgung mit Lebensmitteln – die als der Kern der Nahversorgung angesehen wird – zunehmend ausgedünnt. In sehr kleinen Gemeinden gibt es keine Verkaufsstelle mehr im Ort, sodass der Online-Handel als eine gute Alternative erscheint. Dennoch wird eine vollständige Übernahme der Nahversorgung im ländlichen Raum durch den Online-Handel als eher unwahrscheinlich gesehen. Dies ist vor allem auf eine mangelnde Rentabilität des Lieferservices zurückzuführen, so konzentriert sich dieser auf urbane Gebiete. Das nur geringe Nachfragepotenzial ist nicht ausreichend, um den Service rentabel zu gestalten. Hinzu kommt, dass die Logistik in diesen Gebieten eine große Herausforderung darstellt. Als Lösung bieten sich hybride Nahversorgungslösungen und Knotenpunkte an. Zum einen hat der Online-Handel gute Chancen in Kombination mit mobilen Formen des stationären Handels. Zum anderen ist die Entstehung neuer Treffpunkte und Orte sozialer Begegnung rund um Abholboxen und Paketstationen möglich.

7.4 Smart Retail – Auswirkungen auf Gebäude und Ausstattung

Digitale Technologien verändern nicht nur Geschäftsmodelle und -prozesse im Einzelhandel, sondern haben auch Auswirkungen auf Einzelhandelsgebäude und deren Ausstattung. Smart Retail (intelligenter Einkauf) oder digitaler Handel bezeichnet Einzelhandel als eine digitale Erlebnis- und Einkaufswelt. Innerhalb dieses Konzepts des intelligenten Einkaufs werden verschiedene digitale Technologien eingesetzt. Smart Retail selbst ist ein nicht hinreichend definiertes Konzept, das verschiedene Aspekte beinhaltet.

Smart Store

Die Einzelhändler modernisieren ihre Verkaufsflächen, um **Smart Stores** entstehen zu lassen. Um auf die veränderten Ansprüche der Konsumenten im digitalen Zeitalter einzugehen und dem starken Wettbewerbsdruck des Online-Handels zu begegnen, rüsten Händler ihre Filialen technisch auf. Kunden wünschen sich vermehrt einen Smart Store, in dem sie ein rundum vernetztes Einkaufserlebnis haben. Das ist ein Ort, an dem real erlebbare Produkte in eine digitale Erlebniswelt integriert sind und an dem sie eine individuelle und hochwertige Beratung erhalten.

In den Gebäuden selbstwerden als Vision Geräte der Gebäudeautomation und -technik, Elektronik sowie Kommunikationseinrichtungen zu intelligenten Gegenständen zusammengefügt, die sich an den Bedürfnissen der Mieter und Kunden orientieren. Die digitale **Gebäudeinfrastruktur** betrifft etwa Fahrstühle, Fenster, Türen, Heizungen, Beleuchtung, Belüftung und Brandschutz. Das Gebäude wird zu einem vernetzten System mit ständigem Datenaustausch, sodass alle Bereiche optimal aufeinander abgestimmt werden. Selbstlernende Systeme tracken darüber hinaus das Verhalten der Nutzer und können darauf reagieren. Technische Verfahren und Systeme werden in den Gebäuden installiert, in deren Mittelpunkt eine Erhöhung von Arbeits- und Aufenthaltsqualität, Sicherheit und effizienter Energienutzung auf Basis vernetzter und fernsteuerbarer Geräte und Installationen sowie automatisierbarer Abläufe steht. Durch die Vernetzung dieser Gegenstände untereinander können neue Assistenzfunktionen und Dienste zum Nutzen der Mieter und Kunden des Einzelhandels bereitgestellt werden und einen Mehrwert generieren, der über den einzelnen Nutzen der im Gebäude vorhandenen Anwendungen hinausgeht.

Durch technische Entwicklungen sind auch die Einzelhandelsimmobilien selbst zu optimieren. So verfügen insbesondere große Shoppingcenter bereits über **WLAN** innerhalb des Gebäudes, das die Kunden kostenlos nutzen können, solange sie sich in der Einzelhandelsimmobilie aufhalten. Dies soll einerseits die Attraktivität der Einzelhandelsimmobile für potenzielle Kunden steigern. Kostenfreies WLAN soll als Anreiz für Kunden dienen, die Einzelhandelsimmobilie aufzusuchen. Andererseits kann durch die WLAN-Signale der Smartphones der Kunden ihr Verhalten innerhalb der Einzelhandelsimmobilie analysiert werden. So lassen sich Verhaltensmuster erkennen, die Rückschlüsse auf die Attraktivitäten innerhalb einer Einzelhandelsimmobilie oder die Verweildauer in einem bestimmten Bereich der Immobilie zulassen. Das kann Anstoß für weitere Optimierungen sein. Dies ist wiederum für Einzelhändler als potenzielle Mieter attraktiv. Eine zwingende Voraussetzung dabei ist die Einhaltung der Datenschutzrichtlinien bei allen Prozessen. Der Datenschutz ist zu beachten, ob und wie die WLAN-Signale der Kunden übertragen und genutzt werden können.

Einkaufsprozess

Ein künftig noch bedeutender Erfolgsfaktor für den traditionellen Handel und die On-line-Händler ist die Nutzung von **Kundeninformationen**, die der Käufer (direkt oder indirekt) durch sein Suchverhalten (z. B. im Internet) und/oder seine Bezahlpräferenz (z. B. Karte, Netz) offenlegt. Die Palette technischer Hilfen, die der Gewinnung, Aus-wertung und Nutzung der Informationen dienen kann, wird immer größer. Der smarte Einkaufsmarkt der Zukunft kann Technologien nutzen, um Kundenbedarf zu ermitteln und letztlich Käufe zu generieren. Die fortgeschrittene Integration vernetzter Sensoren ermöglicht Einblicke in das Kaufverhalten der Konsumenten. Mithilfe digitaler Tech-nologie wird ebenso die Bewegung der Kunden außerhalb des Ladens gemessen und zeigt, von wo, wann wie viele Kunden kommen.

Der Einkaufsprozess kann ebenfalls durch digitale Technologien beeinflusst wer-den. Vernetzte Technologien und Data Science-Anwendungen sind für Smart Retail die Basis. Sie ermöglichen einerseits Angebote, die auf individuelle Bedürfnisse der Kundschaft zugeschnitten sind, andererseits eine effiziente Kundenansprache und -bindung. Es besteht damit die Möglichkeit der dynamischen Produktvorschläge und der individuellen Rabatte.

Durch die Digitalisierung kann die **Kommunikation innerhalb des Marktes** ver-bessert werden. Durch eine entsprechende Kundenkarte wird der Kunde identifiziert und die Geräte zeigen dem Kunden zum einen eine Liste der Produkte, die sich bereits in dessen Einkaufswagen befinden und zum anderen abhängig von dessen Position Angebote zu Produkten, die er bereits gekauft hat oder die seinen Gewohnheiten ent-sprechen.

Der Weg der Besucher wird erfasst und wofür sie sich genau interessieren. Dies gibt Einzelhändlern die Möglichkeit, die Anforderungen der Konsumenten zu antizi-pieren, noch bevor sie sich selbst darüber im Klaren sind. Für eine optimale Werbung und individuelle Angebote haben Händler ihre Kundschaft zu kennen. Die Daten, die online und offline aggregiert werden, kann der Einzelhandel mithilfe Künstlicher In-telligenz auswerten. Der Einzelhandel kann dadurch die Frequenzflüsse und das Kauf-verhalten verfolgen und die daraus gewonnenen Erkenntnisse in die Umgestaltung und Neugestaltung von Objekten einfließen lassen. Auf Grundlage von Data Science-Analysen können konkrete Optimierungsvorschläge gemacht werden – etwa, wie Pro-dukte im Laden angeordnet, um die Verkaufsraten zu erhöhen, oder welche Produkte ausgelistet werden sollten.

Digitale Informationssysteme (Digital-in-Store) werden im Ladenlokal angebo-ten. Die digitalen Informationssysteme können genutzt werden, um den Kunden im Ladengeschäft mit Produktinformationen oder Werbung zu versorgen. Den potenzi-ellen Käufern kann anhand ihrer aktuellen Position angepasste Werbung und Ange-bote geschickt werden. Die Nutzung kann sich auf den Anreiz zum Aufsuchen eines Geschäfts beziehen oder auf die Navigation im Geschäft, um so direkt bestimmte Pro-dukte oder Sortimente vermarkten zu können. Eine weitere Möglichkeit stellen Infor-mationsterminals dar, die beispielsweise zu den gesuchten Produkten den Standort,

Rezeptvorschläge und Alternativen zeigen. Derartige Terminals sind inzwischen bei Einzelhändlern anzutreffen, dienen aber auch der Möglichkeit ein Feedback vom Kunden zu erhalten.

Durch die Verbindung mit **QR-Codes** (englisch: *Quick Response*, deutsch: *schnelle Antwort*) wird eine weitere Form der Digitalisierung in den Einzelhandel integriert. Der Kunde kann aktiv ins Einkaufsgeschehen eingebunden werden. Durch Scannen der jeweiligen Produkt-QR-Codes mit dem privaten Smartphone können zusätzliche digitale Produktinformationen aufgerufen werden. Außerdem können Verweise auf komplementäre Güter, so beim Kauf eines Sixpack Bier noch Chips dargestellt werden. Durch die Produktempfehlungen wird zusätzliches Marketing betrieben, was zu Umsatzsteigerungen führen kann.

Eine kurzfristige Möglichkeit digitale Technologien anzuwenden, sind **elektronische Preisschilder**. Intelligente Regale in Kombination mit lernfähigen Produktetiketten, die kommunizieren können, ermöglichen neue Formen des dynamischen Pricings. Aufgrund der Verbindung der Preisschilder mit dem Hauptrechner des Marktes kann auf die Preisschilder zugegriffen und damit verbunden die Preisauszeichnung schnell und ohne großen Aufwand angepasst werden. Somit ist eine Aktualität des zeitpunktbezogenen Marktpreises möglich: Morgens werden Schnäppchenkäufer angelockt, kurz vor Ladenschluss frische Lebensmittel billiger angeboten.

Eine weitere technische Optimierung von Einzelhandelsimmobilien ist die Entwicklung und Verbreitung von **Apps**, die das Einkaufserlebnis von Kunden optimieren sollen. So können sich Kunden einer Einzelhandelsimmobilie die Shopping-App der spezifischen Einzelhändler herunterladen und werden durch diese Apps beispielsweise per Push-Benachrichtigung auf ihr Smartphone über bevorstehende und laufende Rabattaktionen des spezifischen Einzelhandelsgeschäftes informiert. Diese technische Optimierung haben sich bereits ganze Einkaufszentren zunutze gemacht und eigene, auf das Einkaufszentrum spezifizierte Shopping-Apps auf den Markt gebracht. So werden Kunden nicht nur auf Rabattaktionen einzelner, in der Einzelhandelsimmobilie ansässiger Einzelhändler hingewiesen, sondern die Kunden können durch das reine Betreten des Einkaufszentrums beispielsweise Punkte sammeln, die sie wiederum in Gutscheine für die Geschäfte der in der Einzelhandelsimmobilie ansässigen Mieter umwandeln können.

Der Verkaufsprozess endet mit der **Bezahlung an den Kassen**. Die Wartezeiten an der Kasse werden von vielen Kunden beanstandet, sodass dies vor dem Einkaufen im stationären Einzelhandel abschreckt. Der Einzelhandel versucht, dies mithilfe digitaler Technologien zu verhindern. Eine Alternative sind Selbstbedienungskassen (SB-Kassen). Durch die Inventarisierung und Etikettierung aller Produkte kann der Kunde seine Produkte selbst einscannen und kann dann bargeldlos mit Karte bezahlen. Selbstbedienungskassen werden meist zusätzlich zu personalbesetzten Kassen angeboten, um die Bezahlung zu beschleunigen. Dies kann sowohl zur Verbesserung des Einkaufserlebnisses beim Kunden als auch zu einer Personalkostensenkung führen, da Stellen für traditionelle Kassen eingespart werden können. Selbstbedienungskassen sind bislang in Deutschland nicht weit verbreitet, allerdings gibt es einige Pilotprojekte.

Eine andere Alternative stammt von Amazon und geht weiter als andere Versuche, das Bezahlen in Geschäften zu automatisieren. Das Unternehmen eröffnete 2018 mit „Amazon Go" ein Lebensmittelgeschäft, das ohne Kassen und Kassenpersonal auskommt. Die Käufer kommen in den Laden, werden elektronisch identifiziert, nehmen sich die Waren aus dem Regal und verlassen das Geschäft wieder, wobei die Bezahlung automatisch erfolgt. Dazu hat der Konzern eine komplexe Technologie installiert, um das kassenlose Einkaufen zu ermöglichen. Die Besucher des Ladens gehen am Eingang durch eine Schranke. Dort wird ihr Smartphone gescannt, auf dem sie eine spezielle „Amazon Go"-App installiert haben müssen. Es gibt weder Einkaufswagen noch -körbe, weil die Kunden die Ware direkt in ihre Taschen legen. Sie werden ständig erfasst und dabei als dreidimensionale Objekte wahrgenommen. Kameras an Decken und Sensoren in den Regalen registrieren, welche Artikel die Kunden einkaufen. Nehmen sich die Kunden Ware aus dem Regal, wird dies sofort in ihrem virtuellen Einkaufskorb verbucht, legen sie den Artikel wieder zurück ins Regal, wird es aus ihrem Online-Konto gelöscht. Bislang funktioniert die Technik noch nicht einwandfrei und ist nur geeignet für kleine Sortimente.

8 Digitalisierung und Wohnimmobilienmarkt

Die Wohnungswirtschaft ist ein Teil der Immobilienwirtschaft und befasst sich mit der Versorgung der Bevölkerung mit Wohnungen. Das Ziel wohnungswirtschaftlicher Aktivitäten der Unternehmen ist Wohnraum bereitzustellen. Damit erbringen wohnungswirtschaftliche Akteure einen wesentlichen Beitrag zur Daseinsvorsorge für die Bevölkerung.

Grundsätzlich kann zwischen dem Markt für Wohnungsnutzungen (Vermietungsmarkt) und für Wohnimmobilien (Kauf, Investment) unterschieden werden. Bei den Wohnungsnutzungen stellen die Vermieter den Mietern Wohnungen zur Verfügung, ohne dass Eigentumsrechte übertragen werden. Auf dem Vermietungsmarkt treten private Haushalte als Nachfrager zur Selbstnutzung auf und sowohl Unternehmen als auch private Haushalte als Anbieter. Auf dem Wohnimmobilien-Investmentmarkt werden Eigentumsrechte gehandelt und bei einem Kauf diese Rechte übertragen.

In dem abschließenden 8. Kapitel werden die Folgen der Digitalisierung für den Wohnimmobilienmarkt verändert. Zwar wandelt sich das Grundbedürfnis Wohnen nicht, aber zum einen für die Wohnungsvermieter und zum anderen für die Wohnungen selbst ergeben sich deutliche Auswirkungen. Die traditionellen Geschäftsmodelle (Kapitel 8.1) der Wohnungsunternehmen werden sich den veränderten Bedürfnissen der Nutzer anpassen müssen. Große Veränderungen werden bei den Geschäftsprozessen (Kapitel 8.2) der gewerblichen Wohnungsvermieter erwartet. Geringere Resultate werden bei Standortveränderungen gesehen. Die Wohnungen selbst wandeln sich zu Smart Homes (Kapitel 8.4), wobei unterschiedliche Dimensionen mit den Konzepten Smart House und Smart Living und insbesondere Ambient-Assisted-Living bestehen. Auf Investments und Finanzierung von Wohnimmobilien wird auch hier nicht weiter eingegangen (siehe Kapitel 5).

Wohnimmobilien sind Gebäude, die überwiegend oder ausschließlich Wohnzwecken dienen. Wohnungen sind nach außen abgeschlossene, zu Wohnzwecken bestimmte, in der Regel zusammenliegende Räume, die die Führung eines eigenen Haushalts ermöglichen. Der Wohnimmobilienmarkt[1] umfasst rund 42 Mio. Wohnungen in Deutschland, die knapp zur Hälfte als Eigentum von den Haushalten selbst genutzt werden. Neben kleinen privaten Vermietern befindet sich rund ein Fünftel der Wohnungen im Besitz von Wohnungsunternehmen.

Die Akteure in der Wohnungswirtschaft sind u. a. **Wohnungsunternehmen**, die weit überwiegend für Bau, Bewirtschaftung bzw. Verwaltung von Mietwohnungen gegen Mietzins sowie die Vermarktung von Wohnimmobilien im Eigenbestand verantwortlich sind. Darüber hinaus bietet der Wohnungsmarkt Raum für sekundäre Geschäftstätigkeiten. Die Vermarktung von Wohnimmobilien im Fremdbestand kann durch Wohnungsunternehmen sowie durch Wohnungsmakler erfolgen. Spezielle Ge-

---

1 Für eine ausführliche Darstellung des Wohnimmobilienmarkts mit den Zusammenhängen und Entwicklungstrends siehe Vornholz, 2017, S. 113ff.

https://doi.org/10.1515/9783110726909-008

schäftsfelder sind die Verwaltung von Spezialimmobilien, z. B. Seniorenresidenzen, das Bauträgergeschäft, die Baubetreuung und die Vermittlung und der Verkauf von Wohnimmobilien. Schließlich können Wohnimmobilien von privaten Hauseigentümern gebaut und selbst genutzt werden.

Wohnungsunternehmen werden von anderen Wohnungsanbietern nach ihrer **Organisationsform** und ihrem Zweck abgegrenzt. Nach ihrer Organisationsform lassen sich gewerbliche Wohnungsunternehmen, Wohnungsgenossenschaften, kommunale Wohnungsgesellschaften sowie kirchliche und sonstige Wohnungsunternehmen unterscheiden. Des Weiteren lassen sich Wohnungsunternehmen nach ihrer **Eigentumsform** in Wohnungsgenossenschaften, Kapital- und Personengesellschaften und u. a. Organisationen ohne Erwerbszweck unterscheiden. Die nach diesen Kriterien abgegrenzten Unternehmensgruppen weisen jedoch keine deutlichen Unterschiede bei den Auswirkungen der Digitalisierung auf.

Damit zählen Unternehmen anderer Wirtschaftszweige, die hauptsächlich andere, aber auch wohnwirtschaftliche Leistungen erbringen, z. B. Versicherungen, nicht zu den Wohnungsunternehmen. Eine weitere Abgrenzungsmöglichkeit von Wohnungsunternehmen wäre die Abgrenzung nach Art der Erbringung **wohnwirtschaftlicher Leistungen** in Wohnungsunternehmen, die nur Wohnungen bewirtschaften, und Wohnungsunternehmen, die fast ausschließlich als Bauträger auftreten. Darüber hinaus gibt es Wohnungsunternehmen, die beide Aufgaben übernehmen.

Grundsätzlich ist die Kernaufgabe der Wohnungswirtschaft, die eigentliche Bereitstellung von Wohnraum, nicht zu digitalisieren. Das Bedürfnis nach Wohnen und Wohnungen bleibt bestehen, auch wenn sich aufgrund des technischen Wandels die Nutzungen teilweise ändern. Es bieten sich jedoch innerhalb der Wertschöpfungskette des Wohnimmobilienmanagements viele Prozesse für eine Digitalisierung an. Der Wandel durch die Digitalisierung wird sich insbesondere bei den Geschäftsmodellen und -prozessen der Wohnungsunternehmen und den Gebäuden einschließlich der Wohnungen zeigen.

8.1 Auswirkungen auf Geschäftsmodelle

Bei der differenzierten Struktur des Wohnungsmarkts wird im Folgenden nur auf die gewerblichen Wohnungsanbieter eingegangen. Sie verfügen über ein Geschäftsmodell, das den Mietern einen bestimmten Nutzen durch die Überlassung der Wohnungen verspricht. Private Kleinanbieter weisen nicht die Gesamtheit kaufmännischer und kommerzieller Transaktionen auf wie sie gewerbliche Anbieter haben.

Das gewerbliche Geschäftsmodell enthält eine Beschreibung, welchen Nutzen die Mieter oder andere Partner aus der Verbindung mit dem Wohnungsunternehmen ziehen können. Ein Geschäftsmodell zeigt weiterhin die Wertschöpfungsaktivitäten der Unternehmen auf. Letztlich beschreibt es auch die Einnahmenpotenziale der Unternehmen und lässt erkennen, womit diese Erlöse erreicht werden sollen.

8.1.1 Traditionelles Geschäftsmodell

Das traditionelle Geschäftsmodell der Wohnungsvermietung lässt sich anhand der Abbildung 8.1 beschreiben als Vermietung einer unterschiedlich großen Wohnung, wobei dies langfristig und grundlegend ohne zusätzliche Dienstleistungen erfolgt. Es existieren keine Bedingungen für die Größe einer Wohnung. Eine Begrenzung der Mietdauer kann es nur im Ausnahmefall geben. Aus sozialen Gründen geht das Mietrecht davon aus, dass ein Wohnungsmieter grundsätzlich seine Wohnung unbefristet nutzen soll und darüber hinaus selbst bestimmen kann, zu welchem Zeitpunkt das Mietverhältnis enden soll. Nach neuem Recht ist nur noch der sogenannte qualifizierte Zeitmietvertrag, und dass auch in modifizierter Form möglich. Dabei sind vom Gesetz normierte Gründe für die zeitliche Begrenzung bereits in dem Mietvertrag festgehalten. Dienstleistungen werden nur wenige vom Vermieter organisiert, so Hausarbeitstätigkeiten wie Treppenhaus reinigen oder Anlagen pflegen.

Auf dem hier betrachteten gewerblichen Wohnungsmarkt treffen sich das Angebot und die Nachfrage nach Wohnungen/Häusern. Der Haushalt ist primär an einer Nutzung einer Wohnung interessiert. Nachfrageseitig sind es vor allem gesamtwirtschaftliche und sozio-demografische Faktoren, die die Perspektiven bestimmen. Das traditionelle Geschäftsmodell gewerblicher Wohnungsunternehmen sieht vorwiegend die zeitliche Überlassung einer Wohnung gegen Entgelt vor. Insofern ist der Kern des Leistungsversprechens alles andere als virtuell.

Die Vermietung wird durch einen Mietvertrag geregelt. Ein Mietvertrag als ein Vertrag zwischen Mieter und Vermieter regelt die Bedingungen der Vermietung, d. h. im Mietvertrag wird dargelegt, was und zu welchen Bedingungen vermietet wird. Im Mietvertrag sind die gegenseitigen Rechte und Pflichten aus dem Mietverhältnis geregelt. Zu den wesentlichen Inhalten eines Mietvertrags gehört die Einigung der Vertragsparteien über den Mietgegenstand, das Entgelt und die Dauer des Mietverhältnisses sowie darüber, dass die Überlassung zum Gebrauch erfolgt.

Hauptpflicht des Vermieters aus dem Mietvertrag ist es, dem Mieter den Gebrauch der Mietsache während der Mietzeit zu gewähren, die Mietsache dem Mieter in einem zum vertragsgemäßen Gebrauch geeigneten Zustand zu überlassen und sie während der Mietzeit in diesem Zustand zu erhalten. Hauptpflicht des Mieters ist es, dem Vermieter die vereinbarte Miete zu entrichten. Die Vertragsparteien können in dem Mietvertrag die beiderseitigen Rechte und Pflichten in gewissem Umfang abweichend von den gesetzlichen Bestimmungen regeln. Es gibt jedoch, insbesondere im Wohnraummietrecht, gesetzliche Regelungen, von denen nicht zulasten des Mieters abgewichen werden darf. Im Mietrecht im BGB stehen die dauerhafte Nutzung von Wohnraum und damit der Mieterschutz in Gestalt von Kündigungs- und Räumungsfristen sowie der Sozialklausel im Vordergrund. Für vorübergehendes Wohnen gilt nicht der Schutz des sozialen Mietrechts, was auch das BGB so vorsieht. Demnach gelten die Vorschriften nicht, wenn Wohnraum zum vorübergehenden Gebrauch vermietet wird.

8.1.2 Digital beeinflusstes Geschäftsmodell: Wohnen als Service

Die digitale Transformation der Wirtschaft und Gesellschaft zeigt ihre Auswirkungen auf die Geschäftsmodelle der Wohnungsvermieter, wenn dies auch eher indirekt gegeben ist. Digitale Geschäftsmodelle sind in der Wohnungswirtschaft derzeit insgesamt noch wenige vorhanden. Die Veränderung durch die digitalen Technologien setzen nicht an der analogen Nutzung der Objekte an, sondern am Zugang, der Vermittlung, dem Management und daraus resultierend in der Frequenz und Form der Nutzung. Dabei wird die Funktion einer Immobilie auf ihren Kern heruntergebrochen: die Bereitstellung von Nutzfläche.

Beim Wohnen als Service gibt es unterschiedlich ausgestaltete Konzepte, die ebenfalls mit unterschiedlichen Begriffen belegt werden. Die Konzepte und Begriffe stammen partiell aus dem angelsächsischen Raum, sind aber nicht einheitlich. Es existieren verschiedene Wortbedeutungen und Konzepte, die zudem nicht einheitlich verwendet werden. Die Konzepte werden ebenfalls als Shared Living Space oder Wohnen auf Zeit oder Kooperatives Wohnen oder Leben auf geteilten Flächen (englisch: *living with shared common space*) oder Space Sharing oder als Neo-WG bezeichnet. Weitere Begriffe sind Temporäres Wohnen oder Short Term Rental oder kurzfristige Vermietung. Bislang konnte sich noch kein Begriff unter den Marktteilnehmern durchsetzen; zum Teil werden die Begriffe synonym verwendet. Die Konzepte des Wohnens als Service liegen zwischen dem Beherbergungssektor und dem traditionellen Wohnen.

Die Entscheidung für derartige Wohnkonzepte kann verschiedene **Ursachen** haben. Die Hauptzielgruppen weisen eine zentrale Gemeinsamkeit auf: Sie benötigen den Wohnraum nur für einen Zeitraum, dessen Ende bereits absehbar ist, und wünschen bestimmte Dienstleistungen. Treiber der technologischen Transformation der Wohnungswirtschaft sind einerseits unternehmensinterne Anforderungen wie die Suche nach effizienteren und kostengünstigeren Prozessen. Behindert wird dies durch einen teilweise unübersichtlichen Markt an digitalen Dienstleistungen. Gerade kleinere Unternehmen bezweifeln bei vielen Anwendungen, dass diese schon den nötigen Reifegrad aufweisen, bei dem sich eine Investition für sie lohnen würde.

Andererseits wünschen sich die Mieter, zunehmend digital mit ihrem Vermieter zu kommunizieren. Der demografische Wandel, die Individualisierung des Wohnens und die Flexibilisierung der Arbeitswelt führen zusätzlich zu sich verändernden Nachfragestrukturen. Die zunehmende Flexibilität auf dem Arbeitsplatz auch aufgrund der Digitalisierung wirkt sich positiv auf den Markt für zeitlich befristete Wohnkonzepte aus, wobei insbesondere in Großstädten der Bedarf wächst.

Viele Menschen absolvieren während des Studiums ein Praktikum oder suchen bei einer projektbezogenen Arbeit eine vorübergehende Wohnlösung. Diese sogenannten Jobnomaden scheuen die teure und zeitaufwendige Suche und Einrichtung einer eigenen Wohnung. Auch bei einem Wechsel des Arbeitsplatzes kann eine befristete Wohnlösung vorteilhaft sein – etwa dann, wenn die neue Arbeitsstelle schon angetreten werden muss und keine Zeit für die Suche nach einer passenden Wohnung

bleibt. Ausgangspunkt der neuen Geschäftsmodelle ist zudem die andere Lebensein-
stellung vieler junger Menschen, die heute anders aussieht als noch in den Generationen zuvor. Darüber hinaus lässt sich die Generation Y mit vielen Entscheidungen
wie etwa dem Kauf der eigenen Wohnimmobilie länger Zeit.

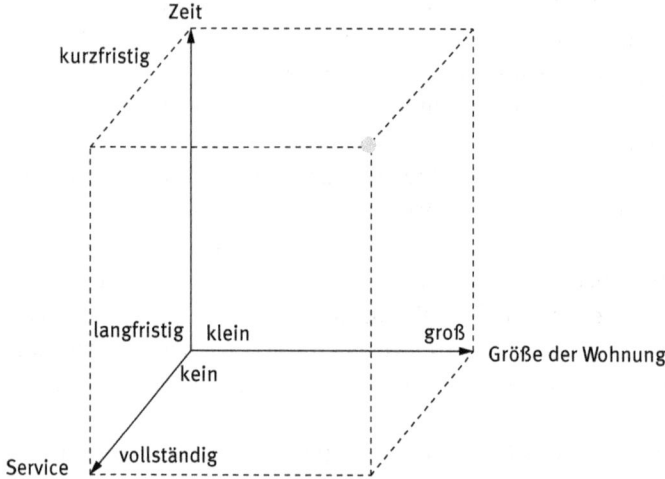

Abb. 8.1: Wohnen als Service; Quelle: eigene Darstellung.

Wohnen als Service hingegen kann in kleineren Wohnungen als eine zeitlich beschränkte Nutzung mit einem bestimmten Angebot von Dienstleistungen beschrieben
werden. Entsprechend der Abbildung 8.1 können Ausprägungen dieses Konzeptes im
Raum als Verknüpfung von Größe, zeitlicher Komponente und Umfang des Service
beschrieben werden. Wesentliche Abgrenzungskriterien bei diesem innovativen Konzept sind von der Wohnungsgröße eher kleine Wohnungen. Bei diesen Konzepten sind
die einzelnen Wohnungen eher kleinteilig, werden dafür aber mit einem Maximum
an Flächeneffizienz geplant. Weitere Gemeinsamkeiten sind, dass diese zumeist mö-
bliert angeboten werden. Sie bieten vor allem die erforderliche Flexibilität, mit der ein
Kompromiss zwischen einem geringeren Bedarf an Fläche und einer Nachfrage nach
verbesserter Ausstattung und modernem Design leichter geschlossen werden kann.

Der Trend zu Wohnen als Service zieht weiterhin einen Wandel von langjähri-
gen zu kurzfristigeren Mietverträgen nach sich. Wohnraum wird für einen befristeten
Zeitraum angeboten; er wird unterschiedlich lang (zeitlich befristet) vermietet. Nutzer
müssen somit keine langfristigen Mietverträge eingehen, sondern können kurzfristig
und zeitlich begrenzt bequem eine Wohnung buchen. Es gibt ein unterschiedliches
Maß an Flexibilität: von wenigen Tagen bis zu mehr als 6 Monaten. Eine Abrechnung
in Form von „All-in-Mieten" ist üblich, unabhängig davon, ob pro Monat oder pro
Nacht abgerechnet wird.

Die Wohnungen werden mit verschiedenen Graden von Service bzw. Dienstleistungen vermietet. Bei den vorherrschenden heterogenen Servicelevels werden Dienstleistungen gegen Gebühr geboten, wobei das Ausmaß unterschiedlich (limited, selected oder full Service) sein kann.

Während eine genaue begriffliche Abgrenzung des Wohnens als Service aufgrund der Vielzahl an Konzepten nicht möglich ist, kann nach der **Rechtsprechung** zwischen wohnungswirtschaftlichen sowie gewerblichen, nicht wohnungswirtschaftlichen Konzepten unterschieden werden. Neue Wohnkonzepte sind in rechtlicher Hinsicht nicht einheitlich zu bewerten, da sie eine Zwischenstellung zwischen klassischem Wohnen und gewerblicher Beherbergung einnehmen. Je nach Umsetzung können diese als klassisches Wohnen oder Beherbergung eingestuft werden. Entscheidend ist deshalb das konkrete Betriebs- und Vermietungskonzept.

Als Kriterien hat das Recht Lebensmittelpunkt, eigene Haushaltsführung und Serviceangebote festgelegt. Wichtige Unterscheidungsmerkmale der wohnungswirtschaftlichen Ausrichtung sind die Aufenthaltsdauer, das Vorliegen eines Wohnungsmietvertrags nach BGB und die Möglichkeit der eigenständigen Haushaltsführung. Wohnwirtschaftliche Konzepte umfassen möblierte oder teilmöblierte Einheiten, die in der Regel für sechs Monate Aufenthaltsdauer nachgefragt werden und die gegebenenfalls Service durch Kooperationspartner bieten. Gewerbliche, nicht wohnungswirtschaftliche temporäre Wohnformen sind geprägt durch kurze Aufenthaltsdauern von einigen Tagen oder Wochen und einem Beherbergungsvertrag, der in Richtung Hotelmarkt geht. Je mehr klassische Hotelservices wie Wäscherei, Zimmerpflege oder Frühstück im Angebot enthalten sind, desto eher fallen Wohnungen unter die Bestimmungen der Musterbeherbergungsstättenverordnung. Steuerlich gelten sie in diesem Fall als Gewerbe und unterliegen daher der Gewerbe- und Körperschaftsteuer. Das Angebot zusätzlicher Dienstleistungen und ein ständiger Mieterwechsel können unter Umständen eine Gewerbesteuerpflicht auslösen. Bei Bestandsimmobilien stellt sich die Frage nach einer Zweckentfremdung: In zahlreichen Städten verbieten Zweckentfremdungsverbote, Wohnraum zu anderen Zwecken als zum Wohnen zu nutzen. Eigentümer und Vermieter können nur im Einzelfall eine Genehmigung für eine Zweckentfremdung erlangen.

Verschiedene Konzepte von Wohnen als Service

Co-Living hat sich bei Wohnimmobilien als Analogie zum Co-Working im Bürobereich entwickelt, das Freizeit- und Homeoffice-Angebote miteinander verbindet. Der Trend zu Co-Living überträgt die Community-Philosophie aufs individuelle Wohnen. Co-Living umfasst individuelles Wohnen in Apartments, Gemeinschaftsleben in großen Lounges, Wohnküchen und Sharing Spas. Das Zuhause soll ein möglichst smarter und effizienter Lebensraum sein. Beim Co-Living wird eine Community von Gleichgesinnten und sozialer Anschluss gleich mitgeliefert. Co-Living ist eine neue Art des Zusammenlebens und schafft ein Zuhause für Menschen in der Großstadt. Es bietet den Bewohnern die Möglichkeit, Teil einer Community zu werden. Durch Gemeinschaftsflächen und zahlreiche Community-Aktivitäten in Co-Living-Häusern finden Menschen sozialen Anschluss und können sich begegnen, vernetzen und gegenseitig inspirieren. Es ist geplant als serviceorientiertes Wohnen für diejenigen, die mehr als nur ein Zimmer oder eine Wohnung suchen. Es ist ein All-inclusive-Wohlfühlpaket, da das Konzept voll ausgestattete Wohnungen in Großstädten vorsieht. Die Mieter erwartet eine effiziente Rundumlösung, die für sie neben maximaler Flexibilität und Individualität auch eine gewisse Bequemlichkeit bereithält. Zum Service gehören u. a. ein Putz- und Waschservice und Einkaufsdienste. Co-Living-Objekte können auch an außergewöhnlich luxuriösen Orten mit kleinen, individuellen, zeitgenössisch eingerichteten Apartments samt eigenem Bad und großen Gemeinschaftsräumen mit allen Annehmlichkeiten sein.

Studentenapartments sind zumeist möblierte Einzel- oder Doppelapartments mit eigenem Bad und Kitchenette in einem Apartmenthaus, das üblicherweise auch über Gemeinschaftsflächen (Studierräume, Gemeinschaftsküchen, Fitnessräume etc.) verfügt. Die Ausstattung der Apartments ist eher funktional, Services werden teils additiv angeboten.

Serviced Apartments als ein Teilgebiet des Wohnens als Service nehmen eine „Sandwich-Position" zwischen dem traditionellen Wohnungsmarkt und klassischer Hotellerie ein. Es handelt es sich um eine hybride Form der Wohnnutzung, mit entsprechend heterogenen, aber insgesamt höheren Nutzungsentgelten. Serviced Apartment ist der Oberbegriff für die Bezeichnung von Einheiten in klassischen Boarding- bzw. Apartmenthäusern und/oder Aparthotels/Apartmenthotels.[2] Serviced Apartments sind komplett möblierte Wohneinheiten, die kurz- und auch längerfristig gemietet werden können. Sie verfügen über eine voll ausgestattete Küche oder Kitchenette und bieten bis zu hotelähnliche Dienstleistungen. Es werden klassische Dienstleistungen wie der Wechsel von Handtüchern und Bettwäsche, die tägliche Zimmerreinigung oder ein Frühstück angeboten. Der Servicelevel variiert je nach Konzept und Betriebstyp von „limited" bis „Full Service". Gegenwärtig befindet sich der Großteil der Serviced Apartments in städtischer Umgebung (zentrale Lage, Nähe zu Verkehrsknotenpunkten, Gewerbezentren, Veranstaltungszentren etc.) und beherbergt primär Langzeitnutzer.

Mikroapartments oder Mikrowohnungen sind eine weitere Form des Wohnens als Service. Temporäre Unterkünfte werden u. a. von Pendlern oder Projektarbeitern oder Beratern in vorzugsweise zentralen Lagen der Metropolen gesucht. Mikrowohnungen decken oft genau die Marktlücke des relativ bezahlbaren, zentralen Wohn-

---

[2] Ein klassisches Apartmenthaus ist eine Beherbergungsstätte, die insbesondere für längere Aufenthalte im urbanen Umfeld konzipiert ist. Ein Apartmenthotel bzw. Aparthotel ist eine Beherbergungsstätte, die im Gegensatz zum klassischen Hotel vorrangig Wohneinheiten mit Kochgelegenheit (d. h. mindestens zwei Kochplatten, Spüle und Kühlschrank) und zumindest funktional getrenntem Wohn- und Schlafbereich anbietet.

raums ab, die von den genannten Personenkreisen gesucht wird. Die kleinen (bis 25 m^2), oft möblierten, modern designten Wohnungen können für einen festgelegten Zeitraum angemietet werden und sind quasi die altbewährten Einzimmerapparte- ments, wie sie auch früher schon als Studentenunterkünfte genutzt wurden. Diese Wohnungen werden jedoch zeitgemäß ausgestattet und vor allem mit technischen sowie platzsparenden Einrichtungen. Die in der Regel möblierten Mikrowohnungen weisen eine auf die kleinen Apartments zugeschnittene, sehr funktionale Innenein- richtung auf. Es gibt einen begrenzten Service.

Bewertung

Der große **Vorteil** dieser flexiblen Wohnformen ist die Möglichkeit der Selbstversor- gung der Nutzer in Form von integrierten Kochgelegenheiten. Zudem bietet die Möblie- rung dem Nutzer eine eigene Rückzugsmöglichkeit, die bis zu einem gewissen Grad persönlich gestaltet werden kann. Wohnen als Service hat den Vorteil, dass es güns- tiger ist als ein Hotel oder eine andere Unterkunft und auch oftmals bezüglich der Gemütlichkeit überzeugen kann.

Als **Hindernis** für die weitere Expansion dieser Geschäftsmodelle können sich neue staatliche Regelungen erweisen, die die Umwandlung traditioneller Mietverträge in Kurzfristmietverträge verhindern sollen. Dies gilt insbesondere für Rahmenverträ- ge, die für längere Zeit mit Unternehmen abgeschlossen werden. Damit soll insbeson- dere in den Großstädten die Wohnungsknappheit vermindert werden.

Eine **abschließende Bewertung** dieser Konzepte steht noch aus. Langfristig gesehen stellt sich die Frage, ob solche Wohnformen derzeit vor allem mangels (kos- tengünstigen) Alternativen am Wohnungsmarkt gewählt werden oder ob es die At- traktivität der Konzepte selbst ist, die die Nachfrager anzieht.

8.2 Auswirkungen auf Geschäftsprozesse von Wohnungsunternehmen

Der Megatrend Digitalisierung wird in der Wohnungswirtschaft vor allem die Ge- schäftsprozesse der Wohnungsunternehmen verändern. Geschäftsprozesse stehen hier im Fokus der digitalen Entwicklung. Dies liegt zum einen daran, dass die Woh- nungsunternehmen als Vermieter sich einer hohen Zahl an Nutzern (Mietern) gegen- übersehen. Oftmals verfügen Wohnungsunternehmen über mehrere tausend Woh- nungen und entsprechend viele Mieter. Zum anderen sind viele Prozesse schon heute standardisiert, sodass sie sich besonders für die Digitalisierung eignen.

Ein Geschäftsprozess umfasst allgemein zusammenhängende oder sich gegen- seitig beeinflussende Tätigkeiten, um ein bestimmtes Ergebnis zu erreichen. Die wert- schöpfenden Aktivitäten der Wohnungsunternehmen bestehen aus den Prozessen bei der Vermietung, der Mieterkommunikation und der Bestandsbewirtschaftung. Innerhalb der Wertschöpfungskette „Wohnung" existiert eine Vielzahl von Prozessen, die digitalisierbar sind. Dies beginnt bei Planung und Bau der Wohnungen und Gebäude selbst (BIM, siehe Kapitel 4.4.1). Die Digitalisierung ermöglicht der Wohnungswirtschaft optimale Arbeitsabläufe im Unternehmen z. B. über mobile Endgeräte bei der Vermietung und dem Management von Mietern und Objekten. Sie kann die Kommunikation zu Kunden (z. B. Immobilienbörsen und Mieterportale) und Partnern (z. B. elektronische Rechnungen) verbessern. Und sie schafft in den Gebäuden mehr Komfort, Sicherheit und Energieeffizienz (Smart Home, siehe Kapitel 8.4). Die Effizienz der Prozesse bestimmt die Wettbewerbsposition der Unternehmen mit.

Arbeitsinhalte und -abläufe sowie Arbeitsweisen in Wohnungsunternehmen werden sich mit zunehmender Digitalisierung in den kommenden Jahren weiter verändern. Immer mehr werden die Informations- und Kommunikationstechnologien zur Steuerung von Arbeitsprozessen, zum Speichern und Strukturieren von Informationen sowie zur Unternehmensplanung und -steuerung eingesetzt. Damit wird es den Unternehmen möglich sein, schneller und effizienter und damit der wachsenden Komplexität der zukünftigen Aufgaben in Wohnungsunternehmen gerecht zu werden. Mit zunehmender Digitalisierung steigen die Möglichkeiten, Abläufe im Wohnungsunternehmen besser zu steuern.

Vermietungsmanagement

Zum Kerngeschäft eines Vermieters (im Speziellen eines Wohnungsunternehmens) oder einer Hausverwaltung gehört die Abwicklung eines Mieterwechsels, d. h. die gekündigten Wohnungen wieder zu vermitteln oder auch leer stehende und neu fertiggestellte Wohnungen zu vermieten. Nach Eingang des Kündigungsschreibens muss geprüft werden, ob die Kündigung gemäß dem Mietvertrag korrekt ist. Bei einer Endabnahme der Wohnung werden u. a. Zählerstände protokolliert und eventuell vorhandene Mängel festgehalten. Im Nachgang werden die Handwerker mit der Mängelbeseitigung beauftragt. Nach Unterzeichnung und Auszug des alten Mieters kann die Wohnung übergeben werden. Ein Wohnungsübergabeprotokoll hält dabei schriftlich fest, an wen und wann eine Wohnung übergeben wurde. Traditionell wird das Protokoll per Hand niedergeschrieben und besteht aus Durchschlagpapieren.

Der Vermietungsprozess beginnt in der Regel mit der Vermarktung der Wohnung, traditionell über Zeitungsinserate oder Vermietungsschilder oder teilweise werden auch Wohnungsmakler einbezogen. Danach führt die Verwaltung mit Wohnungsinteressenten Besichtigungen durch. Hat der Bewerber Interesse, wird seine Bonität geprüft. Die Auswahl der Interessenten ist oftmals sehr zeitaufwendig. Nach Bewerbergesprächen fällt die Entscheidung für einen potenziellen Mieter und die Parteien schließen einen Vertrag ab.

Größere Veränderungen ergeben sich durch die Digitalisierung im Bereich der Vermarktung von Wohnungen. Die Digitalisierung der Vermarktung – von der Kontaktanbahnung bis zu Verkauf und Vermietung – ist bereits heute fortgeschritten. Die ausschließliche Vermittlung von Wohnungen ist heute offline eher die Ausnahme, sondern wird im privaten Bereich wesentlich durch **Immobilienportale** bestimmt. Auch die Wohnungsunternehmen können diese Vertriebswege für ihre Wohnungen nutzen. Die Vergleichbarkeit der Angebote und mehr Transparenz haben sich dabei als Vorteile bei der Wohnungssuche über Online-Kanäle herausgestellt.

Es gibt für Wohnungsunternehmen digitale Plattformen, mit denen sich regelmäßige Prozesse standardisieren und vereinfachen lassen. So können die Wohnungen über ein Internet-Portal vermarktet werden. Dabei werden alle Bewerberdaten automatisch mit den Vergaberichtlinien des Objekts abgeglichen. Mithilfe eines digitalen Objektexposés kann ein Wohnungsunternehmen den passenden Mieter durch eine Abfrage seiner Möglichkeiten und Präferenzen finden. Die höchste Schnittmenge zwischen der Online-Selbstauskunft und der Beschaffenheit der Wohnung mündet dann im Idealfall in einem Mietvertrag.

Digitale Technologien in Form von Plattformen werden bei dieser Form der Wohnungsvermietung für unterschiedliche Zwecke genutzt. Von Mietern in traditionellen Mietverhältnissen werden vorwiegend große Immobilienplattformen verwendet, während kurzreisende Touristen eher die klassischen Sharing-Plattformen (Teilen und Verleihen) benutzen. Weiterhin gibt es Plattformanbieter, die Kurzzeitmietverträge vermitteln oder für Mieter, die für längere Zeit in einer anderen Stadt leben. Darüber hinaus gibt es auch die Möglichkeit, dass Rahmenverträge mit Unternehmen abgeschlossen werden, für die Mitarbeiter ständig an wechselnden Standorten beschäftigt sind. Wohnen als Service kann auch mittels digitalisierter Vermietungsprozesse zielgruppengerecht und effizient gemanagt werden. Mithilfe digitaler Technologien wird es möglich, ein Appartement zu mieten, indem der Mieter einfach mit seinem elektronischen Schlüssel eine freie Wohnung betritt. Nachdem er die Wohnung wieder verlassen hat, ist das Mietverhältnis beendet. Die Buchung entfällt und die Abwicklung ist komplett automatisiert.

Die Kommunikation im digitalisierten Vermietungsprozess läuft weitgehend automatisiert. Besichtigungstermine werden online geplant und aus dem System heraus vereinbart. Interessenten können auf einen Blick den Status ihrer Mietbewerbungen einsehen. Absagen werden per Klick versandt. Es erfolgen auch keine Massenbesichtigungen mehr. Die Bewerber, die bei der Online-Bewerbung auf den ersten Plätzen stehen, bekommen die Wohnung exklusiv gezeigt. Nur am Ende entscheiden die Mitarbeiter der Wohnungsunternehmen persönlich über den Zuschlag.

Mietermanagement
Einer der wichtigsten Punkte in einem Unternehmen und auch in der Wohnungswirtschaft ist die Kundenzufriedenheit. Das Ziel beim Mietermanagement ist vor diesem Hintergrund, die Mieter langfristig zu binden. Auch hier ist zu beachten, dass diese Prozesse für eine Vielzahl von Mietern organisiert werden müssen, da Wohnungsunternehmen über viele Mieter verfügen. Durch den unmittelbaren Kontakt zwischen

Unternehmen und Kunden entsteht eine enge Bindung, das ständige Feedback und das Wissen über Präferenzen und Bedürfnisse wird zur zentralen Geschäftsvariablen. Werden ihre Erwartungen berücksichtigt und umgesetzt, steigt die Zufriedenheit der Kunden mit den in Anspruch genommenen Dienstleistungen und dem Unternehmen insgesamt.

Die Digitalisierung ermöglicht eine verbesserte **Kommunikation** sowohl mit den Kunden als auch mit den Geschäftspartnern. Unternehmen der Wohnungswirtschaft können durch die digitale Transformation die Kommunikation mit den Mietern effizienter gestalten, u. a. durch Nutzung von Social Media. Diese bieten die Möglichkeit für die Unternehmen mit ihren Zielgruppen in direkten Kontakt und in einen unmittelbaren Dialog zu treten. Die Kommunikation mit den Kunden kann immer mehr IT-gestützt abgewickelt werden, dann auch unabhängig von der Tageszeit. Damit wird den steigenden Ansprüchen von Mietern an Zuverlässigkeit, Auskunftsfähigkeit und Bearbeitungsgeschwindigkeit Rechnung getragen. So können den Kunden relevante Informationen vermittelt und ihre Wünsche entgegengenommen werden. Nutzer in den Netzwerken können miteinander kommunizieren und sich gegenseitig austauschen.

Eine weitere digitale Anwendung sind Mieterportale, bei dem der Mieter sich mit seinen Daten direkt auf der Webseite einloggen kann. Auf diesem Portal können persönliche Daten geändert werden oder es besteht die Möglichkeit Formulare herunterzuladen. Ferner gibt es die Möglichkeit, Vertragsdaten einzusehen. Das Unternehmen kann das Mieterportal selbst auf die notwendigen Anforderungen hin gestalten. Die Mieter können weiterhin über das Portal jederzeit mit den Vermietern kommunizieren. Über die Apps bekommen die Mieter die Information, dass z. B. in der nächsten Woche der Aufzug in ihrem Gebäude gewartet wird. Oder sie haben die Möglichkeit, Schäden am Haus zu melden – und zwar rund um die Uhr. Danach sieht der Mieter gleich, ob die Nachricht gelesen wurde und wann das Problem behoben wird.

Durch die systematische Auswertung der gewonnenen Daten mithilfe von **Data Science** erzielen die Wohnungsunternehmen neue Erkenntnisse über ihre Kunden sowie deren Verhalten und Bedürfnisse. Dieses Wissen kann genutzt werden, um bestehende Dienstleistungen zu verbessern und neue zu entwickeln. Es bildet so die Basis für neue Geschäftsmodelle, die der veränderten Anspruchshaltung der Kunden gerecht werden.

Webbasierte Hausverwaltungen werden versuchen, die Digitalisierung mithilfe von **Smart Metering** mit der Verbrauchserfassung zu verzahnen. Durch fernablesbare Zähler von Heizung bis Wasser könnten die jährlichen Ablesevorgänge wegfallen. Inwieweit andere Nebenkostenpositionen (Müllgebühren, Kabelfernsehen) ebenfalls demnächst dank „smarter" Erfassung nutzungsabhängig abgerechnet werden, dürfte von den erzielbaren Einsparungen bei den Nebenkosten abhängig sein. Immobilieneigentümer können ihren Bestand durch zusätzliche Dienste aufwerten, die zusätzliche Einnahmen generieren, etwa durch den Verkauf von Leistungen wie Energie oder Multimedia.

Immobilienmanagement

Ein Kerngeschäft eines Wohnungsunternehmens ist der Betrieb und die Verwaltung der Wohnungen, bei der ebenfalls Potenziale für eine Digitalisierung gesehen werden. Sowohl die Steuerung von Dienstleistern, z. B. im Bereich von betriebskostenrelevanten Leistungen, als auch die Überwachung und Steuerung des Wohnungsbestands werden immer stärker IT-basiert erfolgen.

Bei Geschäftsprozessen ist eine wichtige digitale Anwendung die Automatisierung des **Dokumenten- und Datenmanagements.** In der Wohnungswirtschaft werden viele Daten und Dokumente über den gesamten Lebenszyklus einer Immobilie benötigt. Ziel einer Automatisierung ist es, die Prozesse effizienter und sicherer zu gestalten und zur Übertragung die Dateien in beliebige Formate umzuwandeln. Ein Dokumenten- und Datenmanagementsystem sollte verschiedene Anforderungen erfüllen. Zunächst sollte das System leicht zu bedienen sein, sodass die Einführung in die Geschäftsprozesse keine negativen Folgen hat. Die Digitalisierung ermöglicht optimale Datenaufbereitung und Arbeitsabläufe im Unternehmen bzw. über mobile Endgeräte vor Ort.

Die **Nebenkostenabrechnung** zählt zu den aufwendigsten Prozessen eines Wohnungsunternehmens. Gerade bei der Erstellung der Nebenkostenabrechnung gibt es neben den standardisierten Prozessen viele Sonderfälle und Probleme, wobei z. B. darüber zu entscheiden ist, welche Positionen umlagefähig sind. Die Prozesse können mithilfe digitaler Technologien effizienter gestaltet werden. Durch die Automatisierung kann die Abrechnung systemseitig unterstützt und kontrolliert werden. Falls das Unternehmen über ein Mieterportal verfügt, können die Nebenkostenabrechnungen auf dieser Plattform zur Verfügung gestellt werden. So kann der Mieter jederzeit seine Nebenkostenabrechnung einsehen.

Eine besondere Herausforderung werden die zu verarbeitenden Daten sein, wozu **Data Science** Lösungen liefern kann. Daten, die auch in der Gebäudenutzung und -instandhaltung anfallen, sind beispielsweise Energieverbrauchsdaten. Intelligente Produkte und Anwendungen in Wohnungen produzieren auch große Mengen an Daten. Diese Datenmengen werden zwar bisher gesammelt, jedoch nicht zwingend digital erfasst und in der Regel auch nicht strukturiert abgelegt. Eine systematische Auswertung mithilfe von Data Science erfolgt häufig nicht; nur selten werden die Daten aufbereitet und genutzt. Daten können digitale Prozesse schneller aufbereiten und über mobile Endgeräte dort verfügbar machen, wo sie gebraucht werden. Damit können die Arbeitsprozesse schneller und zuverlässiger gemacht werden.

Weiterhin erleichtern diese Systeme die Organisation und Zusammenarbeit mit externen **Dienstleistern**. Abrechnungen können per elektronischer Rechnungsstellung schneller geprüft und eindeutig zugeordnet werden. Betriebsintern können Aufgaben in projektspezifische Teams übergehen, wobei den Mitarbeitern eine höhere Eigenverantwortung eingeräumt wird. Eine Voraussetzung hierfür ist aber, dass die Kommunikationssysteme für unterschiedliche Anspruchsgruppen integrierbar sind, um reibungslose Kommunikationsflüsse intern wie extern sicherzustellen.

8.3 Auswirkungen auf Standorte

Während es durch die Digitalisierung bei den Büro- und Einzelhandelsimmobilien teilweise zu deutlichen Veränderungen bei den präferierten Standorten kommt, ist dies bei den Wohnimmobilien nur in geringem Ausmaß zu erwarten. Durch die neuen Technologien werden allenfalls indirekte Effekte wahrscheinlich sein.

Aufgrund der Digitalisierung kann es indirekt zu einer Verschiebung der Standortpräferenzen bei Wohnimmobilien kommen. Durch Homeoffice haben Arbeitnehmer die Möglichkeit, weniger Zeit im Unternehmen zu verbringen. Dadurch kann sich der Trend zum Wohnen im Umland von Ballungsräumen verstärken, was die erschwinglichere Immobilie aufgrund niedrigerer Grundstückspreise in der Peripherie der Großstädte interessanter macht. Auch weiter entfernte Gegenden mit einem hohen Freizeitwert dürften an Attraktivität gewinnen. Homeoffice sollte daher den in vielen Ballungsräumen bestehenden Trend zum Wohnen im Umland verstärken.

So bleiben für qualifizierte Arbeitskräfte auch strukturschwache Gebiete interessant und es kann deren Abwanderung eventuell gebremst werden. Notwendige Voraussetzung hierfür ist aber eine gute Internet-Verbindung und Infrastruktur am peripheren Wohnort. Die regionalen Auswirkungen auf die Wohnungsnachfrage insgesamt und auch in den Städten werden sich aufgrund der Digitalisierung, aber wenn überhaupt, nur langsam und in geringem Umfang verändern.

8.4 Smart Home – Auswirkungen auf Gebäude und Ausstattung

Der Begriff Smart Home (deutsch: *intelligentes Wohnen*) dient als Oberbegriff für technische Verfahren und Systeme in Wohnräumen und -häusern, in deren Mittelpunkt eine Erhöhung von Sicherheit und effizienter Energienutzung, Wohn- und Lebensqualität auf Basis vernetzter und fernsteuerbarer und automatisierte Geräte, Systeme und Installationen sowie automatisierbarer Abläufe steht. Gemeint sind damit mit Informations- und Sensortechnik ausgestattete Wohnimmobilien, die mit verschiedenen Komponenten miteinander vernetzt werden. Die Themen Gebäudeautomation, Hausautomation, Intelligentes Wohnen und Smart Home überschneiden sich thematisch und werden teilweise synonym verwendet, so z. B. mit den Begriffen Connected Home, E-Home oder Home of the Future; es gibt bislang keine allgemein anerkannte Begriffsbestimmung. Neben den verschiedenen Definitionen verwenden Hersteller von Smart Home-Anlagen und -komponenten weitere, speziell auf deren individuelles Marketing abgestimmte Begriffe.

Das Smart Home ist ein Heim, in dem die zahlreichen Geräte der Hausautomation, Haushaltstechnik, Konsumelektronik und Kommunikationseinrichtungen zu intelligenten Gegenständen werden, die sich an den Bedürfnissen der Bewohner orientieren. An den strategisch günstigsten Stellen des Hauses sind Sensoren angebracht, die über ein gemeinsames Netzwerk miteinander kommunizieren. Durch die drahtgebundene oder drahtlose Vernetzung dieser Gegenstände untereinander können neue Assistenzfunktionen und Dienste zum Nutzen des Bewohners bereitgestellt werden und einen Mehrwert generieren, der über den einzelnen Nutzen der im Haus vorhandenen Anwendungen hinausgeht.

Smart Home ist im Idealfall ein **vernetztes, lernendes System**, das Bestandteil des Internet of Things ist. Smartness entsteht etwa durch eine Künstliche Intelligenz, die objektbezogene Daten sowie externe, frei verfügbare Daten (wie Wetterdaten) mit dem Nutzerverhalten oder vorgegebenen Präferenzen der Bewohner aggregiert und automatisiert Entscheidungen trifft. Ein Smart Home kann auch mit dem Smartphone oder Computer gesteuert werden.

Die Erfolgsfaktoren und die rasante Entwicklung dieser Technik gehen vor allem auf soziologische, aber auch soziodemografische Entwicklungen zurück. Treiber der Entwicklung sind dabei der Wunsch nach mehr Komfort und Energieeffizienz, die Alterung der Gesellschaft und ein steigendes Umweltbewusstsein. Auf Basis dieser neuen Technologien wird es zu deutlichen Veränderungen des Wohnens in der Zukunft kommen. Allerdings müssen die Immobilien für diese neuen Technologien geeignet sein. Dies bei der Planung von Neubauten zu berücksichtigen ist vergleichsweise einfach. Die Nachrüstung in Bestandsimmobilien ist häufig allerdings mit nicht unerheblichen Investitionen verbunden, die über die reine Anschaffung der Hardware hinausgehen. Diese Kosten müssen sich durch entsprechende Miet- oder Wertsteigerungen refinanzieren lassen, damit eine Umrüstung aus wirtschaftlicher Perspektive Sinn ergibt. Nur wenn bei Mietern und Käufern aufgrund ihrer gestiegenen Präferenzen für derartige Systeme auch eine entsprechende Zahlungsbereitschaft vorhanden ist, wird deren Verbreitung zunehmen. Sie werden langfristig zwar zu einem Faktor für die erfolgreiche Vermarktung einer Wohnimmobilie, nachhaltige Veränderungen marktrelevanter Größen sind aber eher nicht zu erwarten.

Bewertung

Smart Home-Konzepte lassen sich im Idealfall perfekt an die Bedürfnisse seiner Bewohner anpassen. Dadurch lassen sich zum einen die Kosten reduzieren und zum anderen auch der Komfort steigern. Die Vision sind Wohnungen, die ein hohes Maß an Technik aufweisen und somit ihren Bewohnern automatisch höchsten Komfort bieten. Trotz der aufgezeigten Vorteile werden Smart Home-Technologien oftmals auch kritisch gesehen. Die Wirtschaftlichkeit derartiger Maßnahmen ist teilweise nicht gegeben. So können die Haushalte damit Kosten einsparen, die aber nur einen geringen Anteil der Anschaffungskosten ausmachen. Auch ist die Datensicherheit ein Risiko, da vielfach personenbezogene Daten verarbeitet werden. Es fehlen Standards, sodass Nutzer bei einem Anbieterwechsel Probleme haben, ihre Daten zu übertragen und es somit Systembrüche gibt. Ferner ist das Recht am Eigentum der Daten zu klären.

Die Smart Home-Technik ist teilweise schon gegeben, aber es mangelt bei der konkreten Umsetzung. Der Markt ist weiterhin als Zukunftsmarkt anzusehen, da den Nutzern und Endkunden oftmals wichtige Informationen über die Anwendungspotenziale fehlen. Wesentliche Hindernisse sind zum einen die Kosten des Einbaus und zum anderen die zögerliche Nachfrage. Zwar gibt es mit den „First Movern" die ersten Nachfrager, aber ein Massenmarkt konnte noch nicht erreicht werden. Trotz vielfacher Anläufe konnten Smart Home-Anwendungen so noch keine sich selbst tragende Nachfrage generieren.

Arten von Smart Home

Die Smart Home-Technologien können wie in Abbildung 8.2 aufgezeigt in Smart House-, Smart Living- und Ambient-Assisted-Living-Systeme unterschieden werden, auch wenn die Abgrenzungen fließend sind.

Smart Home
Intelligentes Wohnen

Smart House	Smart Living	Ambient-Assisted-Living
wie Steuerung von z. B. Heizung	wie z. B. Multimedia oder Lichtsteuerung	wie z. B. Hilferuf

Abb. 8.2: Smart Home oder Intelligentes Wohnen – Elemente; Quelle: eigene Darstellung.

Smart House

Als Teilbereich von Smart Home-Technologien fällt unter Smart House die Automatisierung der im Haus vorhandenen Gebäudetechnik. Smart House stellt die Gesamtheit von Überwachungs-, Steuer-, Regel- und Optimierungseinrichtungen in privat genutzten Wohnhäusern/Wohnungen dar. So bezieht sich der Begriff auf die Steuerung direkt mit dem Haus verbundener Einrichtungen. Im Rahmen von Smart House-Lösungen werden mithilfe von Systemen und Verfahren Haustechnik und Haushaltsgeräten vernetzt. Die Digitalisierung soll in den Gebäuden Sicherheit und höhere Ressourceneffizienz bei der Versorgung schaffen. Zur Steuerung kann ein Smartphone oder Tablet-PC verwendet werden, der mit den entsprechenden Apps ausgerüstet werden kann. Einen Überblick über die verschiedenen Einsatzbereiche von Smart House finden sich in der Aufstellung in der Tabelle 8.1.

Bei der digitalen **Gebäudeinfrastruktur** wird das ganze Haus zu einem vernetzten System mit ständigem Datenaustausch, sodass alle Bereiche optimal aufeinander abgestimmt werden. Selbstlernende Systeme tracken das Verhalten der Bewohner und können darauf reagieren. Es geht um die integrierte Zusammenarbeit von Geräten, die bisher oftmals eine Insellösung darstellen. Es lassen sich Synergieeffekte nutzen, so weiß z. B. die Beschattung, welche Temperatur in einem Raum herrscht.

Tab. 8.1: Smart House, Quelle: eigene Darstellung.

Heizung	Heizungsanlage, Temperaturregelung, integrierte Wetterstation
Lüftung und Klima	Zu- und Abluftregelung, Schadstoffableitung, Ventilation
Licht	Beleuchtung, Lichtmanagement/Szenarien, Stores/Rollos
Elektrik	Installation, Verteilung
Sanitär	Trink-, Brauch- und Abwasser; Installation, Armaturen
Zutritt	Zutrittskontrolle, Klingelanlage, Schlösser, Anwesenheits- und Bewegungserfassung
Überwachung	technische Alarme bei Feuer, Rauch oder Gas; Glasbruchmelder; Urlaubswachschutz
Notfall	Sprinkleranlagen, unabhängige Stromversorgung, Fluchtwegsystem
Energiemanagement	Lastverteilung und -prognose; Eigenversorgung durch alternative Energien
Metering	Verbrauchszähler für Strom, Gas, Wasser, Wärme; Energiedienstleistungen wie Fernablesen

Der Anwendungsbereich **Gebäudesicherheit** stellt einen bedeutenden Aspekt im Smart House-Konzept dar. Sicherheit umfasst ein breites Spektrum an Maßnahmen, die in einem Smart House ergriffen werden können. Neben dem Einbruch- und Diebstahlschutz besitzt ein Smart-Security-House ein Notfallsystem, ein Zugangsmanagement und einen Abwesenheitssimulator. Mittels Smart House kann beispielsweise Anwesenheit simuliert werden, indem die Steuerung nacheinander in mehreren Räumen das Licht, den Fernseher und andere von außen sicht- und hörbare Einrichtungen ein- und später wieder ausschaltet.

Sensoren und/oder sicherheitsrelevante elektronische Geräte werden dazu im Haus installiert, die im Fall der Fälle Benachrichtigungen (Signale) aussenden können. Sicherheitsrelevante Sensoren oder Geräte sind z. B. Bewegungssensoren, Tür- und Fenstersensoren, Rauchmelder oder Überwachungskameras. Die sicherheitsrelevanten Geräte können auf Basis von Regeln miteinander kommunizieren und Aktionen auslösen. Eine Kamera könnte beispielsweise ein Foto aufnehmen, wenn eine Tür aufgeht und gleichzeitig im Raum eine Bewegung erkannt wird. Eine Erweiterung stellen interaktive Video-Türklingeln dar. Diese verbinden den Überwachungsaspekt mit den Funktionen einer Gegensprechanlage; zudem ist eine Türöffnung per Smartphone möglich. So können Anwender nicht nur ortsunabhängig das eigene Grundstück bewachen, sondern auch mit Gästen sprechen und sie ins Haus lassen.

Ein wichtiges Einsatzfeld für Smart House ist das **Smart Metering** (deutsch: *intelligente Verbrauchszähler*) im Bereich des Energiemanagements (auch Wassermanagement). Smart Metering ist das computergestützte Messen, Ermitteln und Steuern von Energieverbrauch und -zufuhr. Smart Meter sind intelligente, vernetzte Zähler für Ressourcen und Energien wie Wasser, Gas oder Strom. Gleichzeitig können Smart Meter für Strom, Wasser und Gas mit den Messgeräten für die Heiz- und Wasserkostenabrechnung verknüpft werden. Zusammen mit einer cloud-basierten Software können

Immobilienverwalter damit selbst die Abrechnungen erstellen. Sie sparen den Messdienstleister und generieren damit neue Einnahmequellen.

Mittelfristig werden das Messen, Analysieren, Visualisieren und Abrechnen des Energieverbrauchs sowie die automatisierte Steuerung der Heizung die Entwicklung vorantreiben. Beim Smart House ist im Bereich der Stromnutzung ein neues Geschäftsmodell entstanden, das sogenannte Smart Grid. Dabei handelt sich es um elektronische Messeinrichtungen, die kommunikationsfähig sind. Es ermöglicht dem Nutzer, die einzelnen Stromflüsse im Haus mithilfe einer App zu kontrollieren.

Es geht auch um die Nutzung und intelligente Steuerung zur effektiven Einbindung alternativer Energieformen, wie z. B. der Fotovoltaik-Anlage oder auch eines Energiespeichers, sowie eine Steigerung der Energieeffizienz durch eine Kombination diverser Technologien und Einzelkomponenten. Aus den erfassten Daten kann dann eine automatisierte und bedarfsgerechte Steuerung in Abhängigkeit von der Tageszeit und den Energiepreisen erfolgen. Für den Verbraucher wird die Transparenz erhöht und er kann seine Nachfrage an den jeweils aktuellen Bedarf anpassen. Dies erfordert jedoch vom Bewohner ein entsprechendes Engagement. Aus der Sicht der Anbieter sollen dem Endverbraucher von der Tageszeit abhängige und gegebenenfalls billigere Energiekosten angeboten werden, um damit dem Energieversorger im Gegenzug die Möglichkeit zu geben, die vorhandene Kraftwerkinfrastruktur besser auszunutzen sowie Investitionen für Spitzenlastausbau zu vermeiden oder zurückzustellen.

Smart Living

Smart Living bezeichnet Systeme, die die Lebens- und Wohnqualität der Nutzer steigern sollen. Durch die neuen Technologien sind Veränderungen in Form des Smart Livings zu erwarten, wodurch sich die Anforderungen an die Wohnungsausstattung deutlicher verändern werden. Es betrifft die intelligente Vernetzung von Hausgeräten aus den Bereichen Multimedia, Haushalt und Komfort sowohl mit dem Smartphone als auch untereinander. Durch Smart Living soll der persönliche Komfort gesteigert werden. Hierzu gehören die Multifunktionalität physischer Benutzerschnittstellen („Universalfernbedienung", „Internet-Fernseher"), aber auch ein hoher Integrationscharakter (sinnvolle, nachvollziehbare Verknüpfung von Diensten) mit einer einfachen, intuitiven Bedienung („universal design").

Mehr Lebens- und Wohnqualität soll durch die digitalen Technologien erreicht werden. Die Smart Living-Technologien werden von Mietern oder Käufern genutzt, die technikaffin sind und sich für eine technologisierte Wohnung begeistern. Viele andere Bereiche des Lebensumfelds der Menschen haben bereits eine umfassende Digitalisierung erfahren. So funktionieren die Kommunikation und die Informationsbeschaffung größtenteils über technische Lösungen oder das Internet.

Smart Living zeigt sich wie in Tabelle 8.2 dargestellt als die Digitalisierung von Abläufen im Haushalt. Dabei erfolgt bei **Haushaltsgeräten** die Vernetzung, Fernsteuerung und Programmierung von Elektrohaushaltsgeräten wie Herd, Kühlschrank, Waschmaschine oder Kaffeeautomat. Ein Beispiel sind elektronische Türschlösser.

Tab. 8.2: Smart Living, Quelle: eigene Darstellung.

Kommunikation	Mobil- und Festnetztelefon, Antennenanlage/Kabel, Satellitenempfang, Inter-/Intranet
Konsumelektronik	TV, Video, Audio, PC, Internet, Teledienste, Kamera
Hausgeräte	Kühlschrank, Waschmaschine; Hausgeräte-Monitoring, -diagnostik und -fernbedienung
Heimlogistik	Einkaufs- und Speiseplanung, Lieferservice, häusliche Dienste
Hobby	(elektronische) Spiele, Haustierversorgung

Hierbei gibt es einen kontinuierlichen GPS-Daten-Austausch zwischen Smartphone und den Geräten. Dies betrifft auch die Vernetzung der Geräte über WLAN, z. B. über Smart TV. Für die Nutzung der Wohnung als Einkaufsort per Internet müssen entsprechende technische Voraussetzungen gegeben sein.

Ambient-Assisted-Living-Systeme

Unter dem Begriff Ambient-Assisted-Living, kurz AAL, hat sich in der Vergangenheit ein weiteres Smart Home-Segment entwickelt. Ambient-Assisted-Living sind Assistenzsysteme für altersgerechtes Wohnen. Hiervon abzugrenzen sind rein räumliche Gestaltungen im Sinne der Barrierefreiheit, wie breitere Türen oder Treppenlifte, die nicht in den Bereich des Ambient-Assisted-Living fallen.

Angesichts der demografischen Entwicklung besteht ein großes Potenzial für Smart Home in der Form von Ambient-Assisted-Living-Systemen. Intelligente Informations- und Kommunikationstechnologien können zur Erhöhung des Komforts, der Sicherheit sowie der Gesundheit beitragen und damit ältere oder benachteiligte Menschen im Alltag unterstützen. AAL soll den älteren und eingeschränkten Menschen dabei ein längeres und selbstbestimmtes Leben in den eigenen vier Wänden ermöglichen. Die Grenzen zwischen AAL-Angeboten und allgemeinen Smart Home-Lösungen sind hierbei fließend, können jedoch auch speziell auf die Zielgruppe zugeschnitten sein. Die Assistenzsysteme haben neben den beschriebenen Smart House-Anwendungen unterschiedlichste Funktionen.

Unter dem Begriff altersgerechte Assistenzsysteme werden demnach verschiedene Gruppen von Produkten und Dienstleistungen zusammengefasst. Die Bandbreite erstreckt sich von einfachen Seh-, Hör- und Mobilitätshilfen über den Informationsaustausch von Daten bis hin zu komplexen miteinander vernetzten Systemen. Die altersgerechten Produkte und Dienstleistungen lassen sich hierbei in die Anwendungsfelder Gesundheit und Pflege, Sicherheit und Privatsphäre, Haushalt und Versorgung sowie Kommunikation und soziales Umfeld einteilen. Die älteste dieser Technologien ist der Hausnotruf. Im Bereich der Telemedizin können beispielsweise die Vitalwerte und die Medikamenteneinnahme überwacht werden. Ebenso kann die Alltagsorganisation durch eine Terminverwaltung unterstützt oder die Kommunikation mit anderen Personen oder sozialen Netzwerken erleichtert werden. Spezielle Sensortechnik kann eingesetzt werden, um beispielsweise den Sturz einer Person zu erkennen und deren Aufenthaltsort zu ermitteln oder den Herd abzuschalten, falls dies vergessen wurde.

Durch den Einsatz von Ambient-Assisted-Living-Technologien, die speziell auf Senioren zugeschnitten sind, haben Vermieter die Möglichkeit, Leerstand zu reduzieren und die Abwanderung von Mietern zu verhindern, indem sie älteren Mietern mehr Sicherheit, mehr Komfort und somit einen höheren Wohnungsnutzen bieten. Kurz- bis mittelfristig wird sich der Markt nicht grundlegend wandeln. Es ist wahrscheinlicher, dass diese Technologien sukzessive in Häuser und Wohnungen einziehen – mit den wachsenden Fähigkeiten der Geräte und mit den steigenden Ansprüchen der Benutzer. Insgesamt gibt es noch zu wenig Produkte, die sowohl von der Bedienbarkeit als auch von den Kosten her für den Massenmarkt tauglich sind. Viele Maßnahmen, die Wohnungen seniorenfreundlicher gestalten würden, sind sehr teuer – insbesondere, wenn sie bauliche Veränderungen erfordern.

Anders Wohnen mit anderer Ausstattung

Da die Grenzen zwischen Arbeits- und Berufsleben immer mehr verschwimmen, werden sich die Erwartungen der Menschen an ihre Wohnumgebung signifikant wandeln. Die optimale Wohnung sah jahrzehntelang wie folgt aus: Um ein großes Wohnzimmer wurden eine unterschiedliche Anzahl kleinerer Räume und eine kleine Funktionsküche gruppiert. Große Wohnzimmer werden in vielen Lebensentwürfen heute nicht mehr gebraucht, weil das einstige Hauptmöbel Fernseher von raumunabhängigen, digitalen Unterhaltungsmöglichkeiten wie Laptops oder Tablets verdrängt wird. Auch in anderen Bereichen der Wohnung haben sich die Anforderungen geändert.

Der Trend zum dezentralen Arbeiten hat auch unmittelbare Auswirkungen auf die Wohnimmobilien und ihre Ausstattung. Bei der Planung von Wohnungen sind der Raumbedarf und die technischen Voraussetzungen für Homeoffice zu berücksichtigen. Nicht jede Wohnung hat ausreichend Zimmer, um eine geeignete Arbeitsfläche einrichten zu können. Die Wohnungen müssen weiterhin so gestaltet werden, dass sie den gesetzlichen Regelungen und Arbeitssicherheitsstandards entsprechen und damit eine Arbeit im Homeoffice ermöglichen. Angesichts des höheren Platzbedarfs ist aufgrund des Trends zu Homeoffice langfristig mit einem Anstieg der Wohnfläche zu rechnen. Dies ist bereits bei den Grundrissen der Wohnungen zu beachten, gefordert sind nutzungsoffene, innovative und möglichst reversible Konzepte und Pläne. Fest vorgegeben werden dabei nur die tragenden Strukturen, während die Grundrisse relativ flexibel angepasst werden können.

9 Künstliche Intelligenz in der Immobilienwirtschaft

Enja Schellenberger

Das Wissen um Technologien in der Immobilienwirtschaft wird immer verbreiteter, Kooperationen zwischen PropTechs und Corporates nehmen zu, KI wird zum Trendthema.[1] Insbesondere der steigende Zwang zur Effizienz und Geschwindigkeit sowie das Bewusstsein über die Notwendigkeit der Sicherung der Wettbewerbs- und Zukunftsträchtigkeit bauen Veränderungsdruck in der Branche auf. Wesentliche Einsatzmöglichkeiten und Anwendungsfälle von KI sowie der hieraus abzuleitende Wandel werden in den nachfolgenden Kapiteln entlang des Immobilien-Lebenszyklus sowie Immobilien-Investmentzyklus beleuchtet. Im Vordergrund des Lebenszyklus steht die Nutzung von Immobilien, hingegen fokussiert der Investmentzyklus Immobilien als Kapitalanlage. Die Zyklen weisen teilweise Parallelen und Überschneidungen auf.

9.1 KI entlang des Immobilien-Lebenszyklus

9.1.1 Immobilien-Lebenszyklus im Überblick

Der Lebenszyklus von Immobilien lässt sich grob in die Projektentwicklungs-, die Nutzungs- und Verwertungsphase unterteilen. Einen Überblick über die wesentlichen Wertschöpfungsstufen gibt die Tabelle 9.1.

Tab. 9.1: Immobilien-Lebenszyklus im Überblick, Quelle: Haufe Online Redaktion, 2019.

Immobilien-Lebenszyklus		
Projektentwicklungsphase	Nutzungsphase	Verwertungsphase
Projektinitiierung, -konzeption, -konkretisierung und -planung, Genehmigung Bauausführung	Mietermanagement (Vermittlung und Vermietung) Immobilienmanagement (Operative Bewirtschaftung und Verwaltung)	Revitalisierung (Umnutzung und/oder Sanierung) Abriss

Die Projektentwicklungsphase ist ein komplexer Vorgang mit einer Vielzahl von Wertschöpfungsstufen. Zu Beginn der Projektinitiierung stellt die Verbindung der drei Faktoren Standort, Projektidee und Kapital eine besondere Herausforderung dar. Im weiteren Sinne erstreckt sich die Projektentwicklung von der Projektinitiierung

---

1 Vgl. Haufe Online Redaktion, 2019.

https://doi.org/10.1515/9783110726909-009

und -konzeption über die Projektkonkretisierung und -planung im Rahmen von Realisierungsentscheidungen und Vertragsabschlüssen, der Genehmigung bis hin zur Bauausführung mit abschließender Fertigstellung.[2] Mit Inbetriebnahme, Abnahme und Übergabe der Immobilie wird die Nutzungsphase eingeleitet. Sofern Immobilien nicht eigengenutzt, sondern fremdvermietet werden, spielt das Mietermanagement in dieser Phase eine wesentliche Rolle. Diese Phase umfasst Wertschöpfungsstufen der Vermittlung und Vermietung von Mietflächen unter Durchführung von Objektbesichtigungen mittels eines unternehmensinternen Immobilienmanagements oder Maklertätigkeiten. Das Mietermanagement endet nicht mit der Übergabe der Mietfläche, sondern umfasst zudem eine stetige Mieterbetreuung. Das Immobilienmanagement beschreibt die Planung, Steuerung, Umsetzung und Kontrolle sämtlicher wertbeeinflussender Maßnahmen entsprechend der Zielvorgaben des Eigentümers. Es lässt sich in insgesamt vier Managementebenen unterteilen, deren Abgrenzung untereinander allerdings nicht eindeutig und redundanzfrei möglich ist: Portfolio- und Asset-Management sowie Facility-Management und Property-Management.[3] Im Kontext des Immobilien-Lebenszyklus steht die operative Bewirtschaftung und Verwaltung mittels Facility- und Property-Management im Vordergrund. Facility-Management ist das Management von operativen Betriebs- und Bewirtschaftungsprozessen, hingegen dient das Property-Management der operativen Umsetzung von Objektstrategien. Zur nachhaltigen Bewirtschaftung und Verwaltung sind Instandhaltungs- und Instandsetzungsmaßnahmen möglichst vorausschauend zu planen, um den Werterhalt der Immobilien sicherzustellen.[4] Neigt sich der Lebenszyklus einer Immobilie dem Ende zu, stehen Wertschöpfungen durch Verwertung in Form von Revitalisierungen wie Umnutzungen und Sanierungen oder Abriss im Fokus.

9.1.2 Projektentwicklungsphase

9.1.2.1 Projektinitiierung, -konzeption, -konkretisierung und -planung

Die Einsatzmöglichkeiten Künstlicher Intelligenz beginnen im Rahmen der Projektinitiierung. Lernende Systeme können beim Fertigen von Machbarkeitsstudien, z. B. bei Markt- und Standortanalysen sowie bei der Bewertung von Chancen und Risiken angewendet werden. Bereits heute können mithilfe von KI-Lösungen geopolitische Risiken und beispielsweise ihre Auswirkungen auf die Finanzmärkte prognostiziert werden, die wiederum eng verzahnt mit den Immobilienmärkten sind. Die Algorithmen des maschinellen Lernens der sogenannten Alpha-Dig-Plattform der Deutschen Bank leiten Zusammenhänge aus Nachrichten, sozialen Medien und anderen Artikeln in na-

---

2 Vgl. Moring, A., L. Maiwald und T. Kewitz, 2018, S. 136.; vgl. Rottke, N., 2017, S. 57.
3 Vgl. Vollrath, J. und M. Bodenbender, 2018, S. 257.
4 Vgl. Güttler, M., 2018, S. 227.

türlicher Sprache ab, um das politische Risikoprofil eines Landes zu erstellen.[5] Ähnliches ist auch in der Immobilienwirtschaft denkbar, um mittels ML- und DL-Systemen komplexe Datenanalysen, -klassifizierungen und -clusterungen durchzuführen. Lernende Systeme können letztlich Zusammenhänge und Prognosen über beispielsweise gesamtwirtschaftliche und immobilienwirtschaftliche Entwicklungen unter Berücksichtigung verschiedener Marktzyklen unterschiedlicher Branchen erstellen.

Auch die Bedarfsplanung oder das Aufsetzen erster planerischer Grobkonzeptionen, wie städtebauliche Varianten und Baumassenstudien sowie die Prüfung der baulichen Realisierbarkeit wird mithilfe von intelligenten KI-Anwendungen zu weiterer Automatisierungen entlang der Projektentwicklungsphase führen. Grundlage könnten hierfür die in Deutschland auf Basis von rechtskräftigen Bebauungsplänen oder dem § 34 des BauGBs mit Kennziffern und Informationen zur Art und dem Maß der baulichen Nutzung belegten Liegenschaften sein. Zudem werden Drohnen zu einem interdisziplinären Planungswerkzeug, indem diese Grundstücke aufnehmen, um die Mess- und Verwertbarkeit der Datengrundlage unter Beachtung der Abstandsflächen und der Nachbarbebauungen abzugleichen. Unter Hinzugabe von Faktoren der Neubebauung können städtebauliche Varianten und Baumassenstudien automatisiert digital aufbereitet werden.[6] Ist eine Projektidee in Kombination mit dem Standort mithilfe eines lernenden Systems (teil-)automatisiert gefunden, können intelligente Algorithmen auf Basis des erweiterten Dateninputs der quantitativen Bewertung, wie der Ermittlung von Kosten, Marktpreisen und -mieten sowie Renditen, dienen.

Bei der Prüfung, dem Abschluss und der Abwicklung von Grundstückskaufverträgen und weiteren Vertragsmanagementprozessen, z. B. rund um HOAI-Leistungen, werden intelligente Smart Contracts in Deutschland mehr und mehr Einhalt finden. Darüber hinaus werden in einigen Gegenden der Welt Grundstückskaufverträge bereits ohne Notar über elektronische Zertifizierungsverfahren abgesichert.[7] Ob den immobilienwirtschaftlichen Unternehmen in Deutschland in Zukunft der Weg zum Notar aufgrund der Abhilfe kryptografisch verschlüsselter, intelligenter Smart Contracts erspart bleibt, ist insbesondere aus rechtlicher Perspektive fraglich.

BIM revolutioniert mit Schaffung digitaler Gebäudezwillinge den weiteren Planungsprozess. Ergänzt um selbstlernende Algorithmen kann BIM beispielsweise die optimale Aufstellung von Bürotischen und sonstiger Ausstattung berechnen, indem Parameter wie Arbeitsgruppenzugehörigkeit, Nähe zum Fenster und Länge der Laufwege iterativ angepasst werden.[8] Auch Prof. Dr. Christian Glock von der TU Kaiserslautern ist der Auffassung, dass KI den Planungsprozess deutlich unterstützen kann und wird, indem die KI unzählige Lösungsvarianten digital erzeugt und bewertet.[9]

---

5 Vgl. Kaya, O., 2019, S. 7.
6 Vgl. Pilling, A., 2017, S. 211–212.
7 Vgl. Moring, A., L. Maiwald und T. Kewitz, 2018, S. 114.
8 Vgl. Lüttmann, C., 2019.
9 Vgl. ZIA Zentraler Immobilien Ausschuss e. V., 2019, S. 12.

Damit einhergehend, dass Gebäude den Hauptlebensraum aller Menschen und damit die wichtigste Hardware für das IoT darstellen,[10] gewinnt die digitale Infrastruktur auch im Rahmen der Projektkonzeption und -planung kontinuierlich an Bedeutung. Zunehmend werden intelligente, selbstlernende und -optimierende Gebäude, auch als Smart Buildings bezeichnet, projektiert.[11] Konzeptioniert werden u. a. technische Anlagen, die mit intelligenten Sensoren bzw. Edge AI dezentral ausgestattet sind. Eine zentrale Steuerungseinheit, auch Brain genannt, versehen mit einer KI, soll eine gewerkeübergreifende Verknüpfung und Kommunikation der Gebäudetechnik und sonstiger eingesetzter Technologien sicherstellen. Ziel ist es, alle Anforderungen an die Immobilie und die dazugehörigen, technischen Einrichtungen zu integrieren.[12] Gebäude sollten dabei jedoch nicht wahllos mit neuester digitaler Technik ausgestattet werden, sondern den späteren Nutzer in den Fokus rücken.[13] Smarte Pionierprojekte wie das The Edge in Amsterdam oder das Cube in Berlin, die sich bereits in der Bauausführung befinden, skizzieren die Technisierung der Projektideen.[14]

Das Cube in Berlin ist eines der bekanntesten Pilotprojekte, dessen Brain-Konzept der Abbildung 9.1 zu entnehmen ist. Architekten und Planer haben den Einsatz von rund 3750 dezentralen Sensoren vorgesehen, die von der Bedienung der Gebäudetechnik, der Zugangskontrolle durch Personenerkennung, die Nachverfolgung von Personen oder Gegenständen bis zur Navigation im Gebäude über eine Gebäude-App reichen.[15] Immobilien werden sich zu tiefgreifenden, schlauen Wirtschaftsgütern entwickeln. Nicht nur die TGA, auch die Gebäudehülle sowie der Ausbau bis hin zur nutzerspezifischen Ausstattung werden zunehmend so geplant, dass sie klug miteinander vernetzt sind.[16] Die Entwicklung von Smart Buildings mündet in einer fortschreitenden Digitalisierung der gebauten Umwelt zu Smart Cities als vernetzte Gesamtsysteme, deren Daten in Echtzeit analysiert werden.[17] Dies wird die Basis zur Implementierung einer Vielzahl unterschiedlicher KI-Formen und -Anwendungen sein.

Die Einsatzmöglichkeiten intelligenter ML- und DL-Systeme sowie AI PaaS erstrecken sich des Weiteren auf die Vermarktung von Projektentwicklungen. Denn neuronale Netzwerke können aus Perspektive des Vertriebs dem Erkennen von Mustern, Zusammenhängen und Prognosen dienen. Auch könnten seitens intelligenter Algorithmen mit tiefen, neuronalen Netzwerken automatisiert Vermarktungsstrategien auf Basis KI-gestützter Plattformen erstellt und abgewickelt werden. Darüber hinaus wer-

---

10 Vgl. Rodeck, M. und E. Ubels, 2018, S. 118.
11 Vgl. Pfnür, A., B. Wagner und K. Meyer, 2019, S. 324; vgl. Bordscheck, B. und N. Meyer, 2018, S. 195.
12 Vgl. Bordscheck, B. und N. Meyer, 2018, S. 195; vgl. Radecke, H.-D., 2018c.
13 Vgl. Szeidl, S., 2019, S. 9.
14 Vgl. Bordscheck, B. und N. Meyer, 2018, S. 194.
15 Vgl. Schmale, O., 2019, S. 11.
16 Vgl. ZIA Zentraler Immobilien Ausschuss e. V., 2019, S. 18.
17 Vgl. Rodeck, M. und E. Ubels, 2018, S. 117–118.

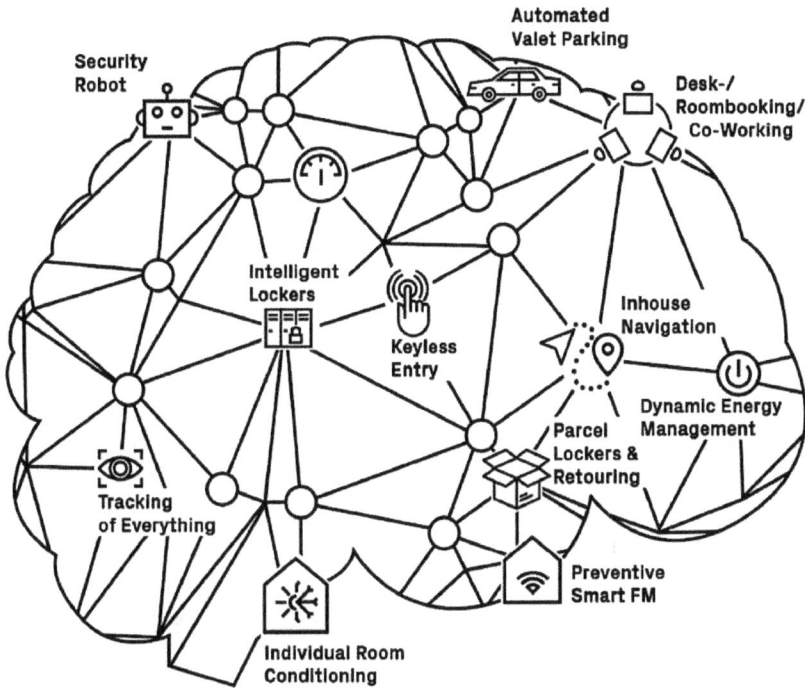

Abb. 9.1: Brain des Pilotprojekts Cube in Berlin, Quelle: CA Immo Deutschland GmbH, 2020.

den schon heute fertige Produkte mittels VR und AR simuliert.[18] In Kombination mit einer KI könnten VR- und AR-Visualisierungen künftig automatisiert erstellt und fortlaufend auf Basis des Vermarkungserfolgs oder -misserfolgs optimiert werden.

9.1.2.2 Genehmigung und Bauausführung

Auch das Genehmigungsverfahren von Bauanträgen wird bereits der digitalen Transformation unterzogen.[19] Die einzelnen Verfahrensschritte, wie beispielsweise das Prüfen von Bauvoranfragen, erfolgen schon heute unter Anwendung von digitalen Modelchecks partiell automatisiert und in Echtzeit.[20] Darüber hinaus gibt es Visionen von digitalen Behörden, die KI-Anwendungen nutzen, um Genehmigungsprozesse mit keinem oder nur geringem Ermessensspielraum zu automatisieren.[21] Ferner verändert sich aufgrund der Entwicklung der Blockchain-Technologie in Kombination mit BIM-Modellen, die Abwicklung von Bestellungen und Lieferungen.[22] Der Einsatz intelligen-

---

18 Vgl. Bobka, G., 2019b, S. 5.
19 Vgl. Mayer, N. und S. Hahn, 2019, S. 3.
20 Vgl. Pilling, A., 2017, S. 212.
21 Vgl. Mayer, N. und S. Hahn, 2019, S. 3.
22 Vgl. Pilling, A., 2017, S. 216.

ter Algorithmen wird in Zukunft zu weiteren Automatisierungen führen. Zudem könnte KI bei der Vorbereitung der Vergabe, wie beispielsweise beim Erstellen von Leistungsverzeichnissen, angewendet werden oder bei Marktansprachen und Vergaben selbst mitwirken. Des Weiteren ist es denkbar, dass überwachtes sowie unüberwachtes Machine und/oder Deep Learning beim Projektmonitoring bzw. -controlling während der Bauausführung zum Einsatz kommt. Auch könnten in Zukunft fortlaufende Projektanalysen und Monitorings von Kosten- sowie Terminzielen unter Verwendung lernender Systeme digital transformiert und automatisiert werden.

Des Weiteren werden die Baustellen digitaler, denn einige Marktakteure bestellen schon heute das Material gemäß der Simulation am BIM-Modell just in time.[23] Künftig könnte KI zur Automatisierung dieser Bestellvorgänge oder zur Entwicklung von Baustellen-Abwicklungskonzepten Anwendung finden. Zudem haben KI-Forscher einen Roboteranzug namens „Robo-Mate" entwickelt. Das Exoskelett wird an Armen und Beinen getragen, um Arbeitern und Arbeiterinnen beim Tragen schwerer Lasten zu helfen. Mittels KI erkennt der physische Roboter an welcher Stelle Menschen Unterstützung benötigen und unterstützt zielgerichtet.[24] Vollständig autonome und humanoide Roboter, die auf Baustellen arbeiten, sind derzeit Science-Fiction. Laut Pilling werden allerdings schon heute Drohnen eingesetzt, um Bauabläufe und -fortschritte zu überwachen. Diese helfen bei der Errichtung eines Rohbaus, indem sie anhand eines Fertigungsmodells Steine aufeinandersetzen.[25] Basierend hierauf lässt sich ableiten, dass z. B. Drohnen, die ggf. mit Edge AI ausgestattet sind, die Bauausführung in naher Zukunft partiell transformieren könnten. Grundsätzlich erstrecken sich die theoretischen Einsatzmöglichkeiten von KI auch entlang der Fertigstellung, Inbetriebnahme, Abnahme und Übergabe einer Immobilie. Beispielsweise könnten intelligente Smart Contracts mit digitalen Bauzustandserfassungen kombiniert werden und zu einer (Teil-)Automatisierung, z. B. der vertraglichen Abnahme- und Übergabeprozesse, beitragen.

9.1.3 Nutzungsphase

9.1.3.1 Mietermanagement

Es haben sich eine Vielzahl von PropTech-Unternehmen auf digitale Geschäftsmodelle und -prozesse im Kontext der Vermietung von Immobilien und der Maklervermittlung und -bewertung spezialisiert. Sie entwickeln Makler-Tools sowie technologische Lösungen zur Immobilienverwaltung, Visualisierungen sowie temporäre Vermietungskonzepte. Hierauf stützend schreitet die Digitalisierung des Mieterma-

---

23 Vgl. ebd., S. 215.
24 Vgl. KPMG AG (Hrsg.), 2018, S. 27.
25 Vgl. Pilling, A., 2017, S. 214.

nagements unter Zunahme digitaler Daten und der Plattformisierung rund um die Vermietung von Immobilien stetig fort. Diese digitale Transformation ermöglicht vielfache Einsatzmöglichkeiten Künstlicher Intelligenz.

Mögliche Anwendungsfälle lernender Systeme lassen sich mit der Vermittlung von Vermietungsaufträgen und der Platzierung von Mietflächen am Markt verknüpfen. Insbesondere intelligente daten- und transaktionszentrierte Plattformen bzw. AI PaaS dienen als Grundlage, um analog klassischer Maklertätigkeiten, das Marktgeschehen und Immobilienwerte einzuschätzen. ML- oder DL-Technologien können hierzu branchenübergreifend und fortlaufend Recherche-, Analyse- und Reporting-Tätigkeiten übernehmen, um Muster und Zusammenhänge festzustellen sowie Prognosen abzuleiten. Intelligente Algorithmen können dezentral organisierte und strukturierte, aber auch unstrukturierte Daten erheben, auf Belastbarkeit und Relevanz in Echtzeit prüfen, zusammenführen und letztlich an die Besonderheiten der zu bewertenden Immobilie anpassen.[26] Beispielsweise bietet das Big Data-Start-up mietcheck.de eine Immobilien-Bewertungsplattform an. ML-Algorithmen berechnen zu welcher Miete oder zu welchem Preis eine Immobilie objektiv am Markt anzubieten ist.[27] Die Autorin erachtet es als vorstellbar, dass in diesem Kontext eine KI auf den von Wendland nachfolgend, aufgelisteten Datensatz zurückgreift, um optimale Ergebnisse zu generieren: Marktdaten und -preise, Renditen für Immobilen auf Basis von Online-Plattformen, (Maklerportalen, Website, Social Media etc.), Vergleichsmieten, Mietspiegel, regulatorische Parameter wie Mietpreisbremsen oder die Kappungsgrenze sowie sozioökonomische Informationen, wie die demografische Entwicklung oder das lokale Kultur-, Freizeit- und Bildungsangebot.[28]

Auch die Art und Weise der digitalen Platzierung von Immobilien zu deren Vermittlung und Vermietung könnte mithilfe von selbstlernenden Plattformen abgewickelt werden. Diese bringen transaktionszentriert Immobilieneigentümer bzw. Vermieter sowie Mietinteressent bzw. Mieter online mit großer Reichweite zusammen.[29] Immobilien suchen künftig ihre Mieter bzw. Nutzer selbst aus, indem Suchende auf Immobilienportalen und sonstigen Portalen im IoT ein Anforderungs- und Unternehmens- bzw. Interessentenprofil erstellen und automatisiert passende Angebote vorgeschlagen bekommen. Zudem ist es vorstellbar, dass mittels eines solchen Profils automatisiert neue Immobilien entsprechend der Bedarfe vorgeschlagen werden. Lernende Systeme werden auch in diesem Kontext ihren Beitrag zur Individualisierung und Automatisierung des Mietermanagements leisten.

AI PaaS kann ferner als Grundlage dienen, um NLP-Technologien in Form von intelligenten Software Agents als innovative Kommunikationstechnologie zu nutzen.

---

26 Vgl. Bobka, G, 2019b, S. 4.
27 Vgl. ebd., S. 6; vgl. Moring, A., L. Maiwald und T. Kewitz, 2018, S. 117.
28 Vgl. Wendland, N., 2019, S. 316.
29 Vgl. Moring, A., L. Maiwald und T. Kewitz, 2018, S. 117.

Mietinteressenten könnten so jederzeit Mietanfragen stellen. Denkbar ist auch, dass intelligente Chatbots Mietinteressenten bzw. Kunden gezielt auf ihre Bedürfnisse ansprechen. Zwar sind Moring, Maiwald und Kewitz der Auffassung, dass aus Kundensicht ein Serviceroboter den menschlichen Ansprechpartner kurzfristig nicht ersetzten wird. Allerdings sei es vorstellbar, dass Roboter standardmäßig für Besichtigungen eingesetzt werden könnten. Der Einsatz physischer Serviceroboter, die Interessenten durch Immobilie führen, das Objekt vorstellen und letztlich auch mittels NLP Fragen beantworten, ist aktuell noch eine Vision.[30] Allerdings kann AR grundsätzlich zusätzliche Informationen in Form von Texten, Grafiken, Animationen, Videos sowie statischen oder bewegten 3D-Objekten liefern.[31] So ist es auch theoretisch denkbar, dass diese von einer KI gezielt gesteuert werden können. Da davon auszugehen ist, dass sich VR zu einem festen Bestandteil der Objektvermarktung etablieren wird,[32] könnte ein mögliches Zukunftsszenario sein, dass intelligente Software Agents Objektbesichtigungen durch digitale Gebäudezwillinge jederzeit und ortsunabhängig tätigen.

Darüber hinaus könnten intelligente Algorithmen Mieter- bzw. Vermieterbedarfe erkennen und dazu beitragen Nutzer-/Mieterstruktur zu verbessern, indem sie die Bonität, Nutzer-/Mieterverhalten und Mietvertragslaufzeit miteinander verknüpfen, bewerten und Vorhersagen treffen. Mietvertragliche Belange können auch im Rahmen des Mietermanagements mithilfe von Smart Contracts bearbeitet und über eine vertragsaufsetzende KI abgewickelt werden. Das fortlaufende Vertragsmanagement kann beispielsweise über maschinelle und tiefgehende Lerntechnologien erfolgen. Die Innovation vom PropTech Leverton ermöglicht beispielsweise die Identifizierung, Extraktion und Verwaltung von Schlüsselbegriffen und Daten aus Mietverträgen sowie sonstigen Unternehmensdokumenten in zahlreichen Sprachen in Echtzeit.[33]

Intelligente Technologien werden künftig die zunehmende Flexibilisierung von Nutzungen antreiben.[34] Mietverträge werden somit laut Dederichs in Zukunft keine feste Miethöhe mehr enthalten.[35] Beispielsweise könnten Smart Buildings, basierend auf intelligenter Sensorik, innovative Mietmodelle ermöglichen, sodass die Mietabrechnung im Rahmen einer bedingten Bepreisung von der tatsächlichen Nutzung abhängt.[36] Auch wäre ein mögliches Zukunftsszenario, dass Sensoren zusätzlich mit Emotion AI ausgestattet werden, um Daten zum Nutzer- bzw. Mieterverhalten zu verarbeiten, indem z. B. aus deren Gesichtern, Stimmen und Körpersprache Daten

---

30 Vgl. Moring, A., L. Maiwald und T. Kewitz, 2018, S. 112.
31 Vgl. Bobka, G., 2019b, S. 4.
32 Vgl. Moring, A., L. Maiwald und T. Kewitz, 2018, S. 110.
33 Vgl. Eickermann-Riepe, S., D. Schadbach, F. Huber und K. Götzen, 2019, S. 12.; vgl. Güttler, M., 2018, S. 240.
34 Vgl. Just, T. und F. Matzen, 2018, S. 48.
35 Vgl. Hunziker, C., 2018.
36 Vgl. Just, T. und F. Matzen, 2018, S. 48.; vgl. Schmale, O., 2019, S. 11.

gelesen werden. Zusätzlich vernetzt mit CRM-Systemen könnte eine KI somit weitere Bedarfe ermitteln. Daneben ist es, laut Schulz-Wulkow und Kremer, schon heute alles andere als eine Utopie, dass mittels einer KI und Data Science aktuelle und künftige Kündigungswahrscheinlichkeiten auf Basis des Zahlungsverhaltens von Mietern vorhergesagt werden können.[37]

KI kann ferner zur Abwicklung des Beschwerde- bzw. Mängelmanagements angewendet werden. Hierbei können intelligente Bots erkennen, ob der Kunde seinem Unmut Ausdruck verleiht oder es einer freundlichen, schnellen Antwort bedarf.[38] KI kann neben der Aufnahme von Mieteranliegen und Schadensmeldungen zudem bei strukturierten, wiederkehrenden Tätigkeiten, wie Rechnungsbearbeitung und Nebenkostenabrechnungen, eine große Rolle spielen.[39] Es ist ferner vorstellbar, dass sich in Zukunft intelligente Plattformen während laufender Mietverhältnisse als wesentliche Schnittstelle zwischen Immobilie, Vermieter und Mieter bzw. deren künftig intelligenten Bots etablieren. Schon heute führen Plattformen dazu, dass typische Mieter-Vermieter-Beziehungen aufgebrochen werden.[40] AI PaaS bietet während der Nutzungsphase grundsätzlich eine Ausgangslage zahlreicher, individualisierter Mieterservices, die in Zukunft seitens einer KI identifiziert oder gar entwickelt werden könnten.

9.1.3.2 Immobilienmanagement

Durch die Digitalisierung der Immobilienwirtschaft nutzen Property- und Facility-Management mittlerweile vielfältige IT-Systeme, wie beispielsweise Dokumenten-Managementsysteme oder Datenräume zur Miet- und Objektbuchhaltung sowie zum Management von Flächen und technischen Anlagen.[41] Nun finden zunehmend lernende Systeme zur operativen Bewirtschaftung und Verwaltung von Immobilien Anwendung. Auf administrativer Seite des Immobilienmanagements wird KI zunehmend zur Erfassung von Dokumenten eingesetzt. Intelligente Algorithmen klassifizieren und erkennen diese selbstständig. Ferner werden die Dokumente benannt, weiterverarbeitet und Daten extrahiert. Lernende Systeme können auch im Rahmen des standardisierten Dokumentenmanagements die richtige Stelle in der Ablagestruktur erfassen und auf Lücken oder sonstige Redundanzen hinweisen.[42] Zum Beispiel hat das PropTech-Unternehmen Architrave im Bereich Robotic Process Automation (RPA) einen KI-Roboter namens Delphi entwickelt, der alle anfallenden Dokumente im Immobilienmanagement liest, erkennt und kategorisiert. Voraussetzung ist ein

---

37 Vgl. Schulz-Wulkow, C. und G. Kremer, 2018, S. 7.
38 Vgl. Carl, M. und M. Lübcke, 2018, S. 23.
39 Vgl. Schulz-Wulkow, C. und G. Kremer, 2018, S. 8.
40 Vgl. Just, T. und F. Matzen, 2018, S. 47.
41 Vgl. Zeitner, R. und M. Peyinghaus, 2016, S. 2.
42 Vgl. Radecke, H.-D., 2018a; vgl. Seifert, J., 2019.

bestehender Dokumentenindex. Zudem avisiert Architrave die automatisierte Extraktion von Informationen aus versenkten PDFs, um diese maschinell lesbar zur Verfügung zu stellen.[43] VRnow, ebenfalls ein PropTech-Unternehmen, nutzt überdies einen DL-Algorithmus, um automatisiert Architekturinformationen aus Bauplänen zu ziehen.[44] Auch Eucon Digital und Union Investment Real Estate haben eine KI-Plattform zur Immobilienbuchhaltung und -steuerung entwickelt. Die Technologie digitalisiert eingehende Dokumente, validiert diese und erstellt Vorschläge für die Weiterverarbeitung und Kontierung.[45] Schon heute kann eine KI-gestützte Software mittels RPA bis zu 25.000 Dokumente in wenigen Minuten erkennen und klassifizieren.[46] Der intelligente Bestandsdatenraum vom PropTech Evana verspricht ebenfalls eine große Anzahl von Dokumenten in kurzer Zeit auslesen zu können. Laut Evana werden die Inhalte in übersichtlichen Reportings und als hochflexible Datenbank zur Verfügung gestellt, sodass Mieterlisten und Bewirtschaftungsdaten direkt aus den Dokumenten extrahiert werden können.[47]

Im Fokus der Digitalisierung des Immobilienmanagements steht ferner das Tracking of everything im Kontext IoTs. Tracking of Everything umfasst u. a. das Smart Metering. Hierunter ist das computergestützte, automatisierte Messen, Ermitteln und Steuern von Energieverbrauch und -zufuhr von Gebäuden zu verstehen. Intelligente, vernetzte Zähler für Ressourcen und Energien werden als Smart Meter bezeichnet. In Form eines Stromzählers sind sie Teil des Smart Grid, worunter ein intelligentes Stromnetz zu verstehen ist.[48] Rund um das Smart Grid und Smart Metering ergeben sich, mit Verweis auf das bereits erläuterte Brain als intelligentes Steuerungselement (siehe Abbildung 9.1), zahlreiche Ansatzpunkte für das Verknüpfen mit KI-Lösungen. Hierdurch können weitere Automatisierungen des zunehmend digital abgewickelten Immobilienmanagements entstehen.

Laut Szeidl verhält sich die Immobilie der Zukunft, ausgestattet mit einer KI als selbstlernendes System, intelligent.[49] Auch die TGA und Gebäudehülle von Bestandsgebäuden können theoretisch unter erhöhtem Aufwand nachgerüstet werden.[50] Lernende Systeme können z. B. die technischen Anlagen automatisiert und vorausschauend in Echtzeit überwachen und steuern – dank Edge AI bzw. intelligenter Sensorik. Intelligente Immobilien erheben beispielsweise Daten über den Gebäudezutritt und die Anzahl an Personen, die zu verschiedenen Tages- und Wochenzeiten Räumlich-

---

43 Vgl. Bobka, G., 2019a.
44 Vgl. Eickermann-Riepe, S., D. Schadbach, F. Huber und K. Götzen, 2019, S. 12.
45 Vgl. ZIA Zentraler Immobilien Ausschuss e. V., 2019, S. 10, 25.
46 Vgl. Grassau, M. und F. Hipller, 2019, S. 312.
47 Vgl. PricewaterhouseCoopers GmbH, 2018.
48 Vgl. Bendel, O., 2019, S. 228, 230; vgl. Rodeck, M. und E. Ubels, 2018, S. 117.
49 Vgl. Szeidl, S., 2019, S. 9.
50 Vgl. Schmale, O., 2019, S. 11.

keiten und Parkplätzen nutzen. Basierend auf dem getrackten Nutzerverhaltens wird anschließend eine Analyse von Raumnutzungs-/Belegungsfrequenzen durchgeführt. Indem eine KI als intelligentes Managementsystem Erkenntnisse darüber liefert, welche Flächen in einem Gebäude bevorzugt genutzt werden, lassen sich individualisierte und nachfrageorientierte Ausdifferenzierungen des Flächenangebots ableiten. Entsprechend des tatsächlichen Bedarfs erfolgt die automatisierte Regulierung des Licht-Levels z. B. über den Sonnenschutz und/oder die Steuerung der Anlagentechnik u. a. von Lüftungsanlagen bis hin zu Kaffeeautomaten.[51] Hierbei kann eine KI nicht nur objektbezogene Daten aggregieren, sondern beispielsweise auch externe, frei verfügbare Daten nutzen. So könnten beispielsweise Wetterdaten, mit dem Nutzerverhalten und/oder vorgegebenen Präferenzen kombiniert werden, um eigene und automatisierte Entscheidungen zu treffen.

Darüber hinaus könnten basierend auf den Erkenntnissen von KI-gestützten Smart Buildings, nicht genutzte Arbeitsplätze in Zukunft flexibel anderweitig belegt werden. Laut Pilling ist es möglich, ein hocheffizientes Room-Sharing nach tagesaktuellem Bedarf zu erzielen, indem intelligente Systeme mit der Terminplanung von Mitarbeitern in Kombination mit Wetterdaten, Verkehrsdaten und Statistiken zu Grippewellen vernetzt werden.[52] Beispielsweise hat das Unternehmen Basking Automation eine Belegungsanalyse-Plattform für Büros entwickelt, um Raumbelegungen von Immobilien in Echtzeit zu analysieren. Immobilienmanager können auf Grundlage der tatsächlichen Nutzung von Gebäuden Büros optimieren.[53] Ferner eröffnen digitale Konzepte und KI dem Immobilienmanagement die Möglichkeit, auf Basis von maschinellen Handlungsempfehlungen die Personalplanung an die tatsächliche Flächenauslastung der verschiedenen Nutzerprofile anzupassen.[54] Wenn das Brain merkt, dass ein Raum längere Zeit nicht genutzt wurde, wird beispielsweise die Putztruppe abbestellt.[55]

Neben automatisierten Raumbuchungs- und Bestellprozessen kann der Einsatz von KI-Systemen nicht nur dazu dienen, dem Immobilienmanagement einen tiefen Einblick in die Gebäudenutzung zu geben. Zudem ist in diesem Kontext Preventive Smart FM, eine intelligente Anwendung zur vorausschauenden Abwicklung von Instandhaltungs- und Instandsetzungsmaßnahmen von Gebäuden, von großer Bedeutung.[56] Diese Technologie basiert u. a. auf Prediktive Analytics, wofür histo-

---

51 Vgl. Rodeck, M. und E. Ubels, 2018, S. 119.; vgl. Szeidl, S., 2019, S. 9.; vgl. Bordscheck, B. und N. Meyer, 2018, S. 194.
52 Vgl. Pilling, A., 2017, S. 210.
53 Vgl. ZIA Zentraler Immobilien Ausschuss e. V., 2019, S. 22. Ob hierbei eine KI-Lösung zu tragen kommt, erschließt sich der Autorin nicht vollständig. Dies ist allerdings denkbar.
54 Vgl. Häusser, T., 2019, S. 4.
55 Vgl. ebd.; vgl. Hunziker, C., 2018.
56 Vgl. CA Immo Deutschland GmbH, 2020.

rische Daten verwendet werden, um künftige Ereignisse vorauszusagen und passende Handlungen mittels Big Data und Machine Learning vorzuschlagen.[57] Beispielsweise werden hierzu die intelligenten Sensoren und technischen Anlagen von Smart Buildings mit allen Planungs- und Gebäudedaten, z. B. alle Gutachten und ergänzenden Dokumentationen samt Schadstoffkataster, mit den Nutzerdaten vernetzt.[58] Indem lernende Systeme in Zukunft vermehrt auf digitale Gebäudezwillinge und Edge AI aufsetzen, wird im Sinne des Immobilienmanagements der Gebäudezustand umfassend erhoben und entlang der Nutzungsphase weiterverarbeitet werden.

Bereits heute gibt es Unternehmen, die zur exakten Vermessung und Visualisierung von Gebäudeinnenräumen mit digitalen Scan-Technik arbeiten. Werden diese Technologien um eine KI ergänzt, beginnen Systeme zu lernen die Gebäudeausstattung selbstständig zu erkennen und weitere Informationen bereitzustellen.[59] Auch kann der Zustand einer Immobilie per Video-Stream, 360-Grad-Videos sowie VR visualisiert und automatisiert weiterverarbeitet werden, sodass theoretisch weder Facility- noch Property-Management oder sonstige Beteiligte physisch vor Ort sein müssen.[60] Beispielsweise markiert und protokolliert Arcadis automatisiert unter Anwendung von GPS, einer ML-Technologie und intelligenter Bilderkennung, Schlaglöcher auf Straßen, wodurch die Wartung vorausschauend getätigt werden kann.[61] Ferner können innovative Technologien als Indoor-Navigations-System dienen, um Service-Mitarbeiter automatisiert zu selbsterkannten Reparaturbedarfen zu führen.[62] Laut Schulz-Wulkow und Kremer ist durch die Vernetzung und Kombination verschiedenster Technologien sowie moderner KI-Anwendungen die Entstehung eines automatisierten Gebäude-TÜVs möglich. Letztlich können hierdurch zu jedem Zeitpunkt im Lebenszyklus einer Immobilie ohne manuellen Prüfaufwand validierte Informationen über den Wartungszustand der TGA bereitgestellt werden.[63] Nach Auffassung der Autorin sind zahlreiche, weitere Zukunftsszenarien möglich, wie beispielsweise die Anwendung von KI zur Echtzeitanalyse sowie Prognose von Lebenszykluskosten samt Ableitung von Handlungsalternativen. So könnten ML- und DL-Algorithmen den Bewirtschaftungsstatus sowie zu erwartende Aufwendungen auf der Basis eines automatisierten Reportings kaufmännischer und technischer Zahlen sowie sonstiger Daten und Fakten verarbeiten.

---

57 Vgl. Bendel, O., 2019, S. 187.

58 Vgl. Bordscheck, B. und N. Meyer, 2018, S. 194.; vgl. Schmale, O., 2019, S. 11; vgl. Pilling, A., 2017, S. 212–213.

59 Vgl. Radecke, H.-D., 2018b.

60 Vgl. Bobka, G., 2019b, S. 4.

61 Vgl. Branson, A., 2019, S. 14–15.

62 Vgl. Szeidl, S., 2019, S. 9.

63 Vgl. Schulz-Wulkow, C. und G. Kremer, 2018, S. 8.

Zum Betreiben von Immobilien verknüpft ECE Projekt Management indes Regel-werksänderungen, Wartungs- und Prüfdokumentationen und die revisionssichere Datenspeicherung mittels einer intelligenten Blockchain. Laut ZIA wurde erstmals durch ECE eine manipulationssichere Dokumentation erbrachter Leistungen und der Einsatz von Smart Contracts zur optimierten Auftragsvergabe umgesetzt.[64] Somit lassen sich intelligente Smart Contracts, ergänzt um eine KI, zum kaufmännischen, technischen und infrastrukturellen Betreiben und Verwalten entlang der Nutzungsphase implementieren. Auf Grundlage des erfassten Zustands der Immobilie könnte die kaufmännische Abwicklung von Aufträgen sowie sonstigen Bestellungen und Lieferungen in Zukunft seitens einer KI mehr und mehr autonom durchgeführt werden.

Rund um das für eine nachhaltige Bewirtschaftung und Verwaltung bedeutende Daten- und Dokumentenmanagement werden sich weitere, verschiedene KI-Lösungen, wie z. B. in Form von intelligenten Plattformen „as-a-Service", etablieren. So hat CBRE eine KI-gestützte Plattform namens Aspire als ßelf-service portalëntwickelt, die es Kunden ermöglicht, u. a. in Echtzeit Informationen über das Property- und Facility-Management sowie Finanz- und Einzelhandelsanalysen sowie Nachhaltigkeitsthemen abzufragen.[65] Laut Grassau dienen gemeinsame Plattformen sämtlichen Parteien – vom Finanzierer über den Asset-Manager bis hin zum Betreiber. Informationen lassen sich auf einem zentralen Datenpool bündeln und zum Benchmarking oder der Big-Data-Analyse nutzen.[66] Diese digitalen Service- und Kommunikations-Plattformen bringen somit die verschiedenen Akteure rund um Immobilien zusammen. Es ist zu erwarten, dass sich die Kommunikationsprozesse rund um das Immobilienmanagement disruptiv wandeln – entlang der Nutzungsphase bis hin zum Übergang in die Verwertungsphase.

9.1.4 Verwertungsphase

Die entlang der Projektentwicklungs- und Nutzungsphase aufgeführten, wesentlichen Einsatzmöglichkeiten und Anwendungsfälle Künstlicher Intelligenz bieten ebenfalls eine Grundlage, um zu prognostizieren wann eine Immobilie technisch oder wirtschaftlich nicht mehr leistungsfähig ist. Gründe hierfür könnten sein, dass das Gebäude das Ende der technischen Lebensdauer erreicht oder sich der Bedarf des Eigentümers und ggf. des zunehmend digital-orientierten Nutzers verändert hat. Es erfolgt der Übergang von der Nutzungs- in die Verwertungsphase. Künftig wird dieser Vorgang vermehrt vom Zustand der TGA abhängen, denn der digitale Veränderungsprozess kann dazu beitragen, dass sich die wirtschaftliche und technische

---

64 Vgl. ZIA Zentraler Immobilien Ausschuss e. V., 2019, S. 25.
65 Vgl. Eickermann-Riepe, S., D. Schadbach, F. Huber und K. Götzen, 2019, S. 12.
66 Vgl. Bobka, G., 2019a.

Lebensdauer und somit die durchschnittliche Nutzungsdauer von Gebäuden verringern. Auch die Geschwindigkeit der technologischen Entwicklungen in und rund um Immobilien könnte die Ersatzteilbeschaffung in Zukunft erschweren. Im Wesentlichen gibt es drei Möglichkeiten bezüglich des Umgangs mit der Immobilie: 1.) Sanierung, 2.) Umnutzung oder 3.) Abriss. Handlungsoptionen könnten seitens einer KI unter Berücksichtigung von Markt und Standort, monetären Aspekten sowie immobilienübergreifenden Zusammenhängen untersucht und bewertet werden. Bezugnehmend zu den Einsatzmöglichkeiten von KI-Lösungen zu Beginn der Projektentwicklungsphase, könnten intelligente Algorithmen darüber hinaus Verwertungs- bzw. Revitalisierungsideen verschiedener Sanierungstiefen und Umnutzungsszenarien ermitteln und beurteilen. Letztlich könnten intelligente Smart Buildings Potenziale für künftige Entwicklungen selbstständig aufzeigen.[67] Aus institutioneller Perspektive lassen sich hierdurch (teil-)automatisierte Verwertungsentscheidungen treffen. Hiermit schließt der Kreis des Immobilien-Lebenszyklus, eine erneute Projektentwicklungsphase setzt u. U. ein. Entscheidet sich der Eigentümer für einen Verkauf, öffnet sich der Kreis des Immobilien-Investmentzyklus.

9.2 KI entlang des Immobilien-Investmentzyklus

9.2.1 Immobilien-Investmentzyklus im Überblick

Immobilien können zu jederzeit des Immobilien-Lebenszyklus als Kapitalanlage in Form von unbebauten und bebauten Grundstücken in Form von Einzelobjekten bis hin zu ganzen Immobilien-Portfolios dienen. Der Investmentzyklus lässt sich grob in die Ankaufsphase, Halte- und Verkaufsphase unterteilen. Einen Überblick über die wesentlichen Wertschöpfungsstufen und -prozesse gibt die Tabelle 9.2.

Tab. 9.2: Immobilien-Investmentzyklus im Überblick, Quelle: In ferner Anlehnung an: vgl. Hoerr, P., 2017, S. 639, Abbildung 2.

Immobilien-Investmentzyklus		
Ankaufsphase	**Haltephase**	**Verkaufsphase**
Transaktions-/ Ankaufsmanagement (Ankaufsstrategien und Übertrag Eigentum)	Finanzierung Asset-Management (Strategische Bewirtschaftung und Verwaltung auf Objektebene) Portfolio-Management (Portfoliostrategie zur Risiko-Rendite-Optimierung und Risikomanagement)	Transaktions-/ Verkaufsmanagement (Verkaufsstrategien, Vermittlung und Übertrag Eigentum)

---

67 Vgl. Rodeck, M. und E. Ubels, 2018, S. 119.

Der Ankauf von Immobilien ist, mit Bezug auf die Praxiserfahrung der Autorin, möglichst mittels eines strukturierten Transaktions- bzw. Ankaufsmanagement abzuwickeln. In der Praxis werden hierzu neben Asset- und Portfolio-Managern oftmals Makler und Transaktionsmanager als Intermediäre involviert. Teil der Ankaufsphase sind neben einer fortlaufenden Marktbeobachtung, die Marktansprache sowie der Erhalt und die Prüfung von Immobilienangeboten mittels Markt- und Standortanalysen, Due Diligence (DD) sowie monetäre Bewertungen. Nach erfolgreichem Abschluss der Vertragsverhandlungen erfolgt der Ankauf mit Übertrag des Eigentums von Einzelobjekten bis hin zu ganzen Portfolios. Verschiedene Investment- bzw. Anlagestrategien und -instrumente mit unterschiedlichen Rendite-Risiko-Profilen institutioneller Investoren kommen hierbei zu tragen. Mit dem Übergang von der Ankaufs- in die Haltephase geht die Frage der bestmöglichen Finanzierung einher, die eng verzahnt mit dem Investment in Immobilien ist. Zudem kann die Finanzierung als eigene Querschnittsfunktion zum Lebenszyklus von Immobilien betrachtet werden, sodass die meisten Komponenten der Wertschöpfung in der Immobilienwirtschaft betroffen sind.[68] Insbesondere die Finanzierungsstrukturen von gewerblichen Immobilien-Investments weisen meist eine besondere Komplexität mit hohem Individualisierungsgrad auf.[69]

Während der Haltephase spielt das strategische Asset- und Portfolio-Management als Teil des Immobilienmanagements, inklusive sämtlicher wertbeeinflussender Maßnahmen, eine maßgebliche Rolle. Im engeren Sinne umfasst das Asset-Management die Auswahl, Steuerung und Kontrolle von Dienstleistern und die Immobilienentwicklung. Werden Einzelobjekte bzw. Immobilien als Vermögensgegenstände gebündelt, so wird dies als Immobilienportfolio bezeichnet. Das Portfolio-Management schließt die strategische Risiko-Rendite-Optimierung von Immobilienbeständen auf Portfolioebene sowie ein laufendes Risikomanagement ein.[70] Neigt sich der Investmentzyklus von Immobilien dem Ende zu, steht die Wertschöpfungen durch Verkauf im Fokus. Im Allgemeinen sind sowohl der Zeitpunkt eines Verkaufs, als auch die verschiedenen Exit-Strategien aus institutioneller Perspektive laufend zu überwachen und zu beurteilen.[71]

9.2.2 Ankaufsphase

Im Rahmen der Ankaufsphase kann KI angewendet werden, um basierend auf den individuellen Anlagestrategien und Immobilienanforderungsprofilen der Unternehmen das Marktgeschehen der Immobilien-Investmentmärkte zu beobachten, zu analysie-

---

68 Vgl. Kebbel, G., P. Kaiser und R. Wassmer, 2018, S. 131.
69 Vgl. ebd., S. 135.
70 Vgl. Hoerr, P., 2017, S. 637, Abbildung 1.
71 Vgl. ebd., S. 639, Abbildung 2.

ren, zu bewerten und zu prognostizieren. Wie bereits erläutert, können hierzu ML- und DL-Lösungen dienlich sein, die immobilien- sowie gesamtwirtschaftliche Entwicklungen unter Berücksichtigung verschiedener Marktzyklen unterschiedlicher Branchen sowie geopolitische Risiken und ihre Auswirkungen auf die Finanzmärkte beurteilen. Das Schweizer Unternehmen Sentifi entwickelt beispielsweise eine KI, die darauf spezialisiert ist, unstrukturierte Daten mit Bezug zum Finanzmarkt zu analysieren und Zusammenhänge abzuleiten. Nutzer von Sentifi erfahren, welche Entwicklungen auf relevanten Märkten zu verzeichnen sind und wie es um die Märkte steht, in die investiert wurden. Zudem dient die intelligente Software der Einschätzung der Performance und künftigen Entwicklung des eigenen Unternehmens.[72] Marktentwicklungen und Trends können durch die Zeitreihen und die Aufbereitung als Charts digital visualisiert werden.[73] In Zukunft wird dieser Vorgang ggf. mithilfe von intelligenten Algorithmen automatisiert und optimiert werden. Ferner hat das PropTech PriceHubble eine ML-basierte KI-Lösung entwickelt, die große strukturierte und unstrukturierte Datenmengen, wie etwa immobilienmarktspezifische und soziodemografische Kennzahlen, verarbeitet, auswertet und visuell aufbereitet.[74]

Die Ansprache von relevanten Stakeholdern könnte durch KI-basierte CRM-Anwendungen getätigt werden. Darüber hinaus wird es als denkbar erachtet, dass lernende Systeme Immobilienangebote entsprechend des unternehmerischen Anforderungs-/Ankaufsprofils einholen. Transaktions- und datenzentrierte Plattformen in Form von AI PaaS könnten hierbei als Grundlage dienen. Sobald ein Objekt digital erfasst und auf einer Plattform online veröffentlicht wurde, könnten Unternehmen ihr Ankaufsinteresse bekunden und Zugang zum Immobilienangebot und/oder zu Teilen des Objektdatensatzes bzw. zum digitalen Gebäudezwilling erhalten.

Ein nicht zu vernachlässigender Aspekt während der Ankaufsphase ist die Betreuung von An- und Verkäufern, als sensibler Bereich des täglichen Geschäfts rund um Immobilieninvestments. Dieser erfordert soziale Kompetenz und Kommunikationsfähigkeit, Bestimmtheit und oftmals Geduld.[75] In diesem Kontext ist der Einsatz von Robotik und Emotion AI interessant. NLP- und ML-basierte Chatbots sowie sonstige, digitale KI-Assistenten werden künftig auch den Dialog zwischen Interessenten bzw. Käufer und Verkäufer und Makler wandeln. Analog der zahlreichen Anwendungsmöglichkeiten, die bereits untersucht wurden, wird geschlussfolgert, dass insbesondere die Kommunikation rund um Immobilien-Assets in Zukunft vermehrt über intelligente Plattformen und AI-Software Agents erfolgen wird. Diese Technologien können zudem der Organisation und Abwicklung von Besichtigungs-

---

72 Vgl. KPMG AG (Hrsg.), 2018, S. 29.
73 Vgl. Bordscheck, B. und N. Meyer, 2018, S. 198.
74 Vgl. ZIA Zentraler Immobilien Ausschuss e. V., 2019, S. 28.
75 Vgl. Moring, A., L. Maiwald und T. Kewitz, 2018, S. 80.

services dienen.[76] Moring, Maiwald und Kewitz sehen vielfältige Einsatzmöglichkeiten von Chatbots. Sie erachten es als zukünftig vorstellbar, dass die Bewertung von eingehenden Angeboten von einem DL-Algorithmus übernommen werden könnte. Ein Chatbot spricht im Anschluss eine fachliche Einschätzung und Empfehlung aus.[77]

Bestandsaufnahmen als Teil der Due Diligence werden digitaler und durch die zahlreichen Einsatzmöglichkeiten intelligenter Systeme immer ortsunabhängiger und automatisierter abwickelbar. Denn auch im Rahmen des Ankaufs von Immobilien-Assets könnten intelligente Software Agents in Kombination mit BIM, VR und AR dazu beitragen, Grundrisse zu begehbaren Gebäuden mit zusätzlichen, automatisierten Informationsflüssen in Form von Texten, Grafiken, Animationen, Videos sowie statischen oder bewegten 3D-Objekten zu verwandeln. Darüber hinaus lassen bereits die ersten großen Asset-Management-Gesellschaften die Zielobjekte für Ankaufseinschätzungen mit Daten sammelnden Drohnen überfliegen. Ein Algorithmus klassifiziert die erhobenen Daten anschließend.[78] Vorstellbar ist die Verknüpfung dieses Vorgangs mit einer Künstlichen Intelligenz. Durch die Idee des IoTs und Gebäude, die zunehmend mit Sensorik und Edge AI ausgestattet sind, könnte auf Knopfdruck der KFZ-Brief bzw. Gebäude-TÜV zur Ankaufsprüfung zur Verfügung gestellt werden. Der physische Zustand von Immobilien kann mittels KI somit künftig mehr und mehr in Form eines transparenten, digitalen Gebäudezwillings in Echtzeit erhoben werden.

Auch das Daten- und Dokumentenmanagement spielt im Rahmen der Bestandsaufnahme der Ankaufsprüfung eine wesentliche Rolle. Datenraumanbieter machen sich zunehmend KI zu nutzen, um weitere Automatisierungen von Prüfvorgängen zu offerieren. Eine KI-gestützte Dokumentenprüfung nach dem heutigen Stand der Technik wird wie folgt abgewickelt:[79] Die Software sammelt zunächst alle relevanten Daten eines einzelnen Immobilienobjekts oder ganzer Portfolios, strukturiert, ordnet und analysiert diese zielgerichtet unter Prüfung von Rahmenbedingungen, sodass die für den Ankauf entscheidenden Zusammenhänge erarbeitet werden. Wie bereits aufgeführt, gibt es bereits KI-Lösungen, wie die von Leverton, die beispielsweise die extrahierten Informationen gescannter Mietverträge mit direkter Verlinkung in den dazugehörigen Vertrag in vielen verschiedenen Sprachen zur Verfügung stellen.[80] Neben dem automatisierten Erkennen und Klassifizieren von Dokumenten mittels KI, lässt sich auch ein Fehlstellen- bzw. Vollständigkeitsreport erstellen. Beispielsweise verspricht ein intelligenter Algorithmus von Architrave, kombiniert mit einem Transaktionsda-

---

76 Vgl. ebd., S. 117–118.
77 Vgl. ebd., S. 113.
78 Vgl. Adam, B., 2018, S. 182.
79 Vgl. Radecke, H.-D., 2018a.
80 Vgl. Güttler, M., 2018, S. 240.

tenraum, das schnelle und zuverlässige Erkennen von Lücken.[81] Die von Drooms entwickelte Software „Blockchain Secured Data Room" kann zudem Chancen und Risiken eines Deals mit finanzieller Einschätzung des Wertes liefern.[82] Die Anwendungsmöglichkeiten von KI erstrecken sich somit ferner auf das wichtiger werdende Risikomanagement von komplexen Immobilien-Investments.

„Mit unseren stets aktuellen Daten können wir Objekt- und Lageangaben liefern, die up to date sind, wie z. B. den Wert einer Immobilie, (...)", so Markus Stadler, CEO von PriceHubble.[83] Zu den Anwendungsgebieten Künstlicher Intelligenz zählt demnach auch die Bewertung einer Immobilie, mit dem Versprechen des PropTechs, dies nahezu in Echtzeit abwickeln zu können.[84] Des Weiteren könnten tiefe neuronale Netzwerke Zusammenhänge und Muster erkennen, die zwischen den wertrelevanten Charakteristika der Immobilien und deren Preisen bestehen. Hierbei wird beispielsweise auf komplexe Lagewertunterschiede, nicht-lineare Effekte und Wechselwirkungen zwischen einzelnen Merkmalen zurückgegriffen, sodass das System ferner aus Veränderungen lernt.[85] All diese Aspekte werden die Immobilienbewertung digital transformieren und automatisieren. ML-Algorithmen können seitens der Unternehmen dazu angewendet werden, die marktübliche Ermittlung von Preisen rund um Immobilien im Vergleich zu Comparables zu präzisieren. Zudem können Angaben zum örtlichen Umfeld in Form des Einflusses von Objekt- und Umgebungsvariablen sowie deren komplexe Wirkung auf die Mieten berücksichtigt werden.[86] Intelligente Algorithmen können demnach theoretisch berechnen, zu welcher Miete oder zu welchem Preis ein Objekt künftig am Markt anzubieten ist. Nicht nur Datenraumanbieter vermarkten online Bewertungen mittels KI, sondern auch Plattformen wie z. B. Immobilienscout24 und Immowelt.[87] Auch das Berliner PropTech 21st Real Estate hat eine Plattform als digitalen Marktplatz entwickelt, der ein Ankaufssystem mit automatisierter Berechnung, KI- und Smart-Data-basierten Entscheidungsvorlagen sowie ein „Real Estate Online Trading Terminal" offeriert. Nach Angaben von 21st können für jede Adresse in Deutschland Informationen zu Mikro- und Makrolage, zu Kauf- und Mietpreisen und zu dem geltenden Mietspiegel zur Verfügung gestellt werden. Darauf aufbauend werden automatische Cashflow-Prognosen und Investitionsbewertungen erstellt.[88] Basierend auf den KI-Anwendungsmöglichkeiten im Rahmen des Mietermanagements und der Idee neuronaler Netzwerke, ist es darüber hinaus vorstellbar, dass eine Künstliche Intelligenz Vorhersagen über Mieterverhal-

---

81 Vgl. Architrave, 2019.
82 Vgl. Seifert, J., 2019. Nach Wissen der Autorin ist dieser Datenraum ebenfalls mittels KI unterstützt.
83 Vgl. Bobka, G., 2019b, S. 6.
84 Vgl. ZIA Zentraler Immobilien Ausschuss e. V., 2019, S. 28.
85 Vgl. Bobka, G., 2019b, S. 6.
86 Vgl. ebd., S. 5–6.
87 Vgl. Moring, A., L. Maiwald und T. Kewitz, 2018, S. 117.
88 Vgl. Bobka, G., 2019b, S. 5.

ten, -strukturen und -bonitäten eruieren kann, um diese ebenfalls für Wertprognosen zu verarbeiten. Denn schon heute dienen KI-Algorithmen nicht nur der Immobilienbewertung zum Status Quo, sondern auch dem Vorhersagen von künftiger Wertentwicklung.[89]

"Beim Erstellen von Gutachten entfällt ein großer Teil der Arbeitszeit auf repetitive Auswertungen von Standortmerkmalen und Kennzahlen. Diese Routinearbeiten können von der KI erfüllt werden. 21st Real Estate will nicht im Sinne der Disruption den Gutachter überflüssig machen, vielmehr soll ihr Angebot als Ergänzung und Unterstützung verstanden werden. Gutachter werden von repetitiven Aufgaben entbunden, sodass eine deutliche Zeitersparnis ermöglicht wird. Die persönliche Besichtigung durch einen Gutachter ist laut 21st zwingend notwendig, um für Wertgutachten den Gebäudezustand sowie Umwelteinflüsse bewerten und die Vorschläge der KI prüfen zu können.[90] Allerdings werden große Deckungsgleichheiten mit den Einschätzungen unabhängiger Gutachter versprochen.[91] Auch kann KI durch das Auswerten einer Fülle an Daten Investmentmanagern bei der Entscheidung helfen, welche Immobilie in welchen Fonds passt.[92]

Neben intelligenten Software Agents können des Weiteren intelligente Smart Contracts das Management von Kaufvertragsverhandlungen und Kaufverträgen verändern. Wie bereits erläutert, dient die digitale Automatisierung des Vertragswesens mittels einer KI auch dazu, Verträge in verschiedenen Sprachen in Echtzeit zur Verfügung stellen zu können. Die Abwicklung vertraglicher Leistungen kann unter Einsatz von Smart Contracts automatisch, je nach Eintritt von Vertragsbedingungen, Zug-um-Zug ausgelöst und überwacht werden. Ob der Eigentumsübertragungsprozess künftig mittels Blockchain-Technologie ohne Hinzuziehen eines Notars und des Grundbuchamts in wenigen Sekunden möglich ist,[93] bleibt insbesondere hinsichtlich der deutschen Gesetzgebung offen. Die Nutzungsrechte an komplexen Datenräumen können allerdings schon heute durch die Beteiligten auf Knopfdruck geändert werden.[94] Intelligente Smart Contracts und weitere KI-Anwendungen werden zu deutlichen Automatisierungen dieser Wertschöpfungsstufen und -prozesse führen. So könnte eine KI mit Übergang von Besitz, Nutzen und Lasten an Immobilien sowohl den vertraglichen, als auch den technischen Soll-Ist-Abgleich übernehmen. Mit Übertrag des Eigentums werden Kaufpreiszahlungen der Immobilie fällig. Wie das nachfolgende Kapitel zeigt, transformiert sich ebenfalls die in diesem Kontext üblicherweise notwendige Immobilienfinanzierung.

89 Vgl. Hunziker, C., 2018.
90 Bobka, G., 2019b, S. 5–6.
91 Vgl. ebd., S. 5.
92 Vgl. Hunziker, C., 2018.
93 Vgl. Moring, A., L. Maiwald und T. Kewitz, 2018, S. 145.
94 Vgl. Bobka, G., 2019a.

9.2.3 Haltephase

9.2.3.1 Immobilienfinanzierung

Neue Wettbewerber, sog. FinTech-Unternehmen, verändern den Finanzierungsmarkt disruptiv, indem sie technologische Neuerungen und digitale Services offerieren.[95] Der Begriff FinTech steht für Financial Technology und meint Unternehmen sowie Anwendungen, die auf digitalen Finanztechnologien und Dienstleistungsangeboten basieren. Mittels digitaler Organisations- und schlanker Kostenstruktur werben FinTech-Unternehmen herkömmliche Bankkunden ab.[96] Folglich wandeln sich auch die klassischen Finanzierungsmodelle rund um Immobilien, gar bis zur vollständigen Substitution durch innovative Instrumente. Digitale Plattformen sind hierbei ein zentrales Element.[97] Sie bündeln beispielsweise Systeme und Datenbestände, um die bislang dezentrale Arbeit einer Vielzahl an involvierten Parteien einer Immobilienfinanzierung abzulösen.[98] Angeboten werden alternative Immobilienfinanzierungen, wie beispielsweise das Crowdfunding.

Aufbauend auf der Digitalisierung der Immobilienfinanzierung, testen Kreditgeber bereits den Einsatz von KI in KYC-Prozessen, bei denen die Identität und Zuverlässigkeit von potenziellen Kreditnehmern überprüft wird. KI-Algorithmen scannen Kundenunterlagen, vergleichen sie mit Informationen aus dem Internet und erkennen Widersprüche sowie Betrugsfälle. Im Anschluss führen Mitarbeiter eine detailliertere KYC-Prüfung durch.[99] Die Einsatzmöglichkeiten intelligenter Algorithmen erstrecken sich zudem auf KI-basierte Software Agents wie Chatbots oder Robo-Advisors, die selbstständig Daten durchsuchen und Muster erkennen, um bei der Begründung von Finanzentscheidungen zu unterstützen.[100] Hieraus lässt sich ableiten, dass der Einsatz von KI-Anwendungen zur Kapitalvermittlung künftig nicht nur die Kreditvergabe von innovativen, sondern auch von klassischen Kapitalgebern und -nehmern verändert. Intelligente Plattformen und ML- sowie DL-Algorithmen könnten aus Sicht der Autorin der Entwicklung innovativer Finanzierungsstrukturen, dem Angebot neuer Finanzierungsmodelle bzw. -instrumente sowie der Finanzierungen per Mausklick über eine Blockchain dienen. Erkennen lernende Systeme im Anschluss Betrugsfälle oder sonstige Risiken in Echtzeit, so werden Kapitaltransaktionen automatisch durch die KI blockiert.[101] Die Auszahlung des Kapitals sowie das Management sonstiger vertraglicher Immobilienfinanzierungsaspekte wird in Zukunft (teil-)automatisiert mithilfe von intelligenten Smart Contracts abgewickelt werden.

---

95 Vgl. Braune, A. und C. Landau, 2017, S. 496.
96 Vgl. ebd., S. 504.
97 Vgl. ebd., S. 515.
98 Vgl. Kebbel, G., P. Kaiser und R. Wassmer, 2018, S. 132–133.
99 Vgl. Kaya, O., 2019, S. 6.
100 Vgl. ebd.
101 Vgl. ebd.

9.2.3.2 Asset- und Portfolio-Management

Durch die Digitalisierung stehen Asset- und Portfolio-Managern vielfältige Anwendungsbereiche von IT-Systemen bzw. Softwareapplikationen zur Verfügung.[102] Hierauf aufbauend können verschiedene Formen bzw. Ausprägungen Künstlicher Intelligenz beim strategischen Immobilienmanagement von Einzelobjekten bis hin zu großen Immobilienbeständen zum Einsatz kommen. Beginnend mit dem Ankauf und der Übernahme von Immobilien in die Haltephase sind detaillierte Objektaufnahmen vorzunehmen,[103] bei welchen intelligente Systeme unterstützen können. Somit etabliert sich die Nutzung KI-basierter Plattformen als zentraler Datenpool bzw. AI PaaS, um innovative Prozesse im Rahmen des Dokumenten- und Datenmanagements von Bestandsaufnahmen und -analysen zu ermöglichen.

Ein durchschnittlicher Asset-Manager bearbeitet pro Tag teilweise mehr als 100 Dokumente, die heutzutage mittels KI-gestützter Dokumentenmanagementsysteme, beispielsweise aus dem Bereich RPA, gelesen, kategorisiert und digital abgelegt werden können. Darüber hinaus werden wichtige Daten aus Dokumenten extrahiert, um diese im Anschluss weiter verarbeiten zu können.[104] Beispielsweise digitalisiert Patrizia Immobilien mithilfe der intelligenten Plattform Evana ihr globales Immobilienportfolio mit einem Gesamtwert von rund 40 Milliarden Euro.[105] Intelligente Technologien versprechen zudem vollautomatische Portfolioanalysen zur Erstindikation und Erstellung einer Übersicht in wenigen Minuten.[106] Bei Bedarf können maschinelle Verträge rund um den Immobilienbestand mittels KI in eine Vielzahl verschiedener Sprachen in Echtzeit übersetzt werden. Zudem kann KI der Personalisierung und Flexibilisierung von Kunden- und Mietverträgen sowie der Abwicklung des Vertragsmanagements dienen.[107] Des Weiteren dient AI PaaS möglicherweise während der Haltephase als Schnittstelle zwischen Asset- und Portfolio-Managern, Facility- und Property-Managern, Maklern, Architekten und Ingenieuren sowie sonstigen Dienstleistern. Ergänzt um NLP-Technologien, wie intelligente Chatbots, sind weitere digitale Transformationen und Automatisierungen, wie beispielsweise der Kommunikation der Beteiligten, zu erwarten.

Die tatsächliche Nutzung sowie der technische Zustand von Immobilien kann auch im Kontext des Haltens von Investments mittels Tracking of Everything, basierend auf digitaler Gebäudeinfrastrukturen sowie Sensorik und Edge AI, offengelegt werden. Darüber hinaus könnten intelligente Algorithmen im Sinne des Asset- und Portfolio-Managements die Bonität, das Nutzer-/Mieterverhalten, Mietvertragslaufzeiten und Kündigungswahrscheinlichkeiten auf Basis des Zahlungsverhaltens von

---

102 Vgl. Zeitner, R. und M. Peyinghaus, 2016, S. 2.
103 Vgl. Hoerr, P., 2017, S. 637.
104 Vgl. Bobka, G., 2019a; vgl. Seifert, J., 2019.
105 Vgl. Seifert, J., 2019.
106 Vgl. Wendland, N., 2019, S. 316.
107 Vgl. PricewaterhouseCoopers GmbH, 2018.; vgl. Just, T. und F. Matzen, 2018, S. 48.

Mietern automatisiert ermitteln und in Form von Nutzerprofilen verarbeiten. Auch ist es naheliegend, dass Künstliche Intelligenz der Einschätzung immobilien- und gesamtwirtschaftlicher Entwicklungen nützt und das zukünftige Verhalten der Marktteilnehmer prognostiziert. Im Kontext der Anlagestrategien der Investoren lassen sich somit KI-basiert wichtige Erkenntnisse und komplexe Zusammenhänge sowie Prognosen ableiten. Um die künftige Nutz- und Verwertbarkeit von Immobilien vorherzusagen, könnte eine KI mithilfe von Predictive Analytics selbstständig Kriterien und Gewichtungen erstellen.[108]

Somit kann aus institutioneller, strategischer Perspektive KI, beispielsweise in Form eines DL-Algorithmus, der Erstellung und Überwachung von Rendite-Risiko-Profilen im Rahmen der Anlagestrategien dienen. Ferner erachtet es die Autorin als vorstellbar, dass KI zur Ableitung von Normstrategien, beispielsweise auf Basis von intelligenten Algorithmen gestützten Scoring-Modellen und Portfolio-Matrizes, Anwendung findet. Darüber hinaus wird KI das Risikomanagement auf strategischer Portfolioebene wandeln. Da das Ausmaß und die Komplexität der Liquiditäts-, Bonitäts-, Markt- sowie Rechtsrisiken, aber auch Reputations- und geopolitische Risiken steigt, erhöhen sich die Anforderungen an die Granularität des Risikomanagements.[109] Dies lässt sich wiederum auf das Portfoliomanagement übertragen. Mittels überwachtem und unüberwachtem Lernen können intelligente ML- und DL-Algorithmen die Identifikation, Analyse, Bewertung und das Controlling von Immobilienrisiken unterstützen.

Laut Wendland ist zu erwarten, dass KI mittelfristig in der Lage ist, eigenständig Optimierungsvorschläge für die Strukturierung von Portfolios zu unterbreiten.[110] Durch das Zusammenführen von Nachfrageprognosen, Daten über Immobilienbestände und Bautätigkeiten können zudem Empfehlungen für Portfolioentscheidungen abgeleitet werden.[111] Es lässt sich schlussfolgern, dass KI theoretisch Handlungsbedarfe, -optionen sowie -empfehlungen über den weiteren Umgang mit Immobilien-Investments im Sinne der Anlagestrategie identifizieren kann. So ist es unter Umständen notwendig, eine Projektentwicklungs- oder Verwertungsphase einzuleiten. Auf strategischer Einzelobjektebene ist ggf. aus Renditegesichtspunkten über ein Refurbishment mit anschließender Repositionierung nachzudenken.[112]

Ein fernes Zukunftsszenario könnte darüber hinaus sein, dass ein selbstlernender Algorithmus nicht nur Immobilienbestände überwacht, sondern diese automatisiert anpasst und hierbei die Zielsetzung der qualitativen Portfoliotheorie berücksichtigt. Ein optimales Rendite-Risiko-Verhältnis, beispielsweise mittels Risikodiversifikation,

---

108 Vgl. Moring, A., L. Maiwald und T. Kewitz, 2018, S. 144.
109 Vgl. Brede, H., 2016, S. 127.
110 Vgl. Wendland, N., 2019, S. 316.
111 Vgl. Radecke, H.-D., 2018a.
112 Vgl. Phillips, M., J. Roberts und S. Watson, 2018, S. 14.

könnte durch eine KI generiert werden. KI analysiert die relevanten Rahmenparameter und leitet Optimierungspotenziale ab. Entspricht die Immobilie nicht mehr der Anlagestrategie des Investors, kommt eine Desinvestition in Frage: Es erfolgt der Übergang von der Haltephase in die Verkaufsphase.

9.2.4 Verkaufsphase

Schon heute gibt es KI-Anwendungen, wie beispielsweise Skyline AI, die versprechen mithilfe innovativer Analysemethoden zahlreiche Datenquellen und tausende von Asset-Attributen, wie z. B. Marktanomalien, Risiken und Erträgen, zusammenzuführen. Hierdurch soll bestimmt werden, welche Assets wann zu handeln sind.[113] KI kann somit auch genutzt werden, um den optimalen Verkaufszeitpunkt von Immobilien-Investments, beispielsweise auf Basis der oben beschriebenen Performance-Einschätzungen, zu ermitteln. Ob der Verkauf auf Einzelobjektebene oder in Form gebündelter Immobilienbestände zu bevorzugen ist, könnte ebenfalls von intelligenten Algorithmen analysiert und in Verkaufsstrategien mit konkreten Handlungsoptionen und -empfehlungen überführt werden. Auch die Marktansprache sowie das Management der Verkaufsaktivitäten kann analog der Ankaufsphase unter Einsatz von Künstlicher Intelligenz abgewickelt werden. Im Wesentlichen werden künftig transaktionszentrierte, intelligente Plattformen dazu beitragen, Verkaufsangebote und Nachfrage automatisiert digital zusammenzubringen. Analog der bereits betrachteten Phasen werden AI PaaS, AI-Chatbots sowie weitere KI-Lösungen die klassischen Interaktionen zwischen Verkäufer, Makler und Kaufinteressent stark wandeln. So könnten benötigte Unterlagen, verschiedene Fragestellungen, rechtliche Gegebenheiten und sonstige Sachverhalte sowie wiederkehrende Abläufe von einer Software, definiert auf Basis eines DL-Algorithmus, bewältigt werden.[114]

Intelligente Robotik sowie VR und AR, kombiniert mit digitalen Gebäudezwillingen, werden den Ablauf von Besichtigungen prägen und neue Services rund um den Verkauf mit sich führen. Im Zuge dessen könnte ferner Emotion AI zum Einsatz kommen, um beispielsweise die Absichten involvierter Parteien zu analysieren und zu deuten. Des Weiteren ist es naheliegend, dass KI nicht nur Nutzerprofile, sondern auch Käuferprofile automatisiert erstellt, die u. a. der Überprüfung der Bonität von Kaufinteressenten dient. Blockchain-Technologien sowie intelligente Smart Contracts werden den abschließenden Eigentumsübertragungsprozess analog der Ankaufsphase automatisieren. Ob das Hinzuziehen eines Notars und des Grundbuchamts künftig noch nötig ist, bleibt abzuwarten.

---

[113] Vgl. Branson, A., 2019, S. 12.
[114] Vgl. Moring, A., L. Maiwald und T. Kewitz, 2018, S. 111–112.

9.3 KI und Geschäftsmodelle und -prozesse

Entlang des Lebens- und Investmentzyklus von Immobilien zeichnen sich zahlreiche KI-getriebene Veränderungen ab, die grundlegende Auswirkungen auf die Geschäftsmodelle und -prozesse der Immobilienwirtschaft haben. Um aus institutioneller Perspektive diesen KI-getriebenen Wandel ableiten zu können, wird zunächst ein Überblick der wesentlichen KI-Einsatzmöglichkeiten und -Anwendungsfälle entlang der Zyklen gegeben.

9.3.1 KI entlang der Zyklen im Überblick

Hervorzuheben ist, dass auch in der Immobilienwirtschaft Insellösungen im Bereich kognitiver und sensomotorischer Intelligenz Einhalt finden, deren Anwendung üblicherweise auf einzelne Fachdisziplinen beschränkt sind. Zudem verschwimmen die Grenzen der verschiedenen Teildisziplinen und Technologien, sodass oftmals kaum verifiziert werden kann, welche spezifische KI-Formen hinter den aufgeführten Innovationen stecken. Dennoch kristallisiert sich heraus, dass die KI-geförderten Assimilationen sämtliche Phasen mit deutlichem Veränderungspotenzial betreffen. Auch Nagel und Müller sehen ein breites Anwendungsspektrum in der Branche, weshalb diese in den nächsten Jahren deutlich mehr mit schwacher KI in Berührung kommen wird, als es gegenwärtig der Fall ist.[115]

Im Wesentlichen lässt sich ableiten, dass sich das Daten- und Dokumentenmanagement entlang der gesamten Wertschöpfungsketten aufgrund von KI-basierter Big-Data-Verarbeitung, AI PaaS, Edge AI und NLP-gestützten Text- und Sprachanwendungen deutlich wandelt. Insbesondere im Mittelpunkt des Lebenszyklus von Immobilien steht zunehmend der Nutzer und seine Bedarfe, dessen Daten mithilfe von Edge AI erhoben sowie weiterverarbeitet werden können. KI wird mehr und mehr den Datensätzen der Immobilienwirtschaft eine Aussagekraft geben, indem Zusammenhänge und Prognosen abgeleitet werden. Eine wesentliche Veränderung von immobilienwirtschaftlichen Geschäftsmodellen und -prozessen wird somit die Kombination von Daten als monetarisiertes Gut mit ML und DL-Technologien sowie intelligenter werdenden Gebäuden verursachen. Jedoch ist anzumerken, dass sich in der Praxis die Vernetzung der Immobilien und ihren Nutzern sehr langsam vollzieht. Laut Dederichs ist allerdings mit einem Schneeball-Effekt zu rechnen.[116] Je mehr intelligente Maschinen die Datenverarbeitung übernehmen und je schlauer Immobilien

---

115 Vgl. ZIA Zentraler Immobilien Ausschuss e. V., 2019, S. 31.
116 Vgl. Pütz-Willems, M., 2019, S. 26.

werden, desto mehr tragen sie zum übergeordneten Tracking of Everything und dem IoT bei. In Kombination mit KI bedeutet dies für die Branche, dass neue Projekt- und Verwertungsideen durch Erkenntnisse und Prognosen in Bezug auf Markt und Standort, Mieter- und Nutzerbedarfe und -profile sowie ferner veränderte Anlagestrategien und -instrumente, Finanzierungsstrukturen und innovative Risikodiversifikationen entstehen. Da die Überführung analoger Dokumente in digitale Plattformen bisher als Herausforderung galt, wird besonders KI dazu beitragen, die Plattformisierung der Immobilienwirtschaft anzutreiben. Selbstlernende Plattformen bzw. mit digitalen Plattformen kombinierte intelligente Algorithmen greifen nicht nur datenzentrierte Funktionen zur Analyse, zum Erkennen von Zusammenhängen und zur Ableitung von Prognosen durch ML und DL auf. Sondern sie eignen sich ferner als digitale Marktplätze sowie als Fundament für innovatives Transaktionsmanagement, alternative Finanzierungsformen und zum Management digitaler Gebäudezwillinge von Einzelobjekten bis hin zu ganzen Portfolios. Insbesondere die Schaffung von digitalen Gebäudezwillingen, auf welche KI-Lösungen aufsetzen werden, wird zu einer nächsten Stufe der Digitalisierung der Immobilienwirtschaft führen. AI PaaS dient als Grundlage zahlreicher Services und Dienstleistungen rund um das Projektieren, Vermieten und Vermitteln, das Bewirtschaften und Verwalten sowie die Verwertung von Immobilien.

Des Weiteren werden intelligente Plattformen und Software Agents bzw. Chatbots eine deutliche Veränderung der Schnittstellen und Interaktionen zwischen Immobilien, ihren Nutzern, Unternehmen und sonstigen Share- und Stakeholdern mit sich bringen. Intelligente Smart Contracts werden das Vertragsmanagement individualisieren und flexibilisieren, sodass innovative Miet-, Finanzierungs- und Investmentmodelle entstehen. Darüber hinaus wird der Übertrag von Eigentum durch intelligente Algorithmen deutlich automatisiert werden.

Tabelle 9.3. gibt einen Überblick der bedeutendsten Einsatzmöglichkeiten und Anwendungsfälle schwacher KI in der Branche. Auf Basis dessen werden die oben beschriebenen Parallelen bzw. Kernthemen der zu erwartenden Veränderungen entlang des Lebens- und Investmentzyklus deutlich. Im weiteren Verlauf der Arbeit wird aus Zwecken der Komplexitätsreduktion Künstlicher Intelligenz in der Immobilienwirtschaft nicht mehr wesentlich zwischen den KI-Formen und -Anwendungen und Zyklen differenziert. Aufbauend auf den Erkenntnissen der KI-getriebenen Digitalisierung zeigt das nachfolgende Kapitel die wesentlichen Auswirkungen auf die immobilienwirtschaftlichen Geschäftsmodelle auf.

Tab. 9.3: KI entlang der Zyklen im Überblick, Quelle: eigene Darstellung

Künstliche Intelligenz in der Immobilienwirtschaft

	Immobilien-Lebenszyklus			Immobilien-Investmentzyklus		
Überblick	**Projektentwicklungs-phase**	**Nutzungsphase**	**Verwertungsphase**	**Ankaufsphase**	**Haltephase**	**Verkaufsphase**
Schwache KI						
Aktuelle Formen und Anwendungen	**Wesentliche Einsatzmöglichkeiten und Anwendungsfälle im Überblick**					
	Allgemeiner Hinweis: derzeit überwiegend kognitive + sensomotorische Insellösungen, verschwimmende Grenzen der verschiedenen Technologien durch Vernetzung bzw. Kombination					
Big Data: Analysen, Zusammenhänge + Prognosen	Daten- und Dokumentenmanagement, Markt + Standort, technische und wirtschaftliche Immobilienbewertung, Tracking of Everything					
	Projektideen Bauanträge Projektmonitoring	Mieter-/Nutzerbedarfe und -profile Preventive Smart FM	Verwertungsideen	Ankaufsprüfungen (DD) Anlagestrategien und -instrumente	Finanzierungsstrukturen Anlagestrategien Monitoring Risikodiversifikation	Performance Einzel- und Portfolioebene Verkaufsstrategien
Plattformen / AI PaaS	Digitale Marktplätze, Daten- und Dokumentenmanagement, digitale Gebäudezwillinge (u.a. auch digitale Begehungen mit VR + AR), Schnittstelle Unternehmen - Nutzer - Immobilie, sonstige vielfältige Services + Dienstleistungen				Alternative Finanzierungsformen	
	Planung (BIM)					
Sensorik / Edge AI	Smart Buildings mit digitaler Infrastruktur ggf. mit Brain					
	Tracking of Everything: Erhebung neuer Daten / Big Data mit Echtzeitreporting: Gebäudezustand, Smart Grid + Smart Metering, Belegungs-/Nutzeranalysen und -profile					
Smart Contracts		Flexible Mietmodelle		Übertrag Eigentum	Flexible Miet- und Finanzierungsmodelle	Übertrag Eigentum
				Vertragsmanagement		
Text + Sprache	Daten- und Dokumentenmanagement, Sprachübersetzungen in Echtzeit					
Software Agents + physische Roboter	Kommunikation / Interaktion: Intelligente Chatbots - Unternehmen - Nutzer - Immobilie in Echtzeit + sonstiges Share-/Stakeholder-Management ggf. unter Anwendung Emotion AI, Monitoring					
Physische Exoskelette						
	KI-getriebene digitale Transformation von Geschäftsmodellen und -prozessen als Folge Kritisch zu hinterfragen: Wo und wie macht KI aus institutioneller Perspektive Sinn?					

Zeilengruppierung (linke Randspalten): **ML, DL und NLP** · **Basis** — Digitalisierung inkl. Formen und Anwendungen: Digitale Daten, Vernetzung und Automatisierung

9.3.2 Geschäftsmodelle

Basierend auf den technischen Möglichkeiten und potenziellen Ansatzpunkten Künstlicher Intelligenz entlang der Zyklen ist aus institutioneller Perspektive kritisch zu hinterfragen, wo und wie KI sinnhaft in Geschäftsmodelle implementiert werden kann. Immobilienwirtschaftliche Unternehmen sollten in diesem Kontext ebenso ihre Visionen und Strategien in Frage stellen und hinsichtlich der zu erwartenden, aufgezeigten Veränderungen der Branche neu bewerten. Obwohl diese Fragen individuell zu beantworten sind, lässt sich grundsätzlich ableiten, dass KI zu einer Verstärkung der Digitalisierung bestehender Geschäftsmodelle führt. Laut einer ZIA-Umfrage befinden sich fast die Hälfte der befragten Unternehmen in der Entwicklungsphase und somit am Anfang der digitalen Transformation. KI wird diesen Vorgang dynamisieren.

Insbesondere die steigende Anzahl der branchenübergreifenden Unternehmen mit KI-Schwerpunkt sowie die Innovationen vieler Branchenneulinge werden mehr und mehr auf etablierte, immobilienwirtschaftliche Unternehmen abfärben. Denn sie setzen mit Geschäftsmodell-Innovationen, die teilweise vollständig autonom sind, Impulse zur Optimierung klassischer Geschäftsmodelle. Hierdurch nehmen die Kooperationen zwischen KI-PropTechs und Corporates der Immobilienbranche zu. Schon heute zeichnet sich ab, dass technikaffine Unternehmen mit kreativen Anwendungsideen als KI-Pioniere in der Immobilienwirtschaft voranschreiten. Hierdurch entstehen neue, vielfältige KI-getriebene Services und Dienstleistungen entlang des gesamten Lebens- und Investmentzyklus von Immobilien. Im Wesentlichen drehen sich diese innovativen Services und Dienstleistungen rund um die in Tabelle 9.3 aufgezeigten Einsatzmöglichkeiten und Anwendungsfälle Künstlicher Intelligenz.

Die Innovationsfähigkeiten und -aktivitäten der Unternehmen in der Branche werden je nach Veränderungsbereitschaft, Agilität und Kreativität zu veränderten Ausrichtungen unterschiedlicher Tiefe und Intensität von Value Proposition, dem Ertragsmodell sowie der Architektur der Wertschöpfung führen. Insbesondere die Möglichkeiten KI-gestützten Daten- und Dokumentenmanagements, das Erkennen neuer Zusammenhänge sowie die daten- und transaktionszentrierte Plattformisierung werden in diesem Kontext zu tiefgreifenden Veränderungen der klassischen Immobilienwirtschaft führen. Dederichs prognostiziert, dass sich Immobilieneigentümer künftig nicht mehr über die Vermietung von Flächen definieren, sondern zu Plattformbetreibern werden, die ihren Kunden spezifische Dienstleistungen anbieten.[117] Digitale Vernetzungen und KI-Innovationen werden dazu führen, dass sich Value Proposition und die Ertragsmodelle der heterogenen Branche künftig verstärkt durch Individualität und Flexibilität auszeichnen. Die Orte und Gesetzmäßigkeiten der Architektur der Wertschöpfung werden durch intelligente Maschinen zunehmend aufgebrochen.

---

117 Vgl. Hunziker, C., 2018.

Je tiefgreifender eine Neuausrichtung und Digitalisierung von klassischen Geschäftsmodellen intendiert wird, desto mehr könnte es dienlich sein eine unternehmerische Digitalisierungs- und KI-Strategie aufzusetzen. Hierbei ist seitens der immobilienwirtschaftlichen Akteure zu beleuchten, welche digitalen Infrastrukturen bereits vorhanden sind, auf die die KI-Anwendungen aufsetzen könnten und welche grundlegenden Systemanforderungen bestehen. Ferner ist zu berücksichtigen, dass die KI-basierten Anwendungen flexibel genug sein sollten, um auch in Zukunft mit der rasanten technologischen Entwicklung nach dem Mooreschen Gesetz mithalten zu können.

9.3.3 Geschäftsprozesse

Die Digitalisierung der Immobilienwirtschaft führt im ersten Schritt zu einer sukzessiven digitalen Transformation von Teilen der Prozesslandschaften der Unternehmen. Insbesondere das KI-gestützte Daten- und Dokumentenmanagement sowie die aufgezeigten Einsatzmöglichkeiten sowie Geschäftsmodell-Innovationen werden der Bewältigung der Big-Data-Hemmnisse dienen. KI hat als Querschnitts- bzw. Allzwecktechnologie die nächste Stufe der Digitalisierung immobilienwirtschaftlicher Geschäftsprozesse eingeleitet. Dennoch ist auch diesbezüglich aus unternehmerischem Blickwinkel kritisch zu hinterfragen, wo und wie KI sinnhaft in bestehende Geschäftsprozesse eingesetzt werden kann.

Auch in der Immobilienwirtschaft wird KI in der Regel parallel zu den Mitarbeitern genutzt. „The good news is that AI is actually at its most effective when it's working alongside humans instead of replacing them, and the most successful real estate companies are likely to be the ones that accept this.", so James Paine, Gründer der US investment firm West Realty Advisors.[118] Trotz zunehmender Vernetzung von insbesondere kognitiv und sensomotorisch intelligenter Technologien ist vorerst zu erwarten, dass Menschen weiterhin den Rahmen klassischer immobilienwirtschaftlicher Geschäftsprozesse bilden. Denn der aktuelle Forschungs- und Entwicklungsstand bedingt, dass zwar KI-Lösungen theoretisch in sämtlichen Bereichen entlang der Wertschöpfungsstufen des Lebens- und Investmentzyklus von Immobilien eingesetzt werden können, sich deren Anwendung allerdings weitgehend auf Routinearbeiten bzw. Prozesse mit hohem Standardisierungsgrad beschränken. Zu betonen ist, dass schwache KI den Menschen bei der Lösung einzelner, konkret abgegrenzter Anwendungsprobleme bzw. Aufgabenstellungen eines bestimmten Gebiets unterstützen kann.

Im Wesentlichen wird sich der manuelle Aufwand durch die KI-getriebene Digitalisierung für die Branchenakteure reduzieren. KI-Technologien werden zu ei-

---

[118] Vgl. Branson, A., 2019, S. 14.

ner fortschreitenden Standardisierung, Automatisierung und Beschleunigung von Planungs-, Genehmigungs-, Transaktions- und Finanzierungsprozessen und sonstigen immobilienwirtschaftlichen Managementprozessen beitragen. KI wird besonders stark die digitale Transformation und Automatisierung von Vermietungs-, Vermittlungs-, Verwaltung- und Bewirtschaftungsprozessen bewirken. Treiber dieser Wandlung sind die AI-PaaS-Plattformisierung sowie intelligenter werdende Immobilien sowie deren digitale Gebäudezwillinge. Denn obwohl sich Wirtschaft und Gesellschaft erst am Beginn der Entwicklung einer Sensor-Economy befinden und sich deren Auswirkungen momentan erst schemenhaft abzeichnen lassen,[119] werden Smart Buildings mit Brain und das Tracking of Everything zu einer deutlichen Automatisierung und Beschleunigung der digitalen Prozesslandschaft rund um die Nutzungs- und Verwertungsphase sowie die Ankaufs-, Halte- und Verkaufsphase führen. Je mehr Dateninput der KI zur Verfügung steht und je ausgereifter die digitale Infrastruktur und Verknüpfung verschiedener Systeme ist, desto automatisierter werden immobilienwirtschaftliche Geschäftsprozesse in Zukunft abgewickelt werden können. Durch die zunehmende Verzahnung der Interaktionen von biologischer und Künstlicher Intelligenzen könnten sich die Kommunikationsprozesse auch in der Immobilienbranche bis hin zu Inter-Bot-Kommunikationen zwischen Immobilien, Nutzern und Unternehmen wandeln. Im Fallen der Immobilienwirtschaft führt dies nicht nur zu immer enger verzahnten Mensch-Maschinen-Organismen. Vielmehr bedeutet die fortschreitende Technisierung von Immobilien, dass die Geschäftsprozesse der Zukunft von Mensch-intelligenten Immobilien-Maschinen-Beziehungen geprägt sind. Diese wiederum sind vernetzt mit zahlreichen anderen Technologien, die zunehmend auf KI beruhen.

Dies hat zur Folge, dass die immobilienwirtschaftlichen Handlungsstränge der Zukunft von intelligenten Algorithmen gestützt werden. Denn wie die wesentlichen KI-Einsatzmöglichkeiten und -Anwendungsfälle entlang des Lebens- und Investmentzyklus zeigen, können lernende System Handlungsoptionen ermitteln und Empfehlungen beratend aussprechen. Da selbstständig lernende und agierende Anwendungen meist Regeln und Vorschriften befolgen und in ihrer Intelligenz und Funktionsweise limitiert sind, können sie darüber hinaus nicht vollständig autonom entscheiden. Neben der erforderlichen Kontrolle des Inhalts und der Qualität des Outputs von KI-Systemen, werden vorerst die Akteure der Branche eigenständige Entscheidungen treffen. Auch die Ansprüche komplexer Aufgabenstellungen in und rund um Immobilien überschreiten i. d. R. die Leistungsfähigkeit intelligenter Algorithmen. Dass lernende Systeme in naher Zukunft strategische Entscheidungen, z. B. in Bezug auf die Realisierung von Projektentwicklungen oder die Abwicklung von An- und Verkäufen von Immobilien, treffen und verantworten ist, bezugnehmend zum aktuellen Stand der Technik und mangelnder Kreativität, Emotionen sowie Be-

---

119 Vgl. Kreutzer, R., 2017, S. 41.

wusstsein schwacher KI, nicht denkbar. Auch bleibt vorerst die Durchführung von Besichtigungen ein Prozess, welcher Präsenz der immobilienwirtschaftlichen Akteure erfordert. Allerdings ist es naheliegend, dass intelligente Maschinen mit wachsender Leistungsfähigkeit mehr und mehr Prozessbausteine sowie ggf. komplexere Arbeitspakete übernehmen. Je mehr KI auf Basis des erweiterten Dateninputs und getätigter Routineprozesse lernt, desto besser könnte künftig die Qualität ihres Outputs sein. Auf Basis dessen wird die Standardisierung, Automatisierung und Beschleunigung der Geschäftsprozesse zunehmen.

Die KI-getriebene Digitalisierung und Vernetzung der Geschäftsprozesse, das Entstehen autonomer Geschäftsmodell-Innovationen sowie die Verkürzung der Phasen wird somit dazu führen, dass sich die Bedeutung der Arbeitskräfte in der Branche teilweise deutlich wandeln wird. Laut Simon bewirkt die Automatisierung und Digitalisierung in Kombination mit KI eine Roboter-Offensive bzw. ein Robosourcing auf die Arbeitsplätze.[120] Doch Planen ohne Planer, Bauen ohne Bauunternehmen und Betreiben ohne Facility-Management hat laut Pilling keine Zukunft.[121] Auch ist der unabhängige Immobilienbewerter in seiner Höchstpersönlichkeit, u. a. aus Haftungsgründen, unabdingbar, so Adam.[122] Allerdings zeichnet sich bereits im Rahmen der digitalen Transformation eine starke Veränderung des Maklerberufs ab. Heute haben Makler aufgrund der Ungenauigkeit der Big-Data-basierten Anbieter noch einen Wettbewerbsvorteil und sind näher am Markt. Doch könnte es nur eine Frage von wenigen Jahren sein, bis intelligente Algorithmen aufgrund des unerschöpflichen Datenflusses die Leistungsfähigkeit einer physischen Person übertreffen und diese zum ersten Ansprechpartner werden.[123] Allerdings ist fraglich, ob sich die Immobilienwirtschaft der Zukunft durch eine Vielzahl autonomer Geschäftsmodelle und -prozesse sowie einer vollständigen Disruption ganzer Berufszweige, wie die der Makler oder Notare, auszeichnet. „Sie bleiben immer dann gefragt, wenn Dinge vom Standard abweichen (…)", verdeutlicht der Marktforscher Thomas Beyerle.[124]

---

120 Vgl. Simon, W., 2019, S. 107.

121 Vgl. Pilling, A., 2017, S. 213.

122 Vgl. Adam, B., 2018, S. 182.

123 Vgl. Moring, A., L. Maiwald und T. Kewitz, 2018, S. 107–108.

124 Vgl. ebd., S. 114.

10 Kritische Bewertung

Die Digitalisierung hat durch die vielfältigen Einsatzbereiche der Informations- und Kommunikationstechnologie den Alltag der Bevölkerung in unzähligen Bereichen verändert. Digitale Technologien durchdringen, vernetzen und verändern fast alle Lebens- und Arbeitsbereiche. Eine hohe Bedeutung wird ebenfalls für die Immobilienwirtschaft gesehen, die in den kommenden Jahren noch anwachsen wird. Die Erwartungshaltung in der Immobilienwirtschaft erreicht aber bei der Diskussion um die Digitalisierung mittlerweile den Status eines Hypes. Digitalisierung ist zu einer allgegenwärtigen Phrase geworden, wobei durch diesen mitunter diffusen Ausdruck besondere Beachtung erzeugt werden soll. Digitale Technologien in der Immobilienwirtschaft sind aber kein neues Phänomen, New Economy bzw. die Dot-Com-Phase prägten schon die Zeit vor dem Jahrtausendwechsel. Neue digitale Technologien bringen Chancen und Risiken gleichermaßen.

Chancen für die Immobilienwirtschaft

Die Digitalisierung bringt neue Chancen für die Immobilienwirtschaft. Unter anderem liegen diese in der Entwicklung neuer digitaler Geschäftsmodelle und der Optimierung von Geschäftsprozessen. Digitalisierung erfasst alle Unternehmensbereiche, Geschäftsmodelle und -prozesse in der Immobilienwirtschaft und bedeutet in erster Linie Veränderungen.

Die Chancen der Digitalisierung liegen in der Entwicklung neuer **digitaler Geschäftsmodelle**. Mithilfe digitaler Technologien können die Immobilienunternehmen ihre traditionelle Strategie verändern, modifizieren oder erweitern. Eine Vielzahl technologischer Innovationen, geänderte Kundenerwartungen sowie der Markteintritt neuer Wettbewerber in Form von PropTechs erfordern weitreichende Anpassungen der klassischen Geschäftsmodelle. Digitale Anwendungen können für die Nutzer der Immobilien einen erweiterten Nutzen stiften. Ebenso können Unternehmen Wettbewerbsvorteile für sich generieren. Es ist zu erwarten, dass die Geschäftsmodelle der Immobilienunternehmen sich vor allem allmählich anpassen bzw. sich evolutionär verändern. Die Entwicklungen werden sich graduell vollziehen und nicht revolutionär. Der behauptete disruptive Charakter vieler digitaler Technologien wird sich nur in wenigen Ausnahmen bestätigen.

Die **Geschäftsprozesse** können durch die Digitalisierung vereinfacht und automatisiert werden. Die Anbieter konzentrieren sich mehrheitlich darauf, Prozesse zu optimieren und streben dabei Kosteneinsparungen und eine höhere Effizienz an. Im Vergleich zu den Geschäftsmodellen werden hier für die Immobilienunternehmen höhere Potenziale gesehen. Insgesamt kann die Immobilienwirtschaft durch die digitalen Technologien dynamischer und effizienter werden.

Mit fortschreitender technologischer Entwicklung ist langfristig davon auszugehen, dass die Ansprüche und Zahlungsbereitschaft für digital ausgestattete bzw. ge-

https://doi.org/10.1515/9783110726909-010

eignete Immobilien bei Mietern und Käufern zunehmen werden. Die technische Ausstattung der Immobilien wird zu einem gewichtigeren Faktor bei deren Vermarktung werden. Die standort- und marktrelevanten Einflussfaktoren werden allerdings ihre grundlegende Bedeutung behalten.

Risiken für die Immobilienwirtschaft

Die zunehmende Digitalisierung hat aber auch zahlreiche Nachteile und Risiken. Zunächst sind es **technologische Risiken**, die nur schwerlich abzuschätzen sind. Dazu gehören der Datenschutz, der Missbrauch von Daten, eventuell Sicherheitslücken in den Systemen sowie die Gefahren des Systemausfalls (z. B. der Strom- und Netzversorgung) mit dem Risiko der Unterbrechung der Geschäftsprozesse. Bei vielen digitalen Technologien war vor wenigen Jahren noch nicht abzusehen, wann eine Technologie marktreif ist. Dementsprechend gibt es einerseits heute Technologien, deren Einfluss erst in einigen Jahren sichtbar wird. Andererseits droht die Alterung einer Technologie, wenn Technologien durch effizientere technische oder durch moderner Produkte abgelöst werden.

Ein **politisches Risiko** im Hinblick auf die Digitalisierung entsteht durch die zum Teil nicht vorhandenen Lösungsansätze (u. a. Cybersicherheit) und die Unterschiede im Zeitpunkt der geplanten Umsetzungen (u. a. bei Glasfaser, Datenschutz). Es herrscht Unsicherheit, da nicht abzusehen ist, wie mit einzelnen Themenschwerpunkten in Zukunft umgegangen wird. Eine fehlende Rechtssicherheit führt damit bei Investitionen in digitale Technologien zu einem Risikopotenzial. Es wird deutlich, dass die Politik neue Gesetzgebungen und Regularien schaffen will, die den Nutzer bzw. Bürger schützen sollen. Derartige Gesetzgebungen können allerdings auch den Einsatzbereich digitaler Technologie beeinflussen bzw. dessen künftige Entwicklung behindern.

Ein nicht zu unterschätzendes Risiko der Digitalisierung ist der **wirtschaftliche Aspekt**, da vielfach technische Leistungen und Produkte erstellt werden, die aber ökonomisch nicht erfolgreich sind. Die Digitalisierung ist kein Selbstzweck, sondern muss sich an dem Erreichen der Unternehmensziele messen lassen. Die wirtschaftliche Effizienz ist zu beachten, denn nicht alles, was technisch machbar wäre, ist für den Nutzer auch ökonomisch sinnvoll. Für den Investor muss eine Investition wirtschaftlich sein und die Nutzer müssen einen deutlich höheren Nutzen erfahren. Eine umfassende Digitalisierungsstrategie zu implizieren, ist immer mit erheblichem Investitionen in die IT-Infrastruktur verbunden und hohem Aufwand bei der Umsetzung im Unternehmen, z. B. durch Weiterbildungsmaßnahmen. Auch die Schnelllebigkeit der Produkte stellt ein Risiko für deren Wirtschaftlichkeit dar. Ein Unternehmen, das in einen digitalen Trend investiert, kann nicht sicher sein, ob sich dieser Trend langfristig am Markt etabliert und ob die Investition langfristig rentabel ist.

Die voranschreitende Digitalisierung birgt auch **soziale Risiken**. Zwar werden durch den Einsatz von neuen Technologien oft Prozesse und Arbeitsschritte vereinfacht, jedoch führt diese Entwicklung auch dazu, dass manuelle Arbeit durch die Digitalisierung abgelöst wird. Die Aufgaben, die bisher von Menschen durchgeführt wurden, werden von Maschinen übernommen. Ein weiteres soziales Risiko der Digitalisierung ist, dass die persönliche Kommunikation abnimmt und die sozialen Beziehungen und zwischenmenschlichen Kontakte zurückgehen. Darüber hinaus gibt es soziale Risiken, die sich aus dem vermehrten Sammeln von Daten ergeben. Die Daten liefern den Unternehmen wichtige Informationen über die Verhaltensweisen der Nutzer, wenn sie entsprechend ausgewertet werden. Weiterhin muss eine hohe technische Akzeptanz bei den Mitarbeitern vorhanden sein, um den technologischen Wandel umzusetzen. Wie bei allen großen Veränderungsprozessen entstehen daher bei den Mitarbeitern Widerstände und führen zunächst zur Ablehnung, da die Angst vor Veränderungen besteht. Deshalb ist es wichtig anhand des Changemanagements die Mitarbeiter zu integrieren und Ziele klar zu formulieren, um die Umsetzung erfolgreich zu gestalten.

Zusammenfassung

Abschließend ist festzuhalten, dass es derzeit eine ähnliche Phase wie zur Jahrtausendwende mit dem Dot-Com-Boom gibt. Trotz der hohen Erwartungen werden aber die wenigsten digitalen Technologien disruptive Folgen haben, sondern eher evolutionär wirken. Denn nicht jede neue digitale Technologie wird sich bei den Anwendern durchsetzen und alles revolutionieren. Nur weil etwas technisch bzw. technikbasiert machbar ist, setzt es sich noch lange nicht bei den Anwendern durch.

Die Potenziale digitaler Technologien abzuschätzen, stellt eine große Herausforderung dar. Der digitale Wandel ist ein fortlaufender Prozess, der kein Ziel kennt. Es ist mit ständig neuen Innovationen zu rechnen, sodass auch niemals ein Endpunkt erreicht werden kann. Von daher werden auch Geschäftsmodelle und -prozesse ständig auf dem Prüfstand stehen. Um als Immobilienunternehmen erfolgreich zu sein, reicht es nicht aus, nur eine separate Einheit im Unternehmen zu gründen oder Experimente durchzuführen oder nur die Effizienz zu verbessern. Letztlich wird es aber auch so sein, dass nicht alles, was technisch möglich wäre, ökonomisch darstellbar oder gesellschaftlich wünschenswert oder moralisch vertretbar ist.

Literatur

Grundlagenliteratur Immobilienökonomie

Brauer, Kerry-U. (Hrsg.), Grundlagen der Immobilienwirtschaft, Recht – Steuern – Marketing – Finanzierung – Bestandsmanagement – Projektentwicklung, 9. Aufl., Wiesbaden 2018.

Gondring, Hanspeter, Immobilienwirtschaft, Handbuch für Studium und Praxis, 3. Aufl., München 2013.

Rottke, Nico B. und Matthias Thomas (Hrsg.), Immobilienwirtschaftslehre – Management, Wiesbaden 2017.

Schulte, Karl-Werner (Hrsg.), Immobilienökonomie, Bd. 4, Volkswirtschaftliche Grundlagen, München 2008.

Vornholz, Günter, VWL für die Immobilienwirtschaft, 2. Aufl., München 2014.

Vornholz, Günter, Internationale Immobilienökonomie – Globalisierung der Immobilienwirtschaft, München 2015.

Vornholz, Günter, Entwicklungen und Megatrends der Immobilienwirtschaft, München 2017.

Literatur zu Digitalisierung

Abbasi, Azad, How virtual reality could revolutionize the real estate industry, Forbes 28. März 2017, verfügbar unter: https://www.forbes.com/sites/forbesagencycouncil/2017/03/28/how-virtual-reality-could-revolutionize-the-real-estateindustry/#7a73bfbd9b34, abgerufen am 17.10.2017.

Andelfinger, Volker P. und Till Hänisch (Hrsg.), Internet der Dinge. Technik, Trends und Geschäftsmodelle, Wiesbaden 2015.

BBSR – Bundesinstitut für Bau-, Stadt- und Raumforschung, Konsequenzen veränderter Finanzierungsbedingungen für die Bauwirtschaft, BBSR-Online-Publikation Nr. 01/2016, verfügbar unter: http://www.bbsr.bund.de/BBSR/DE/Veroeffentlichungen/BBSROnline/2016/bbsr-online-01-2016-dl.pdf?__blob=publicationFile&v=3, abgerufen am 26.07.2017.

BBSR – Bundesinstitut für Bau-, Stadt- und Raumforschung (BBSR), Online-Handel – Mögliche räumliche Auswirkungen auf Innenstädte, Stadtteil- und Ortszentren, BBSR-Online-Publikation Nr. 08/2017, verfügbar unter: http://www.bbsr.bund.de/BBSR/DE/Veroeffentlichungen/BBSROnline/2017/bbsr-online-08-2017-dl.html, abgerufen am 26.07.2017.

Bendel, Oliver, Big Data, verfügbar unter: http://wirtschaftslexikon.gabler.de/Definition/big-data.html, abgerufen am 02.08.2017.

Bendel, Oliver, Digitalisierung, http://wirtschaftslexikon.gabler.de/Definition/digitalisierung.html, abgerufen am 02.08.2017.

Bölting, Torsten etc., Digitalisierung in der Immobilienwirtschaft – Chancen und Risiken, Studie im Auftrag der Bundesarbeitsgemeinschaft Immobilienwirtschaft Deutschland (BID), Bochum 2016.

Borrmann, André, Markus König, Christian Koch und Jakob Beetz, Building Information Modeling: technologische Grundlagen und industrielle Praxis, VDI-Buch, Wiesbaden 2015.

Bundesministerium für Wirtschaft und Energie (BMWi), Grünbuch Digitale Plattformen, Berlin 2016.

Bundesministerium für Wirtschaft und Energie (BMWi), Weißbuch Digitale Plattformen – Digitale Ordnungspolitik für Wachstum, Innovation, Wettbewerb und Teilhabe, Berlin 2017.

https://doi.org/10.1515/9783110726909-011

Bundesverband E-Commerce und Versandhandel Deutschland e. V. (bevh), Interaktiver Handel in Deutschland B2C, Berlin 2018.

Bundesverband Informationswirtschaft, Telekommunikation und Neue Medien e. V. (BITKOM), Der Staat als Gestalter der digitalen Welt – Industriepolitisches Grundsatzpapier, Berlin 2012.

Catalini, Christian, Seeing Beyond the Blockchain Hype, in: MIT Sloan Management Review [Online], 27. März 2017, verfügbar unter: http://sloanreview.mit.edu/article/seeing-beyond-the-blockchain-hype, abgerufen am 17.10.2017.

Catella Research, Der Arbeitsplatz der Zukunft, Ergebnisse einer Umfrage zum Zusammenhang zwischen Arbeiten und Büronutzung, PDF-Datei (zugesandt), Frankfurt a. M. 2017.

Catella Research, Big Data in der Immobilienwirtschaft, PDF-Datei (zugesandt), Frankfurt a. M. 2015.

Catella Research, Flexible Workspace, verfügbar unter: https://www.catella.com/globalassets/documents/catella-research/2018/flexible-workspace/catella_de_flexible_workspace_tracker_2018.pdf, abgerufen am 28.06.2018.

Christensen, Clayton, The Innovator's Dilemma: When New Technologies Cause Great Firms to Fail, Boston, Massachusetts, USA 1997.

Cole, Tim, Digitale Transformation, München 2015.

Cushman & Wakefield, Coworking 2018 – The flexible workplace evolves, verfügbar unter: https://cushmanwakefield.turtl.co/story/coworking2018.pdf?showall=true, abgerufen am 28.03.2017.

Deloitte Deutschland, Digitalisierung im Mittelstand, Hannover 2013.

Deutsche Hypo, Büroimmobilienmarkt der Zukunft, Hannover 2010, verfügbar unter: https://www.deutsche-hypo.de/wp-content/uploads/2014/10/akt_bueroimmobilien_der_zukunft_02.pdf, abgerufen am 30.07.2018.

Deutsche Hypo, Megatrends und ihre Bedeutung für die Entwicklung von Immobilienmärkten, Hannover 2016, verfügbar unter: https://www.deutsche-hypo.de/wp-content/uploads/2014/10/Deutsche_Hypo_GM_Megatrends_02.pdf, abgerufen am 30.07.2018.

Deutscher Verband für Wohnungswesen, Städtebau und Raumordnung e. V. (Hrsg.), Wirtschaftsfaktor Immobilien 20117, Gutachten für den Deutschen Verband für Wohnungswesen, Städtebau und Raumordnung e. V. und die Gesellschaft für Immobilienwirtschaftliche Forschung e. V., Berlin 2017.

Doplbauer, Gerold, ECommerce: Wachstum ohne Grenzen, Online-Anteile der Sortimente – heute und morgen, GfK GeoMarketing GmbH, White Paper 2015, verfügbar unter: http://www.gfk.com/es-mx/insights/press-release/ecommerce-anteil-bei-lebensmitteln-und-drogerieartikeln-wird-sich-verdoppeln/, abgerufen am: 29.04.2018.

Drees & Sommer, Building Information Modeling 2018, verfügbar unter: https://www.dreso.com/de/themen/building-information-modeling/, abgerufen am 28.07.2018.

endbericht.de, Digitalisierung der Gesellschaft, Wirtschaft und Arbeitswelt – Informationen über Forschungserkenntnisse, Meinungen und Macher, verfügbar unter: http://futureorg-institute.com/, abgerufen am 28.03.2017.

Franz, Mirjam, Tobias Just, Mark A. Maurin etc., IREBS Innovation Monitor 2.0: Innovationsmanagement in der Immobilienwirtschaft – eine empirische Untersuchung, Beiträge zur Immobilienwirtschaft, 11, IREBS International Real Estate Business School, Universität Regensburg, Regensburg 2015.

Fleisch, Elgar, Markus Weinberger und Felix Wortmann, Geschäftsmodelle im Internet der Dinge, in: HMD Praxis der Wirtschaftsinformatik, 51, Nr. 6 (Dezember 2014), S. 812–826, 2014.

Gartner, Gartner, Says Solving ‚Big Data' Challenge Involves More Than Just Managing Volumes of Data, 27.06.2011 verfügbar unter: http://www.gartner.com/newsroom/id/1731916, abgerufen am 29.08.2017.

Gartner, Top Trends in the Gartner Hype Cycle for Emerging Technologies, 2017, verfügbar unter: https://www.gartner.com/smarterwithgartner/top-trends-in-the-gartner-hype-cycle-for-emerging-technologies-2017/, abgerufen am 29.03.2018.

GfK – Gesellschaft für Konsumforschung, White Paper zu E-Commerce, 2015, verfügbar unter: https://www.gfk.com/de/landing-pages/geomarketing/download/download-white-paper-ecommerce/, abgerufen am 29.05.2018.

gif (Gesellschaft für immobilienwirtschaftliche Forschung), Definition und Leistungskatalog Real Estate Investment Management (REIM), Wiesbaden 2004.

Gondring, Hanspeter, Zukunft der Immobilien – Megatrends des 21. Jahrhunderts – Auswirkungen auf die Immobilienwirtschaft, Köln 2013.

Gündling, Heike und Christian Schulz-Wulkow (Hrsg.), Next Generation Real Estate – Innovationen und digitale Trends, Frankfurt 2018.

Handelsverband Deutschland (HDE), Handel digital – Online-Monitor, 2017, verfügbar unter: https://www.einzelhandel.de/images/presse/Pressekonferenz/2017/HDE_IFH_OnineMonitor_2017_2.pdf, abgerufen am 08.06.2018.

Handelsverband Deutschland (HDE), Handel digital – Online-Monitor, 2018, verfügbar unter: https://www.einzelhandel.de/index.php?option=com_attachments&task=download&id=9449, abgerufen am 08.09.2018.

Herter, Mathias, Digitalisierung leitet Aus für tradiertes Geschäftsmodell der Wohnungsvermietung ein, in: VdW Magazin, Nr. 3, S. 9–11, Berlin 2016.

Hess, Thomas, Digitalisierung, in: Enzyklopädie der deutschen Wirtschaftsinformation, verfügbar unter: http://www.enzyklopaedie-der-wirtschaftsinformatik.de/lexikon/technologien-methoden/Informatik--Grundlagen/digitalisierung, abgerufen am 08.08.2017.

Hoffmeister, Christian, Digital Business Modeling: Digitale Geschäftsmodelle entwickeln und strategisch verankern, München 2017.

Horx, Matthias, Das Megatrend Prinzip – Wie die Welt von morgen entsteht, München 2011.

Hügel, Susanne, Innovationsbarometer der Immobilienwirtschaft 2017. EBS – REMI, April 2017, verfügbar unter: http://www.ebs-remi.de/index.php?eID=tx_nawsecuredl&u=0&file=fileadmin/user_upload/Institut/Forschung/Innovationsbarometer_2017_Ergebnisbericht.pdf&t=1495188828&hash=3d6eae53a595eb1001d1c169f749759b4c3b5f80, abgerufen am 17.10.2017.

Institut für Innovation und Technik (iit) in der VDI/VDE-IT, Smart Home in Deutschland – Untersuchung im Rahmen der wissenschaftlichen Begleitung zum Programm Next Generation Media (NGM) des Bundesministeriums für Wirtschaft und Technologie, Berlin 2010.

Jones Lang LaSalle, Coworking – Nur ein Hype oder auf dem Weg zum etablierten Bürokonzept? verfügbar unter, http://www.jll.de/germany/de-de/Research/Coworking-Germany-JLL.pdf?972fcd62-81dd-4e5e-95c4-9ea2f3e617ad, abgerufen am 09.11.2017.

Kaplan, Jerry, Artificial Intelligence – What Everyone Needs to Know, Oxford 2016.

Lackes, Richard, Data Mining, verfügbar unter: http://wirtschaftslexikon.gabler.de/Definition/data-mining.html, abgerufen am 08.08.2017.

Lausberg, Carsten und Patrick Krieger, Themenreihe „Digitalisierung der Immobilienwirtschaft" Teile 1 bis 3, verfügbar unter: http://www.conjectblog.de/2014/01/digitalisierung-der-immobilienwirtschaft-%E2%80%A8der-wandel-von-einer-anlagenintensiven-zu-einer-informationsintensiven-branche/, abgerufen am 20.05.2017.

LBBW-Research, Die Blockchain: Eine neue disruptive Technologie, PDF-Datei (zugesandt), Stuttgart 2016.

LBBW-Research, Die Blockchain darf keine Black Box bleiben!, 2017a, verfügbar unter: https://www.lbbw.de/mm/media/research/downloads_research/blickpunkt/2017_1/20170817_LBBW_Research_Blickpunkt_Die_Blockchain_darf_keine_Black_Box_bleiben.pdf, abgerufen am 20.12.2017.

LBBW-Research, Chancen und Risiken des Bitcoins, 2017b, verfügbar unter: https://www.lbbw.de/mm/media/research/downloads_research/blickpunkt/2015_2/LBBW_Blickpunkt_Chancen_und_Risiken_von_Bitcoin.pdf, abgerufen am 20.12.2017.

Lemke, Claudia und Walter Brenner, Einführung in die Wirtschaftsinformatik. Band 1: Verstehen des digitalen Zeitalters, Berlin 2015.

Majer, Helge, Wirtschaftswachstum – Paradigmenwechsel vom quantitativen zum qualitativen Wachstum, München 1992.

McClure, Sean, Data Science and Big Data: Two Very Different Beasts, verfügbar unter: https://www.thoughtworks.com/de/insights/blog/data-science-and-big-data-two-very-different-beasts, abgerufen am 18.10.2017.

Monopolkommission, Sondergutachten Wettbewerbspolitik: Herausforderung digitale Märkte, verfügbar unter: http://www.monopolkommission.de/images/PDF/SG/SG68/S68_volltext.pdf, abgerufen am 18.11.2017.

Moring, Andreas, Lukas Maiwald und Timo Kewitz, Bits and Bricks: Digitalisierung von Geschäftsmodellen in der Immobilienbranche, Wiesbaden 2018.

NASA (N. D.), Virtual Reality: Definition and Requirements, NASA, verfügbar unter: https://www.nas.nasa.gov/Software/VWT/vr.html, abgerufen am 17.10.2017.

Osterwalder, Alexander und Yves Pigneur, Business Model Generation: Ein Handbuch für Visionäre, Spielveränderer und Herausforderer Broschiert, Frankfurt am Main 2011.

PWC, Big Data – Bedeutung, Nutzen, Mehrwert, verfügbar unter: https://www.pwc.de/de/prozessoptimierung/assets/pwc-big-data-bedeutung-nutzen-mehrwert.pdf2013, abgerufen am 17.07.2018.

Rodek, Martin, C. Schulz-Wulkow, T. Bäß, G. Kremer und L. Scheidecker, Einsatz digitaler Technologien in der Immobilienwirtschaft, ZIA, 27. September, 2016, Verfügbar unter: http://www.zia-deutschland.de/fileadmin/Redaktion/Positionen/Studie_Digitalisierung_27.09.16.pdf, abgerufen am 17.10.2017.

Roland Berger GmbH, Die nächste Stufe der Digitalisierung – Öffnung von Finanzierungsplattformen als Erfolgsstrategie für gewerbliche Immobilienfinanzierer, Verfügbar unter: https://www.rolandberger.com/de/Publications/pub_commercial_real_estate_financing.html, abgerufen am 17.05.2018.

Rottke, Nico B. (Hrsg.), Digitalisierung in der Immobilienwirtschaft, EBS Diskussionspapiere zur Immobilienwirtschaft, Nr. 5, Wiesbaden 2014.

Savills World Research, The future for serviced offices in Europe, verfügbar unter: http://pdf.euro.savills.co.uk/uk/office-reports/spotlight-serviced-offices---july-2017.pdf, abgerufen am 19.07.2017.

Schallmo, Daniel, Geschäftsmodelle erfolgreich entwickeln und implementieren, 1. Aufl., Berlin, Heidelberg 2013.

Staub, Peter, Manuela Stucki und Andrea Wettstein, Digital Real Estate, Reihe Immobilienwirtschaft kompakt, Nummer 03.01/2016, Zürich 2016.

Statistisches Bundesamt, Umsatz im stationären Einzelhandel, 2018, verfügbar unter: https://www-genesis.destatis.de/genesis/online/data;jsessionid=E1B0F4AF688CA45B5E9B7D2540AE4464.tomcat_GO_2_3?operation=abruftabelleBearbeiten&levelindex=2&levelid=1520675068900&auswahloperation=abruftabelleAuspraegungAuswaehlen&auswahlverzeichnis=ordnungsstruktur&auswahlziel=werteabruf&selectionname=45341-0001&auswahltext=&werteabruf=Werteabruf, abgerufen am 10.03.2018.

VDE – Verband der Elektrotechnik Elektronik Informationstechnik e. V., Digitalisierung, 2020, verfügbar unter: https://www.vde.com/resource/blob/981146/df07b354f52736c1e0b1de891a6d1836/studie-digitalisierung-2020-data.pdf, abgerufen am 28.09.2017.

Vornholz, Günter, Digitalisierung der Immobilienökonomie, in: ZIWP – Zeitschrift für Immobilienwissenschaft und Immobilienpraxis, Bochum, Nr. 1/2017 (erschienen 2018), S. 6–23, 2017.

Weber, Viktor, Real Estate Innovation Glossar: Begriffe, die die Zukunft der Immobilienwirtschaft prägen werden, Serie mit Begriffen, verfügbar unter: https://www.haufe.de/immobilien/wirtschaft-politik/real-estate-innovation-glossar-einleitung_84342_386772.html, abgerufen am 28.05.2017.

World Economic Forum, 10 ways the real estate industry is changing, verfügbar unter: https://www.weforum.org/agenda/2016/04/death-of-a-real-estate-broker-10-ways-the-industry-is-changing/, abgerufen am 28.05.2017.

ZIA Zentraler Immobilien Ausschuss e. V., Nachhaltigkeit in der Immobilienwirtschaft – Kodex, Berichte und Compliance, Berlin 2011.

ZIA Zentraler Immobilien Ausschuss e. V., Einsatz digitaler Technologien in der Immobilienwirtschaft, Berlin 2016.

ZIA Zentraler Immobilien Ausschuss e. V., Herbstdiskurs der Immobilienweisen: Innovativ, smart und digital – Schöne neue Immobilienwelt?, Berlin 2016.

Zeitner, Regina und Marion Peyinghaus (Hrsg.), PMRE Monitor Spezial, IT-Excellence in der Immobilienwirtschaft, HTW Berlin 2014.

Zeitner, Regina und Marion Peyinghaus, PMRE Monitor 2016, Warum IT-Projekte scheitern, HTW Berlin 2016.

Zeitner, Regina und Marion Peyinghaus, PMRE Monitor 2017, Big Data – Big Business?, HTW Berlin 2017.

Literatur zu Künstlicher Intelligenz

Adam, Brigitte, Digitalisierung in der Immobilienbewertung, Beitrag in: Gündling, Heike und Christian Schulz-Wulkow (Hrsg.), Next Generation Real Estate, S. 179–188, 1. Aufl., Frankfurt am Main, 2018.

Architrave, Ihr Transaktionsdatenraum, Mehr Speed, mehr Service, mehr Spaß!, 2019, verfügbar unter: https://www.architrave.de/loesungen/transaktionsdatenraum/, abgerufen am 26.01.2020.

Bendel, Oliver, 350 Keywords Digitalisierung, 1. Aufl., Wiesbaden 2019.

Bobka, Gabriele, Assets digital managen – mit KI und digitalen Zwillingen, 2019, Haufe Online Redaktion, 08.10.2019, verfügbar unter: https://www.haufe.de/immobilien/investment/assets-digital-managen-mit-ki-und-digitalen-zwillingen_256_501360.html, abgerufen am 26.01.2020.

Bobka, Gabriele, PropTechs pushen die Digitalisierung der Immobilienbewertung, in: Der Immobilienbewerter vom, 19.08.2019, (Hrsg.) PMG Presse-Monitor GmbH, S. 3–8, 2019, ohne Ort.

Bordscheck, Björn und Norman Meyer, Neue Wege der Immobilienanalyse, Beitrag in: Gündling, Heike und Christian Schulz-Wulkow (Hrsg.), Next Generation Real Estate, S. 189–204, 1. Aufl., Frankfurt am Main, 2018.

Branson, Adam, The Smart Issue: Race against the machine, in: Parsons, Oliver (Hrsg.): Modus RICS, 13.11.2019, Ausgabe 11-12/19, S. 10–15, 2019, verfügbar unter: https://www.rics.org/uk/news-insight/publications/modus/the-smart-issue/, abgerufen am 26.01.2020.

Braune, Alexander und Christian Landau, FinTech – Digitale Geschäftsmodelltransformation im Bankensektor, Beitrag in: Schallmo, Daniel, Andreas Rusnjak, etc. (Hrsg.), Digitale Transformation von Geschäftsmodellen: Grundlagen, Instrumente und Best Practices, S. 495–519, Wiesbaden, 2017.

Brede, Hauke, Benchmarking von Chancen und Risiken, Zentrale Verfahren, Kennzahlen und Systeme im Risikomanagement, Beitrag in: Zeitner, Regina und Marion Peyinghaus (Hrsg.), IT Management Real Estate: Lösungen für digitale Kernkompetenzen, S. 127–137, Berlin Heidelberg,
2016.

CA Immo Deutschland GmbH, Brain, 2020, verfügbar unter: http://www.cube-berlin.de/, abgerufen
am 26.01.2020.

Carl, Michael und Maria Lübcke, Kundendialog 2025, Der Dialog zwischen intelligenten Systemen,
Trendstudie Februar 2018 des 2b AHEAD ThinkTank, 26.02.2018, Leipzig 2018, verfügbar unter:
http://www.zukunft.business/, abgerufen am 20.11.2019.

Deutscher Verband für Wohnungswesen, Städtebau und Raumordnung e. V. (DV) und Gesellschaft
für Immobilienwirtschaftliche Forschung e. V. (gif) (Hrsg.), Gesamtwirtschaftliche Bedeutung der Immobilienwirtschaft, 2013, verfügbar unter: https://www.deutscher-verband.org/
fileadmin/user_upload/documents/Studien/DV_Gutachten_Wirtschaftsfaktor-Immobilien.pdf,
abgerufen am 26.01.2020.

Eickermann-Riepe, Susanne, Dagmar Schadbach, Florian Huber und Katharina Götzen, New En-
trants – New Rivals: How top real estate players are seeking new revenue sources, (Hrsg.) PricewaterhouseCoopers GmbH Wirtschaftsprüfungsgesellschaft, März 2019, 2019, verfügbar unter:
https://www.pwc.de/de/real-estate/pwc-studie-new-entrants-new-rivals.pdf, abgerufen am
26.01.2020.

Grassau, Maurice und Frank Hipller, Roboter im Asset Management, in: Immobilien & Finanzierung – Der langfristige Kredit, Heft 7, S. 312, 2019, verfügbar unter: https://www.wiso-
net.de/document/BLIS__20190603735, abgerufen am 26.01.2020.

Güttler, Martina, Digitalisierung im Property Management, Beitrag in: Gündling, Heike und Christian
Schulz-Wulkow (Hrsg.), Next Generation Real Estate, S. 223–244, 1. Aufl., Frankfurt am Main,
2018.

Haufe Online Redaktion, ZIA-Innovationsbericht: Der Trend geht zu Künstlicher Intelligenz,
01.07.2019, 2019, verfügbar unter: https://www.haufe.de/immobilien/wirtschaft-politik/
innovationskraft-der-immobilienbranche-nimmt-zu_84342_455856.html, abgerufen am
26.01.2020.

Häusser, Thomas, Facility Management in Zeiten des Fachkräftemangels, in: Facility Management,
31.10.2019, Ausgabe 6 (Nov./Dez.), S. 4, 2019, ohne Ort.

Hoerr, Pamela, Real Estate Asset Management, Beitrag in: Rottke, Nico B. und Michael Voigtländer
(Hrsg.), Immobilienwirtschaftslehre – Management, S. 635–668, 1. Auflage 2012, Nachdruck
2017, Wiesbaden, 2017.

Hunziker, Christian, Künstliche Intelligenz revolutioniert die Immobilienbranche: Automatische Auswertung von Vertragsdaten, vernetzte Gebäude, neue Geschäftsmodelle: Künstliche Intelligenz kommt in der Immobilienbranche an, 04.10.2018, 2018, verfügbar unter:
https://www.handelsblatt.com/finanzen/immobilien/gebaeude-mit-gehirn-kuenstliche-
intelligenz-revolutioniert-die-immobilienbranche/23147108.html?ticket=ST-44069183-
xqEQqezDu0Gmefh5ip1Y-ap4, abgerufen am 26.01.2020.

Just, Tobias und Frank J. Matzen, Digitale Geschäftsmodelle in der Immobilienwirtschaft, Beitrag in:
Gündling, Heike und Christian Schulz-Wulkow (Hrsg.), Next Generation Real Estate, S. 21–56,
1. Aufl., Frankfurt am Main, 2018.

Kaya, Orçun, Künstliche Intelligenz im Bankensektor: Ein bisher kaum genutzter Hebel für Rentabilität, 04.07.2019, Deutsche Bank AG, Frankfurt am Main 2019.

Kebbel, Gerhard, Philipp Kaiser und Robert Wassmer, Digitalisierungsperspektiven eines Immobilienfinanzierers, Beitrag in: Gündling, Heike und Christian Schulz-Wulkow (Hrsg.), Next Generation Real Estate, S. 129–138, 1. Aufl., Frankfurt am Main, 2018.

KPMG AG (Hrsg.), Wertschöpfung neu gedacht, Studie von Humanoiden, KIs und Kollege Roboter, Berlin 2018.

Kreutzer, Ralf T., Treiber und Hintergründe der digitalen Transformation, Beitrag in: Schallmo, Daniel, Andreas Rusnjak, etc. (Hrsg.), Digitale Transformation von Geschäftsmodellen: Grundlagen, Instrumente und Best Practices, S. 33–58, Wiesbaden, 2017.

Lüttmann, Christian, Digital im Grünen – Impulse zum Labor von Morgen, Waldner Symposium 2019, 17.10.2019, in: Laborpraxis, 2019, verfügbar unter: https://www.laborpraxis.vogel.de/digital-im-gruenen-impulse-zum-labor-von-morgen-a-874667/, abgerufen am 26.01.2020.

Mayer, N. und S. Hahn, Statt Aktenordner ein digitaler Bauantrag? Automatisierung – Künstliche Intelligenz soll menschliche Entscheidungen in Behörden ersetzen/Datenschützer warnen, in: Schwarzwälder Bote, 05.03.2019, S. 3, 2019, Oberndorf.

Moring, Andreas, Lukas Maiwald und Timo Kewitz, Bits and Bricks: Digitalisierung von Geschäftsmodellen in der Immobilienbranche, Wiesbaden 2018.

Pfnür, Andreas, Benjamin Wagner und Kevin Meyer, Transformation der Immobilienwirtschaft, Aktueller Entwicklungsstand und Perspektiven des Strukturwandels, in: Immobilien & Finanzierung – Der langfristige Kredit, Heft 7/2019, S. 324, 2019.

Phillips, Mike, Jane Roberts und Stuart Watson, Emerging Trends in Real Estate, Reshaping the future, Europe 2018, (Hrsg.) PricewaterhouseCoopers GmbH, 2018, verfügbar unter: https://www.pwc.com/gx/en/industries/financial-services/asset-management/assets/pwc-etre-europe-2018.pdf, abgerufen am 26.01.2020.

Pilling, André, BIM – Das digitale Miteinander: Planen, Bauen und Betreiben in neuen Dimensionen, 2., aktualisierte und erweiterte Aufl., DIN Deutsches Institut für Normen e. V., Berlin 2017.

PricewaterhouseCoopers GmbH, Künstliche Intelligenz in der Immobilienbranche, Künstliche Intelligenz auf dem Vormarsch, 31.07.2018, 2018, verfügbar unter: https://www.pwc.de/de/real-estate/digital-real-estate/kuenstliche-intelligenz-in-der-immobilienbranche.html, abgerufen am 26.01.2020.

Pütz-Willems, Maria, Der vernetzte Umbruch, in: Raum & Mehr, Ausgabe 2, 19.09.2019, S. 24–27, 2019, verfügbar unter: https://raum-und-mehr.com/de/ausgabe-2-2019/der-vernetzte-umbruch.html, abgerufen am 26.01.2020.

Radecke, Hans-Dieter, Anwendungsbeispiele für KI, Künstliche Intelligenz (KI): Der Status quo, 20.11.2018, 2018, Haufe Online Redaktion, verfügbar unter: https://www.haufe.de/immobilien/entwicklung-vermarktung/kuenstliche-intelligenz-in-der-immobilienbranche-der-status-quo/anwendungsbeispiele-fuer-ki_262_472746.html, abgerufen am 26.01.2020.

Radecke, Hans-Dieter, Leistungsversprechen von KI richtig einschätzen, 20.11.2018, 2018, Haufe Online Redaktion, verfügbar unter: https://www.haufe.de/immobilien/entwicklung-vermarktung/kuenstliche-intelligenz-in-der-immobilienbranche-der-status-quo/leistungsversprechen-von-ki-richtig-einschaetzen_262_472750.html, abgerufen am 26.01.2020.

Radecke, Hans-Dieter, Entstehung neuer und anderer Berufe im Bereich FM, 20.11.2018, 2018, Haufe Online Redaktion, verfügbar unter: https://www.haufe.de/immobilien/entwicklung-vermarktung/kuenstliche-intelligenz-in-der-immobilienbranche-der-status-quo/entstehung-neuer-und-anderer-berufe-im-bereich-fm_262_472754.html, abgerufen am 26.01.2020.

Rodeck, Martin und Erik Ubels, Die Welt wird Netz – Zum aktuellen Stand der IoT-Technologien in Deutschland, Beitrag in: Gündling, Heike und Christian Schulz-Wulkow (Hrsg.), Next Generation Real Estate, S. 105–125, 1. Aufl., Frankfurt am Main, 2018.

Rottke, Nico B., Ökonomie: interdisziplinärer Bestandteil der Immobilienwirtschaftslehre, Beitrag in: Rottke, Nico B. und Michael Voigtländer (Hrsg.), Immobilienwirtschaftslehre – Ökonomie, S. 29–76, 1. Auflage 2012, Nachdruck 2017, Wiesbaden, 2017.

Schmale, Oliver, Bürogebäude werden schlauer, in: Frankfurter Allgemeine Zeitung, 06.09.2019, Ausgabe 207, S. 11, 2019, und verfügbar unter: https://www.faz.net/aktuell/wirtschaft/diginomics/digitalisierung-buerogebaeude-werden-immer-schlauer-16371871.html, abgerufen am 26.01.2020.

Schulz-Wulkow, Christian und Gerald Kremer, Implementierung einer digitalen Unternehmensstrategie, Beitrag in: Gündling, Heike und Christian Schulz-Wulkow (Hrsg.), Next Generation Real Estate, S. 3–20, 1. Aufl., Frankfurt am Main, 2018.

Seifert, Jörg, KI und Blockchain: Der Bedarf für Datarooms wächst, 21.02.2019, 2019, Haufe Online Redaktion, verfügbar unter: https://www.haufe.de/immobilien/verwaltung/ki-und-blockchain-der-bedarf-fuer-datarooms-waechst_258_484564.html, abgerufen am 26.01.2020.

Simon, Walter, Künstliche Intelligenz: Blick in die digitale Zukunft, 1. Aufl., Norderstedt 2019.

Szeidl, Steffen, Der Zukunft zugewandt, 05.10.2019, in: Börsen-Zeitung, Ausgabe Das Expo Real Special, Advertorial Sonderbeilage Immobilien., S. 9, 2019.

Vollrath, Justus und Mario Bodenbender, Prozess- unnd Datenmanagement im Permanent-Datenraum mit Unterstützung von KI, Beitrag in: Gündling, Heike und Christian Schulz-Wulkow (Hrsg.), Next Generation Real Estate, S. 245–275, 1. Aufl., Frankfurt am Main, 2018.

Wendland, Nicolai, Hedgingpotenziale am Immobilienmarkt durch Smart Data aufdecken, Immobilienwirtschaft 4.0, in: Immobilien & Finanzierung – Der langfristige Kredit, Heft 7/2019., S. 316, 2019.

Zeitner, Regina und Marion Peyinghaus, IT-Systeme in der Immobilienbranche erfolgreich einführen, Beitrag in: Zeitner, Regina und Marion Peyinghaus (Hrsg.), IT Management Real Estate: Lösungen für digitale Kernkompetenzen, S. 1–21, Berlin Heidelberg, 2016.

ZIA Zentraler Immobilien Ausschuss e. V., ZIA Innovationsbericht 2019, 3.Innovationsbericht, Juni 2019, Berlin 2019.

Stichwortverzeichnis

https://doi.org/10.1515/9783110726909-012

www.ingramcontent.com/pod-product-compliance
Lightning Source LLC
Chambersburg PA
CBHW061807210326
41599CB00034B/6909